L'École de Paris 1904 – 1929,

la part de l'Autre

L'École de Paris 1904–1929,

la part de l'Autre

Musée d'Art moderne de la Ville de Paris

30 novembre 2000 – 11 mars 2001

PARIS musées

Cette exposition est réalisée grâce au soutien de

Dans les années 1920, le critique d'art André Warnod lançait l'expression « École de Paris » pour désigner le rassemblement d'artistes étrangers attirés à Paris par la vitalité intellectuelle et culturelle de la capitale, et par son atmosphère de liberté.

Ce mouvement des artistes étrangers vers Paris n'eut en vérité jamais rien d'une école au sens doctrinaire du mot. Il s'agissait de se rencontrer, d'échanger expériences et intuitions, et de se nourrir, du Bateau-Lavoir de Montmartre au café du Dôme de Montparnasse, de l'effervescence de la ville.

En même temps que de toutes les nationalités, Paris se fit le lieu de toutes les recherches de la modernité artistique : cubisme, primitivisme, abstraction.

Avec « L'École de Paris 1904-1929, *la part de l'Autre* », le musée d'Art moderne de la Ville de Paris nous offre à découvrir et redécouvrir des œuvres de quatre-vingt-deux artistes parmi lesquels Brancusi, Brassaï, Foujita, Juan Gris, Man Ray, Picasso, Van Dongen ou encore Zadkine, provenant de collections publiques et privées. Je tiens à saluer tous ceux qui ont ainsi prêté des œuvres très rarement exposées, et dont le rassemblement reconstitue un moment exceptionnel de l'histoire artistique de Paris et de l'histoire de l'art moderne.

Le Maire de Paris

Remerciements

Que tous les prêteurs, directeurs d'institutions, responsables de collections ainsi que les collectionneurs privés qui ont permis, par leur générosité, la réalisation de cette exposition, trouvent ici l'expression de notre gratitude :

les responsables d'institutions et fondations
Aargauer Kunsthaus, Aarau, et M. Beat Wismer
Stedelijk Museum, Amsterdam,
et M. Rudi H. Fuchs, M. Stevijn van Heusden
Musée Calvet, Avignon, et M. Pierre Provoyeur
Fondation Beyeler, Bâle, et M. Ernst Beyeler
Musée Picasso, Barcelone, et Mme Maria-Teresa Ocaña
Bröhan-Museum, Berlin, et Dr Margit Bröhan,
Dr Ingeborg Becker
**Kunstbibliothek, Staatliche Museen zu Berlin,
Preussischer Kulturbesitz** et Prof Dr Bernd Evers
Solomon R. Guggenheim, Bilbao,
et M. Juan Ignacio Vidarte
Musée national de la Coopération franco-américaine,
Blérancourt, et M. Jacques Perot, Mme Anne Dopffer
Musée des Années 30, Boulogne-Billancourt,
et M. Emmanuel Bréon
**Service général du Patrimoine culturel et des Arts
plastiques du ministère de la Communauté française
de Belgique**, Bruxelles, et M. Patrice Dartevelle
Muzeul National de Arta Al Rômâniei, Bucarest,
et Mme Roxana Théodorescu
Musée de la littérature hongroise Petöfi, Budapest,
et Mme Csilla Csorba
Albright-Knox Art Gallery, Buffalo, et M. Douglas G. Schultz
Musées de Cagnes-sur-Mer, et M. Louis Nègre,
M. Roland Constant, Mme Frédérique Verlinden
The Art Institute of Chicago et M. James N. Wood,
M. Daniel Schulman, M. David Travis, Mme Lisa D'Acquisto
Kunstmuseum Düsseldorf im Ehrenhof
et Dr Helmut Ricke, Mme Dorothea Nutt

Kunstsammlung Nordrhein-Westfalen, Düsseldorf,
et Prof Dr Armin Zweite, Dr Pia Müller-Tamm
Musée Géo-Charles, Ville d'Échirolles,
et Mme Elisabeth Chambon, M. Renzo Sully
Stedelijk Van Abbemuseum, Eindhoven,
et M. Jan Debbaut, Mme Christiane Berndes
Petit Palais Musée d'Art moderne, Genève,
et †Oscar Ghez, M. Claude Ghez, Mme Danielle Hodel
Göteborgs Kunstmuseum, Göteborg,
et M. Björn Fredlund, Mme Ingmari Desaix
**Weatherspoon Art Gallery, The University of North
Carolina**, Greensboro, et Mme Nancy Doll
Musée de Grenoble et M. Serge Lemoine,
Mme Isabelle Varloteaux
The Museum of Fine Arts, Houston, et M. Peter C. Marzio
The Israel Museum, Jérusalem, et M. James S. Snyder,
Mme Stephanie Rachum, Mme Suzanne Landau
Staatliche Kunsthalle, Karlsruhe, et Prof Dr Klaus Schrenk,
Dr Siegmar Holsten
Gemeentemuseum, La Haye, et M. Wim Van Krimpen,
Dr O. Mensink
**Musée d'Art moderne et d'Art contemporain de la Ville
de Liège** et Mme Francine Dawans
**Sheldon Memorial Art Gallery and Sculpture Garden,
University of Nebraska**, Lincoln, et Mme Janice Driesbach,
M. Daniel A. Siedell
Fundação Calouste Gulbenkian, Lisbonne,
et Dr Victor Antonio de sa Machado, M. Jorge Molder
Courtauld Gallery, Courtauld Institute of Art, Londres,
et M. John Murdoch, Mme Helen Braham
Tate Gallery, Londres, et Sir Nicholas Serota
Musée des Beaux-Arts, Lyon, et M. Philippe Durey,
M. Vincent Pomarède
Museo Nacional, Centro d'Arte Reina Sofia, Madrid,
et M. Juan Manuel Bonet Planes, M. José Guirao
Museo Thyssen-Bornemisza, Madrid, et M. Tomàs Llorens
Städtische Kunsthalle, Mannheim,
et Prof Dr Manfred Fath

Musée Despiau-Wlérick, Mont-de-Marsan,
et M. Philippe Labeyrie, M. Christophe Richard
The Gilman Paper Company Collection, New York,
et M. Pierre Apraxine
The Jewish Museum, New York,
et M. Norman L. Kleeblatt, Mme Diana Lada
The Metropolitan Museum of Art, New York,
et M. Malcolm Daniel
The Museum of Modern Art, New York,
et M. Glenn Lowry, M. Peter Galassi, Mme Susan Kismaric
Solomon R. Guggenheim Museum, New York,
et M. Thomas Krens, Mme Lisa Dennison
Osaka City Museum of Modern Art et M. Yoshio Tamai,
M. Tsukasa Kumada, M. Tomoko Ogawa
Nasjonalgalleriet, Oslo, et Mme Tone Skedsmo,
M. Ernst Haverkamp, Mme Anne Berit-Skaug
Musée des Beaux-Arts du Canada, Ottawa,
et M. Pierre Théberge, Mme Céline Charette
Rijksmuseum, Kröller-Müller, Otterlo,
et Dr Evert. J. van Straaten, M. Jaap Bremer,
M. Johannes van der Wolk
Bibliothèque Forney, Paris, et M. Thierry Devynck
Bibliothèque nationale de France, Paris,
et M. Jean-Pierre Angremy, Mme Hélène Fauré,
M. Philippe Arbaïzar
Bibliothèque-musée du Théâtre national de l'Opéra,
Paris, et M. Pierre Vidal
Bibliothèque historique de la Ville de Paris, Paris,
et M. Jean Derens, M. Jean-Paul Avice, Mme Lisa Daum
Fonds national d'Art contemporain, Paris,
et Mme Gaïta Leboissetier
Musée d'Art et d'Histoire du Judaïsme, Paris,
et Mme Laurence Sigal
Musée d'Histoire contemporaine BDIC, Paris,
et Mme Laure Barbizet
Musée national d'Art moderne, Centre Georges Pompidou,
Paris, et M. Werner Spies, M. Alfred Pacquement,
Mme Brigitte Léal, Mme Nathalie Leleu, Mme Laurence Camous
Musée de l'Orangerie, Paris, et M. Pierre Georgel
Musée national Picasso, Paris, et M. Gérard Régnier,
Mme Dominique Dupuis-Labbé
Musée Zadkine, Paris, et Mme Noëlle Chabert,
Mme Catherine Lançon
Philadelphia Museum of Art,
et Mme Anne d'Harnoncourt, Mme Ann Temkin

Musée de Pontoise et M. Christophe Duvivier
The Henry & Rose Pearlman Foundation, The Art
Museum University, Princeton, et M. Allen Rosenbaum
Musée Morice Lipsi, Rosey, et Mme Gabrielle Beck-Lipsi
Saarland Museum Saarbrücken, Stiftung Saarländischer
Kulturbesitz et Dr Ernst-Gerhard Güse,
M. Ernest W. Uthemann
Musée d'Art moderne, Saint-Étienne, et M. Jacques Beauffet
The Saint Louis Art Museum et M. Brent R. Benjamin,
M. Sidney M. Goldstein
San Diego Museum of Art et M. Don Bacigalupi
Hokkaido Museum of Modern Art, Sapporo,
et M. Takeo Mizukami, M. Shigeo Okuoka
Dansmuseet, Stockholm, et M. Erik Näslund
Hallwylska museet, Stockholm,
et Mme Eva Helena Cassel-Pihl
Moderna museet, Stockholm, et M. David Elliott,
M. Ragnar van Holten
Musée d'Art moderne et contemporain, Strasbourg,
et M. Fabrice Hergott, M. Paul-Hervé Parsy
Tel Aviv Museum of Art et M. Omer Mordechai,
M. Ahuva Israel, Mme Nehama Guralnik
Galleria Civica d'Arte Moderna e Contemporanea, Turin,
et M. Pier Giovanni Castagnoli
Muzeum Xawery Dunikowski, Varsovie,
et Dr Piotr Szubert
Musée d'Art moderne Lille-Métropole, Villeneuve-d'Ascq,
et Mme Joëlle Pijaudier-Cabot
Hirshhorn Museum and Sculpture Garden,
Smithsonian Institution, Washington,
et M. James T. Demetrion, Mme Phyllis Rosenzweig
National Gallery of Art, Washington,
et M. Earl A. Powell III, M. Alan Shestack,
M. Dodge Thompson, M. Jeffrey Weiss, Mme Stephanie Belt,
Mme Sarah Greenough
Pinacoteca Diego Rivera, Xalapa, Veracruz,
et Mme Leticia Perlasca Nuñez, M. Francisco Vidargas,

les directeurs de galeries
Edwynn Houk Gallery, New York, et M. Edwynn Houk
Galerie Larock – Granoff, Paris, et MM. Pierre
et Marc Larock
Fraenkel Gallery, San Francisco, et M. Jeffrey Fraenkel
Jane Corkin Gallery, Toronto, et Mme Jane Corkin,
Mme Isabelle Lapierre,

ainsi que

M. Timothy Baum, New York
M. Claude Bernès, Paris
M. Himan Brown, New York
M. Michel Castaing, Paris
M. Raymond Creuze
MM. Hubert et Jean-Pierre Danesini
M. Wojtek Fibak, Paris
M. et Mme Dov Gottesman, Genève
M. F. C. Gundlach, Hambourg
M. Manfred Heiting, Amsterdam
Famille Justman-Tamir, Paris
M. Tamás Kieselbach, Budapest
M. et Mme Saul Klinow, Boca Raton, Floride
Mme Lydie Lachenal, Paris
M. Mikael Levin, New York
Succession d'Élie Nadelman, New York
Dr Boleslaw et Lina Nawrocki, Varsovie
M. Alain Paviot, Paris
M. et Mme Olivier Philippe, Paris
M. Nicholas Pritzker, Chicago
Mme Franchina Severini, Rome
M. Alain Sinibaldi, Paris
M. Thomas Walther, New York
Mme Jeanine Warnod, Paris
M. et Mme Jürgen Wilde, Zülpich-Mülheim

et ceux qui ont préféré garder l'anonymat.

Nous tenons à exprimer notre vive reconnaissance à tous ceux qui, à titres divers, ont bien voulu apporter leur concours à la réalisation de cette exposition :

Mmes et MM. Juan Allende-Blin, Éric Altmann,
Thérèsa Araya, Ami Barak, Michèle Barrière,
Marie-Josée Mondzain, Christopher Bayton,
Juan de Beistegui, Sylvie Bellu, Julie Bériot,
Jean-Paul Bertolas, Arlette Biro, Thérèse Blondet-Bisch,
Marc Blondeau, Werner Bokelberg,
Ewa Bobrowska-Iakubowska, Christelle Boular,
Jeanne Bouniort, Maria Lluisa Borras, Laurence Bourgade,
Iréna Boyer, Agnès de Bretagne, Me Francis Briest,
Ami et Gaby Brown, Nathalie Brunet-Hazan,
Barbara Brus-Malinowska, Me Éric Buffetaud,
Sylvie Buisson, Me Jean-Robert Camard,
Anne Cartier-Bresson, A. Théodore Chevalier,
Annie Coquille-Bes, Laurence Cavy, Marie-Laure de Cazotte,
Danielle Chadych, Jacques Chalom, Micheline Charton,
Kate Cherniavsky, Me Cyrille Cohen, Joël Cohen,
Alejandro Canseco-Jerez, Véronique des Cordes,
Sabine Cotte, Alexis Coussement, Marc Dachy, Pierre Daix,
Guy Dantin, Me Patrick Declerck, Christian Derouet,
Jacques de Vos, Fagiolo dell Arco, Laurent Dierckens,
Alain Disch, Anne-Marie Di Vieto, Joseph Dobrinsky,
Larisa Dryansky, Marc-Olivier Dupin, Uri Eisenzweig,
Me Jean-Marc Elkaïm, Dr Volkmar Essers, Michel Etlin,
Christopher Eykyn, Franco Farsetti, Ewa Fibak-Perkins,
Marcel Fleiss, Simonetta Fraquelli, Jacqueline Frydman,
S. E. Mme Sandra Fuentes-Berain,
Lucia Garcia-Noriega y Nieto, Michel Garel,
Julia Garimorth, Kate Garmeson, Marie-Jeanne Geyer,
Yvon Girard, Catherine Goeres, Elizabeth Gotayeb,
Elzbieta Grabska-Wallis, Helena Grzymek,
Emmanuel Guigon, Fanny Guillon-Lafaille,
Florence Half-Wrobel, Caroline Hancocq,
Tokushichi Hasegawa, Josette Hayden, Atty Heigting,
Danièle Hodel, Hugh Adam Hogg, Mary Hunter,
Wendy Hurlock, Olga Ivanof, Paul-André Jaccard,
Hans Janssen, Alain Jarozinski, Hervé Joubeaux,
Didier Jumaux, Éric Justman, Dr Karpman-Boutet,
Mari Katagiri, Fritz Keers, Jean Kisling, Yves Kiveliovitch,
Lou Klepac, Yves Kobry, Hans P. Kraus, Fred Kremen,
Guy Krohg, Jean-Claude Kuperminc,

Violaine de La Brosse-Ferrand, Sofia Lacayo,
Elizabeth Laconjarriat, Michèle Lajournade,
Quentin Laurens, Josiane Laurent, Doïna Lemny,
Jean Levantal, Yulla Lipchitz, Dominique Lobstein,
Mᵉ Francis Lombrail, Guy Loudmer, Valérie Maffioletti,
Alex Maguy, Daniel Malingue, Valérie Manuel,
Ursula et Marc Martin-Malburet, Felix Marcilhac,
Malène Marcoussis, Laure de Margerie,
Jean-Gabriel Marteau, Mary-Anne Martin,
Christian Masson, Maureen McCormick,
Jean-Jacques Mauriat, S. E. M. Pierre Ménat,
S. E. M. Steffan Meller, Marek Menilciuk, Meret Meyer,
Mᵉ Jean-Cédric Michel, Solange Milet, Jean Miller,
Gérard Miller, Yutaka Mino, Meda Mladek,
Simona Modreanu, Éric Moinet, Claire Maratier,
Dominique Morelon, Achim Moeller, Hanno D. Mott,
Jacqueline Munck, Cynthia Nadelman,
Rosemarie Napolitano, Nadine Nieszawer, Malika Nouie,
Katarzyna Nowakowska-Sito, Anca Opris, Patrick Palaquer,
Mᵉ Chantal Pasqualini, Alice Pauli, Roger Pic,
Corine Pignon, Philippe Primard, Juliette Poirot,
Nathalie Radeuil, Abel Rambert, Florence Raynal-Paillon,
Marc Restellini, Dominique Revellino,
Brigitte Robin-Loiseau, Michael et Steven Rich,
Beatrice Ripley, Nada Rizzo, Sylvie Rodriguez,
Norman Rosenthal, Claude Ruiz-Picasso,
Jean-Michel Rousseau, Carmen Sánchez-Garcia,
Takaaki Sasano, Alain Sayag, Élie Schapiro, Ofir Scheps,
Dorothee Schmid, Robert et Manuel Schmit,
Monique Schneider-Maunoury, Alain Schoer,
Romana Severini Brunori, Simone Soldini,
Marie-Brunette Spire, Helena Staub, Dieter Strauss,
Vita Susak, Anna-Maria Svensson, Sam et Carole Sylvester,
Marc Tallet, Ariane Tamir Justman-Orloff, Martine Thomas,
Gisèle Thomasson, Sophie Thomson, Micky Tiroche,
Tereska Torrès, Estelle Trunkenwald, Maria Umali,
Steve Urban, Georges-Philippe Vallois, Ragnar van Holten,
Frédérique Verlinden, Georges Viaud, Brigitte Vincens,
Suzanne Vincent, Agnes Viszoki, Isabelle Weiland,
Jacques Yankel, Anne-Marie Zucchelli-Charron.

M. Jean-Claude Marcadé, M. Olivier Philippe
et Mᵐᵉ Jeanine Warnod méritent nos remerciements
très amicaux ainsi que M. Daniel Marchesseau.

Nous savons particulièrement gré à
Maryvonne Deleau, Danièle Guyot et le service
de la communication de la direction des Affaires culturelles
et à Paris-Musées
Pascale Brun d'Arre, Denis Caget, Sophie Kuntz,
Virginie Perreau, Arnauld Pontier, Judith Vincent,
ainsi qu'à leurs collaborateurs.

Administration
Annick Chemama
Jean-Christophe Paolini

Coordination technique
Guilaine Germain

Secrétaire général du musée
Frédéric Triail

Communication/Presse
Dagmar Fregnac
Véronique Prest, Aurélie Gevrey

Installation
Christian Anglionin
et l'équipe technique du musée
avec les ateliers d'Ivry

Régie des œuvres
François Blard, Bernard Leroy,
Alain Linthal

Directeur du musée
Suzanne Pagé

Commissaires
Jean-Louis Andral
Sophie Krebs
avec
Marie-Anne Chambost
Marianne Sarkari

Comité scientifique
Gladys Fabre
Yona Fischer
Herbert Molderings
Laurence Sigal
Kenneth E. Silver

Architecte
Catherine Thiébaut

Sommaire

Avant-propos

SUZANNE PAGÉ

En 1932, lors de l'inauguration officielle du musée des Écoles étrangères au Jeu de paume, c'est sous l'appellation *a priori* paradoxale d'« École de Paris » que la salle 14, la plus brillante et audacieuse [1], rompant avec une présentation générale par sections nationales, regroupe ces artistes qui, de Picasso à Modigliani, Foujita, Van Dongen, Pascin, Kisling, Chagall, Orloff, Gargallo, Zadkine, etc…, ont en commun, venant des horizons les plus divers, de se retrouver, depuis le début du siècle, à Paris. « À l'école de » avant de « faire école », ils tirent parti des atouts culturels de la ville, mais participent aussi grandement à ce rayonnement [2] qui avait imposé, quelques années plus tôt, la création d'un label, alors et encore aujourd'hui très flou dans l'inflation immédiatement partisane de ses interprétations.

D'emblée, l'approximation, sinon l'ambiguïté, est totale. Elle est originelle et accompagne une volonté militante. Lorsque André Warnod, en janvier 1925, dans un article de *Comœdia*, sanctionne, par cette appellation « École de Paris », l'avant-garde parisienne, c'est, dans un premier temps, pour désigner les artistes novateurs à la fois français et étrangers dont le progressisme « indépendant » – du cubisme à un certain expressionnisme – vaut la notoriété à la scène parisienne en France et ailleurs. Très vite, toutefois, pour des raisons qui vont du pragmatisme [3] à l'ouverture éclairée ou, au contraire, à un engagement polémique clairement douteux, l'appellation se circonscrit aux « Étrangers » à Paris. Cette interprétation s'impose à l'horizon du champ considéré ici. Elle est officiellement affichée dans les manifestations internationales, notamment la Biennale de Venise en 1928 [4] où le pavillon français représente un choix « conciliant » d'artistes français alors que le Palazzo dell' esposizione [5] opte pour « l'exclue » et très remarquée École de Paris. « École française ou École de Paris [6] », cette démarcation significative d'un moment est symptomatique : elle recouvre, non sans équivoque, une vraie inquiétude chez les traditionalistes [7] qui s'interrogent depuis la guerre sur un certain déclin des valeurs françaises mais, aussi, renvoie aux tensions corporatistes et aux jalousies de certains artistes, moins prisés du marché interna-

1. Pierre Ladoué, *Bulletin des musées de France*, n° 1, janvier 1933.
2. *Ibid.*
3. La création du musée des Écoles étrangères contemporaines, projetée dès 1919, remédiait d'abord à l'encombrement du musée du Luxembourg réservé aux artistes vivants.
4. Waldemar George, « Le Bilan de la Biennale », *L'Art vivant*, 15 novembre 1928, p. 903.
5. Futur « Pavillon Italien ».
6. W. George, « Doit-on considérer l'art français comme une notion ethnique ou comme une notion purement esthétique ? », *L'Amour de l'art*, février 1924 ; « École française ou École de Paris », *Formes*, juin 1931.
7. Élie Faure, « L'Agonie de la peinture », *L'Amour de l'art*, juin 1931.

tional. Surtout, elle est exploitée avec virulence, et de la façon la plus xénophobe, par une certaine critique [8] qui l'associe de façon significative à une condamnation de la « fausse esthétique de la peinture soi-disant moderne ».

Pour présenter cette « École de Paris », le parti retenu ici est clairement celui de « l'Autre ». Au début de cette année 2000 et pour célébrer le millénaire, notre Musée consacrait une exposition au Fauvisme qui, avec une ouverture volontariste sur l'Europe désignait pourtant Paris comme centre et moteur d'une certaine avant-garde française et internationale. Nous avons voulu clore ici sur une démonstration où cette ville apparaît comme le creuset d'une dynamique de la différence impulsée par ces « Étrangers » qui faisaient alors de Paris le champion moderne d'un certain universel « cosmopolite » entendu comme l'addition de vraies singularités souvent exogènes à sa sensibilité et à sa tradition propres ; ainsi Picasso et Soutine choisis pour cadrer cette présentation. À un moment où, selon une logique faussement paradoxale, la « globalisation » ranime les crispations nationales voire régionalistes, y compris dans le champ « affranchi » de l'art, les débats et violentes attaques de la période retenue ici, bornée par les années trente, ne manqueront pas de faire sens.

Cette manifestation sera aussi l'occasion de revisiter des œuvres qui, un temps très recherchées pour leur « humanisme » expressif – d'où la richesse des collections de notre Musée, par exemple, due à la générosité de donateurs privés français d'après-guerre –, ont subi une certaine désaffection sensible et esthétique ; l'occasion, aussi, de vérifier l'approximation très lâche des catégories dans cette relecture de l'histoire de l'art du début du siècle que s'est fixée notre Musée.

Cette exposition concerne donc, en effet, ce que l'on désigne parfois comme la « première » École de Paris pour la différencier d'une « seconde » (ou « nouvelle », ou « jeune »), née pendant et après guerre. Cette dernière, après une période de flottement sémantique incluant à peu près toute la scène française du moment, renvoie le plus souvent à un groupe assez homogène de peintres non-figuratifs pour qui le label « École de Paris », ici comme à l'étranger, qualifiait une production très « française », d'abord recherchée et prisée pour des qualités supposées intrinsèques de bon goût, de délicatesse et d'équilibre, qui, par un curieux effet de boomerang – où l'émergence de la nouvelle « École de New York » a sa part – lui seront renvoyées comme autant de tares par la même scène artistique nationale et internationale. Cette deuxième « École de Paris », un temps assimilée à la « première », dans un fondu enchaîné plus que paradoxal où l'on voit étiquettes et renommées changer radicalement de contenu [9], n'est évidemment pas abordée dans cette exposition qui concerne un tout autre domaine historique et esthétique : ici, il s'agit bien de « la part de l'Autre », dans le champ de la modernité en France entre 1904 et 1929, celle-là même qui a imposé l'invention d'une dénomination propre.

8. Camille Mauclair, « Les Métèques contre l'art français », *La Farce de l'art vivant II*, Éditions de La Nouvelle Revue critique, 1930.
9. Désignant d'abord les « Étrangers », puis les Étrangers « assimilés », puis des Peintres de « tradition française », et enfin des Peintres « français ».

C'est aux commissaires Jean-Louis Andral et Sophie Krebs, avec la collaboration de Gladys Fabre, que revient le mérite de l'élaboration de cette exposition ; ils ont été assistés de Marie-Anne Chambost et Marianne Sarkari. Ils ont bénéficié du concours de conseillers scientifiques qui comptent parmi les meilleurs spécialistes internationaux du sujet et que je tiens à remercier tout spécialement : Yona Fischer, Laurence Sigal et Kenneth E. Silver, Herbert Molderings ayant bien voulu assumer aussi le choix de la partie photographique.

19

Je sais particulièrement gré aux différents auteurs du catalogue pour leur contribution rigoureuse à l'étude d'un terrain encore très approximativement cerné. Qu'il s'agisse de Laurence Bertrand Dorléac, Gladys Fabre, Yona Fischer, Malcolm Gee, Jacqueline Gojard, Christopher Green, Antoine Marès, Éric Michaud, Herbert Molderings, Kenneth E. Silver, ils apportent, avec des points de vue critiques personnels, un éclairage diversifié sur une période encore très chargée d'ombre. De leur côté, Jean-Claude Marcadé, Olivier Philippe et Jeanine Warnod ont bien voulu enrichir le catalogue de leurs précieuses et amicales contributions.

La préparation de l'exposition a mobilisé de nombreux collaborateurs de notre Musée, mentionnés ici même, et de Paris-Musées autour d'Aimée Fontaine à qui nous adressons notre gratitude, tandis que le catalogue requérait les soins attentifs de toute une équipe, tout particulièrement de Catherine Ojalvo et Audrey Chenu. L'installation elle-même doit beaucoup à l'implication talentueuse de l'architecte Catherine Thiébaut et à l'assistance technique de Ghislaine Germain.

Déterminante et, pour de nombreux collectionneurs privés et institutionnels, très fidèle, la générosité des prêteurs a seule permis la concrétisation de ce projet et je tiens à leur exprimer ma profonde reconnaissance.

Enfin je voudrais mentionner le concours financier essentiel de Goldman Sachs qui, aux côtés de Paris-Musées, a contribué à la réalisation de cette exposition.

Pablo Picasso
Visage d'Arlequin
1927

Préface

JEAN-LOUIS ANDRAL et *SOPHIE KREBS*

« L'École de Paris existe. » Lorsque le critique André Warnod écrit ces mots en janvier 1925 [1], sans doute a-t-il conscience de proposer une nouvelle appellation dont il perçoit bien le manque de contours précis : aussi affirme-t-il « plus tard, les historiens d'art pourront, mieux que nous, en définir le caractère et étudier les éléments qui la composent ». Ce serait là toute l'ambition de cette exposition.

Le terme école de Paris – e minuscule – apparaît pour la première fois sous la plume de son inventeur un peu plus tôt : dans un article intitulé « L'État et l'art vivant [2] », Warnod fustige violemment la politique culturelle frileuse du gouvernement qui n'admet que l'art le plus retardataire, « cet art officiel et reconnu d'utilité publique […] qui va à l'encontre de tout ce qui fait la vie de l'art français, tout ce qui contribue à faire de l'école de Paris la première du monde ». Trois semaines plus tard, par un glissement sensible de la minuscule à la capitale, le critique baptise l'École de Paris dont « nous pouvons toujours affirmer [l'] existence et [la] force attractive qui fait venir chez nous les artistes du monde entier [3] ». Car « à côté des artistes français, poursuit-il, et travaillant dans le même sens, apparaissent des étrangers qui se sont formés en France et affirment ainsi d'une façon absolue l'existence de l'École de Paris ». Le critique ne précise aucune base esthétique, ni caractéristique formelle, pas plus qu'il ne dresse une liste exhaustive d'artistes pour cette École sans maîtres, sans théories, faite d'emprunts divers, amalgamant traditions et modernité, confrontant les avant-gardes – cubisme, primitivisme, futurisme, abstraction, figurations expressives… – et réunissant les personnalités les plus disparates.

Nous avons donc choisi cette lecture – que validera l'époque (cf. Anthologie) – et nous avons centré notre regard sur ces artistes « étrangers » vivant et travaillant dans la capitale pour bien montrer « la part qui revient dans l'art d'à présent (1925) à des Picasso, à des Pascin, à des Foujita, à des Chagall, à des Van Dongen, à des Modigliani, des Marcoussis, des Juan Gris, Kisling, Lipchitz, Zadkine, etc. », *la part de l'Autre* dans la scène française.

Le contexte auquel se réfère l'article est bien antérieur à sa parution. C'est à Picasso – même si certains artistes, comme Kupka (1896) ou Van Dongen (1897) sont venus à Paris plus tôt –, que l'on doit, avec son installation au Bateau-Lavoir en 1904 – date qui ouvre la période retenue pour l'exposition –, le premier « réseau » incluant des artistes français et étrangers – auxquels se joignent très vite des critiques et des poètes – travaillant dans le même état d'esprit : combattre l'académisme pour dessiner les formes d'une nouvelle avant-garde et autoriser toutes les expressions plastiques. D'autres réseaux se formeront ensuite dans les deux grands foyers que sont Montmartre et, surtout, Montparnasse, établissant les conditions d'une véritable communauté artistique, partageant les lieux de

1. André Warnod, « L'École de Paris », *Comœdia*, 27 janvier 1925.
2. A. Warnod, « L'État et l'art vivant », *Comœdia*, 4 janvier 1925.
3. A. Warnod, « L'École de Paris », *loc. cit.*

convivialité (cafés, associations, bals) ou d'activités (ateliers, galeries). La sélection se limite à la génération des artistes arrivés à Paris avant 1914, date qui constitue une brutale césure (à l'exception des photographes venus plus tard pour des raisons liées à l'histoire même de la photographie, cf. Herbert Molderings).

L'exposition se termine à la fin des années 1920. Il s'agit alors de la fin d'une époque, où l'euphorie des Années folles cède la place aux temps de crises – économiques, sociales, politiques, idéologiques. Les manifestations de la xénophobie ou de l'antisémitisme gagnent la presse artistique sous la plume d'auteurs connus pour leur position politique d'extrême droite (Camille Mauclair) mais aussi de critiques aux opinions souvent ambiguës ou contradictoires (cf. Éric Michaud). La part de l'Autre est alors ressentie, comme une menace. Beaucoup de créateurs étrangers s'éloignent de la capitale (Kisling, Bruce, Soutine, Krull) – ou repartent dans leur pays d'origine (Foujita, Krohg, Grünewald, do Rego Monteiro) – c'est « le retour des enfants prodigues [4] » –, les réseaux tressés entre artistes, critiques (cf. Jacqueline Gojard), marchands et collectionneurs (cf. Malcolm Gee) se distendent, c'est en quelque sorte la fin de la première École de Paris (le vocable connaîtra par la suite d'autres utilisations, cf. Laurence Bertrand Dorléac) telle qu'on peut aujourd'hui la comprendre (cf. Gladys Fabre).

Quelque quatre-vingts artistes – peintres, sculpteurs, photographes – sont donc rassemblés ici venus de trois continents. Si presque toutes les nationalités européennes sont représentées, l'absence des Britanniques n'en est pas moins notable : présents en France au tournant du XIXᵉ siècle, ils y séjourneront à la fin des années 1920 accompagnant des avant-gardes, tels l'abstraction ou le surréalisme. Par ailleurs, nous avons préféré les personnalités allemandes atypiques, et moins sous influence de Matisse, de Lehmbruck et Freundlich, plutôt que de revenir sur l'œuvre des Dômiers – premier grand cercle à

4. E. Tériade, « La fin de l' "École de Paris", ou le retour des enfants prodigues », *L'Intransigeant*, 15 mars 1932.
5. Blaise Cendrars, *La Prose du Transsibérien et de la petite Jehanne de France*, 1913.
6. Paul Morand dresse ainsi la cartographie du Paris de 1923 : « Jamais Paris n'a connu une telle affluence. Le nombre des étrangers a doublé en deux ans ; ils sont à présent un demi-million, et c'est tant mieux. Les villes ne sont belles que lorsqu'elles sont surpeuplées. [...] Les rues gémissent, les boulevards craquent. C'est Carthage, Byzance, Bagdad. Nous avons les rues italiennes de Ménilmontant, les restaurants chinois du Quartier latin, les vieux exilés turcs de Passy, les réfugiés grecs de Smyrne venus à Auteuil et qui sentent encore le canon, les Scandinaves de Montparnasse, les tailleurs de diamants hollandais de la rue de la Gaîté, les Juifs mitteleuropéens dans les vieilles cours du XVᵉ siècle proches de l'Hôtel de Ville et les Juifs levantins mangeant leur pain d'épice derrière la Bastille, les tailleurs hongrois au carré du Temple, les Roumains à la terrasse du Café de la Paix, les Arméniens de la rue Jean-Goujon, les Suisses dans leurs auberges de la rue Saint-Roch, les Américains sur les quais. Les Russes sont partout. [...] La nuit, Montmartre est entièrement russe. J'attends avec impatience une carte des étrangers à Paris, et les promenades que je ferai cet hiver, tel un botaniste curieux de cette nouvelle flore, en compagnie du peintre Pascin, au talent diabolique. » (Paul Morand, *Lettres de Paris*, Lettre IV, décembre 1923, Paris, Salvy, 1996, pp. 51-52).

Montparnasse, constitué essentiellement d'artistes germanophones – dont le rôle de propagateurs à l'étranger – très peu reviendront en France après la guerre – de l'art parisien et notamment de l'École de Paris est néanmoins essentiel dans la réussite internationale de celle-ci.

Les origines sociales et les héritages culturels de ces artistes sont très contrastés. Leur seul point commun est souvent d'avoir choisi Paris pour y vivre et y travailler plus ou moins longtemps, lorsqu'il ne s'est pas agi d'une installation définitive. Yona Fischer récapitule les attentes de ces exilés volontaires – la France, pays de la liberté et Paris, capitale de l'enseignement artistique – soulignant la force d'attraction de la Ville lumière dans les imaginaires : « Ô Paris/Gare centrale débarcadère des volontés carrefour des inquiétudes [5]. » Cette émigration spécifique est bien sûr à mettre en perspective avec un vaste mouvement de population qui dépasse (cf. Antoine Marès) la seule communauté artistique [6] et le cadre chronologique du début du XXe siècle.

On a souvent enfermé l'École de Paris dans une certaine figuration humaniste. Cet aspect, certes dominant, n'est pas exclusif. Du rassemblement proposé, forcément partiel, se dégage en réalité une grande disparité des expressions, de Picasso à Soutine. Certains artistes s'imposent tant leurs noms furent immédiatement « labellisés » : Modigliani, Kisling, Chagall, Foujita, Zadkine, Lipchitz, Gris, Soutine… Ils sont ici choisis pour leurs différences échappant à tout cloisonnement esthétique. D'autres ont été très vite des oubliés de la scène parisienne : Dunikowski, Balgley, Storrs, Szobotka, Bailly, Reth, Bruce, voire Rivera. Poussant la réflexion sur les marges, nous avons voulu naturellement y agréger les abstraits « indépendants » moins intimement liés à la vie des réseaux. Kupka, à Puteaux, édifie une œuvre fondamentale pour l'abstraction qui trouve en partie sa source dans ses origines tchèques. Mondrian, que ses adhésions à De Stijl (1917) et à Cercle et Carré (1930) mettront résolument du côté des avant-gardes internationales, a vécu à Paris plus longtemps que dans n'importe quelle autre cité et c'est là que son œuvre connaîtra le tournant cubiste. Ces deux derniers artistes élargissent le cercle et affinent la perception de cette « École », de même que l'évocation des Ballets russes et suédois – qui doivent tant aux artistes étrangers – et que l'intégration souhaitée de la photographie.

Globalement chronologique, l'exposition s'organise en six moments. Le premier présente Picasso à travers les métamorphoses d'Arlequin, figure chamarrée de l'errance, du métissage culturel et de la transformation en laquelle tout artiste de l'École de Paris peut se reconnaître. Picasso, protagoniste exemplaire et emblématique de tout un phalanstère réunissant artistes, critiques et poètes du Paris de ces années décisives, est le passage obligé vers la modernité.

Nombreux sont les artistes étrangers à le suivre, comme le montre la salle suivante, « Primitivismes et cubismes » ; les peintres qui y sont réunis – Gris, Rivera, Marcoussis, Hayden, Blanchard, Vassilieff, Szobotka, Exter, Baranoff-Rossiné, Férat, Chagall, Severini, Crotti, Bailly, Bruce, Morgan Russell, Kupka, Mondrian… – confèrent au cubisme une grande variété d'accents (cf. Christopher Green) – insistant tantôt sur la couleur, tantôt sur le mouvement – où parfois les contours du réel se dispersent dans une forme d'abstraction. Les sculpteurs, à la suite de Brancusi, créent un art renouant avec un certain primitivisme –

---

5 et **6.** *Page précédente.*

Orloff, Indenbaum – lorsqu'ils n'empruntent pas plutôt les voies de l'expressivité – Zadkine, Dunikowski – ou du cubisme – Lipchitz, Csáky.

Tous ces artistes, bien qu'activement mêlés à la scène parisienne, n'en conservent pas moins leurs racines culturelles et artistiques (cf. Kenneth Silver). La salle 3, « Traditions et modernité », présente des œuvres aux expressions très variées à tendance plus pathétique, mais qui montrent toutes la persistance de réminiscences liées à une sorte de nostalgie des origines – Kisling, Zak, do Rego Monteiro, Pascin, Mondzain, De Chirico, Szwarc. Les deux sections suivantes (4 et 5), « L'invention de Paris », montrent, de façon complémentaire, comment les artistes « étrangers » ont proposé, dans les années 1920, un regard neuf sur la capitale, en y privilégiant la vie la plus quotidienne (lieux publics, rues, célébrités du Tout-Paris, nus). Ainsi les photographes réunis par Herbert Molderings – Abbott, Bing, Brassaï, Henri, Hoyningen-Huene, Kertész, Krull, Lotar, Man Ray, Outerbridge – vont renforcer cette vision inventive de Paris, exprimée par des esthétiques très personnelles. Plusieurs facteurs contribuent à l'élaboration de cette « nouvelle photographie » sur les rives de la Seine : progrès techniques, utilisation plus large dans la presse française, premières expositions consacrées à cet art et présence tutélaire d'Atget qui influencera beaucoup de photographes étrangers. Dans la section 5, les peintres – Kisling, Kars, Feder, Foujita, Modigliani, Masereel, Van Dongen… – et les sculpteurs – Lambert-Rucki, Gargallo – focalisent leur attention sur les lieux de convivialité (cafés, cabarets, cirques) : ils révèlent ainsi l'importance des réseaux et soulignent, à travers de nombreux portraits (amis, modèles, marchands, critiques, artistes) et autoportraits, le rôle fédérateur qu'ils ont joué sur la scène artistique (cf. Abécédaire).

Soutine clôt le parcours. La figure irréductible de cet artiste, affranchi des avant-gardes contemporaines et de toute forme d'académisme, propose une expression non dénuée de pathétique qui contredit, pour les commentateurs de l'époque, la tradition française, et très vite devenue référentielle de l'École de Paris. D'autres partagent cette peinture expressive et matiériste comme Kikoïne, Krémègne, Mané-Katz, Balgley, Epstein ou Mela Muter.

L'École de Paris a fait naître nombre de mythologies et de légendes, souvent entretenues par les mémoires de ses protagonistes, eux-mêmes peu enclins à des développements théoriques. Cette imagerie complaisante masquait la production de ces artistes et leur apport singulier à la scène artistique française. Nous avons voulu regarder leurs œuvres débarrassées des anecdotes et des lieux communs. Au-delà du débat idéologique, entre assimilation et respect de l'altérité, c'est là tout l'enjeu de cette exposition : réexaminer cette « École » à partir des œuvres en privilégiant leurs aspérités par rapport à une esthétique communément admise.

L'École de Paris, à être ainsi considérée – dans la multitude de ses composantes, la variété de ses expressions – révèle alors un « caractère », un esprit qui ressemble au manteau d'Arlequin, « bigarrure composite, faite de morceaux […] de toutes tailles, mille formes et couleurs variées […] partout inattendu, misérable, glorieux [7] ».

7. Michel Serres, *Le Tiers-Instruit*, Paris, François Bourin, 1990, p. 12.

Qu'est-ce que l'École de Paris ?

GLADYS FABRE

Nommer un mouvement artistique ne va jamais de soi : peu d'artistes sont satisfaits des étiquettes que les critiques collent à leur art. Néanmoins, certaines appellations s'imposent par leur force métaphorique. Ainsi en a-t-il été du fauvisme ou du cubisme. Ces noms répondent aussi à la nécessité de définir une nouvelle tendance constatée à partir d'un corpus d'œuvres créées peu auparavant. Nommer, c'est faire exister. Quel est donc le dénominateur commun qui a pu justifier la réunion des œuvres de Modigliani, Van Dongen, Foujita, Soutine, Chagall, Kisling, unanimement considérés comme formant le noyau de la première École de Paris ? Dire sur quoi et comment cette appellation s'est fondée pour surgir, en 1925, après plus de vingt ans d'existence dans les faits, permettra de définir l'École de Paris du point de vue des *regardeurs* en tant qu'*autres créateurs*. La reconnaissance du public, des critiques, marchands, collectionneurs, institutions n'épuise pas la réponse à la question : qu'est-ce que l'École de Paris ? En revanche, elle met en évidence l'emprise culturelle à laquelle ces regards furent soumis pour la nommer ainsi.

Une école, un territoire

« L'École ? s'interroge Élie Faure [1] en 1905. […] Il est bien évident qu'il [le terme] ne désigne pas les usines créées par les mandataires de la foule pour essayer de la soustraire à l'action révolutionnaire de l'art. L'apparition d'une École est, au contraire, l'orage salutaire qui rase les maisons d'école… Ce que nous appelons *École*, dans nos querelles minuscules, ce sont des rassemblements de pédants liseurs de programmes, qui encombrent la voie publique. Ce que nous appelons *École* dans l'histoire de l'art, ce sont des théories d'idées réalisées qui marchent au front d'une foule dont les âmes sont mélangées comme l'iode et le sel de la mer. »

Paris ? « Diamant au cou de l'Europe [2] », « Visage du monde [3] », « Ville lumière [4] », « l'endroit où il fallait être [5] ».

1. Élie Faure, « Formes et Forces. L'archaïsme contemporain au troisième Salon d'automne », *Œuvres complètes d'Élie Faure*, tome III, Paris, Éditions Jean-Jacques Pauvert, 1964, p. 925.
2. Yvan Goll, *Paris brûle*, poème de 1921, *Œuvres*, tome I, Paris, Éditions Émile-Paul, 1968, p. 137.
3. Ricciotto Canudo, *Les Tranplantés*, Paris, Éditions Eugène Fasquelle, 1913, p. 48.
4 et **5.** *Page suivante.*

« Paris… Paris…

– Tout le monde descend [6] ! »

Au cours des années 1900, l'arrivée massive d'artistes étrangers venus étudier ou s'installer à Paris pour diverses raisons – exclusion politique, désir d'émancipation ou attrait du mythe qu'est devenue la capitale des arts et des droits de l'homme – transforme les quartiers de Montmartre et de Montparnasse en un territoire nomade et cosmopolite : « une enclave de l'autre, dans l'autre », selon l'expression de Julia Kristeva [7]. Les passerelles entre les communautés existent : Montparnasse est lieu de passage culturel et non ghetto. Plus que les artistes français, dont beaucoup dans les années 1920 désertent les turpitudes de la capitale pour œuvrer en province, les artistes immigrés s'attachent à Paris et savent, dans leurs œuvres plastiques, littéraires ou photographiques, faire partager au monde leur regard sur la ville. L'emblématique tour Eiffel, les ruelles désertes, les squares de nuit, la vie des quartiers populaires, les cafés, les dancings, les bordels comme les fêtes mondaines ou celles de la bohème artistique hantent leurs œuvres, qui témoignent de leur imaginaire et de leur vie, et constituent aujourd'hui l'essentiel de notre mémoire collective sur les « Années folles ».

Par-delà la fascination pour l'exotisme parisien, les œuvres de ces artistes étrangers nous renvoient un portrait intime de la capitale qui tient à la fois de l'*Autre* et du *Même*. Le rapport à la terre d'adoption, dans l'exil comme dans l'intégration, est bien souvent vécu comme une relation sexuelle où l'objet de désir et d'appropriation, Paris, est assimilé à l'image de la femme que l'on veut posséder, qui tourmente ou apaise. Est-ce « la terre étrangère qui donne à l'étranger un sens inconscient de libération », comme l'écrit Canudo [8], ou « l'éclatement du refoulement qui conduit à traverser une frontière », selon Julia Kristeva [9] ? Toujours est-il que la relation entretenue avec la ville d'accueil est vécue sur un mode fusionnel avec l'*Autre*, l'étranger, le sexe opposé, le complémentaire manquant de la culture d'origine : le primitivisme chez les uns, la modernité et/ou la tradition picturale chez les autres, comme l'attestent les œuvres de Picasso, Zadkine, Pascin, Van Dongen, Modigliani, Soutine, Chagall. Dans son roman autobiographique *Les Transplantés* (1913), Canudo, quittant l'Italie par le train, relate ainsi

Germaine Krull,
« 100 x Paris », 1929

4. Walter Benjamin, *Sens unique – Paris, la ville miroir*, cité par Évelyne Cohen dans *Paris dans l'imaginaire national de l'entre-deux-guerres*, Paris, Publications de la Sorbonne, 1999, p. 288.
5. Gertrude Stein, *Paris-France*, p. 18, cité par Évelyne Cohen, *ibid.*, p. 295.
6. Blaise Cendrars, « Bourlinguer », *Œuvres complètes*, Club français du Livre, 1976, cité par Miriam Cendrars, *Blaise Cendrars*, Paris, Éditions Balland, 1984, p. 183.
7. Julia Kristeva, *Étrangers à nous-mêmes*, Paris, Arthème Fayard, 1988, Folio Essais, Gallimard, p. 39.
8. R. Canudo, *Les Transplantés, op. cit.*, p. 43.
9. J. Kristeva, *Étrangers à nous-mêmes, op. cit.*, p. 47.

l'excitation grandissante du voyage : « Il s'approchait peu à peu, digne-ment, de la femelle superbe, de toute la puissance non plus lointaine de cette ville, qui est au centre du monde, afin de la posséder après l'avoir connue, de se sentir un avec elle, après l'avoir possédée. » Après un temps d'adaptation, il modifie son point de vue : Paris devient « le grand Androgyne […] qui se féconde en fécondant le monde [10] ».

Tel Janus, Paris possède aussi une face familière qui transcende l'espace et le temps, les époques et les frontières géographiques. À travers les thèmes favoris de l'École de Paris : clochards, buveurs mélancoliques, clowns tristes, saltimbanques, enfants des rues, prostituées, scènes de bordels et d'abattoirs, on retrouve le *Même* de la condition humaine. Cette thématique exprime d'une part un certain mal-être : l'errance, la misère, la solitude, la mélancolie, le désir de s'enivrer, la violence, et traduit d'autre part les instants de bonheur que procurent la vie familiale, l'animation d'une fête, l'innocence d'un regard ou encore l'évasion par le rêve. Ce sentiment de similitude et de permanence n'est pas toujours rassurant, il peut provoquer le désarroi comme en témoigne Émile Szittya en évoquant l'ambiance du quartier des abattoirs du 15e arrondissement : « Chaque maison, chaque animal, chaque habitant sentait la tuerie, bistrots, fabriques, population criarde, taudis. Soutine y trouve un ghetto. Le quartier fourmille d'étrangers. Comme Krémègne, il voulait oublier sa terre natale, mais la Ruche et Montparnasse, cités de la faim, n'étaient somme toute qu'une prolongation de sa patrie [11]. » Paris miroir du monde réfléchit l'*Autre* et le *Même* retrouvé avec plaisir, nostalgie, angoisse ou désespoir selon les personnalités.

Exposition « Quarante-sept artistes exposent au café du Parnasse », 8 avril 1921

L'École de Paris : une communauté artistique multinationale

L'École de Paris repose sur une communauté multinationale unie par un mode de vie bohème et des intérêts spirituels ou matériels communs. À Montmartre et Montparnasse, les cafés deviennent des lieux de passage transculturels, ouvrant aussi l'art sur la rue comme l'attestent les décorations murales du Lapin agile et, dans les années 1920, celles de la Coupole (1927), la façade du Jockey, peinte par l'artiste afro-américain Archibald Motley, et les expositions du Parnasse. Le Russe Serge Romoff, organisateur de ces manifestations, écrit à ce sujet : « Nous avons pris, avec mon ami Auguste Clergé, l'initiative de réunir quelques camarades pour nous installer dans un café, sans autre prétention que d'ouvrir une porte sur la rue. Pas même une chapelle !

Au café, où nous passons quelquefois les meilleurs moments de notre vie, nous voulons apporter le meilleur de nous-mêmes : notre art. Nous le soumettons au jugement non seulement des initiés mais de la foule, sans fausse dignité, et sans distinction entre la femme du monde et le cocher de fiacre. Aux passants, la porte est ouverte !

10. R. Canudo, *Les Transplantés, op. cit.*, p. 90.
11. Émile Szittya, *Soutine et son temps*, Paris, Bibliothèque des arts, 1955, p. 24.

27

La bonne fortune nous a permis de nous installer ici, dans ce centre artistique du Montparnasse qui est le carrefour de la grande capitale du monde, dans ce Paris qui est la capitale de la Grande République internationale des lettres et des arts [12]. »

Les différentes associations d'artistes étrangers à Paris, les multiples académies où la jeune clientèle étrangère étudie, se confronte et partage les mêmes professeurs, les lieux d'habitations communautaires comme le Bateau-Lavoir et la Ruche, la concentration géographique des ateliers sur la butte Montmartre, avenue de Clichy ou dans les rues du Départ, de l'Arrivée, Campagne-Première, Joseph-Bara, villa Seurat, villa Brune, etc., les restaurants bon marché, la cantine Vassilieff favorisent les relations amicales, les échanges d'idées et les influences artistiques. Dans l'intimité des ateliers, les nouveaux venus s'entraident en se présentant mutuellement critiques, collectionneurs ou marchands ; ils partagent non seulement cercles littéraires, fêtes et mondanités mais souvent amants, maîtresses et modèles, comme l'explique avec humour une jeune femme à un journaliste : « Je pose le nu dans trois langues [13]. »

Il n'en demeure pas moins vrai que les regroupements se font surtout par affinités personnelles, esthétiques ou culturelles, et dans un premier temps, par l'aptitude de chacun à s'exprimer dans une ou plusieurs langues. Avant la guerre, chaque café possède sa clientèle spécifique : le Dôme réunit de préférence les artistes, marchands ou écrivains parlant l'allemand, le Styx, les Scandinaves, le Select, les Américains. Il faut encore souligner l'importance du yiddish qui permet aux artistes de l'Europe de l'Est de communiquer entre eux par-delà les nationalités d'origine. « Nombre de ces artistes, précise Szittya, dont Soutine, ne parlaient que le yiddish et un charabia qui voulait être du russe. C'est à Paris qu'ils apprirent un peu mieux leur langue maternelle et qu'ils eurent l'occasion de lire pour la première fois de la bonne littérature. Contrairement aux artistes, les révolutionnaires russes qui venaient à Paris étaient, de quelque origine qu'ils fussent, des hommes de haute tenue intellectuelle [14]. » À la Ruche, en 1912, s'élabore ainsi la première revue moderne d'art juif, intitulée *Maḥmadim*, qui réunit artistes polonais, russes, lituaniens. En effet, la pratique d'une seconde langue, et mieux encore de plusieurs, pour ceux issus de milieux plus aisés ou ayant déjà travaillé dans de nombreux pays étrangers avant de s'installer à Paris, favorise le brassage social et l'intégration dans diverses communautés tant étrangères que françaises. À cet égard, des personnalités comme Alexandre Mercereau et André Salmon qui, ayant vécu en Russie, parlaient couramment la langue de ce pays, ou encore Blaise Cendrars qui connaissait l'italien, l'allemand, l'anglais et le russe, Waldemar George le polonais,

12. Serge Romoff, préface de la plaquette de l'exposition « Quarante-sept artistes exposent au café du Parnasse, 103, boulevard du Montparnasse », Paris, vernissage le 8 avril 1921.
13. Jean Robiquet dans *L'Information*, 14 février 1922.
14. É. Szittya, *Soutine et son temps, op. cit.*, p. 24.

servirent de courroie de transmission entre les communautés artistiques. Henri-Pierre Roché, quant à lui, fut le colporteur des tendances de l'art avant-gardiste de l'École de Paris aux États-Unis.

Les artistes étrangers arrivés avant la Première Guerre mondiale ont trouvé très rapidement en France le soutien des poètes et écrivains, Max Jacob, Blaise Cendrars, Guillaume Apollinaire, Maurice Raynal, André Salmon, Alexandre Mercereau, Gustave Kahn, Ricciotto Canudo, Waldemar George, André Warnod, qui détenaient les rubriques d'art dans les principaux journaux et revues [15]. Ces derniers sont non seulement ouverts mais désireux de promouvoir l'art des étrangers installés à Paris.

Pourquoi cet accueil si favorable ? La plupart de ces écrivains/critiques d'art appartiennent au cercle de Paul Fort qui se réunit à la Closerie des Lilas ou encore à l'Abbaye de Créteil, phalanstère d'artistes fondé en novembre 1906 [16]. Conscients d'être à un tournant de l'histoire opposant modernité et tradition, individualisme et nationalisme, ces intellectuels considèrent la poésie, la littérature, les arts plastiques et décoratifs comme l'expression de l'esprit du temps, d'une nouvelle civilisation en route, à laquelle ils aspirent à participer. « L'ère qui se termine est, nous a-t-on dit, ère des nationalités. Celle qui commence déjà sera vraisemblablement une ère européenne », écrit Sauverbois dans le premier numéro de *Poème et Drame* en novembre 1912. Connaître la culture de l'autre est pour eux un devoir, un enrichissement humain et une garantie de paix. Ils s'opposent en cela à la xénophobie et à l'antisémitisme d'une frange non négligeable de la société française. « Pour mieux se connaître [17], œuvre de rapprochement

15. Apollinaire assure « La Vie anecdotique » au *Mercure de France*, puis en 1910 remplace André Salmon à la rubrique de « La Vie artistique » à *L'Intransigeant* ; il dirige aussi *Les Soirées de Paris* (1912-1914) et la collection d'art de l'éditeur Figuière. André Salmon travaille à *Paris-Journal*. Alexandre Mercereau codirige avec Paul Fort *Vers et Prose*, collabore à *Poème et Drame* de Barzun et préside la section littéraire du Salon d'automne. Gustave Kahn commente l'actualité artistique dans le *Mercure de France*. Roger Allard écrit dans *Les Marches du Sud-Ouest* avant de fonder en 1919 *Le Nouveau Spectateur*. Maurice Raynal est attaché au journal *Gil Blas*, André Warnod à *Comœdia* et à *Montparnasse* dirigé par Paul Husson et Géo Charles.
16. Par René Arcos, Charles Vildrac, Barzun, Georges Duhamel, Albert Gleizes, Alexandre Mercereau et le typographe Lucien Linart.
17. Où il est dit que l'élite des deux nations « a une mission civilisatrice à remplir qui consiste à dire aux deux peuples : au lieu de vous égorger, sans profit réel, apprenez d'abord à vous connaître ». Parmi les signataires, on relève les noms d'Élie Halevy, Paul Langevin, Octave Mirbeau, Victor Marguerite, Gabriel Astruc, Frantz Jourdain (comité français), Max Reinhardt, Richard Stauss, Franz von Stuck, Max Libermann (comité allemand), Maurice Maeterlinck, Émile Verhaeren, Jacques Dalcroze (comité international), Jean Richard Bloch, Bazalgette, René Ghil, Han Ryner, Otto Grautoff, Walter Rathenau, Stefan Zweig (membres). Le président fondateur est John Grand-Carteret, et Henri Guilbeaux dirige les *Cahiers franco-allemands*, le mensuel de cette association.

intellectuel franco-allemand », créée en 1912, « les Grandes Conférences, Société internationale pour aider à la culture universelle [18] » et les expositions d'art moderne organisées par Alexandre Mercereau en Russie de 1908 à 1912, puis à Prague en 1914, n'ont d'autre objectif que la défense de cet idéal. Ces intellectuels européens, voire les pacifistes de l'entourage de Romain Rolland, comme après la guerre les communistes écrivant dans *Clarté* et *Monde* dirigé par Barbusse, informeront leur public sur l'art à l'étranger et sur l'art des étrangers de Paris. Pour illustrer leurs romans, études ou revues, ils font aussi appel à Mela Muter, Foujita, Feder, Medgyes, Picasso, Orloff, Masereel, Kisling, etc.

Mis à part les socialistes et les pacifistes, la majorité des autres défenseurs de l'École de Paris ont tendance à considérer la culture française comme la plus apte à promouvoir un « universalisme » (croyance confortée par le cosmopolitisme parisien et par l'image mythique renvoyée par les étrangers). Ainsi l'accueil des artistes étrangers, avant et après la Première Guerre mondiale (bien entendu, difficilement pendant) fait intégralement partie, inconsciemment ou non, de la progression des idéaux et du renom de l'intelligentsia française (car en retour les étrangers, soutenus par les Français, les promeuvent dans leurs pays d'origine). En définitive, le pacifisme, l'idéal européen, l'universalisme « français », conjugués à la promotion internationale des artistes, ont fortement contribué au succès de l'École de Paris.

Parmi les acteurs les plus entreprenants de la scène artistique parisienne, on compte de nombreux étrangers : les marchands Daniel-Henry Kahnweiler (allemand) et Léopold Zborowski (polonais), les collectionneurs Wilhelm Uhde (allemand), Leo et Gertrude Stein (américains), la marquise Casati (italienne), Jirohachi Satsuma (japonais), les directeurs des Ballets russes et suédois Serge Diaghilev et Rolf de Maré, les fondateurs ou cofondateurs des revues *Montjoie ! Les Soirées de Paris, Nord-Sud*, l'Italien Canudo, l'écrivain et peintre russe la baronne d'Oettingen, le Suédois Halvorsen, ou encore Émile Szittya et le Suisse Frédéric-Louis Sauser, dit Blaise Cendrars, rédacteurs de *L'Homme nouveau* [19]. Pendant la Première Guerre mondiale, ce dernier, avec son compatriote le peintre Émile Lejeune,

Monde, 5 juillet 1930

18. Fondée par Henri Tastevin et Alexandre Mercereau au dernier trimestre 1913. Membres du comité : Rosny Aîné, René Ghil, Gustave Kahn, Émile Verhaeren, Paul Fort, Eugène Figuière, Laurent Tailhade, Paul Adam, Romain Rolland. L'objectif est d'aider la diffusion de la « culture universelle, accélérer le progrès, multiplier les éléments de concorde » par des conférences, des missions scientifiques et la publication d'un bulletin en cinq ou six langues. Ce programme ambitieux espère construire les fondements, « non point des États-Unis d'Europe, mais bien d'une vaste fédération du monde où chaque peuple aura sa place et chaque individu sa voix ». Interrompues par la guerre, seules les conférences de Verhaeren, Paul Fort et Marinetti furent organisées à Moscou et Saint-Pétersbourg en 1914 (par Tastevin avec l'aide de mécènes russes).
19. Nouvelle série en français de la revue anarchiste *Neue Menschen*.

organise entre 1916 et 1920 les manifestations de « Lyre et Palette » dans l'atelier de la rue Huygens. Ajoutons l'apport des innombrables revues créées ou coréalisées par des étrangers dans les années 1920 : *L'Esprit nouveau, Gargoyle, Oudar, Zénith, Cahiers d'art, Vogue…* sans oublier le soutien promotionnel important des marchands Westhein, Walden, Flechtheim, Halvorsen, Brenner, qui vendent l'art de l'École de Paris en Allemagne, Suède, Belgique et aux États-Unis, et le rôle des traducteurs ou des correspondants de journaux étrangers : Walter Pach, Soffici, Adolphe Basler, Carl Einstein, Otto Grautoff, André de Ridder, Flouquet.

Dès 1913, le sculpteur américain John Storrs est conscient du bénéfice qu'il retire du fait de vivre à Paris : « Je continuerai à résider en France et reviendrai environ chaque année en Amérique pour amener et montrer mes dernières œuvres et pour jouir du prestige que l'Amérique octroie à ses artistes venus de l'étranger [20]. »

Enfin, la promotion de l'École de Paris a dans une certaine mesure profité de la « renaissance » d'une conscience identitaire juive, qui surgit à la suite de l'affaire Dreyfus et se prolonge avec le sionisme. En favorisant l'inscription culturelle du peuple juif dans la modernité, les écrivains André Spire, Henri Hertz, Edmond Fleg, Gustave Kahn (avec la revue *Menorah*) deviennent les ardents défenseurs de cet « éveil » en France, souvent combattu par les partisans d'une assimilation radicale. Il convient aussi de souligner combien la diaspora juive a grandement contribué au succès international de l'École de Paris. Dès 1928, Wilhelm Uhde témoigne de cet apport : « Plus des trois quarts de tous les marchands, critiques (comme Louis Vauxcelles, Florent Fels, Waldemar George, Adolphe Basler, Max Jacob, Claude-Roger Marx, Marcel Hiver, Gustave Kahn, Jacques Bielinky), collectionneurs, sont des juifs. Ce sont eux qui reconnurent en leur temps les grandes valeurs, les défendirent, les rendirent célèbres… C'est grâce à [eux] que des tableaux de réelle valeur entrèrent dans les musées [21]. »

L'École de Paris : une reconnaissance spécifique

Les artistes immigrés vont transformer la scène artistique parisienne en radicalisant le fossé entre l'art officiel et l'art indépendant déjà amorcé par les impressionnistes et les fauves. L'importance croissante des participants étrangers aux Salons des indépendants et d'automne renforce la notoriété de ces deux derniers au détriment du Salon des artistes français et de celui de la Nationale, qui se replient de plus en plus sur les valeurs « sûres » du métier et du bon goût national. De plus, la participation massive des

20. John Storrs, lettre à M. Rockefeller de juillet 1913, fonds John Storrs, Archives of American Art Washington D.C., citée par Jocelyne Rotily, *Artistes américains à Paris 1914-1939*, Paris, L'Harmattan, 1998, p. 42.
21. Wilhelm Uhde, *Picasso et la tradition française*, Paris, Éditions des Quatre-Chemins, 1928, p. 81. Le soutien de Basler, Vauxcelles, Marcel Hiver est plus que relatif et ne concerne que quelques personnalités de l'École de Paris dont l'art avait grâce à leurs yeux.

étrangers aux Salons des indépendants et d'automne tend à diluer l'identité de l'art français [22]. Elle est d'autant plus difficile à percevoir que les nouvelles formes d'expression : le fauvisme, le cubisme, le futurisme, le primitivisme et leur mélange bouleversent eux aussi les repères stylistiques identitaires.

Cette situation est appréhendée comme un chaos par bon nombre de critiques ancrés dans une conception hégémonique de l'art français, défini par Arsène Alexandre, inspecteur général des Musées nationaux, comme « l'alliance de la simplicité, de la clarté et du sens de la mesure [23] ». En caricaturant : le camp des Anciens, conservateurs du goût, antisémites et xénophobes, s'oppose à celui des Modernes, amateurs du changement, proeuropéens ou universalistes. Déjà, le préfacier du catalogue du Salon d'automne de 1910 invite, pour une réflexion plus approfondie, « les amoureux du goût français » à se rendre au pavillon de Marsan car « les artisans du XVIIIᵉ siècle ne craignirent pas de s'inspirer […] de l'art chinois. J'ignorais que le Louis XV fût un art de métèques et que la Chine fût un pays grécolatin ». Le 3 décembre 1912, la prolifération des arts étrangers à Paris sera même débattue à la Chambre des députés. Jules-Louis Breton déclare inacceptable le fait que nos palais nationaux puissent accueillir « des expositions de caractère anti-artistique et antinational ». Marcel Sembat, son contradicteur, rappelle ces attaques dans sa préface au Salon d'automne de l'année suivante : « Le plaisant de l'aventure, c'est qu'on fait grief au Salon d'automne d'ouvrir trop large ses portes aux artistes étrangers ! N'est-ce pas la meilleure réponse, cette peur des étrangers devant l'envahissement du goût français ? Que diable, on aurait dû nous en savoir gré ! Ce n'est pas si banal, ce triomphe des produits français au-delà des frontières. »

L'exaspération du nationalisme pendant la guerre, utilisant tous les stéréotypes identitaires, renforça jusqu'à l'absurdité l'assimilation des arts d'avant-garde, l'*Autre* de la tradition, à la création artistique étrangère. Ainsi déclare-t-on « art boche » le « Kubisme [24] ». Sans s'étendre plus avant sur ce retour à « l'esprit de corps », nous évoquerons par une métaphore le revirement idéologique de Jean Cocteau. Retournant l'habit d'Arlequin qu'il avait acheté en juillet 1915 pour que Picasso le portraiture [25] dans ce

Le Mot, 13 février 1915

---

22. Pour pallier cet inconvénient, les cubistes français, désireux d'apparaître comme tels, intrigueront pour être placés ensemble dans la salle 41 du Salon d'automne de 1911.

23. Arsène Alexandre, cité par Kenneth E. Silver, *L'Esprit de corps*, Princeton University Press, 1989, publié en français sous le titre *Vers le retour à l'ordre. L'avant-garde parisienne et la Première Guerre mondiale, 1914-1925*, Paris, Flammarion, 1991, p. 158.

24. Bien qu'aucun Dômier allemand, à part Bolz et très relativement Freundlich, ne l'ait été.

25. En 1915, Picasso ne fit pas le portrait de Cocteau, mais il garda le costume dont il se servit par la suite pour les portraits de Massine et Salvado ainsi vêtus. Par contre, en mai 1916, il fit, au crayon, un portrait – « prémonitoire » de ce futur revirement – en représentant Cocteau en uniforme.

costume, il proclame en 1918 : « Vive le Coq ! À bas l'Arlequin. » C'est, pré-cise-t-il, « s'évader d'Allemagne, du paradoxe et de l'éclectisme », signalant en bas de page : « *Arlequin* signifie encore : mets composé de restes divers (Larousse) [26]. » Or c'est justement le mets composé d'emprunts venus d'ici et là, l'identité « introuvable comme Arlequin dont l'effeuillage montra tou-jours et partout la même chose, à quelques variations près, du *bariolé* [c'est moi qui souligne], qu'il s'agisse du costume, de la peau ou du sang, finale-ment de l'âme [27] », qui est au cœur de la question de l'École de Paris.

En prenant le contre-pied de ce nationalisme exacerbé, Pascal Fortuny, dans sa préface au catalogue du Salon d'automne de 1919, met en garde ses concitoyens contre « un exclusivisme que l'histoire démontre périlleux. Je crois, ajoute-t-il, aux alliances spirituelles contractées avec les peuples amis. Je crois à l'inéluctable de n'ignorer rien, chez les adversaires, des idées et des faits. J'invite la jeunesse au cosmopolitisme le plus nomade et le plus éclectique […] J'attends à l'exposition de 1922 la présence de tous les États qui seront inscrits à la Société des nations ». En fait, l'auteur ne pres-sent pas le refus radical des exilés de se voir parrainés et ainsi récupérés par la nation quittée. « Transplantés », comme l'écrit Canudo, ces artistes s'iden-tifient avant tout au « devenir soi-même dans un pays choisi [28] ».

L'ouverture d'esprit de Fortuny ne fut pas partagée par le comité de sélec-tion du Salon d'automne de 1921, qui refuse Marie Laurencin. La presse s'en fait l'écho : « Pourquoi brimer Laurencin ? Elle a épousé un Allemand. Elle l'a épousé en temps de paix quand c'était permis. Le divorce est sur le point d'être accompli [29]. » En revanche, ses espérances cosmopolites furent dépassées grâce à la nouvelle vague d'émigration qui surgit.

La participation étrangère aux Indépendants, qui atteindra son point culminant en 1923, renforce la rancœur des protectionnistes français : « Non seulement cette émigration porte préjudice à nos peintres, mais elle est également dangereuse pour l'art et le goût français […] Sans être taxé de xénophobie, on peut dire que la majorité des incohérences, des niaise-ries, des déformations volontaires auxquelles s'amuse une certaine école portent des signatures étrangères […] De tels reproches seraient injustes s'ils étaient généralisés […] La peinture étrangère compte évidemment chez nous nombre de représentants éminents. Est-ce bien le moment, mal-gré tout, d'ouvrir si largement la porte aux influences extérieures, de magnifier l'art du voisin en lui accordant la moitié de la cimaise dans nos salons et un musée permanent pour lui tout seul, quand notre jeune école souffre d'une crise pénible et a besoin d'encouragement [30] ? » Cet article

26. Jean Cocteau, *Le Coq et l'Arlequin*, préface datée du 19 mars 1918, Éditions de la Sirène, 1918, repris dans *Le Rappel à l'ordre*, Paris, Éditions Stock, 1948, p. 14.
27. Michel Serres, *Le Tiers instruit*, Paris, Éditions François Bourin, 1991, p. 218.
28. R. Canudo, *Les Transplantés*, *op. cit.*, p. 151.
29. *Bonsoir*, 3 novembre 1921.
30. Jean Robiquet, *L'Information*, 14 février 1922.

33

appelle des commentaires. Il faut tout d'abord rappeler la réalité : le manque de cimaises incite à la défection la moitié des anciens sociétaires qui laissent la place aux jeunes. On constate aussi que ce journaliste, comme Vauxcelles [31], Marcel Hiver ou Basler, fait un distinguo entre les artistes étrangers qu'il estime, ceux « assimilés » dont l'art n'est pas choquant, ceux qui ont combattu dans les rangs de l'armée française ou de la Légion étrangère, et les nouveaux arrivés qu'il considère comme des trublions opportunistes sans talent. Enfin, il est fait allusion à la toute récente création du musée du Jeu de paume destiné à l'art étranger, moins par altruisme que pour doter le musée du Luxembourg de plus de place et d'une identité spécifiquement française.

« La goutte qui fit déborder le vase » fut sans nul doute les achats de Barnes, en décembre 1922, à la galerie Paul Guillaume et le succès de l'exposition de sa collection en 1923 à Philadelphie. Vauxcelles monte en première ligne, se faisant le porte-parole de tous les jaloux et des défenseurs de l'identité de l'art français. Dans *L'Excelsior*, il attaque : « Je ne citerai que pour mémoire les Slaves travestis en représentants de l'art en France à la fondation Barnes de Philadelphie [32]. » Trois jours plus tard, il récidive dans *L'Ère nouvelle* : « Cette cohorte de jeunes indésirables, ignares et turbulents, qui, ayant colonisé le quartier de la Grande-Chaumière, tiennent leurs assises dans un café fameux, dit La Rotonde […] Il ne s'agit pas des artistes estimés de tous qui appartiennent quasiment à l'école française comme Vallotton. Par contre, quand j'apprends que M. Soutine (que je ne connais pas, dont je n'ai rien vu que de méchants tableaux) représente à la Fondation Barnes l'école de peinture contemporaine et que l'on a évincé Jean Marchand, par exemple, pour lui faire de la place, j'estime – si le fait est exact – que M. Soutine et ses camarades gaffent péniblement [33]. »

« L'affaire Barnes » aura pour conséquence l'adoption, à la fin de l'année 1923, d'un nouveau mode de présentation au Salon des indépendants. À la demande de la majorité des sociétaires français, le comité renonce au

---

31. Notamment le texte de Louis Vauxcelles du 8 février 1923, dans *Carnet de la semaine* : « Le "salon des cent" métèques naturalisés… a cessé de vivre avant même de naître… tout s'est écroulé, la "jeune peinture française" ayant opposé son veto… sans vouloir froisser ces talents indéniables que sont Kisling, Marcoussis, Pascin, Sabbagh, Gimmi, Zadkine, Lipchitz… Il est nécessaire que les proportions soient étudiées avec soin quand on constitue un groupe. Il y a tout de même des gens à Montparnasse qui ne sont pas encore assimilés… Allez aux Indépendants : des salles entières sont d'un slavisme, d'un bulgarisme, d'un américanisme un tantinet agressif. » Cette distinction, de surcroît variable, entre bons et mauvais artistes étrangers explique sans doute que Orloff, Sabbagh, Kisling et Marcoussis soient parmi les signataires d'une pétition demandant la nomination de Vauxcelles comme conservateur du musée du Luxembourg (Florent Fels, « La question du Luxembourg », *Les Nouvelles littéraires*, 13 juin 1925).
32. Louis Vauxcelles, *L'Excelsior*, 26 novembre 1923.
33. L. Vauxcelles, *L'Ère nouvelle*, 29 novembre 1923.

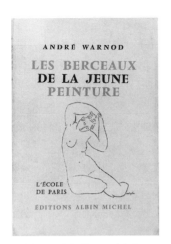

André Warnod, *Les Berceaux de la jeune peinture, L'École de Paris*, Éditions Albin Michel, 1925

«démocratique» ordre alphabétique pour adopter une répartition «cohérente» par nationalités. Cette décision provoque un tollé général, des débats sans fin, des démissions en série (Foujita, Feder, Lipchitz, Zadkine, Van Dongen, Léger, Kickert, Csáky, Halicka, Muter…), de tous ceux qui voient dans cette mesure de la xénophobie.

En conséquence, le Salon de 1924 se révélera un échec. «Les sections étrangères, écrit Warnod, auraient pu être intéressantes si on y avait vu la peinture des étrangers habitant Paris jointe à celle des peintres restés dans leur pays. Mais nos hôtes ont boudé et les autres n'ont rien envoyé. Ces sections sont donc assez décevantes[34].» En fait, cette malencontreuse initiative apparaissait comme une négation du devenir identitaire de l'immigré au profit d'un état civil de circonstance ou encore de la nationalité d'origine. Dans ce cadre, Pascin (bulgare), naturalisé américain en 1920, était promu non sans humour l'ambassadeur de l'art des États-Unis, tandis que les créations des artistes immigrés (ceux qui n'avaient pas démissionné) se différenciaient radicalement des envois de leurs compatriotes. Par ailleurs, le placement des œuvres des artistes apatrides ou juifs – que les critiques antisémites, mais aussi les «Amis de la culture juive» (association fondée en 1923), commençaient à constituer comme ensemble transnational – n'était pas résolu pour autant.

« L'École de Paris existe »

C'est à la suite de ces événements que, par un coup de génie médiatique, André Warnod invente l'appellation «École de Paris», dont le succès est consacré par une série d'articles[35] parus en janvier 1925 et un livre, *Les Berceaux de la jeune peinture. L'École de Paris*, sorti en octobre de la même année.

D'emblée, Warnod donne de l'École de Paris une définition ambivalente, car à travers elle, il défend deux objectifs différents : *rendre officiel l'art vivant* (qui regroupe les sociétaires des Salons des indépendants, d'automne et des Tuileries) pour qu'il figure à l'Exposition internationale des arts décoratifs, de préférence à l'art académique du Salon des artistes français, et *reconnaître l'art des étrangers travaillant à Paris*. Dans l'article du 4 janvier, c'est la première signification qui prime : «Quelle puissance occulte donne le privilège à l'art académique qui ne représente plus rien des tentatives d'aujourd'hui, qui va à l'encontre de tout ce qui fait la vie de l'art français, de tout ce qui fait l'École de Paris?» Dans son livre, au contraire, l'accent est mis sur la seconde : «L'École de Paris existe. Plus tard, les historiens d'art pourront mieux que nous en définir le caractère et étudier les éléments qui la composent; mais nous pouvons toujours affirmer son existence et sa force attractive qui fait venir chez nous les artistes

34. Coupure de presse du 11 février 1924, sans mention du journal – probablement *L'Avenir* ou *Comœdia*.
35. *L'Avenir du Dauphiné*, 4 janvier 1925; *Comœdia*, 4 et 27 janvier 1925.

du monde entier [...] On sait la part qui revient dans l'art d'à présent à des Picasso, à des Pascin, à des Foujita... » Sont cités aussi les noms de Chagall, Van Dongen, Modigliani, Galanis, Marcoussis, Juan Gris, Kisling, Lipchitz, Zadkine, Sabbagh. Il est à noter que Warnod entend dénommer principalement une réalité de terrain plus que définir un concept. La XVIᵉ Biennale de Venise (1928) renforcera son interprétation [36] en consacrant une salle à l'École de Paris, indépendante de celle présentant l'art français. Le regroupement sur Paris de ladite école correspondait certes à la réalité, mais avait surtout le double avantage de ménager les susceptibilités chauvines, tout en induisant une signification universaliste dont ne manquèrent pas de se saisir les marchands.

Le débat sur la reconnaissance/contestation de l'art des étrangers de Paris ne se termine pas pour autant : l'École de Paris, aussi tard nommée, est aussitôt éclatée. La critique s'affronte alors sur son identité. Trois positions contradictoires s'opposent. La première se borne à y voir l'art vivant indépendant en France. Ainsi peut-elle faire figurer sous cette étiquette pragmatique les maîtres français (dont beaucoup comme Matisse travaillent dans le sud de la France, et dont Picasso, non naturalisé, fait bien entendu partie) et les artistes étrangers (vedettes et jeunes) vivant à Paris. Les préfaciers des catalogues insistent sur l'influence des premiers sur les seconds, tout en consacrant, malgré tout, quelques lignes aux singularités individuelles. L'exposition « L'École de Paris », à la galerie Pleyel (1928), comptera ainsi cinq étrangers : Blanchard, Chagall, Gimmi, Picasso, Pascin, parmi vingt-trois Français dont Matisse, Bonnard, Braque, Derain, Rouault, Kisling (naturalisé) tandis que celle de la galerie de la Renaissance (1929) inversera la proportion. En 1932, dans les pays étrangers, on s'y perd : « Masterpieces by 20ᵗʰ Century French Painters. L'École de Paris », à la galerie Alex Reid Lefevre de Londres, insère Picasso et Modigliani parmi dix artistes français : Bonnard, Braque, Derain, Dufy, Matisse, Rousseau... *A contrario*, la préface de Waldemar George caractérise cette manifestation comme la « synthèse de l'art européen » ; « L'École de Paris » au Stedelijk Museum d'Amsterdam accroît la confusion en y mêlant les générations et les avant-gardes : Alix, Arp, Bombois, Bonnard, Bores, Braque, Chapon, Chagall, Dali, Derain, Ernst, Gleizes, Herbin, Masson, Miró, Modigliani, Mondrian, Soutine, Viollier, Van Dongen, Zack, Krohg, Pascin, etc. L'École de Paris est transformée en un panorama de l'art en France.

36. Le catalogue d'exposition de « La collection Walter Schwarzengerg », à la galerie Georges Giroux de Bruxelles en 1932, abonde aussi dans ce sens. Il classe clairement les peintres étrangers travaillant à Paris sous la rubrique « École de Paris » et les autres artistes par nationalités : les peintres français sous École française, les belges sous École belge, etc.
37. Adolphe Basler : « L'École de Paris, c'est tout Montparnasse, avec ces Européens, Asiates et Américains ! Plus d'idiomes picturaux ! L'espéranto de la couleur fusionnera toutes les races et s'entendra de Tokyo à Paris et à New York. », *Le Cafard après la fête*, Paris, Éditions Jean Budry et Cie, 1929, p. 13.

La seconde interprétation considère l'École de Paris comme un « espéranto [37] » stylistique, dénoncé en tant que phénomène de mode, entretenu par l'opportunisme de jeunes artistes avides, poussés par des marchands peu scrupuleux de la qualité. Dans cette optique, les Juifs sont accusés d'être les agents du « déclin de l'Occident ». Camille Mauclair (Faust à l'état civil), dans ses articles [38] et ses livres *La Farce de l'art vivant* (1928-1929) et *Les Métèques contre l'art français* (1930), Adolphe Basler dans « Y a-t-il une peinture juive ? », publié au *Mercure de France* en 1925, *La Peinture, religion nouvelle* (1926), *Le Cafard après la fête* [39] (1929) seront les principaux propagateurs de cette vindicte qui reprend en négatif l'argumentation de Wilhelm Uhde. L'écrivain prosioniste Joseph Milbauer répond à ces attaques : « Camille Mauclair compare les œuvres de certains peintres juifs à des épouvantails. C'est son droit et l'on aurait tort de l'accuser d'antisémitisme à cause d'un jugement aussi sommairement formulé. Mais ces épouvantails existaient déjà. Les Juifs n'ont apporté à la peinture que leur tempérament, leur "réalité". S'ils s'étaient tenus à l'écart du mouvement moderne, au lieu de les traiter de destructeurs, on les aurait traités de réactionnaires, d'arriérés. Il faut rendre hommage à ces fils d'Israël, qui ont prouvé au monde que les Juifs savent, eux aussi, créer la beauté [40]. »

Moins négatif que Basler et Mauclair, mais quelque peu dubitatif quant à l'apport bénéfique de l'École de Paris, Zygmunt St Klingsland s'interroge sur l'art des Polonais au Salon d'automne de 1928 : « Et immédiatement la question se pose : cet abandon – volontaire ou inconscient – des particularités polonaises, est-ce une perte sèche ou bien s'agit-il d'un troc pour troc ? On ne peut donc juger toutes les œuvres exposées au Salon d'automne – aussi bien polonaises que turques, allemandes, espagnoles ou même françaises – que sur le plan de l'ambiance de Paris, capitale universelle des arts [41]. » À son tour, Jacques Bielinky considère l'École de Paris sous l'angle des identités perdues, ce qui l'autorise à contester le livre de Jan Topass, *L'Art et les Artistes en Pologne* : « Peut-on classer comme "artistes polonais" les grands peintres juifs nés en Pologne, mais qui, installés à Paris, sont depuis longtemps "annexés" par la peinture française et font partie de ce qu'on appelle l'École de Paris [42] ? »

37. *Page précédente.*
38. Camille Mauclair, *Les Métèques contre l'art français*, Paris, Éditions de La Nouvelle Revue critique, 1930. Certains chapitres du livre reprenaient des articles publiés antérieurement dans *Le Figaro* et *L'Ami du peuple.*
39. W. Uhde, *Picasso et la tradition française, op. cit.* Il voyait dans le phénomène de la diaspora la meilleure courroie de transmission des valeurs universelles.
40. Joseph Milbauer, *L'Univers israélite*, 30 août 1929, p. 620.
41. *Pologne littéraire*, n° 18, 15 mars 1928.
42. *L'Univers israélite*, 15 novembre 1929. Bielinky et Milbauer défendent l'idée qu'il est trop tôt pour revendiquer un art juif moderne, celui-ci n'ayant pas encore d'identité nationale, mais que l'on peut parler d'artistes juifs.

Chil Aronson,
Artistes américains modernes de Paris,
Éditions du Triangle, 1932

De Belgique, en 1928, André de Ridder analyse la situation parisienne avec plus de recul. Il en relève les aspects positifs : son public averti, son marché florissant, bien organisé et avantageux pour les artistes, l'influence de l'art français sur l'École de Paris et en retour son apport au prestige mondial de Paris, mais aussi les faiblesses : « En ce qui concerne la création, le danger réside dans la facilité […] Aussi sommes-nous témoins d'un bâclage très général et chez la plupart de surproduction. Paris, avec ses cafés […] distrait l'artiste de son œuvre.

Nous risquons d'assister – à Paris comme partout – à un art bien singulier, prétendument universel, mais à vrai dire cosmopolite ou métèque, art d'uniformité, de neutralité et de banalité, art épigone, basé sur l'imitation […] Opposons à cet art-là (comme on le fait en Flandre) un art régional issu d'une tradition aussi bien populaire que savante […] Puissant et beau Paris, cénacle des clairs écrivains et des peintres ingénieux, laboratoire des sciences, paradis de la mode, pourvu qu'on ne te transforme pas en une Babel de toutes les confusions [43] ! »

Pour pallier ce danger d'une « mondialisation » artistique, la dernière position, influencée par la montée des nationalismes en politique, désagrège ou encore fragmente l'École de Paris en autant de groupuscules nationaux ou « ethniques », comme en témoignent les manifestations suivantes : « Peintres italiens de Paris » (Salon de l'Escalier, 1928), « Un groupe d'Italiens de Paris » (galerie Zak, 1929), « Exposition d'art polonais moderne » (en fait les Polonais travaillant à Paris, Éditions Bonaparte, 1929), « Les Artistes juifs de Paris », organisée par la galerie Billiet à Zurich, à l'occasion du Congrès sioniste de 1929, « Artistes américains de Paris » (galerie de la Renaissance, 1932). Waldemar George est le champion de cette approche de la différence, des singularités identitaires qu'il se plaît à opposer avec fougue. Selon l'organe de presse, la demande, voire l'état d'esprit du moment, il privilégie une culture au détriment de l'autre, qu'ailleurs il vantera. « Le moment est venu pour la France de faire son examen, d'opérer un retour sur elle-même, et de trouver dans son fonds national les éléments premiers de son salut. L'École de Paris est un château de cartes construit à Montparnasse […]. L'idéologie de l'École de Paris est orientée contre l'École de France que régit le principe dynastique d'unité dans le temps [44]. » Ailleurs, dans sa préface au catalogue de l'exposition « Jüdische Künstler unserer Zeit » (consacrée cette fois-ci à l'art juif international, organisée aussi à Zurich pendant le Congrès sioniste de 1929), il écrit : « L'essor de l'art juif est une des manifestations les plus réconfortantes de notre renaissance. Les peintres Chagall et Chaïm Soutine et le sculpteur Jacques Lipchitz sont les représentants les plus autorisés de la plastique juive du XXe siècle […] C'est en vain qu'on chercherait chez les artistes juifs des traits formels communs. Mais une communauté de senti-

43. André de Ridder, « Paris, centre mondial des arts », *Le Centaure,* n° 3, décembre 1928, Bruxelles, p. 55 et suivantes.
44. « École française ou École de Paris », I, *Formes,* juin 1931.

ments, d'idées, d'aspirations préside à leurs travaux. Les Juifs sont des gothiques. Ils sacrifient la forme à l'expression de la vie intérieure, ils la spiritualisent. »

Le comportement de Waldemar George est donc complexe à interpréter bien qu'il soit doté d'une certaine logique au regard de l'histoire de l'entre-deux-guerres. Au début des années 1920, Waldemar George défend l'apport spécifique des artistes étrangers de l'École de Paris. En 1931, il dénonce cette école devenue fabrique « d'uniformité » dont les « standards » contaminent l'art français. Condamnant cet universalisme abâtardi, il en arrive à saluer toutes les différences : françaises [45], juives [46], italiennes [47], américaines [48]. Le fait d'opposer École française / École de Paris n'étaye donc pas un soudain revirement chauviniste mais plutôt une désillusion envers la démocratie quant à sa capacité de gérer les différences [49] sans recourir radicalement à l'assimilation.

De plus, comment interpréter les comportements contradictoires de Basler et Vauxcelles qui, après leurs propos incendiaires, xénophobes et antisémites, font l'apologie d'Indenbaum et Marek Szwarc, à travers deux monographies publiées en 1930 dans la collection « Les artistes juifs » des éditions du Triangle ? L'attitude de Basler s'explique puisqu'il loue l'art d'Indenbaum pour son intelligente assimilation de l'hellénisme, mais que cache l'argumentation élogieuse de Vauxcelles ? : « Assimilé ? Non. Et c'est là un cas exceptionnel : Marek Szwarc, Polonais de Paris, Parisien de Lodz […] vénère la France, la culture et l'art de France, mais il entend obéir à la tradition des ancêtres et demeurer juif de cœur [50]. »

Devant ces revirements troublants, on est invité à prendre en charge la contradiction et y voir un indice. Les prises de position paradoxales de ces critiques révèlent leur ambivalence face à leur judaïcité et probablement

45. Voir *Formes, loc. cit.*
46. Voir *Soutine*, Paris, Éditions du Triangle, 1928, et *L'Humanisme et l'Idée de patrie, Valeurs françaises, Perspectives fascistes, Le Dilemme allemand, Métamorphoses juives, L'U.R.S.S. et la Culture*, Paris, Éditions Fasquelle, 1936.
47. *De Chirico*, Paris, Éditions des Chroniques du jour, 1928. « Une exposition de jeune peinture italienne à Paris », *Formes*, février 1932, voir aussi décembre.
48. Critique de l'exposition de Chil Aronson « Artistes américains modernes de Paris » : « Or il existe une école de peinture d'expression nettement américaine aussi bien en Amérique qu'en France. », *Formes*, février 1932.
49. Waldemar George, *L'Humanisme et l'Idée de Patrie, op. cit.*
50. L. Vauxcelles, *Marek Szwarc*, Paris, Éditions du Triangle, 1930, p. 18. Vauxcelles a de bonnes relations avec Marek Szwarc qu'il connaît depuis 1925. Peut-être pressent-il que l'artiste s'est converti au catholicisme comme son allusion à Maritain dans le texte peut le suggérer. Mais à cette époque, le secret de cette conversion faite en Pologne ne semble pas avoir été déjà dévoilé par un journaliste (vers 1931) et, quoi qu'il en soit de cette conversion, Marek Szwarc fut toute sa vie un militant actif de la culture juive.

une difficulté à se positionner dans le monde. À cet égard, leurs options esthétiques conservatrices ou versatiles, le recours à un ou plusieurs pseudonymes dans l'écriture (notamment chez Vauxcelles) et un certain malaise identitaire vont de pair. Par extension, ces comportements ambigus témoignent de l'inconfort existentiel de nombreux Juifs français [51], la citoyenneté démocratique exigeant en retour l'indétermination, ce que Shmuel Trigano nomme « l'homme en exil dans le citoyen [52] ».

Qu'est-ce que l'École de Paris ? Vue du côté des étrangers, c'est un rapport particulier à l'*Ailleurs* : Paris, et à l'*Autre* : une communauté multinationale ; c'est aussi la construction des *regardeurs* dans leur relation à leur présence et à leur art. Réciproquement, pour les Français, c'est la lente reconnaissance de cette relation à l'étranger : l'art des immigrés et accessoirement l'art moderne indépendant. Avec le recul du temps et l'analyse, on est tenté d'y voir un autoportrait inconscient de la France, du refoulé national. « Le moi archaïque, narcissique [...] projette hors de lui ce qu'il éprouve en lui-même comme dangereux ou déplaisant en soi, pour en faire un "double" étranger [...] L'Étrange apparaît cette fois-ci comme une défense du moi désemparé [53] », comme le rappelle Julia Kristeva. L'inquiétante étrangeté projetée sur l'École de Paris a banalisé voire discrédité l'universalisme français et l'idéal européen. L'École de Paris, c'est la réflexion de cette inquiétude dans le miroir de l'art. Le regardeur d'aujourd'hui y voit de l'*Ailleurs* et du *Même* : l'art a changé, mais les problèmes existentiels qui ont présidé à son apparition perdurent.

51. Bien entendu, on ne peut généraliser ; cet « inconfort » est relatif à la position du sujet mais aussi à celle de l'observateur. Par exemple et, au contraire, André Spire reprochait leur contentement aux juifs les plus assimilés (*Assimilation, Poèmes juifs*, Kunding, Genève, 1919), que l'on nomme et qui se nomment à l'époque « Israélites français » pour les ou se différencier des Juifs – que Spire écrit avec un J majuscule – qui revendiquent publiquement une singularité identitaire. Chez ces derniers, la difficulté est de vivre le dualisme culturel. À l'inverse de la position de Spire, Shmuel Trigano insiste sur le sentiment de vide lié à la « déprise identitaire » de certains israélites français, dont le mal-être, amorcé avec l'affaire Dreyfus, s'est considérablement accru après la Shoa, *L'Idéal démocratique à l'épreuve de la Shoa*, Paris, Éditions Odile Jacob, 1999, p. 292.
52. S. Trigano, *ibid*, p. 173.
53. J. Kristeva, *Étrangers à nous-mêmes, op. cit.*, p. 271.

« Made in Paris »

KENNETH E. SILVER

Les stratégies de l'identité – affirmée, reniée, dépassée, adaptée et parfois inventée de toutes pièces – se jouent mentalement, continuellement et, pour l'essentiel, secrètement. Les choses que nous aimons, les gens que nous voyons, quand et comment nous communiquons, tout cela dépend dans une large mesure de ce que nous croyons être et voulons être, ou inversement. C'est déjà assez complexe quand on vit parmi les siens. Pour l'immigré, ou pour l'étranger en séjour prolongé, la construction de l'identité prend une ampleur exponentielle à mesure qu'il se façonne une personnalité dans le substrat de ses origines et les bribes éparses de son nouvel environnement. En outre, l'identité du « visiteur » revêt un caractère public, qui transforme le déroulement intime normal de la quête de soi en une sorte de performance.

Il en va ainsi de beaucoup d'artistes de l'École de Paris. Les attributs de leur personne (accent « étranger », physique « exotique », habillement « curieux ») et de leur art (sujets « bizarres » et styles « particuliers ») concourent à élever l'élaboration de leur identité artistique au rang d'un spectacle théâtral, tantôt comique, par exemple lorsque les convenances plastiques françaises sont violées d'une manière jugée charmante, tantôt dérangeant, si l'artiste étranger manque de respect à l'égard des vaches sacrées culturelles du pays d'accueil. Comme l'identité se forge autant de l'intérieur que de l'extérieur, c'est évidemment l'oscillation entre ces deux points de vue, jamais distincts en fait, mais simultanés et imbriqués, qui constitue ce que l'on pourrait appeler la dynamique de l'adaptation culturelle. Celle-ci fonctionne dans les deux sens, bien entendu. Pendant que des hommes et des femmes se réinventent dans leur nouveau cadre de vie, ce cadre lui-même se modifie. Paris, dans la première moitié du XXe siècle, est manifestement le lieu le plus international et cosmopolite qui soit offert à la création artistique nouvelle. Nous allons voir ce que cela veut dire pour l'artiste étranger résidant en France, membre de l'École de Paris, et pour la culture française (ou, du moins, pour les critiques d'art parisiens qui parlent de ces artistes).

À travers un cristal étrange : Foujita

Quand le peintre japonais Tsuguharu Foujita se penche sur l'évolution de son art, en 1930, il se montre à la fois affirmatif et partagé sur les influences concurrentes de l'Orient et de l'Occident : « Les impressionnistes français du XIXe siècle sont directement issus de l'influence japonaise », écrit-il. Mais la situation s'est inversée au XXe siècle : « Depuis une vingtaine d'années, les artistes japonais sont devenus plus réalistes. Ils vont à Paris pour étudier. Cela fait dix-sept ans que j'habite à Paris. J'avais subi l'influence française à Tokyo. Puis je suis allé en France. Mon amour de la ligne exacte et belle […] peut faire penser à Holbein. Pourtant, il y a une liberté typique de Matisse. Et une rigueur qui est vénérée par l'Orient [1]. » Le réalisme, l'exactitude, la liberté et la rigueur : aux yeux de Foujita, sa peinture est le fruit d'une emprise exercée, dans un va-et-vient incessant, par l'Orient et l'Occident, par Tokyo et Paris, mêlée à une incertitude quant au moment précis où il doit faire débuter son analyse. Son histoire de l'art personnelle commence-t-elle à Paris ? Non. Il nous dit qu'il avait déjà subi l'influence française à Tokyo. Tokyo, sa ville natale, resterait donc sans incidence sur son esthétique, n'étant jamais qu'un lieu où il s'était déjà francisé ? Non. Parce que l'impressionnisme français était lui-même « directement issu de l'influence japonaise ». Mais ces derniers temps, estime-t-il, le réalisme a pris le pas sur les autres influences, et les Japonais, dont il fait partie, viennent le rechercher à Paris (où ils espèrent sans doute trouver un équivalent empirique des conventions figuratives japonaises traditionnelles). À présent, il crée des œuvres caractérisées par l'amour de la « ligne exacte et belle » qu'il compare à celle de Holbein (artiste « réaliste » s'il en fut). Mais, à la réflexion, Foujita se rappelle (et nous rappelle) qu'un autre aspect décisif de son art est une « liberté » dont Matisse donne l'exemple. Il pense peut-être à des œuvres comme celle qu'il vient juste de commencer, ou qu'il va bientôt commencer, *La Dompteuse et le Lion* (cat. p. 309) de 1930, où les aplats de couleurs vives et l'espace extrêmement aplati de Matisse s'allient à une iconographie déconcertante d'inspiration surréaliste (la dompteuse nue porte des talons aiguilles, des bas et un ruban rouge noué autour du cou, tandis qu'une main flottante, empruntée à l'univers de la réclame, désigne la protagoniste et la relie à son compagnon félin). Et puis, il se demande s'il n'a pas un peu grossi l'influence de la liberté occidentale moderne sur son art. Il risque peut-être d'avoir l'air de quelqu'un de volage, de dépravé. Aussi ajoute-t-il pour finir que son œuvre porte également la marque d'une « rigueur vénérée par l'Orient ».

Il va sans dire que Foujita est un artiste extrêmement cultivé, parfaitement conscient d'occuper une position singulière à Paris. Aucun autre artiste asiatique résidant en France n'est jamais parvenu à un tel niveau de renommée. Pourtant, le « dédoublement » persistant qu'il ressent dans son art, provenant d'une influence multiculturelle (et aussi, sans doute, de sa façon de s'adresser à deux publics distincts, à Paris et à Tokyo), n'a rien d'inhabituel en soi et ne constitue pas non plus un vrai écueil psychologique. C'est plutôt une donnée culturelle de l'École de Paris, tout aussi susceptible de préoccuper ses critiques que lui-même. En 1924, Michel-Gabriel Vaucaire nous présente un artiste japonais plus déstabilisé, plus provincial (plus balzacien), plus romantique et moins sagace que ne veut bien l'indi-

1. Tsuguharu Foujita, « The Japanese Influence on Whistler », *Art News*, janvier 1930, p. 22.

Foujita dans son atelier du square Montsouris, vers 1923-1924
Kisling dans son atelier, rue Joseph-Bara, 1929

quer Foujita : «Jeune encore, il arrive à Paris, en plein quartier Montparnasse et l'on comprend aisément la surprise de ce peintre qui n'a vécu jusqu'ici qu'au milieu d'œuvres traitées selon des règles inévitables [...] et qui découvre tout d'un coup un art sans aucun rapport avec le sien. [...] Foujita est dans l'indécision, aucune de ces deux traditions, l'européenne et la japonaise, n'est encore suffisamment forte pour triompher dans son esprit et pendant ces premières années de travail il sera hésitant ; de ce moment date une période d'incertitude durant laquelle il peindra tantôt dans un style tout à fait occidental, tantôt d'une façon purement orientale [2] [...]. » On ne voit pas très bien à quelles œuvres de jeunesse Vaucaire fait allusion, il ne donne pas de détail. Trois ans auparavant, le critique Fritz Vanderpyl envisageait les choses différemment, sous l'angle non pas d'un conflit, mais d'un atavisme présent chez tous les artistes qui travaillent à l'étranger, et en particulier dans le dédoublement de Foujita : « Je ne sais si un jour, sous une forme quelconque, l'internationalisme pourra devenir chose possible. Ce qui me paraît certain, c'est qu'en art il n'a aucune chance de réussir pour la raison primordiale que l'élément local ou national est une des causes de l'œuvre esthétique. [...] Voilà un homme adorant le pays de Poussin et de Corot, imbibé de nos idées, de nos musées, de notre folklore, de notre goût, de nos préventions et, grâce à un Parisien entreprenant, lancé sur le grand marché de la peinture. Malgré cela, Foujita reste japonais sur les bords de la Seine comme Ribera resta espagnol à Naples et Van Gogh hollandais à Arles. Le génie des ancêtres domine, le génie qui naquit un jour d'un climat et d'une croyance. Il n'existe que les sociologues marxistes pour douter de sa force et de sa longévité [3]. » D'après Vanderpyl, l'identité nationale de l'artiste reste à l'évidence le facteur prépondérant. Il sera toujours ce qu'il était au départ, indépendamment du lieu où le destin l'a placé, ou déplacé. Cela tient au fait que, selon

2. Michel-Gabriel Vaucaire, *Foujita*, Paris, G. Crès & Cie, 1924, pp. 5-6.
3. Fritz R. Vanderpyl, « Foujita », *L'Amour de l'art*, septembre 1921.

le critique, l'internationalisme est douteux en soi et seuls les théoriciens de gauche nient le pouvoir des ancêtres, du climat et de la religion. On aura compris que ce genre de réflexion contient en germe une doctrine artistique strictement raciale (du reste, Vanderpyl va continuer sur le même ton, en frôlant toujours la limite du racisme pur et simple, qu'il franchit parfois dans des articles comme «Existe-t-il une peinture juive?» publié par le *Mercure de France* daté du 25 juillet 1925). Mais ce qu'il dit sur Foujita est un peu plus intéressant et, certes, plus «internationaliste» qu'on ne l'aurait imaginé. Parce qu'il s'avère que c'est l'étranger au milieu de la culture française qui peut souvent mettre au jour ou déceler des choses et des valeurs impossibles à voir quand on est français, trop habitué à sa propre culture pour y faire attention. «Avec Foujita, ces faits nous ont rapporté le résultat suivant : une série d'images de notre cadre quotidien dont les détails comme l'ensemble sont une révélation ; quand avec son pinceau (qui équivaut souvent à une plume ou plutôt à un burin) il rend nos banlieues, nos coins de ville, nos paysages, nos enfants, nos animaux domestiques, nos intérieurs, on a l'impression de les apercevoir à travers un cristal étrange qui rajeunit notre vue, accentue notre capacité de distinction, nous révèle des parcelles de vie négligées depuis notre enfance observatrice [4].» À vrai dire, l'innocence foncière de cet artiste japonais moderne est à la fois sa force et ce qui le sépare des maîtres français : «C'est que les dons de Foujita sont ceux d'un peuple méticuleux, ordonné, raffiné, traditionaliste, mais, quoi qu'on en pense, naïf au fond. Foujita, n'étant pas un coloriste dans le sens occidental du mot, raconte avec sa palette dépouillée ce qui nous échappait à force de l'avoir trop connu. Aucun fragment ne lui échappe, fragment matériel comme fragment psychique. Et que cela offre un autre intérêt que la toile d'un géant tel que Derain ou d'un voluptueux tel que Segonzac, me semble évident [5].» Les moyens étrangers austères de l'artiste japonais (sa palette dépouillée) sont, aux yeux de Vanderpyl, bien reconnaissables et incontestablement «autres» que ceux des artistes français, le géant Derain ou le voluptueux Segonzac. Ces noms ne sont pas choisis au hasard, pas plus que la comparaison entre étranger et Français n'est fortuite. La différence entre artistes étrangers résidant à Paris et artistes français est un des lieux communs classiques de la critique à l'époque. Comme Gladys Fabre l'explique ici même, et comme Romy Golan l'a montré ailleurs, l'appellation d'École de Paris, inventée et entrée dans l'usage courant au cours des années 1920, était expressément destinée à distinguer les étrangers de leurs collègues français, regroupés sous le terme d'École française [6]. André Derain et André Dunoyer de Segonzac, ainsi que Maurice de

4. *Ibid.*
5. *Ibid.*
6. Romy Golan, «The "École française" vs. the "École de Paris" : the Debate about the Status of Jewish Artists in Paris between the Wars», dans Kenneth E. Silver et Romy Golan, *The Circle of Montparnasse. Jewish Artists in Paris, 1905-1945*, New York, Jewish Museum, et Universe Books, 1985.

Vlaminck, indiquent une voie perçue comme proprement française dans l'aventure moderne. Mais dans ce texte de 1921, Vanderpyl cherche simplement à bien faire comprendre la singularité de Foujita en prenant des repères connus. C'est particulièrement justifié en l'occurrence, car son propos n'est pas de dire que Foujita montre aux Français des choses qu'ils n'ont jamais vues avant, mais que cet artiste donne une apparence neuve aux vieilles choses françaises, par l'expression stylistique de sa différence culturelle, « à travers un cristal étrange qui rajeunit notre vue ».

Si Foujita est surtout célèbre aujourd'hui pour ses peintures de chats et de nus féminins sensuels, à l'époque où Vanderpyl a écrit ces lignes, le public connaissait tout autant ses paysages et ses coins de ville caractéristiques, ainsi que ses natures mortes. Il aborde tous les genres avec la même palette, où il a soit éliminé toutes les couleurs vives, soit conservé seulement des tonalités subtiles en demi-teinte. Un trait noir sinueux, mais jamais trop appuyé, entoure les différentes formes et ordonne leur clair-obscur ondoyant, doucement modulé. Tel un bon moderniste occidental, mais avec une discrétion toute japonaise, Foujita affirme constamment la vérité matérielle de la planéité du tableau. Rarement, et pas avant une date légèrement ultérieure (dans *La Dompteuse et le Lion*, par exemple), cette planéité devient un objectif en soi. La surface picturale ressemble plutôt à un élément convexe bombé, comme si le tableau était une bannière, ou un morceau de tissu mollement agité par une brise invisible. Bien sûr, un tableau occidental est exactement cela, une huile sur toile, même si, jusqu'à l'époque moderne, la peinture n'était pas souvent appréhendée de cette façon en Europe ni en Amérique (dans une lignée qui va de Cézanne et Matisse à Support-Surface en passant par Rauschenberg). Contrairement à Gauguin employant, en Polynésie, une pâte épaisse appliquée sur une toile grossière à tissage lâche, ce qui est un autre moyen d'attirer l'attention sur la réalité du support textile (au nom d'une véracité « primitiviste »), Foujita applique la peinture en couche mince sur la toile fine, obtenant ainsi une surface plus proche du tissu imprimé, qui se rattache par là même à une tradition manufacturière raffinée, quasi artisanale.

De fait, lorsque l'artiste crée ce qui est peut-être sa plus célèbre odalisque, le *Nu couché à la toile de Jouy* (cat. p. 301), il traite le thème du télescopage entre figuration peinte et tissu imprimé. Son idole au teint d'ivoire, pleine de retenue et pourtant impudique (qui rappelle, malgré sa physionomie vaguement orientale, une tradition occidentale où s'inscrivent les déesses et les mortelles de Titien, Goya, Ingres et Manet), repose sur un lit garni de draps blancs et niché dans une alcôve fermée par des tentures en toile de Jouy. C'est évidemment de cette sorte de chose que veut parler Vanderpyl, des « parcelles de vie négligées depuis l'enfance », ces phénomènes « trop connus » pour qu'on les remarque encore, telle l'omniprésente toile de Jouy, mais qui, une fois appréhendés et rendus d'une nouvelle manière par l'artiste étranger, recommencent à paraître surprenants, et essentiels, et beaux.

Foujita, *Mon intérieur, Paris*, 1922
Centre Georges Pompidou, Paris,
Musée national d'art moderne

Foujita se spécialise dans la représentation de la vie française à l'intention des Français, qu'il s'agisse de ses vues de Paris peintes entre la fin des années 1910 et le début des années 1920 (sur le boulevard Edgar-Quinet et dans la zone des anciennes fortifications et des nouvelles usines), ou de ses natures mortes, comme les deux pendants de 1921 et 1922 conservés à Paris, au Musée national d'art moderne, où l'on voit des sabots de bois, des faïences de Quimper, des images d'Épinal, un accordéon soigneusement plié et même une édition des *Fables* de La Fontaine. Comme Vanderpyl, Vaucaire est enchanté par cet étranger épris de choses autochtones négligées. « Foujita, écrit-il, adore les objets d'intérieur et qui datent : le folklore des pipes en terre, abondamment décorées, le ridicule délicieux de certains "chromos" au cadre un peu déteint, le pot à tabac aux multiples inscriptions et sur lequel on peut admirer les beautés de la ville qui l'a vu naître ; ce sont des mouchoirs de régiment qui ont l'air d'images d'Épinal… Tant de souvenirs désuets qui font la gaîté intime d'un logis et qui changent de ces chambres d'hôtel si inconfortables dans leur propreté et leur perfection [7]. » Donc, non seulement l'artiste étranger en France peut faire du neuf avec le vieux, mais le neuf (la chambre d'hôtel moderne, en l'espèce) se révèle aseptisé, dénué du charme particulier de la culture traditionnelle. En tout cas, Vaucaire reconnaît la dimension magique du dépaysement de Foujita, cette position inversée, ou sens dessus dessous, qui confère un pouvoir unique aux étrangers. Vaucaire conclut par ces mots : « Il n'y a pas beaucoup d'artistes qui soient parvenus à une situation aussi étonnante : passer pour un peintre francisé aux yeux des Japonais et pour un pur Japonais vis-à-vis des Occidentaux [8]. »

Thèmes et variations — l'étranger, le nouveau, le vulgaire

L'extranéité de Foujita est probablement celle qui a été la plus fétichisée dans toute l'École de Paris. C'était un artiste qui venait littéralement de l'autre bout du monde, de l'Extrême-Orient, et d'une culture qui s'était volontairement mise à l'écart de la contamination occidentale depuis des siècles. En outre, Foujita fétichisait son propre personnage, avec sa coupe de cheveux à la garçonne, ses boucles d'oreilles et ses grosses lunettes rondes, si bien que ses origines asiatiques se transmuaient en une sorte de modernité parisienne, sans jamais perdre leur « pointe » de différence. Mais Foujita était un cas extrême, par conséquent à la fois plus étranger et, pour ses observateurs parisiens, moins embarrassant à situer par rapport à une identité locale « acquise » (en clair, française). La plupart des autres artistes de l'École de Paris viennent de contrées moins lointaines et plus connues, exigeant par là une différenciation culturelle plus subtile, encore que bien des thèmes développés par la critique au sujet de Foujita réapparaissent à leur propos. Si l'on prend l'exemple du sculpteur russe Chana Orloff, on

---

7. M.-G. Vaucaire, *Foujita, op. cit.*, pp. 11-12.
8. *Ibid.*, p. 13.

découvre non seulement une analyse conjointe des origines ethniques et des parentés culturelles, mais encore de l'orientalisme. La première ligne de la monographie qu'Édouard des Courrières consacre à Chana Orloff – « Elle ressemble à Maurice de Vlaminck [9] » –, pourrait sembler la replacer dans l'École française, par plaisanterie (il y avait effectivement une légère ressemblance). L'auteur aborde ensuite la question de la position de Chana Orloff en constatant qu'il y a des gens pour nier la valeur de son œuvre du fait qu'elle est étrangère : « Quelqu'un, à qui je demandai de m'expliquer les raisons pour lesquelles certains boudent encore l'œuvre de Chana Orloff, me fit cette réponse : "Elle n'appartient pas à la grande tradition." Quelle grande tradition ? La grande tradition de qui ? C'est qu'il y a énormément de traditions [10]. » En fait, Courrières songe pourtant à une tradition bien précise : « Une seule influence se décèle chez Orloff, celle de l'Orient. […] Il est logique qu'une artiste russe, plus proche peut-être de l'Asie que de l'Europe, ait de profondes racines dans une civilisation millénaire d'une si forte originalité. Et il est possible que la précipitation des qualités orientales de l'art d'Orloff dans le creuset français ait donné à cet art une part de son caractère de surprenante nouveauté [11]. » À aucun moment, Courrières ne parvient à nous éclairer sur les aspects asiatiques de sa sculpture. Et comment le pourrait-il, quand cette œuvre est si complètement parisienne dans ses thèmes, ses formes et ses inspirations ? Chana Orloff, interrogée sur les artistes qu'elle admire, répond : « Les sculpteurs contemporains que j'aime ? Maillol et ses beaux volumes, Pompon aussi. Je ne crois pas qu'on puisse aller plus loin que Pompon dans la voie qu'il s'est tracée [12]. » En réalité, non seulement Chana Orloff va elle-même un peu plus loin dans cette direction, en créant un délicieux ensemble d'images animalières fortement stylisées où l'on discerne aussi les retombées des épurations géométriques du cubisme, mais, de plus, les « beaux volumes » de Maillol trouvent leur équivalent dans les formes pleines, galbées, simplifiées et néanmoins vigoureuses que sculpte Chana Orloff, comme l'atteste *L'Accordéoniste. Portrait de Per Krohg* (1924, p. 355). Son art s'élabore indéniablement « dans le creuset français », même si sa « surprenante nouveauté » a des origines étrangères, comme le laisse entendre Édouard des Courrières.

Bien sûr, la nouveauté n'est pas forcément une bonne chose. Elle peut signifier l'innovation simplement calculée pour l'effet, et des critiques de l'époque lui donnaient assurément cette acception, comme cela arrive encore quelquefois à l'heure actuelle. La nouveauté, appliquée plus particulièrement à l'École de Paris, peut désigner aussi le comportement de l'étranger qui brave les traditions (et donc la culture d'accueil) ou qui les bafoue par pure ignorance. S'agissant de Chana Orloff toutefois, ou de Kees Van Dongen, à qui on la compare souvent pour ses portraits chic du beau monde,

47

Chana Orloff dans son atelier, rue d'Assas, 1924

9. Édouard des Courrières, *Chana Orloff*, Paris, Gallimard, 1927, p. 3.
10. *Ibid.*, p. 7.
11. *Ibid.*, p. 8.
12. *Ibid.*, p. 9.

la nouveauté correspond moins à des hardiesses plastiques que théma-tiques. Elle réalise des œuvres attachantes, dans une sorte de réalisme remis au goût du jour, qui portent témoignage sur l'«actualité» précise de Montparnasse. Malgré tout, le lien entre nouveau et étranger revient constamment dans le discours artistique parisien et, comme on l'a vu pour Foujita, il peut s'entendre comme la condition préalable au don précieux que le visiteur serait à même d'offrir à la culture française. Léon Werth, qui ne se soucie ni des origines de Chana Orloff ni de ses emprunts à l'art fran-çais, se laisse tout de même aller à des images de décalage dans le temps et dans l'espace lorsqu'il examine la «nouveauté» de sa sculpture. «Cette qua-lité : être moderne, on ne la définit pas facilement, écrit-il. […] Une œuvre est moderne quand, au choc direct que nous recevons d'elle, au pincement dont elle nous saisit, s'ajoute en nous une sorte de surprise à y reconnaître notre temps, un aspect ou un langage de notre temps. En un sens, le plaisir que nous éprouvons à reconnaître, à dégager l'élément moderne d'une œuvre est comparable à notre plaisir de dépaysement devant une œuvre archaïque ou barbare. Ici, le plaisir de dépaysement et le plaisir de recon-naissance dans le temps se ressemblent[13].» Comme Foujita, en somme, Chana Orloff possède un verre optique à travers lequel nous nous décou-vrons, et un élément de surprise, sa modernité, ou le «plaisir de dépayse-ment», qui nous permet de voir clairement notre moment historique (comme le peintre japonais ouvre les yeux des Français sur les aspects les plus banals, les plus négligés et les plus touchants de la vie quotidienne). Est-ce une pure coïncidence si, pour Fritz Vanderpyl, l'appartenance de Foujita à un peuple supposé «naïf au fond» autorise l'artiste à voir les choses d'un œil neuf («comme s'il les voyait pour la première fois», dirait Matisse) et si, pour Léon Werth, la nouveauté que l'on perçoit dans une œuvre de Chana Orloff est si étroitement associée au sentiment de dépaysement devant une œuvre archaïque ou barbare ? Aussi bien, le modernisme pari-sien – la «surprise» moderne – reposait depuis des dizaines d'années sur une forme ou une autre de primitivisme, que l'on pense à Gauguin en Bretagne et à Tahiti, ou à l'attirance des fauves et des cubistes pour la sculpture afri-caine. Quand André Salmon commente l'art de Van Dongen, cette peinture fauve aux couleurs intenses irréelles, à la touche apparemment spontanée et aux sujets contemporains, il énonce aussi les idées connexes de surprise, de barbarie et d'extranéité : «N'est-ce pas là l'élément de surprise, de jamais vu, que l'œil, avant l'esprit, reconnaît en ses ouvrages ? Naguère encore, il y eut dans les tableaux de Van Dongen une part de vulgarité nourrie par un candide étonnement de Huron; l'épatement – qu'on me pardonne le mot pour son éloquence – de l'étranger devant un soir illuminé du Paris qui […] s'amusait[14].» La surprise que l'on ressent dans bien des œuvres parisiennes modernes est, aux yeux de Salmon, une espèce de corollaire de la découverte

13. Léon Werth, *Chana Orloff*, Paris, G. Crès & Cie, 1927, pp. 9-10.
14. André Salmon, «Le matelot et les sirènes», *L'Art vivant*, Paris, G. Crès & Cie, 1920, p. 102.

soudaine de la civilisation par l'artiste étranger (le Huron, le Barbare), son « épatement » devant les lumières électriques de la grande ville moderne. Inutile de dire que Salmon emploie un langage poétique bien à lui. Paris n'était alors qu'à quelques heures de train de la (fort moderne) Hollande natale de Van Dongen. Mais on saisit bien le propos du poète : quel étranger digne d'un commentaire n'a pas été subjugué par le spectacle de Paris ? Le fait est qu'il y a quelque chose de farouche dans l'art de Van Dongen (du moins avant le milieu des années 1920), on pourrait peut-être même dire une « vulgarité » réjouissante, qui le distingue de l'œuvre de Matisse, de Derain, de Vlaminck ou de Dufy.

49

Ce climat léger

Mais un bon artiste étranger qui vient à Paris doit, évidemment, dépasser la griserie initiale et prendre ses distances avec les vogues passagères. Ainsi, lorsque Salmon écrit que « la providence épargna à Kisling d'être un enfant prodigue [15] », c'est pour mieux décrire un artiste qui n'est selon lui, ni exagérément impressionné par les maîtres académiques de la vieille école parisienne, ni prêt à s'en laisser imposer par les « révolutionnaires contemporains » (tout en admettant que Picasso est un ami intime de Kisling et que son atelier est devenu le « centre d'attraction que connaît chaque époque artistique »). Cette faculté de résister aux douceurs de la conformité, ancienne ou nouvelle, est capitale pour la bonne opinion de Salmon sur Kisling, parce que, dans son esprit, un artiste étranger n'a pas d'autre moyen de se nourrir de tradition occidentale (entendez : civilisée) et de payer sa dette en retour : « Pour appartenir à la grande famille occidentale, il ne suffit pas de rompre avec aucune discipline étrangère et d'accepter les vérités qui, en un certain temps, sont ici les mieux reçues [16]. » Il convient au contraire de s'imprégner plus lentement et plus profondément de l'influence du lieu. « Il faut attendre des heureuses vertus de ce climat, en y aidant opiniâtrement, non pas une métamorphose, mais une évidente reconnaissance de soi. C'est à ce prix seul qu'on peut, comme Kisling, espérer d'alimenter enfin le fonds auquel on a puisé. Kisling est ainsi des nôtres [17]. » Où Salmon placerait-il Kisling dans l'éventail des démarches contemporaines ? Du côté du réalisme moderne : « Courbet eût bien aimé, je crois, ce jeune peintre [18]. »
Paris est capable de nourrir ainsi l'artiste le plus déraciné même, et plusieurs observateurs en veulent pour preuve Jules Pascin, « étrange fleur ethnique dont les racines plongent dans un passé vertigineusement lointain [19] », au dire du marchand et critique Paul Guillaume. Comme

15. A. Salmon, « La passion reine et servante de la raison », *L'Art vivant, op. cit.*, p. 259.
16. *Ibid.*, p. 265.
17. *Ibid.*
18. *Ibid.*, p. 266.
19. Paul Guillaume, « Les peintres dont on parle », *Les Arts à Paris,* 1923, p. 14.

Jules Pascin entouré de Pierre Marseille et de ses modèles, juin 1930

Foujita, Pascin est avant tout un dessinateur qui a adapté son talent à la peinture, et comme l'artiste japonais, il est surtout réputé pour ses nus (en particulier, les jeunes filles, qui posent quelquefois avec des chats, elles aussi). Contrairement à Foujita, Pascin ne semble pas spécialement attiré par les images d'Épinal, les faïences pour touristes, la toile de Jouy, ni rien qui puisse rappeler la France profonde de près ou de loin. Presque tous les textes sur Pascin soulignent son absence d'attaches géographiques et son goût pour les voyages incessants : « Illustrateur, caricaturiste, peintre, dessinateur, Pascin représente le type de l'artiste nomade, qui court le monde [20] », écrit Waldemar George au début de son article sur Pascin en 1922. Le critique Tériade va jusqu'à établir un lien direct entre les voyages incessants de Pascin et ses sujets, ou leur absence : « La fièvre géographique lui a fait concevoir un monde où le paysage peu à peu est supprimé, ainsi que la nature morte, du hasard des cultures locales [21]. » Pourtant, nul ne doute que Pascin ait un point d'ancrage en un lieu à part, que ce peintre soit d'abord et avant tout un artiste parisien. *André Salmon et Montmartre* (cat. p. 289), de 1921, nous présente le Parisien archétypal, entouré d'évocations visuelles de trois de ses romans situés dans la capitale : *La Négresse du Sacré-Cœur, Les Nymphes de la Seine* et *La Fanfare de Montparnasse*. Le tout est traité dans le style caractéristique de Pascin, comme une illustration (un grand dessin en fait, car c'est de l'huile sur papier), tout en lavis semi-transparents superposés, sur un mode figuratif proche de l'écriture, et du reste, les lettres tracées en bas à droite font partie intégrante de la composition d'ensemble. Les critiques français observent que les dessins peints de Pascin s'éloignent peu à peu de leurs origines dans l'illustration satirique allemande pour aller dans le sens d'une plus grande recherche esthétique en France. Tout comme Salmon estimait naguère que Kisling « est ainsi des nôtres », en 1934, soit plusieurs années après le suicide de Pascin, Jacques Guenne souligne à quel point l'artiste « nomade » s'était profondément assimilé à sa patrie d'adoption : « Pascin, né en Bulgarie, d'un père juif espagnol et d'une mère italienne, puis naturalisé américain, fut le héros de cette époque déjà défunte, où on put espérer que le monde allait enfin confondre ses frontières. Pascin avait comme patrie le pays où il dessinait avec le plus de plaisir. […] S'il avait adopté l'Allemagne […] s'il avait ensuite promené sa vie de nomade en Amérique, puis en Algérie et Tunisie, il oubliait peut-être, à la fin de sa vie, que la France ne l'avait pas vu naître, tant son crayon prenait de gentillesse et de vivacité sous l'influence de ce climat léger [22]. »

20. Waldemar George, « Pascin », *L'Amour de l'art*, juin 1922, p. 176.
21. Tériade, « Pascin », *Cahiers d'art*, octobre 1926, p. 287.
22. Jacques Guenne, « Pascin », *L'Amour de l'art*, février 1934.

**Chagall,
peintre juif**

Pascin est le prototype du «cosmopolite» moderne, riche, nomade, hédoniste et juif. Sa fortune personnelle fait un peu exception dans la communauté parisienne mais son judaïsme n'a rien d'extraordinaire. Les artistes juifs d'origine étrangère sont même remarquablement nombreux à Paris et comptent dans leurs rangs Modigliani, Kisling, Chana Orloff, Lipchitz, Soutine, Sonia Delaunay, Marcoussis, Hayden, Chagall, Zadkine, pour citer les plus connus, ainsi que Feder, Freundlich, Gottlieb, Grünewald, Halicka, Indenbaum, Kikoïne et Krémègne, tous représentés dans cette exposition. La plupart viennent d'Europe de l'Est, sauf Grünewald, qui est suédois, et Modigliani, qui est italien. Bien sûr, l'importance numérique des artistes juifs travaillant à Paris ne passe pas inaperçue dans la presse. Si l'appellation d'École de Paris a été inventée, au moins en partie, pour désigner les artistes étrangers dans la capitale française, il arrive aussi, assez régulièrement, qu'elle renvoie aux artistes juifs en particulier. Les antisémites dénoncent périodiquement la présence de tous ces Juifs à Paris, invoquant leur «influence corruptrice», leurs motivations vénales et leur «incapacité inhérente» de se «réaliser» morphologiquement. Camille Mauclair, Pierre Jaccard, Fritz Vanderpyl et même Waldemar George, qui est juif, écrivent ces sortes de choses. D'autres, dont le marchand Adolphe Basler, le collectionneur Wilhelm Uhde et le critique Roger Brielle essaient de proposer une vision plus judicieuse de cette affluence des artistes juifs sur la scène parisienne. Malgré, ou à cause de tous ces regards braqués sur eux, les Juifs d'origine étrangère réussissent très bien à Montparnasse. Ils exposent dans les salons prestigieux et dans les galeries importantes. Ils ont une large clientèle d'amateurs et, dès la fin des années 1920, les éditions parisiennes du Triangle publient une collection de monographies de poche, bon marché mais bien faites sur «Les artistes juifs», où l'on retrouve beaucoup de noms énumérés plus haut.

Cela ne veut pas dire pour autant que tous les acteurs du monde de l'art savent, ou trouvent intéressant de savoir, qui est juif et qui ne l'est pas. Ainsi, Jacques Lipchitz affirme, dans un entretien rarement cité, qu'au moment où il a fait la connaissance de Modigliani à Paris, juste avant la Première Guerre mondiale, l'Italien ignorait tout à ce sujet. Les deux artistes discutent avec le poète Max Jacob dans un café près du Luxembourg, lorsqu'ils en viennent à parler des artistes juifs à Paris. Modigliani observe qu'il y a très peu d'exemples et qu'il ne voit «personne d'autre que Chagall [23]. » Lipchitz lui dit qu'il se trompe, car il y a en fait beaucoup d'artistes juifs à Paris et il se fera d'ailleurs un plaisir de lui présenter ceux qui habitent à la Ruche, au sud de Montparnasse. Pourtant, la réaction de Modigliani est caractéristique. S'il y a un Juif que pratiquement tout le monde connaît à Paris, c'est bien Chagall. Rien d'étonnant à cela, puisque Chagall est le grand spécialiste des sujets juifs, qui a construit son identité

51

23. Jacques Lipchitz, propos rapportés par Dorothy Seckler, «I Remember Modigliani», *Art News*, février 1951, pp. 26-27.

artistique autour de son passé judéo-russe (c'est peut-être le Juif qui a le plus marqué la scène culturelle dans tout le xxᵉ siècle). En outre, à ses yeux comme à ceux du public, Chagall n'est pas seulement un artiste juif, mais un artiste français, la quintessence même d'une certaine peinture parisienne : folklorique, moderne, colorée, pétrie de mythologie personnelle et de fantaisie. À la fin de la Seconde Guerre mondiale, sa consécration d'artiste étranger le plus célèbre de France est un fait accompli. Chagall a droit à un espace pour lui tout seul dans le pavillon français à la Biennale de Venise en 1948 et, en 1963, André Malraux lui commande le nouveau plafond de l'Opéra Garnier, non sans soulever des protestations.

« Je suis né à Vitebsk, mais je suis aussi né à Paris[24] », déclare Chagall vers le début des années 1920. L'*Autoportrait aux sept doigts* (cat. p. 227) de 1913-1914, un des chefs-d'œuvre de sa première période parisienne, constitue une sorte d'acte de naissance certifiant sa double origine. Ou plutôt triple : russe, parisienne et juive. Juste au-dessus de sa tête, sur la droite, on lit le mot « Russie » en hébreu[25], à côté d'une image de Vitebsk portée par les nuages. Toujours au-dessus de sa tête, sur la gauche, d'autres caractères hébreux forment le mot « Paris », à côté d'une vue de la ville à travers la fenêtre, en haut à gauche, où l'on aperçoit la tour Eiffel, un parachutiste, un couple de promeneurs et une automobile. Ce tableau ne parle pas seulement de ses origines. C'est un manifeste de cet art hybride, novateur et inventif, que seul un visiteur doué, dont nous avons là un portrait saisissant, pouvait créer dans la capitale française. L'image de Chagall, transposée dans les plans fragmentés du cubisme, est résolument poétique et étrangère. La main aux sept doigts évoquée dans le titre du tableau, allusion à l'expression yiddish *« mit ale zibn finger »* (« avec tous les sept doigts », c'est-à-dire plus que parfait, au-delà encore de la perfection de la Création qui dura sept jours), nous montre une œuvre sur un chevalet (on reconnaît *À la Russie, aux ânes et aux autres* de 1911-1912) qui représente notamment une vache rouge et une femme sans tête flottant au-dessus d'une église russe. L'autre main tient une énorme palette et pas moins de cinq pinceaux, attributs hypertrophiés de sa vocation. Le physique exotique de Chagall (son long nez, ses immenses yeux en amande et sa chevelure bouclée) ainsi que sa tenue de dandy (un grand nœud papillon mauve, une chemise à pois, un gilet jaune et des tiges feuillues à la boutonnière de sa veste) sont ceux d'un être bohème, sciemment marginal.

Le critique André Levinson remarque, en 1923, que la marginalité de Chagall est la rançon ou le signe extérieur de son introspection intense et de sa singularité : « Il côtoie l'inconscient. Il obéit à une nécessité intérieure, à une suggestion. Il apparaît quelquefois naïf et gauche. [...] Être isolé, tourmenté et privilégié, il semblait, malgré tous les points de

Marc Chagall, c. 1926

24. Florent Fels, *Propos d'artistes*, Paris, La Renaissance du livre, 1925, p. 32.

25. Alfred Werner donne les traductions de l'hébreu et une excellente analyse du tableau dans son *Chagall*, New York, McGraw-Hill, 1969, p. 39.

53

contact avec Paris et Montparnasse, rester en marge de tous les temps et de toutes les écoles. […] Populaire, cet émule des cubistes parisiens, ce vagabond sentimental l'est par lui-même, il n'emprunte rien. Ce n'est point un primitiviste, c'est un primitif[26]. » Levinson décrit un artiste à la fois « populaire » et « isolé » qui pourrait aussi bien ressembler au Douanier Rousseau, devenu à cette date un personnage quasi mythique dans l'avant-garde parisienne. Pourtant, le portrait de Chagall que brosse Levinson porte par ailleurs la marque évidente du désormais habituel discours sur les artistes étrangers : la naïveté de Foujita, la vulgarité de Van Dongen et le nomadisme de Pascin resurgissent dans la description d'un Chagall primitif, gauche et vagabond. De son côté, Chagall n'est pas certain d'apprécier de se voir ainsi transformé en gugusse de service, même s'il a un peu contribué à véhiculer cette image. Il veut être reconnu pour son talent et pour son travail, au lieu d'être enfermé dans un rôle d'artiste populaire : « Chacun de nous constitue une personnalité, il faut avoir l'audace de l'extérioriser. Je possédais cette consolation de sortir du peuple. Mais l'art populaire – que j'aime d'ailleurs beaucoup – ne me satisfait pas, à cause de son exclusivisme, car je garde un goût prononcé pour l'esprit raffiné, pour la culture[27]. » Le raffinement et la culture, pour Chagall, c'est en France qu'on les trouve. « J'aime la Russie, explique-t-il à Florent Fels, mais je crois que j'aime Paris par-dessus tout. L'art est international, mais l'artiste doit être national. Braque, pour moi, représente au plus haut point la tradition française[28]. » On retrouve là les thèses nationalistes qui sont devenues monnaie courante dans le monde de l'art français de l'immédiat après-guerre[29]. À Maurice Raynal, il confie : « En somme je dois ce que j'ai réussi à la France dont l'air, les hommes, la nature furent pour moi la véritable école de ma vie et de mon art[30]. »

Toujours est-il que la plupart des commentateurs continuent tout de même à voir en lui un artiste doué d'un talent audacieux, spontané et direct (autrement dit primitif), un artiste de l'instinct. « Il voit sans hésitation, sans crainte, ce que sera son tableau[31] », note Philippe Soupault en 1926, à propos des eaux-fortes de Chagall pour *Les Âmes mortes* de Gogol, commandées par Vollard. Il ajoute : « Peut-être que ces eaux-fortes serviront avant tout à dégager chez Chagall ce don magnifique et rare ; ce don d'être pur. Mais il ne faut pas confondre : Chagall ne cherche pas la pureté, elle jaillit d'elle-même[32]. » Une autre suite d'estampes commandée par Vollard,

26. André Levinson, « Chagall en Russie », *L'Amour de l'art,* octobre 1923, p. 729. Je remercie Vanessa Anderson pour cette citation.
27. Maurice Raynal, *Anthologie de la peinture en France de 1906 à nos jours,* Paris, Montaigne, 1927, p. 93.
28. F. Fels, *Propos d'artistes, op. cit.,* p. 33.
29. Kenneth E. Silver, *Vers le retour à l'ordre,* Paris, Flammarion, 1991.
30. M. Raynal, *Anthologie de la peinture en France de 1906 à nos jours, op. cit.,* p. 96.
31. Philippe Soupault, « Les eaux-fortes de Marc Chagall », *L'Amour de l'art,* mai 1926, p. 180.
32. *Ibid.,* p. 184.

les illustrations de Chagall pour *Les Fables* de La Fontaine, inspire ce commentaire à Waldemar George (qui affirme paraphraser Vollard) : « Le peintre fait d'abord table rase du style verbal de La Fontaine, de sa qualité de poète du Grand Siècle. […] Chagall est parvenu à rendre irrationnel un moraliste et un rationaliste. Il a barbarisé une œuvre anti-barbare, une œuvre "civilisée" [33]. » Assurément, ce genre de remarque ne peut que nuire à la réputation de l'artiste étranger auprès des xénophobes et des antisémites français, et le résultat se fait sentir. Chagall et beaucoup d'autres membres de l'École de Paris se font régulièrement égratigner dans la presse pour leurs entorses à la tradition française. Waldemar George lui-même, ai-je dit, a pu adopter à d'autres occasions une attitude désobligeante à l'égard des étrangers et protectionniste vis-à-vis des valeurs qui lui semblent authentiquement françaises [34]. Mais là, en regardant Chagall, il voit ce don précieux de dépoussiérer les conventions, qui est réservé aux étrangers, et singulièrement aux étrangers naïfs, celui-là même que Vanderpyl et Vaucaire discernaient chez Foujita traitant des sujets français négligés. « Il a découvert l'origine totémique, la source profonde des *Fables* de La Fontaine, écrit Waldemar George. A-t-il faussé leur signification ? Je ne sais, mais il a retrouvé leur principe initial. Chagall a compris le premier que l'animal substitué à l'homme n'était pas une formule poétique, mais que la loi de cette substitution avait un caractère religieux, rituel. Seul un être primitif était capable de percer le mystère du bonhomme La Fontaine et de ressusciter cet univers étrange qui vit dans l'imagination des enfants et des peuples qualifiés jusqu'ici de sauvages. […] Rendons-lui grâce de rendre à l'homme moderne la faculté de rêver [35]. »

Waldemar George ne fait aucune allusion au judaïsme dans son analyse de cette reformulation religieuse et rituelle de La Fontaine. René Schwob et Jacques Maritain en font le thème central de leurs articles sur Chagall. Le titre choisi par Schwob en 1928, « Chagall, peintre juif », ne laisse aucun doute sur ses intentions. Il commence par planter le décor : « J'imagine Chagall à Vitebsk sous les tsars. » Et il poursuit : « À chaque instant, le Ghetto devait appréhender un nouveau massacre. […] Le malaise qu'on en a est celui du malade pris de fièvre, l'inquiétude d'une imagination qui ne peut se fixer. Quelle somme énorme de douleur présentent ces clowns sur la tête, ces bras qui s'envolent, ces verres de lampe retournés par un vent invisible ! J'y trouve la forme plastique des tristesses oubliées de sa première

33. W. George, « L'art à Paris », *Formes*, juillet 1930, p. 22.
34. Voir Matthew Affron, « Waldemar George : a Parisian Art Critic on Modernism and Fascism », dans *Fascist Visions : Art and Ideology in France and Italy*, sous la direction de Matthew Affron et Mark Antliff, Princeton, Princeton University Press, 1997 ; voir également mes remarques sur Waldemar George dans « Where Soutine belongs : his Art and Critical Reception in Paris between the Wars », dans *An Expressionist in Paris : the Paintings of Chaim Soutine*, New York, Jewish Museum, et Munich, Prestel Verlag, 1998.
35. W. George, *loc. cit.*, 1930, pp. 22-23.

enfance. Les histoires de Chagall cachent toujours un puits plein de corps d'où montent des cris et une odeur de sang [36]. » Il n'est pas question ici du Chagall que Waldemar George remerciera un peu plus tard de nous rendre notre faculté de rêver. Pour René Schwob, cet artiste peut simplement nous donner accès à un cauchemar récurrent. Cela ne l'empêche pas de penser que c'est un peintre remarquable, sinon exemplaire : « Chagall, en particulier, est inimitable. [...] Toute sa grandeur tient dans son instabilité. [...] Chagall n'a pas de méthode. Il n'y a rien à lui prendre. Mais il a réussi, du moins, à créer une nouvelle vision du monde [37]. » Bien entendu, si Schwob trouve Chagall inimitable, c'est, entre autres, parce qu'il le considère lui aussi comme un primitif, tout juste capable de réagir instinctivement et donc incapable de progresser. « Il ne sait choisir. Il est envahi par le monde. Il gesticule, emporté par un fleuve trop fort. Il ne conçoit pas des images. Il se débat contre elles [38]. » On sent bien que Schwob admire Chagall du bout des lèvres, et pourtant, il faut lui accorder le mérite de prendre les œuvres au sérieux. Il les imagine peut-être éternellement enlisées dans une enfance douloureuse, mais il ne nie pas leur force. Il prend moins au sérieux la personne même de Chagall, surtout en ce qui concerne l'identité culturelle revendiquée par l'artiste. « Quand on demande à Chagall de quel pays il est, il répond qu'il est né en Russie par hasard. Et il exagère quand il assure qu'il est français pour avoir appris, dans notre pays, ce qu'est la forme. Il est juif et n'est que cela [39]. » Où est passé, se demande-t-on, le « climat léger » de la France, capable d'imprégner les artistes étrangers ? Pour René Schwob, qui rappelle, en plus sévère, ce que Vanderpyl disait au sujet de Foujita, les étrangers comme Chagall sont voués à rester ce qu'ils étaient au départ, en l'occurrence un Juif du ghetto, et aucune dose d'esprit cultivé ou raffiné n'y changera jamais rien. Dans cette optique, pas une seule des influences que Chagall a reçues à Paris, ni le cubisme de Braque ou de Delaunay, ni la poésie de son ami Blaise Cendrars, n'a pu modifier son esthétique.

Jacques Maritain, qui écrit en 1934, établit une relation directe entre le judaïsme de Chagall et les œuvres dont il parle, les eaux-fortes pour la Bible, ou plus précisément la Genèse, une autre suite d'estampes commandée par Vollard. Ce que le philosophe catholique cherche à démontrer, c'est que les tableaux de Chagall sont peints dans une perspective juive, et qu'ils ont une force propre aux œuvres juives (sa femme Raïssa Maritain, avec qui il s'est converti au catholicisme en 1906, est d'origine juive russe). Il commence toutefois par souligner les affinités de ces œuvres avec le Moyen Âge chrétien : « Illustrer la Bible était, pour l'art de Chagall, une épreuve singulière. [...] Plus juif que jamais, Chagall retrouve ici, dans un monde tout autre, quelque chose de cette grave et naïve inspiration médiévale, dont un

36. René Schwob, « Chagall, peintre juif », *L'Amour de l'art*, août 1928, p. 305. Je remercie Abigail Samoun pour cette citation.
37. *Ibid.*, p. 309.
38. *Ibid.*, p. 307.
39. *Ibid.*, p. 306.

Rouault reprend de nos jours la haute tradition [40]. » Mais la démarche de Chagall, selon Maritain, ne procède pas de la tradition gréco-latine sur laquelle s'est bâti l'art chrétien. « La différence cependant reste profonde. Dans sa plus haute perfection, le gothique arrive à sauver, en l'incarnant dans un univers de chair et d'âme, la pureté intellectuelle de la forme hellénique. L'art de Chagall n'a rien des mesures de la forme grecque, il se tient à l'extrême opposé [41]. » Les anges et les hommes de Chagall vont à la dérive : « C'est d'une sorte de chaos fluide parcouru par l'âme, que naissent des signes d'autant plus émouvants que moins sûrs d'eux-mêmes [42]. » En fait, Jacques Maritain, comme André Levinson, Philippe Soupault, Waldemar George et René Schwob, pense que Chagall est une sorte de primitif, du moins dans la mesure où il le croit parfois inconscient de la portée réelle de son œuvre. Mais, contrairement à des critiques comme Schwob, Maritain n'en déduit pas que Chagall reste irrémédiablement attaché à un passé géographique sombre et bien précis. L'artiste devient plutôt une sorte de truchement de la volonté divine, le poète du judaïsme, l'imagier des premiers pas timides, ancestraux et sacrés de l'homme sortant des ténèbres. « Je disais tout à l'heure : plus juif que jamais, explique Maritain. Et cependant Chagall, dans ces eaux-fortes, n'a pas *voulu* [c'est lui qui souligne] être juif, je suppose qu'il ne sait même pas très exactement quelle dogmatique juive ou chrétienne l'Ancien Testament illustré par lui nous propose. C'est la poésie de la Bible qu'il a écoutée, c'est elle seule qu'il a voulu rendre. […] Je me reprocherais de sembler solliciter dans un sens quelconque un art qui n'est ainsi religieux que, pour ainsi parler, malgré lui. Il l'est cependant, du moins selon l'aspiration la plus informulée. Et il m'est bien permis de remarquer que précisément parce qu'il n'a rien cherché ni voulu dans ce sens, le monde plastique de la Bible de Chagall, si profondément et douloureusement terrestre, non délivré encore, et comme tâtonnant dans une nuit sacrée, témoigne sans le savoir de la valeur figurative du grand lyrisme d'Israël [43]. » Pour autant que l'on sache, Maritain pourrait bien se méprendre sur l'inculture de Chagall. Peut-être l'artiste savait-il très bien quelle sorte de sensibilité religieuse s'exprimait dans ses illustrations de la Bible. Maritain n'en met pas moins le doigt sur une vérité à propos de toutes les identités, quand il observe que « Chagall, dans ces eaux-fortes, n'a pas voulu être juif », et qu'il « n'a rien cherché ni voulu dans ce sens » ; autrement dit, que la personnalité de Chagall, comme nous autres, est dans une toute petite mesure le fruit de ses volontés et ses désirs, et dans une très large mesure la résultante d'appartenances familiales, confessionnelles, sociales, nationales, sexuelles, etc. Cela ne veut pas dire, comme on l'a lu sous la plume de Vanderpyl, que « le génie des ancêtres domine », ce qui réduirait à néant tous les efforts des

---

40. Jacques Maritain, « Eaux-fortes de Chagall pour la Bible », *Cahiers d'art*, nᵒˢ 1-4, 1934, p. 84.
41. *Ibid.*
42. *Ibid.*
43. *Ibid.*

étrangers pour s'adapter à une culture, et toutes leurs réussites manifestes. Ce que cela veut dire, c'est que, lorsqu'on évolue dans un milieu extrêmement divers, traversé de particularismes ethniques et d'affirmations culturelles concurrentes, tel le monde de l'art parisien dans les premières années du siècle, la chance, ou le hasard de la naissance, a un rôle indéniable à jouer dans notre vie. Alors que dans un environnement culturel homogène, il est facile d'imaginer que l'on choisit sa différence, dans un environnement hétérogène, cette différence est bien réelle, et terriblement visible. On ne peut pas l'effacer par la volonté, pas plus qu'on ne l'a voulue. C'est certainement ce que Chagall entend nous faire comprendre quand il dit qu'il est né en Russie « par hasard » et ce que René Schwob s'obstine à ne pas comprendre. Chagall ne renie pas plus ses racines que ne le fait Maritain. La vraie question porte sur la part qui revient à la volonté, sur ce que l'on peut considérer comme intentionnel ou pas. Là encore, Maritain voit juste : « C'est la poésie de la Bible qu'il a écoutée, c'est elle seule qu'il a voulu rendre. » Ce qui revient à dire que Chagall est d'abord et avant tout un artiste, qui travaille avec ce qu'il a sous la main (y compris ses identités juive, russe et parisienne). Pour Maritain, c'est même justement parce que Chagall s'intéresse à la poésie de la Bible, et non pas à sa signification théologique, qu'il peut témoigner de « la valeur figurative du grand lyrisme d'Israël ».

C'est d'ailleurs pour des raisons artistiques que Chagall est venu à Paris, à cause de sa vocation poétique. Serait-il devenu artiste s'il était resté à Vitebsk ? Cela ne semble guère probable, parce que son judaïsme aurait constitué un obstacle perpétuel, il y aurait eu un conflit entre sa foi et sa nationalité russe. Non, nulle part ailleurs qu'à Paris Marc Chagall n'aurait pu prendre une certaine distance avec ses origines, comprendre en quoi elles pouvaient le servir au lieu de jouer contre lui. Nulle part ailleurs qu'à Paris il n'aurait trouvé un environnement d'aussi haut niveau pour la qualité de l'art, où il existait en outre quelques rares critiques, comme Jacques Maritain, pour prendre la juste mesure de son art. Chagall le disait luimême : « Je dois ce que j'ai réussi à la France […] la véritable école de ma vie et de mon art. » Et ces propos, chaque membre de l'École de Paris ou presque aurait pu les reprendre à son compte.

(traduit de l'anglais par Jeanne Bouniort)

Je tiens à remercier les participants à mon séminaire de troisième cycle sur « Les arts plastiques dans la société française », organisé au printemps 2000 à l'Institute of French Studies, New York University, parce que leur travail et leur réflexion sur les artistes de l'École de Paris ont largement contribué à la formulation des idées développées ici : Vanessa Anderson, Shonine Chitty, Nils Froment, Alix Lewis, Abigail Samoun et Amy Thomas.

Les cubismes de l'« École de Paris »

CHRISTOPHER GREEN

Ceux qui sont partis en quête du « vrai cubisme », sorte d'essence platonicienne du mouvement, l'ont trouvé dans l'œuvre de quelques élus : Pablo Picasso et Georges Braque, tantôt seuls, tantôt accompagnés de Juan Gris et de Fernand Léger, auxquels s'ajoutent quelquefois les sculpteurs Jacques Lipchitz et Henri Laurens. Douglas Cooper, l'un des plus grands collectionneurs d'art cubiste et l'historien le plus obsessionnellement attentif à poursuivre le Saint-Graal du « vrai cubisme », aurait qualifié de cubiste au sens le plus « véritable » l'*Arlequin* de 1913 (cat. p. 162) de Picasso ou une nature morte de Juan Gris comme *Bouteilles et couteau* de 1912 (cat. p. 197). Il a tenu à faire figurer les Lipchitz de la période 1916-1920 dans l'exposition « The Essential Cubism » à la Tate Gallery. Son « vrai cubisme » met deux Espagnols et un Lituanien, tous installés à Paris, côte à côte avec trois Français [1].

Le cubisme des Salons, par opposition au « vrai cubisme » de Cooper, est avant tout français dans les premiers temps. La salle 41 au Salon des indépendants de 1911, la salle 8 au Salon d'automne de la même année et la représentation cubiste au Salon d'automne de 1912 assignent une position centrale au Français Henri Le Fauconnier, tandis que le Tchèque Frantisek Kupka et la Russe Sonia Delaunay-Terk évoluent en marge du groupe, et les Français l'emportent largement sur les étrangers par le nombre. Parmi les participants à ces salons, on retrouve plus ou moins régulièrement Fernand Léger, ainsi qu'Albert Gleizes, Jean Metzinger, Marie Laurencin, Robert Delaunay, les trois frères Duchamp et Francis Picabia. Les choses changent entre 1913 et 1920. Lorsque Léonce Rosenberg, prenant la relève de Daniel-Henry Kahnweiler, devient le nouveau marchand des cubistes après 1915, il rassemble une écurie d'artistes résolument internationale, malgré son ancrage parisien. Outre Picasso, Gris et Lipchitz, il y a là le peintre italien Gino Severini, le sculpteur hongrois József Csáky, l'Espagnole Maria Blanchard et le Mexicain Diego Rivera (avant son rejet total du cubisme en 1917-1918). La mixité franco-étrangère vaut également pour les marchands du cubisme, avec Kahnweiler, issu des milieux d'affaires allemands, et Rosenberg, fils d'un négociant français en objets d'art. Lorsque le poète Pierre Reverdy crée la petite revue *Nord-Sud* en 1917, pour favoriser les contacts entre une esthétique expressément

---

1. Douglas Cooper développe son point de vue dans son livre *The Cubist Epoch*, Londres, 1971, et dans Douglas Cooper et Gary Tinterow, *The Essential Cubism : Braque, Picasso and their Friends, 1907-1920*, catalogue d'exposition, Londres, Tate Gallery, 1983.

cubiste et ce qui ne tarde pas à passer pour son équivalent littéraire, deux des écrivains les plus étroitement associés à cette entreprise toute française sont le Belge Paul Dermée et le Chilien Vicente Huidobro. Du début à la fin et sous tous ses aspects, le cubisme en France allie des composantes françaises et étrangères. Depuis l'origine, le cubisme est perçu soit comme un phénomène international, réunissant des Français et des étrangers dans le Paris cosmopolite, soit comme un pur produit étranger.

Quand des historiens, des critiques et des commissaires d'expositions de l'entre-deux-guerres veulent résumer l'évolution de l'art moderne en France, ils évoquent toujours la dimension étrangère du cubisme, que ce soit pour la louer ou pour la déplorer. L'une des manifestations officielles qui accompagnent l'Exposition internationale des arts et techniques en 1937 est un remarquable tour d'horizon des « Origines et développement de l'art international indépendant », présenté au Jeu de paume. Ce panorama repère les origines d'un « art indépendant » en voie de mondialisation rapide dans le cubisme et le fauvisme et, au-delà, dans les peintures de Cézanne et de Gauguin. De 1918 à 1937, l'État avait deux collections d'art moderne bien distinctes, l'une, française, au musée du Luxembourg, et l'autre, étrangère, au Jeu de paume. Mais Louis Hautecœur, conservateur du musée du Luxembourg dans les années 1930, s'est donné pour priorité de regrouper les collections française et étrangère au sein du nouveau musée d'Art moderne destiné à remplacer le Luxembourg. Son objectif est atteint avec l'inauguration de l'actuel palais de Tokyo, à l'Exposition de 1937. Le panorama proposé au Jeu de paume enseigne ce que cela veut dire que de montrer ensemble les Français et les étrangers. À son comité d'organisation, on relève les noms du poète surréaliste français et collectionneur Paul Éluard et du journaliste d'art grec Christian Zervos, défenseur influent de la création moderne grâce à sa revue *Cahiers d'art*, ainsi que toute une liste d'artistes de premier plan : Braque, Léger, Matisse et aussi les cubistes étrangers Pablo Picasso et Louis Marcoussis (un Polonais naturalisé français).

L'année d'avant, Alfred H. Barr Jr a organisé une vaste exposition historique au Museum of Modern Art de New York, qui donnait le coup d'envoi d'une campagne américaine pour la mondialisation de l'art moderne [2]. Le Jeu de paume en donne une version française avec ses « Origines et développement de l'art international indépendant ». Comme celle de Barr, cette exposition se met au service d'une histoire qui ne s'écrit pas en fonction des personnalités majeures, mais des mouvements majeurs, mouvements dont la succession dans le temps retrace un scénario de « développement » aux répercussions internationales. Contrairement à celle de Barr, toutefois, elle s'attache surtout à mettre en lumière la position de la France en tant que source et origine. La préface anonyme du catalogue affirme une réelle détermination à minimiser l'apport des Français. « La participa-

---

2. Alfred H. Barr Jr, *Cubism and Abstract Art*, catalogue d'exposition, New York, The Museum of Modern Art, 1936.

tion française, peut-on lire, y est réduite aux seules œuvres qui expliquent les sources auxquelles ces artistes ont puisé [3]. » Or, les choix effectués pour les salles fauve et cubiste révèlent à quel point la France se voit attribuer le premier rôle. La salle fauve est quasi exclusivement française, à l'exception inattendue du peintre hongrois Béla Czóbel. La salle cubiste, en revanche, associe Français et étrangers, tout en soulignant le rôle de la France grâce à une sélection d'artistes étrangers qui travaillent tous à Paris : Picasso, Gris, les Russes Marc Chagall et Serge Férat, Lipchitz, Marcoussis et le Roumain Constantin Brancusi (que l'on n'a pas l'habitude de considérer comme un cubiste). L'insistance sur les sources et origines françaises va de pair avec un esprit d'ouverture qui fait la part belle aux étrangers à Paris. Le cubisme se présente comme une étape décisive dans la mondialisation d'un art moderne qui était encore presque entièrement français au stade du fauvisme. Avec le cubisme, est-il démontré, on a un mouvement français qui inclut des étrangers et, mieux encore, s'étend à un échelon international, mondial. La dimension étrangère du cubisme devient un facteur essentiel de son importance accrue : quelque chose dont la France doit se réjouir. Cet esprit d'ouverture sur l'extérieur représente un aspect de la politique culturelle officielle du Front populaire dans les années 1930. Il entre en jeu également dans l'accueil réservé au cubisme à la date où ce mouvement a commencé à prendre consistance sur la scène publique, vers 1910. J'y reviendrai. Cependant, la place occupée par les étrangers dans le cubisme a continuellement fourni des armes contre le mouvement, utilisées par ceux qui lui étaient le plus hostiles en France. Malgré la prédominance initiale des artistes français parmi les cubistes des Salons, les premières attaques publiées en 1911 et 1912 ressassent sans cesse le thème du cubisme envahisseur étranger : un art créé par des étrangers imperméables au génie français. On a pu noter que le nationalisme xénophobe de ces attaques faisait écho, par la véhémence du langage, à la campagne de *L'Action française* contre l'« espionnage judéo-allemand », lancée en 1911 par Léon Daudet [4]. Cette année-là, la crise d'Agadir se solde pour la France par des concessions à l'Allemagne, provoquant ainsi un élan nationaliste belliqueux qui va exacerber le besoin de montrer du doigt les ennemis, pas seulement militaires, mais culturels. Entre 1911 et 1914, il est facile de voir dans le cubisme une forme d'infiltration étrangère et, par là même, un danger insidieux qui menace du dedans l'édifice des valeurs culturelles françaises. La xénophobie se double d'un antisémitisme brutal dans les réactions les plus outrancières : les cubistes et apparentés ont le tort d'être non seulement étrangers, mais encore juifs. Ainsi, à l'automne 1911,

3. Préface de *Origines et développement de l'art international indépendant*, catalogue d'exposition, Paris, musée du Jeu de paume, 1937, n.p.
4. Voir Fay Brauer, « L'art révolutionnaire. The Artist as Alien : the Discours of Cubism, Modern Painting and Academicism in the Radical Republic », thèse de doctorat inédite, université de Londres, Courtauld Institute, 1997.

Léon Daudet prend prétexte de l'arrestation de Guillaume Apollinaire (ardent défenseur du cubisme), mis en cause dans le vol de *La Joconde* au Louvre, pour l'englober aussi dans sa campagne contre les espions. Rappelant qu'Apollinaire s'appelle de son vrai nom Wilhelm de Kostrowitzky, il dénonce en lui le juif polonais[5]. Peu importe que le poète ait la nationalité française et ne soit pas juif. Ses sympathies cubistes le désignent comme une menace étrangère de toute façon. Pendant la guerre de 1914-1918, le cubisme continue à être en butte aux accusations d'extranéité, notamment en 1917, où les décors et costumes de Picasso pour le spectacle *Parade*, créé par les Ballets russes au théâtre du Châtelet, sont accueillis par les cris de « métèques » et de « boches[6] ».

Entre les deux guerres, l'antisémitisme resurgit parfois dans les attaques contre le cubisme. Il perce, par exemple, dans le venin déversé par Marcel Hiver sur Jacques Lipchitz, qui bénéficie des largesses du docteur Barnes lorsque ce collectionneur américain munificent se rend à Paris en 1922, et aussi sur le critique juif Waldemar George, accusé de soutenir les cubistes[7]. En général, cet antisémitisme virulent frappe avec encore moins de discernement, et diabolise l'art moderne dans sa totalité, en le disant juif, donc venu d'ailleurs. En témoigne la plus tristement célèbre de toutes les offensives antisémites conduites par des critiques d'art français dans l'entre-deux-guerres, la campagne que Camille Mauclair a menée dans la presse vers la fin des années 1920[8]. Mauclair tient l'art moderne pour une vaste conspiration internationale fomentée par des marchands et des critiques juifs à l'encontre des « aspirations ethniques » de la France, et il met dans le même sac le fauvisme, le cubisme et le surréalisme, frappés de l'anathème général sur tout l'art novateur postérieur à Monet et Bonnard.

Les plus pernicieuses de toutes ces attaques visant le caractère étranger du cubisme viennent de critiques plus subtils, moins franchement agressifs. Elles sont d'autant plus pernicieuses qu'elles se fondent sur une bonne connaissance des idées des cubistes eux-mêmes sur leur théorie et leur pratique, bien loin de la paranoïa brutale et bornée dont peuvent faire

5. Léon Daudet, dans *L'Action française*, 13 septembre 1911, cité par Fay Brauer, *ibid.*, p. 201.

6. Kenneth E. Silver a examiné en détail l'accusation « boche » proférée à l'encontre du cubisme pendant la guerre de 1914-1918. Voir K. E. Silver, *L'Esprit de corps : the Art of the Parisian Avant-Garde and the First World War, 1914-1918*, Princeton et Londres, 1989 (traduction française, *Vers le retour à l'ordre. L'avant-garde parisienne et la Première Guerre mondiale, 1914-1925*, Paris, Flammarion, 1991).

7. Sur les attaques de Marcel Hiver, voir Christopher Green, *Cubism and its Enemies : Modern Movements and Reaction in French Art, 1916-1928*, New Haven et Londres, Yale University Press, 1987, p. 63.

8. Camille Mauclair a mené sa campagne en 1928-1929 dans les colonnes du *Figaro* et du journal d'extrême droite *L'Ami du peuple*. Deux recueils de ses articles sont parus aux éditions de La Nouvelle Revue critique, *La Farce de l'art vivant* en 1929 et *La Farce de l'art vivant II. Les Métèques contre l'art français* en 1930.

preuve Camille Mauclair et Marcel Hiver. Les principaux critiques concernés sont Louis Vauxcelles et le peintre André Lhote. Tous deux disposent de tribunes permettant d'agir sur l'opinion, Vauxcelles dans la presse quotidienne et dans sa chronique hebdomadaire au *Carnet de la semaine*, Lhote dans la prestigieuse *Nouvelle Revue française*, à partir de 1919.

C'est Lhote qui fait l'analyse la plus fine et la plus perspicace, car il a, lui, connu le cubisme de l'intérieur. La grande exposition cubiste au premier Salon des indépendants organisé après la guerre, c'est-à-dire en 1920, l'incite à distinguer dans ce mouvement «deux courants inverses qui entraînent, par des routes opposées, les artistes vers des buts qui ne se rejoignent qu'à force d'être antagonistes [9]». Il y a d'un côté les «cubistes *a priori* ou les cubistes purs» et, de l'autre, les «cubistes *a posteriori* ou cubistes émotifs». Cette division préfigure presque exactement la fameuse distinction d'Alfred H. Barr Jr entre les phases «synthétique» et «analytique» du cubisme. Les cubistes *a priori*, explique Lhote, obéissent à une motivation «uniquement plastique; elle suscite une combinaison de formes différemment colorées […] toutes abstraites». C'est l'agencement de ces formes qui fait apparaître ensuite des relations entre elles et des objets ou des personnages. Le «pur» et l'«universel» passent en premier. Une pomme, dans un tableau du cubisme *a priori*, est une idée, c'est «la pomme *en général*». Les cubistes *a posteriori*, pour leur part, peignent «la combinaison neuve qui naîtra pour eux de *tel verre*, de *telle assiette*, aperçus dans un cadre inattendu qui modifiera les formes et fera surgir à leur esprit une géométrie expressive». Il qualifie d'«idéaliste» cette première catégorie cubiste, fondée sur des idées pures, tandis que la seconde est «réaliste», puisqu'elle part des sensations.

La distinction opérée par André Lhote procède directement de son expérience. En 1917-1918, il était dans l'entourage cubiste de la galerie de l'Effort moderne de Léonce Rosenberg, et intervenait à titre personnel dans le débat sur les orientations du cubisme, où Pierre Reverdy, Juan Gris, Jacques Lipchitz et Gino Severini jouaient un rôle de premier plan. Il a pu se rendre compte par lui-même que Gris, en particulier, avait élaboré entre 1916 et 1920 une théorie et une pratique qui, au dire même de l'artiste, privilégiaient l'idée au détriment de la sensation: «la pomme *en général*». Lhote a pu constater que cette démarche est devenue dominante chez les cubistes de Léonce Rosenberg [10]. Il est indéniable que des œuvres de Gris comme le *Portrait de Josette* de 1916 et son *Tourangeau* de 1918 accordent d'emblée une importance primordiale à la mise en place d'une

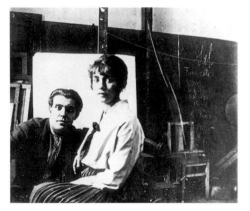

Juan Gris et sa femme Josette au Bateau-Lavoir, 1922

9. André Lhote, « Le cubisme au Grand Palais », *La Nouvelle Revue française*, 1er mars 1920, p. 467.
10. Pour ce qui concerne Juan Gris, voir Christopher Green, *Juan Gris*, catalogue d'exposition, Londres, Whitechapel Gallery, 1992, chapitre III. Sur Juan Gris et Jacques Lipchitz, voir C. Green, « Lipchitz y Gris, los cubismos de un escultor y un pintor », dans *Lipchitz, un mundo sorprendido en el espacio*, catalogue d'exposition, Madrid, Museo nacional Centro de arte Reina Sofia, 1977, pp. 27-37 (avec une traduction anglaise pp. 205-211).

Maria Blanchard,
Nature morte rouge à la lampe, 1919
Collection Ludwig Museum, Cologne

Henri Hayden devant
Les Trois Musiciens, 1919

architecture stable composée de surfaces planes et d'armatures orthogonales ou en biais. De même, il est évident que, depuis 1917, Maria Blanchard, amie intime et protégée de Lipchitz, Severini et Gris, donne une prépondérance analogue à une construction *a priori* (idéelle) de chaque figure, paysage ou nature morte. C'est par suite de cette épuration inexorable de la pratique et de la théorie cubistes qu'André Lhote a quitté l'écurie cubiste de Léonce Rosenberg en 1918. Et il l'a fait précisément pour donner la primauté à la « sensation » dans sa peinture, pour refuser l'idéalisme platonicien qu'il perçoit dans ce nouveau cubisme et rallier la voie « réaliste » indiquée selon lui par Cézanne.

Rosenberg, ai-je dit, a réuni autour de lui des cubistes français et étrangers. Mais ce sont les cubistes étrangers à Paris qui tiennent le haut du pavé entre 1916 et 1920 : non seulement Juan Gris, évidemment, accompagné de Maria Blanchard, Lipchitz et Severini, mais aussi Picasso. Son immense *Homme accoudé sur une table* de 1916, une œuvre que de nombreux visiteurs ont dû voir dans son atelier, constitue l'un des points de départ de l'évolution que Gris et ses amis ont menée à terme de manière beaucoup plus méditée. Metzinger contribue à cette évolution à Paris, mais bien des cubistes français qui auraient pu compliquer les choses sont partis plusieurs mois, voire plusieurs années de suite : Braque, Léger et Roger de La Fresnaye au front, les Delaunay et Gleizes hors de France. Léonce Rosenberg est un patriote, fier du travail accompli à son poste d'officier en utilisant ses compétences en anglais [11]. Pourtant, il a pris sous son aile un groupe cubiste qui semble bien avoir non seulement épuré le cubisme d'avant-guerre, mais l'avoir aussi rendu bien plus étranger que français.

On ne saurait donc s'étonner que la séparation entre les « cubistes *a priori* » (le cubisme d'avant-garde élaboré par les artistes de Rosenberg) et les « cubistes *a posteriori* » ait fini par recouper aux yeux de Lhote un clivage beaucoup plus profond selon lui entre art étranger et art français. Quand Lhote énumère les « cubistes *a priori* », il cite Braque, Metzinger et Laurens, et un nombre beaucoup plus grand d'étrangers : Juan Gris, Maria Blanchard, Lipchitz, Severini, Marcoussis et Henri Hayden (un autre immigré polonais). Tous les « cubistes *a posteriori* » qu'il cite sont français : lui-même, Roger de La Fresnaye, Robert Delaunay et, curieusement peut-être, Léger et Gleizes. Dans un passage révélateur où il décrit le retour de ces cubistes au « monde extérieur » (la sensation), il invoque la « fidélité aux objurgations de la race » la « race » française [12]. Cinq ou six ans plus tard, il parle d'un cubisme d'avant-guerre qu'il appelle désormais le « cubisme sensible » et qu'il déclare « français », en l'opposant à un « second » cubisme, par quoi il entend le « cubisme né entre 1914 et 1917, inventé par Picasso, qui faisait des démonstrations comme au tableau noir du cubisme virtuel de Cézanne,

11. Sur Léonce Rosenberg pendant la guerre, voir Christian Derouet,
« Juan Gris : a Correspondence Restored », dans C. Green, *Juan Gris,*
op. cit., p. 289.
12. A. Lhote, « Le cubisme au Grand Palais », *loc. cit.*

cubisme espagnol réduit en formules par Juan Gris et par Diego Rivera [13] ». Les années écoulées semblent avoir brouillé sa vision des faits : en réalité, en 1917-1918, Rivera a précédé Lhote dans son rejet du cubisme *a priori*, ou « pur », de la période de guerre. Le recul du temps a également accru son éloignement du cubisme synthétique (le cubisme *a priori*), le confortant par là même dans sa conviction que cet art-là n'est pas seulement incompatible avec sa position de cubiste *a posteriori*, mais que c'est en fait une inflexion ultérieure donnée *par* des étrangers à un cubisme *étranger*.

Louis Vauxcelles est un adversaire implacable des cubistes depuis leurs débuts officiels dans les Salons d'avant 1914 et, dans l'ensemble, son discours préfigure celui que Lhote tiendra en 1919-1920. Il oppose lui aussi la « pureté » idéelle perceptible dans la géométrie cubiste au « réalisme » d'une tradition française continuée à ses yeux par Cézanne : un art régi par l'intellect mais inspiré par la réceptivité à la nature. Avant 1914, Louis Vauxcelles ne pouvait même pas accepter ceux qu'André Lhote allait appeler les cubistes *a posteriori*. Vers 1918, il commence à voir dans l'abandon du « cubisme pur » par Diego Rivera et par Lhote lui-même les premiers signes du naufrage annoncé du navire cubiste tout entier, et dès 1923, il parvient à saluer jusque dans les œuvres récentes de Juan Gris [14] le retour au primat cézannien, et bien français, de la « sensation ». Il n'emploie pas les termes de Lhote, mais il n'en approuve pas moins le « cubisme sensible » et donc le « cubisme français » dont parle Lhote.

Cette façon d'assimiler l'avant-garde du cubisme à un idéalisme *étranger*, qui serait le contraire du « réalisme » français, trouve sa justification dans une idée très particulière de l'art français et de la « tradition française ». Elle est présente chez Vauxcelles avant et après la guerre, et chez Lhote après la guerre. Elle revient à maintes reprises sous la plume d'auteurs français aussi influents que l'historien de l'art populiste Élie Faure et le professeur Henri Focillon, titulaire de la chaire d'histoire de l'art à la Sorbonne à partir de 1925. Elle représente une opinion quasi unanime, tenant lieu, bien souvent, de présupposé incontesté. Du côté des critiques indépendants, c'est peut-être un autre artiste écrivain, Roger Bissière, qui la formule le plus clairement. Comme Lhote, Bissière est un Français qui a vaguement tâté du cubisme avant de prendre ses distances.

En 1921, Roger Bissière donne un article sur Ingres à *L'Esprit nouveau*, la revue du purisme [15]. Bissière appuie son propos sur une comparaison entre les portraits de *Madame de Senonnes*, peint par Ingres, et de *La Fornarina*,

13. Jacques Guenne, « Portraits d'artistes. André Lhote », *L'Art vivant*, mars 1926, p. 179.
14. Sur la bienveillance de Vauxcelles envers Lhote et Rivera vers la fin de 1918, voir C. Green, *Cubism and its Enemies, op. cit.*, chapitre I. Sur sa bienveillance envers Gris en 1923, voir Pinturicchio [Louis Vauxcelles], « Mort de quelqu'un », *Carnet de la semaine*, 1er avril 1923, p. 8.
15. Roger Bissière, « Notes sur Ingres », *L'Esprit nouveau*, n° 4, janvier 1921.

peint par Raphaël. Selon lui, le tableau d'Ingres représente la quintessence de la peinture française et celui de Raphaël la quintessence de l'art étranger. Raphaël plaque une ordonnance architecturale *a priori* sur son modèle, explique Bissière, tandis qu'Ingres arrive à cette ordonnance par une analyse *a posteriori* de ce qu'il voit dans son modèle. La synthèse rigoureuse prônée par Juan Gris est étrangère, et c'est un principe que l'on retrouve dans le passé, mais que l'on observe également dans les procédés étrangers des cubistes « purs » selon la terminologie de Lhote. Lorsque Bissière livre ses réactions à l'exposition de Picasso chez Paul Rosenberg, un mois plus tard [16], il applique son raisonnement à ce qu'il interprète comme un dédoublement de la personnalité chez cet artiste espagnol, capable de mener de front le cubisme et le néoclassicisme. Son verdict, c'est que Picasso souffre d'un défaut d'identité nationale stable dans sa pratique artistique, de sorte que son œuvre oscille entre une abstraction « espagnole » (cubiste et étrangère) et une réceptivité aux sensations (néoclassique et pas du tout espagnole). On a eu tendance, et moi le premier, à envisager en bloc toutes les attaques contre les artistes étrangers en France, y compris les cubistes étrangers, comme s'il s'agissait d'un seul et même phénomène, symptomatique d'une seule et même conception organiciste et exclusiviste de la France et de la culture française : l'idée d'une tradition classique perpétuée par la filiation, qui trouve son expression la plus outrancière à droite, dans les rangs de l'Action française et, sur un mode assez différent, chez Camille Mauclair [17]. En fait, la distinction moins excessive entre les composantes françaises et étrangères, énoncée par Lhote, Vauxcelles et Bissière dans leurs présentations du cubisme, va dans le sens de ce qui reste la vision dominante de la France et de la culture française depuis les premières années du siècle jusqu'au début des années 1930, et cette vision de la réalité nationale française est beaucoup plus profondément centrée sur l'idéal anti-exclusiviste d'une communauté territoriale unie par la volonté d'un peuple, que sur l'idéal exclusiviste d'une communauté organique de filiation, unie par l'appartenance ethnique.

L'Exposition universelle de 1889, qui semble sceller triomphalement l'avenir de la IIIe République, coïncide avec l'adoption d'une loi qui entérine une attitude large et tolérante à l'égard de la nationalité, attitude née de la Révolution. Pour l'essentiel, cette loi ne sera pas modifiée jusqu'au début des années 1930. Les conditions d'accès à la nationalité française seront même assouplies en 1927. Aux termes de la loi de 1889, la filiation (le droit du sang) est une modalité d'acquisition de la nationalité française, mais seulement à défaut : tous les immigrés de deuxième génération domiciliés

16. R. Bissière, « L'exposition Picasso », *L'Amour de l'art*, février 1921, pp. 209-212.
17. Voir C. Green, *Cubism and its Enemies, op. cit.* ; K. E. Silver, *L'Esprit de corps, op. cit.* ; et Romy Golan, *Modernity and Nostalgia : Art and Politics between the Wars*, New Haven et Londres, Yale University Press, 1995.

en France l'acquièrent automatiquement par le droit du sol, indépendamment de la race ou du pays d'origine de leurs parents. Cette loi repose, comme l'a montré l'historien américain Rogers Brubaker [18], sur une conception politique, plutôt qu'ethnoculturelle, de l'État, et sur deux facteurs essentiels : d'abord, la croyance profonde dans la supériorité de la civilisation française qui porte le flambeau de la liberté, et ensuite, par conséquence directe, la confiance profonde dans l'aptitude de la France à absorber l'immigration. Lors de la discussion du projet de loi au Sénat, en 1889, il est dit que la France n'est pas seulement une « race », mais plus exactement une « patrie » et qu'elle possède à ce titre une capacité d'assimilation éminemment « coloniale » vis-à-vis des peuples auxquels elle apporte la civilisation. Les partisans d'une conception large de la nation, axée sur l'aptitude à assimiler les immigrés, emploient le terme de « race » dans la même acception que l'historien Jules Michelet vers le milieu du XIXe siècle. La « race » française recouvre en fait une fusion de races, elle est multiraciale et sujette à des variations ethniques. Le sénateur Isaac, qui est juif, fait partie de ceux qui tiennent ce discours avec le plus de vigueur [19]. Quand Lhote parle des « objurgations de la race », en 1920, c'est dans ce sens qu'il utilise ce mot. Ce qui compte, ce n'est pas le sang, mais la patrie : l'histoire commune des peuples au sein d'un territoire unifié par leur volonté politique. Ce que souligne un historien de l'art aussi institutionnel qu'Henri Focillon, c'est à quel point la « tradition française » est restée ouverte aux influences extérieures depuis le Moyen Âge [20]. L'idée d'une tradition française classique, latine, constamment attachée à la primauté de la « sensation », est certes plutôt rigide dans un certain sens, mais, dans l'esprit des historiens et des critiques du courant majoritaire, elle supposait un juste équilibre entre l'apport des populations « indigènes » de France et l'effet des « invasions » [21]. L'exposition « Origines et développement de l'art international indépendant » au Jeu de paume, en 1937, va bien au-delà d'une conception aussi rigide de la tradition française. Elle illustre une vision large de la France, débarrassée de ses réserves et restrictions, en mettant en valeur le rôle joué par les cubistes étrangers en France et par la France à l'étranger, en saluant l'apport de la France, par le biais du cubisme, à l'art sous sa forme la plus épurée : l'abstraction internationale.

18. Rogers Brubaker, *Citizenship and Nationhood in France and Germany*, Cambridge et Londres, 1992. L'analyse de Brubaker appelle quelques révisions, que j'ai ébauchées dans mon livre *Art in France, 1900-1940*, New Haven et Londres, 2000, IVe partie.
19. Isaac est cité par R. Brubaker, *Citizenship and Nationhood in France and Germany, op. cit.*, p. 101.
20. Cette idée ressort clairement des deux principales publications de Focillon dans l'entre-deux-guerres : *L'Art des sculpteurs romans*, Paris, 1931, et *L'Art d'Occident*, Paris, 1938.
21. Un exemple particulièrement significatif est fourni par la préface d'Henri Focillon aux *Chefs-d'œuvre de l'art français*, catalogue d'exposition, Paris, Palais national des arts, 1937, pp. XIII-XIV.

Lhote, Vauxcelles et Bissière adhèrent tous les trois à cette idée dominante d'une vision large de la culture française, mais, bien entendu, pas dans la version inconditionnelle présentée au Jeu de paume en 1937. Malgré l'augmentation effrayante de la xénophobie et de l'antisémitisme dans l'entre-deux-guerres, le nationalisme organiciste viscéral de quelqu'un comme Camille Mauclair reste à contre-courant de la culture, par opposition à l'orthodoxie assimilationniste qui sous-tend l'opinion libérale. Quand Vauxcelles admet qu'un cubiste étranger comme Juan Gris puisse s'inscrire dans la tradition qu'il rattache à Cézanne, il va dans la direction de cette orthodoxie [22]. En 1923, Louis Vauxcelles estime que Juan Gris a fini par faire passer la « sensation » avant l'« intellection » dans ses œuvres et que, par conséquent, il a sa place dans la culture française, comme n'importe quel autre artiste immigré.

Le meilleur indice que la conception large de la culture française prédomine dans un vaste éventail de l'opinion critique, c'est peut-être l'exemple de Waldemar George, au début des années 1930, qui nous le fournit. Ce critique, pris à partie par Marcel Hiver en 1922 parce qu'il défendait le cubisme, est en 1930 un adversaire déclaré du cubisme. Dans le même temps, il s'est éloigné de la gauche socialiste pour se rallier momentanément à Mussolini et au fascisme italien [23]. À présent, il voit dans l'« École française » le pivot de l'humanisme européen guidé par la France et l'Italie, qui a pour idéal un équilibre parfait entre « intérieur » et « extérieur », soit, d'après lui, entre un penchant intérieur à l'ordre classique et le dialogue avec l'apparence extérieure, la nature. La déréalisation du cubisme représente maintenant à ses yeux un dialogue avec la mort, symbolisé par l'attachement de Picasso à la nature morte, aux objets inanimés, et non pas à l'« humain [24] ». Or, Waldemar George, pourtant aussi éloigné que possible du cubisme (accusé désormais d'être étranger à l'Europe, et pas seulement à la France), n'en dénonce pas moins la conception de l'« École française », organiciste et fermée sur l'extérieur, exprimée par Camille Mauclair. Il tient à souligner combien les étrangers assimilés sont importants pour la culture française.

Dans une réponse à Mauclair publiée en 1931 [25], il se met en devoir de récuser la thèse de l'historien de l'art Louis Dimier, critique à *L'Action française*, selon laquelle les Italiens venus travailler à Fontainebleau au XVIe siècle ont

---

22. Voir la note **14**, *supra*.

23. Sur Waldemar George et le fascisme, voir Matthew Affron, « Waldemar George : a Parisian Art Critic on Modernism and Fascism », dans *Fascist Visions : Art and Ideology in France and Italy*, sous la direction de Matthew Affron et Mark Antliff, Princeton, 1997, pp. 171-204.

24. Waldemar George fut directeur-fondateur de la revue *Formes* de 1930 à 1933. C'est là qu'il développa son point de vue sur Picasso et son plaidoyer pour ce qu'il appelle le « néo-humanisme ».

25. W. George, « École française ou École de Paris. I », *Formes*, juin 1931, pp. 92-93, et « École française ou École de Paris. II », *Formes*, juillet 1931, pp. 110-111.

affaibli l'art français. Il affirme que, au contraire, leur respect authentique pour le «sentiment français» n'a pu que le consolider. D'après lui, Rosso Fiorentino et Primatice ont démontré que «l'origine, la nationalité d'un peintre ou d'un sculpteur ne détermine nullement la nature de leur art». Et il ajoute : «La France n'est pas seulement une nation. […] La France est un état d'esprit. Elle représente un ordre spirituel et intellectuel. L'art français accueille et assimile tous ceux qui s'adaptent à son mode de sentir.» Waldemar George écarte uniquement les artistes étrangers qu'il ne peut qualifier d'«humanistes», autrement dit ceux qui ne se sont pas assimilés selon les modalités qu'il s'est fixées. Parmi les humanistes, il cite des étrangers à côté des Français : Giorgio De Chirico, Eugène Berman et Pavel Tchélitchev à côté d'André Derain et d'Aristide Maillol [26]. Il est lui-même un juif polonais naturalisé, qui a combattu dans les rangs de l'armée française en 1914-1918.

Compte tenu de cette conception dominante de la culture française, marquée par une ouverture, maintes fois réitérée, aux influences étrangères perçues comme un facteur positif, certains cubistes étrangers s'efforcent de plus en plus sincèrement de s'intégrer en France, surtout après 1914. Ces cubistes étrangers ont bien compris qu'assimilation et acceptation par l'opinion française – y compris la frange avertie de cette opinion – allaient ensemble. L'accroissement exponentiel du nationalisme pendant la guerre, la participation de bon nombre de leurs amis intimes dans la défense du pays, tout cela intensifie inévitablement le besoin de s'identifier avec la France magnifiée sous le signe de l'«union sacrée». Assez paradoxalement, les efforts d'intégration les plus attentifs sont le fait du noyau de cubistes les plus étroitement associés à l'évolution vers un cubisme synthétique épuré entre 1916 et 1918 : les cubistes *a priori* selon les termes d'André Lhote, qui les tient évidemment pour les plus étrangers de tous. Le cubisme de Juan Gris, de Maria Blanchard, de Jacques Lipchitz et de Gino Severini représente ce qu'il faut bien appeler un cubisme, non pas étranger, mais résolument assimilationniste dans ces années-là. C'est un cubisme que l'on rattache depuis longtemps à un «rappel à l'ordre» plus général, touchant à la fois la musique, la littérature et les arts plastiques, où se sont engagés des artistes, des compositeurs et des écrivains français soucieux d'affirmer leur appartenance à la «tradition française [27]». On retrouve en son sein le petit groupe très soudé que forment Juan Gris, Jacques Lipchitz et Maria Blanchard lorsque l'atelier de Lipchitz à Montparnasse devient un lieu de débat vers le début de 1917 [28]. Ils vont tous les trois à Beaulieu-lès-Loches

26. W. George, « Appels du Bas-Empire, Georges De Chirico », *Formes*, n° 1, janvier 1930, p. 12.
27. Sur le rappel à l'ordre, l'union sacrée et le nationalisme en France pendant la guerre de 1914-1918, voir C. Green, *Cubism and its Enemies, op. cit.*, et K. E. Silver, *L'Esprit de corps, op. cit.*
28. Sur les liens entre Gris et Lipchitz, voir C. Green, *Cubism and its Enemies, op. cit.*

à l'été 1918. Leur séjour dans cette petite ville de Touraine, où Jean Metzinger les rejoint quelque temps, marque le point culminant de leur démarche d'étrangers travaillant à la création d'un cubisme français.

Le Tourangeau de Juan Gris semble représentatif de cet effort. C'est une nouvelle variante d'un portrait cubiste fait quelques mois plus tôt, figurant un paysan du voisinage, en sarrau bleu. Comme je l'ai montré ailleurs, la stabilité robuste de la composition possède une signification qui dépasse sa valeur purement abstraite. Elle relie ce tableau à l'image populaire du paysan français têtu, dont la force de volonté est celle-là même qui s'est manifestée dans la résistance des lignes de front face à l'envahisseur allemand. En outre, la présentation du personnage et son allure impassible renvoient de toute évidence au peintre tourangeau du XVe siècle Jean Fouquet, en particulier à un tableau entré au Louvre avec une attribution à Fouquet, *L'Homme au verre de vin*. En s'attachant ainsi au sujet « réel » et à sa stabilité « classique », *Le Tourangeau* s'accorde parfaitement avec la notion de « tradition française » affirmée à l'envi pendant toute cette période. Par l'allusion transparente à Fouquet, il souligne ses liens avec cette filiation[29]. Des personnages de la *commedia dell'arte* accompagnent les paysans dans l'œuvre de Juan Gris, comme dans celle de Lipchitz (cat. p. 192). Les arlequins de Cézanne s'imposeront bientôt comme un trait d'union essentiel entre la « tradition française » modernisée du XXe siècle et le XVIIe siècle de Watteau, et Lhote y contribuera largement[30].

Le cubisme assimilationniste de Juan Gris, Maria Blanchard, Jacques Lipchitz et d'autres paraît donc traduire la volonté de répondre à la logique dominante d'une tradition française indigène, perméable à l'influence des étrangers présents sur le territoire français. Cependant, une grande partie des œuvres cubistes réalisées par des étrangers en France, entre 1911 et 1920, ébranlent sérieusement les espèces de généralisations véhiculées par André Lhote, Louis Vauxcelles et Waldemar George après 1918. Il nous faudra terminer par un constat de la fragilité des limites tracées par ces commentateurs entre les composantes françaises et étrangères, tant il est vrai que ces distinctions se révèlent fallacieuses au regard des œuvres de bien des artistes étrangers qui appartenaient à la mouvance cubiste à l'époque. Les cubistes étrangers étaient tout à fait capables de pratiquer à la fois le « cubisme sensible » et la « géométrie expressive » dont Lhote attribuait l'exclusivité au « cubisme français ».

Pourquoi, demandera-t-on, Lhote rangeait-il sous la rubrique du « cubisme sensible » les réactions de Fernand Léger et de Robert Delaunay à la modernité urbaine, mais pas *Le Bar du port* (collection privée), cette image fragmentée de la modernité que Louis Marcoussis a exécutée en 1913, ni la suite simultaniste de vues de la ville que Léopold Survage a peinte pendant

Juan Gris, *Le Tourangeau,* 1918
Centre Georges Pompidou, Paris,
Musée national d'art moderne

29. C. Green, *Juan Gris, op. cit.*, chapitre VI.
30. L'*Hommage à Watteau* peint par Lhote en 1919 (Genève, musée du Petit Palais) souligne cette relation avec le XVIIe siècle.

la guerre (cat. p. 209) ? Comment la « géométrie expressive » des sculptures d'Ossip Zadkine a-t-elle pu lui échapper, fût-ce dans les œuvres les moins « expressionnistes », telle *Maternité* de 1919 (cat. p. 182) ? Cette dernière sculpture relève assurément du cubisme *a posteriori* tel qu'il le définit. On doit en déduire que ce type d'œuvres, de même que le cubisme explicitement étranger de Marc Chagall, qui incorpore des images et des éléments de l'alphabet russe, était trop fondé sur la « sensation » pour se voir accorder une place dans la tradition française. C'est assez facile à voir si l'on prend l'exemple de Zadkine, dont la façon d'utiliser des formes simplifiées et des déformations, pour exprimer une émotion intense dans ses sculptures, est manifestement à des lieues de l'« expression » sous la forme moderne française que lui ont donnée Matisse et les fauves depuis le début du siècle [31]. Un artiste comme Zadkine avait beau appliquer les principes du cubisme *a posteriori*, son œuvre n'en demeurait pas moins étrangère.

On se rend compte qu'un artiste placé dans sa situation était conscient de rester à l'écart, même si le monde de l'art parisien semblait très ouvert, quand on lit une anecdote relatée dans son autobiographie. Henri Matisse était l'un des artistes français les plus accueillants à l'égard des talents étrangers. Dans l'école où il a enseigné de 1908 à 1911, à Paris, la majorité des élèves venaient des États-Unis, d'Allemagne et des pays scandinaves. Pourtant, lorsque Zadkine raconte la visite de Matisse à son atelier en 1913, il se rappelle que les réactions du maître devant ses œuvres lui ont bien fait mesurer sa différence : « Je sentis nettement que ce qu'il voyait lui semblait étranger, je veux dire : étranger, pas français [32]. »

(traduit de l'anglais par Jeanne Bouniort)

Ossip Zadkine dans son atelier, 1930

31. Sur Matisse et l'expression, voir en particulier ses « Notes d'un peintre » de 1908, reproduites dans Henri Matisse, *Écrits et propos sur l'art*, réunis et présentés par Dominique Fourcade, Paris, Hermann, 1972.
32. Ossip Zadkine, *Le Maillet et le Ciseau, souvenirs de ma vie*, Paris, Albin Michel, 1968, p. 75.

Nouvelles images de Paris

HERBERT MOLDERINGS

Tant dans l'histoire de la photographie internationale que française, on chercherait en vain la mention « École de Paris ». Seule exception : la préface du catalogue d'une exposition des photographies de Brassaï, à la Bibliothèque nationale en 1963, où Julien Cain, alors administrateur général, évoque Brassaï et Man Ray (exposé au même endroit, l'année précédente) comme deux artistes « honorant également l'École de Paris [1] ». Même si l'histoire de la photographie est une discipline encore relativement jeune qui n'emploie pas ce terme pour désigner une école distincte [2], le phénomène a néanmoins existé : un groupe de jeunes photographes indépendants, avec notamment des jeunes femmes photographes, actifs à Paris dans les années 1920 et au début des années 1930, qui ont travaillé dans un nouvel état d'esprit et ont fait de Paris un des centres de « la nouvelle photographie », comme on l'appelait autrefois, aux côtés de Berlin, Dessau et Moscou. C'est en mai-juin 1928, lors du « premier Salon indépendant de la photographie » (qui d'ailleurs ne fut jamais suivi d'un second), qu'elle fut pour la première fois présentée au public, exposition qui entra dans l'histoire sous le nom de « Salon de l'Escalier ». Ce surnom provient du lieu où elle se déroula – dans les salles attenantes à l'escalier d'entrée du théâtre des Champs-Élysées, où le public pouvait flâner lors des entractes. Le comité d'organisation était constitué de Lucien Vogel, René Clair, Florent Fels, Georges Charensol et Jean Prévôt, dont aucun n'était photographe mais rédacteurs, journalistes et l'un cinéaste, qui allaient plus tard jouer un rôle décisif en faveur de la « nouvelle photographie » en France. Y étaient exposées des photographies de Man Ray, Berenice Abbott, Germaine Krull [3], Laure Albin-Guillot, Mme D'Ora (une photographe de portraits dans le style « Art déco »), André Kertész, Paul Outerbridge et George Hoyningen-Huene. Les intéressés voulaient affirmer une nouvelle attitude par rapport à la photographie que Florent Fels a définie en ces termes dans la revue *L'Art vivant* : « On a voulu éviter la photographie qui s'inspire de la peinture, de la gravure, du dessin [...] tous ont le souci d'être exacts, nets, précis [4]. »

1. Catalogue de l'exposition « Brassaï », Paris, Bibliothèque nationale, 1963, n.p.
2. Signalons toutefois la petite exposition « L'École de Paris 1925-1939 », organisée par Romeo Martinez et Pierre Gassmann au Salon de la photo de 1973, qui est restée sans conséquence pour l'étude de cette période.
3. Elle exposait alors sous son nom d'état civil Krull-Ivens.
4. Florent Fels, « Le premier Salon indépendant de la photographie », *L'Art vivant*, n° 83, 1er juin 1928, p. 445.

En d'autres termes, il s'agissait d'une prise de position typiquement anti-pictorialiste de la part de jeunes photographes après la Première Guerre mondiale, qui eut lieu presque simultanément à Berlin [5] et Iéna [6]. En tant que précurseurs historiques de la photographie nette et exacte, on avait exposé au Salon de l'Escalier, à côté des contemporains, des portraits de Nadar et des vues de Paris d'Atget [7], alors pratiquement inconnu, qui venait de mourir l'année précédente. On remarquera que tous les photographes exposés au « Salon indépendant de la photographie », à l'exception de Laure Albin-Guillot, étaient des étrangers, ce qui prouve la force d'attraction de Paris sur les créateurs, tout comme le climat cosmopolite qui régnait dans cette ville. On retrouve le même groupe de photographes, complété par Eli Lotar [8] et Florence Henri, dans les grandes expositions photographiques présentées l'année suivante en Allemagne, en particulier « Fotografie der Gegenwart » au Folkwang Museum à Essen [9], ainsi que « Film und Foto » organisée par le Deutscher Werkbund et inaugurée à Stuttgart [10] puis montrée à Berlin, Munich, Bâle, Vienne, qui a joué un rôle décisif dans la promotion de la « nouvelle photographie » dans tous les pays européens. Le choix des photographes pour la présente exposition est déterminé par les personnalités qui, à la fin des années 1920, représentaient l'École de Paris tant sur le plan national que par leur renommée internationale, étendu à Ilse Bing qui émigra à Paris en 1930 et à Brassaï qui vivait à Paris depuis 1924 et se consacra à la photographie au tournant de l'année 1929-1930 [11]. Après la publication de son album *Paris de nuit* en 1932, il devint le représentant exemplaire de la nouvelle photographie parisienne à l'étranger. Aux côtés de ces pionniers, bien d'autres photographes étrangers œuvrèrent alors en France, tels Aram Alban, Nora Dumas, Ergy Landau [12], François Kollar,

5. « Foto-Malerei-Architektur », Kunstschule Johannes Itten, Berlin, février 1928 (avec la participation des photographes Umbo, Peterhans, Moholy-Nagy, Renger-Patzsch et Errell). Voir Herbert Molderings, *Umbo. Otto Umbehr 1902-1980*, Düsseldorf, Éditions Richter, 1996, p. 64.
6. « Neue Wege der Photographie », Jenaer Kunstverein, mars-avril 1928.
7. Atget était à l'époque à ce point méconnu que les organisateurs orthographièrent son nom « Adget ».
8. Né à Paris en 1905 de parents roumains, Eli Lotar émigra peu après sa naissance à Bucarest. À la fin de 1924, il retourna dans le sud de la France ; en 1926, il prit la nationalité française et s'installa à Paris. Voir catalogue de l'exposition « Eli Lotar », Paris, Centre Georges Pompidou, Musée national d'art moderne, 1993, pp. 10-12.
9. Organisée par Kurt Wilhelm Kästner, 20 janvier-17 février 1929.
10. 18 mai-7 juillet 1929. Voir *Film und Foto der zwanziger Jahre*, Ute Eskildsen et Jan Christopher Horak, Stuttgart, Wuerttembergischer Kunstverein, 1979. Au groupe de photographes réunis au Salon de l'Escalier s'ajoutaient Maurice Tabard, Maximilien Vox et Claude Remusat. Ergi *(sic)* Landau et René Zuber étaient représentés par des photos rassemblées par Moholy-Nagy, non par artistes mais par sujets, dans une « salle d'introduction ».
11. Brassaï, né en Hongrie, prit la nationalité française en 1947.
12. Naturalisée française vers 1925.

Rogi André, Dora Maar, Albert Rudomine ainsi que, brièvement, Bill Brandt (1929-1930) et Lee Miller (1929-1932) [13]. La seule énumération de ces noms montre clairement que les femmes photographes représentaient la moitié des participants de l'École de Paris ; à côté du film et du cabaret, la photographie était, dans les années 1920, l'un des principaux domaines d'intervention de la « nouvelle femme », consciente d'elle-même, indépendante et cosmopolite [14].

Appliqué à la photographie, le concept « École de Paris » ne désigne pas un mouvement stylistique mais topographique, en l'occurrence lié à l'histoire de la culture [15] : en d'autres termes, l'activité d'un groupe de photographes indépendants, venus de l'étranger, qui ont choisi après la Première Guerre mondiale de s'établir et de travailler à Paris. Même si on peut considérer globalement qu'ils travaillent dans un même esprit « moderne », ils se distinguent de mouvements contemporains comme « l'École du Bauhaus » ou la « Nouvelle Objectivité » en Allemagne car on n'y trouve pas d'homogénéité stylistique. Chacun de ses membres possédait un style individuel, constitué tant de composantes parisiennes que d'éléments rapportés, provenant de leur pays d'origine. Par exemple, les photographies de Man Ray, en particulier sa célèbre invention de la « rayographie », provenaient du cercle dadaïste new-yorkais gravitant autour de Marcel Duchamp, poursuivant l'idée d'une image énigmatique, enrichie par l'influence du surréalisme littéraire parisien ; Florence Henri a opéré la synthèse, dans son travail photographique, des idées puristes de Léger et d'Ozenfant avec le principe de création dynamique de la « Nouvelle Vision » de Moholy-Nagy ; les portraits et photos de mode de Hoyningen-Huene comportent aussi bien des traits stylistiques classiques que puristes ; Germaine Krull pratiquait un style éclectique : on trouve simultanément dans son œuvre des photos de presse conventionnelles et sans grande inspiration comme des images poétiques dans l'esprit d'Atget ou encore des photos constructivistes de structures métalliques. En tout cas, les deux Hongrois Brassaï et Kertész (ainsi que l'émule de ce dernier, Ilse Bing) semblent avoir adopté un style cohérent appelé « réalisme poétique [16] » et dont le développement après 1928 a été marqué par l'influence d'Atget. Toutefois même là, on peut par un examen minutieux distinguer deux styles différenciés :

13. Voir Christian Bouqueret, *Des Années folles aux années noires. La Nouvelle Vision photographique en France, 1920-1940*, Paris, Marval, 1997.

14. Voir C. Bouqueret, *Les Femmes photographes de la nouvelle vision en France, 1920-1940*, Paris, Marval, 1998. On peut observer un phénomène analogue dans l'Allemagne de Weimar. Voir à ce sujet le catalogue de l'exposition « Fotografieren hiess teilnehmen. Fotografieren in der Weimarer Republik », Essen, Folkwang Museum, 1994.

15. Voir l'article de Gladys Fabre « Qu'est-ce que l'École de Paris ? », dans le présent catalogue.

16. Voir Anne Wilkes Tucker, « Brassaï : Man of the World », *Brassaï : the Eye of Paris*, Houston, Museum of Fine Arts, 1999, pp. 44, 45 et 105.

un réalisme typé et scénographique chez Brassaï, un réalisme lyrique et sentimental chez Kertész. En dépit de leurs différences individuelles, ces œuvres photographiques ont une profonde unité. Ce qui les réunit est tout d'abord l'iconographie, ce mythe urbain qui a pour nom « Paris ». Dans les images de Kertész, Krull, Lotar, Henri, Bing et Brassaï, on est confronté au Paris des années 1920 dans ses recoins et sous ses aspects les plus cachés : du cabaret à la « maison close », de l'atelier d'artiste à Montparnasse aux abattoirs de la Villette, des distractions de la « bonne société » sur les champs de courses de Longchamp à la vie des tsiganes dans la « zone » à la Porte de Bagnolet, des portraits de Noailles et Beaumont aux images de clochards et de chiffonniers, des escaliers de Montmartre aux tables de bistrot et aux chaises du jardin du Luxembourg, de la tour Eiffel aux enseignes métalliques des marchands de « bois et charbons » auvergnats. Même les images d'un Man Ray, d'un Outerbridge ou d'un Hoyningen-Huene où il n'y a rien de typiquement parisien respirent l'atmosphère de Paris : l'érotisme qui imbibe cette ville, son élégance et son excentricité, son antimodernisme intime.

En tant qu'artistes, aventuriers et étrangers dans cette ville, Krull, Kertész, Man Ray et Abbott, Henri et Brassaï étaient suffisamment éloignés de la routine commerciale et technique des photographes professionnels et de l'opportunisme du juste milieu pour rompre avec l'esthétique moribonde du pictorialisme. En même temps, leur liberté, leur expérience du dépaysement leur permettait de saisir des aspects nouveaux, surprenants, envoûtants, dans cette ville, qui demeuraient dissimulés au Parisien d'origine soumis au fonctionnalisme de la vie quotidienne. Ils n'étaient pas seulement étrangers au milieu dans lequel ils vivaient mais aussi, au début, au médium avec lequel ils travaillaient. Peu d'entre eux étaient venus directement à la photographie, la plupart avaient commencé comme peintres, sculpteurs, dessinateurs. Seule Germaine Krull avait reçu une formation professionnelle de photographe.

Le renouveau esthétique, dans les années 1920, de la photographie d'art, figée jusqu'alors dans les conventions esthétiques du pictorialisme, n'est pas dû seulement au dynamisme des esprits créatifs mais aussi aux profondes transformations intervenues dans le domaine de l'édition [17]. Celle-ci a reçu une impulsion nouvelle, tant sur le plan social que commercial, par le développement rapide, après la Première Guerre mondiale, des publications illustrées et de la publicité. Avec la guerre, les masses avaient fait leur entrée sur la scène de l'histoire comme forces décisives du futur, et il fallait les gagner, les satisfaire, les dominer, que ce fût dans les sociétés démocratiques ou totalitaires. L'industrie de l'image, dont le développement était foudroyant, joua un rôle décisif. Un marché en expansion constante pour

17. En tant que voix contemporaine française concernant ces modifications, voir C. de Santeul, « Les artistes photographes d'aujourd'hui », *Photo Illustrations*, Revue internationale de documentation photographique, 2ᵉ année, 1935, pp. 1-4.

l'information par l'image ainsi que la compétition entre illustrés concurrents ouvrirent la voie à l'expérimentation et l'originalité. Un nouveau public était apparu, sans prétention et sans formation littéraire ou artistique, « des gens qui n'avaient ni le temps ni les nerfs pour se consacrer à la lecture et dont la seule activité culturelle consistait à aller au cinéma et à acquérir ainsi une formation visuelle [18] ».

Le film fut la grande expérience optique des hommes dans l'entre-deux-guerres. Il a profondément modifié leur relation sensible au monde. La prééminence de l'œil et le sens du mouvement furent les caractéristiques de la nouvelle sensibilité. La capacité unique du cinéma à exprimer le mouvement et la diversité d'un monde en transformation accélérée a amené les autres médias de l'image à se remettre profondément en question. Ils devaient pouvoir s'adapter au film s'ils voulaient rivaliser avec ses capacités d'expériences visuelles condensées. Plusieurs pionniers de la « nouvelle photographie » avaient une expérience directe du cinéma [19]. Man Ray, en plus de son activité de peintre et de photographe, a tourné plusieurs films dont il a extrait des images fixes qu'il a publiées ensuite comme images autonomes : *Retour à la raison* (1923), *Emak Bakia* (1926), *L'Étoile de mer* (1928) ; *Les Mystères du château du Dé* (1929). En 1932, alors qu'il réalisait les derniers clichés pour son album *Paris de nuit*, Brassaï a travaillé plusieurs mois comme photographe de plateau pour Alexander Korda [20], une expérience dont il a tiré un parti technique pour ses prises de vue nocturnes [21]. Chez Germaine Krull, le style de prise de vue dynamique de structures métalliques de docks, de mâts de navires et de grues à Amsterdam et Anvers, plus tard de la tour Eiffel à Paris, est né en correspondance étroite avec le cinéaste hollandais Joris Ivens et le groupe « Filmliga » et a été visiblement influencé par le cinéma russe d'avant-garde [22]. Florence Henri, pour sa part, n'a jamais hésité à désigner le film *Ballet mécanique* (1924) de son maître Fernand Léger comme source d'inspiration de ses premières compositions au miroir et de ses photographies d'objets [23] ; tandis qu'Eli Lotar photographiait ses impressions de Paris et les abattoirs de la Villette, il travaillait en même temps comme photographe de plateau, opérateur et cameraman [24].

Eli Lotar, *Abattoir*, 1929,
publié dans *Variétés*, 15 avril 1930

18. H. K. Frenzel, *Hoyningen-Huene Meisterbildnisse*, Berlin, Verlag Dietrich Reirer, 1932, p. 11.
19. Voir le chapitre « Photographie et cinématographie », dans Alain Fleig, *Photographie et surréalisme en France entre les deux guerres*, Paris, Éditions Ides et Calendes, 1999, pp. 205 et suivantes.
20. Voir A. Wilkes Tucker, *Brassaï : the Eye of Paris*, *op. cit.*, p. 45.
21. Voir l'article de Brassaï, « Techniques de la photographie de nuit », dans *Arts et métiers graphiques*, n° 33, 15 janvier 1933. Brassaï devait par la suite utiliser lui-même la caméra. En 1956, il tourna le film *Tant qu'il y aura des bêtes* qui obtint une récompense.
22. Voir Kim Sichel, *Avantgarde als Abenteuer. Leben und Werk der Fotografin Germaine Krull*, Munich, Schirmer/Mosel, 1999, p. 73.
23. Florence Henri dans de nombreuses conversations avec l'auteur de 1975 à 1982.
24. Voir le catalogue de l'exposition « Eli Lotar », *op. cit.*, p. 96.

Le public éduqué par le cinéma et les nouveaux éditeurs exigeaient une forme totalement nouvelle de reportages, à savoir des récits photographiques vivants et brefs, à la manière d'un film, avec une action continue, une histoire. Qui plus est, le public désirait maintenant se voir lui-même représenté à côté des événements officiels, des mariages princiers, des accidents et catastrophes naturelles qui avaient toujours rempli les pages des magazines illustrés. Des expéditions dans le quotidien social, des scènes de la vie des masses, l'existence des ouvriers, des employés, des petits-bourgeois, des marginaux, leurs plaisirs et leurs souffrances, leurs convictions, leurs sympathies et antipathies devinrent les thèmes de prédilection du nouveau reportage. Ce genre de « photo-essai » ne pouvait être que l'œuvre d'un nouveau type de photographe. On ne voulait plus un photographe de presse travaillant de manière conventionnelle et artisanale mais un photographe auteur, une personnalité instruite et intelligente, capable de transmettre par la photo une vision neuve et individuelle des événements et, ainsi, de les rendre vivants, suggestifs, convaincants. Kertész et Brassaï, Germaine Krull et Ilse Bing incarnèrent à la perfection ce nouveau type qui correspondait à leur personnalité comme à leur culture et à leur formation.

Parallèlement aux réformes politiques de la société, à la libéralisation de la vie culturelle et à la lente émancipation de la femme, l'image du monde devait aussi se transformer. « Chaque angle nouveau multiplie le monde par lui-même », cette phrase de Germaine Krull [25] révèle ce principe pseudo-révolutionnaire d'une vision du monde qui est au fondement de la « nouvelle photographie » et lui confère une forte valeur marchande dans la société du spectacle en train de prendre forme. Krull, Kertész et Brassaï (celui-ci comme journaliste et non comme photographe) travaillaient déjà pour des journaux illustrés et des magazines allemands lorsque le journal *Vu* fut fondé à Paris en mars 1928, devenant un nouveau et important commanditaire. Le magazine, créé par Lucien Vogel sur le modèle du *Münchner Illustrierte Presse* et du *Arbeiter Illustrierte Zeitung*, rassembla bientôt les meilleurs photographes de Paris et fut dès le départ un des plus modernes illustrés d'Europe. En 1931, Florent Fels, qui fut avec Vogel le promoteur le plus imaginatif de la « nouvelle photographie » en France, fit paraître *Voilà*, « l'hebdomadaire du reportage ». Un an après ce fut le tour de *Regards*, hebdomadaire illustré du parti communiste qui rassemblait les photographes engagés à gauche. Dans la presse féminine, *Le Jardin des modes* et l'édition française du magazine américain *Vogue* ouvrirent leurs pages à la nouvelle photo expérimentale [26]. Il faut aussi

25. Germaine Krull, *Études de nu*, Paris, A. Calavas éditeur, 1930, (Introduction) n.p.
26. On ne peut, dans cet article, traiter plus en détail l'industrie de la mode et de la publicité. Toutefois nombreux sont les photographes dont il est ici question qui eurent un rôle actif dans la photo de mode et la publicité, tels Man Ray ou Germaine Krull, Kertész, Henri ou Brassaï, sans même parler des photographes de mode Hoyningen-Huene et Outerbridge.

mentionner des revues littéraires comme *Bifur* et *Documents* (1929-1930), la revue musicale *Jazz* éditée par Carlo Rim (1928-1930), la revue culturelle *Variétés* parue à Bruxelles (1928-1930), *L'Art vivant*, ou encore *Art et Médecine*, revue publiée par les laboratoires pharmaceutiques du Dr Débat à partir de 1930, supports réguliers de la « nouvelle photographie ». Les cahiers annuels *Photographie*, publiés depuis 1930 par les éditions Arts et Métiers graphiques, sont rapidement devenus une sorte de « Who's Who » de la photographie moderne internationale. Tous ces journaux illustrés et toutes ces revues constituaient un réseau dense et dynamique qui offrait aux « nouveaux photographes » les moyens de travailler et de gagner leur vie. Il ne faudrait pas oublier ici le petit mensuel érotique *Paris-Magazine* que Brassaï décrivait dans une lettre à ses parents en 1933 comme sa « main source of income [27] ». Lancée en 1931, la revue – qui à son apogée tirait à cent cinquante mille exemplaires – compta les meilleurs photographes parmi ses collaborateurs : entre autres Man Ray, Kertész, Krull, Ergy Landau, Florence Henri, Bill Brandt, Jean Moral, Pierre Boucher [28].

Le marché du livre offrit un autre support éditorial pour la « nouvelle photographie » avec la création, dans les années 1920, de cette nouvelle forme d'expression visuelle et littéraire : « l'album photographique [29] ». Combien la notoriété et la situation financière du photographe, hors la photo de portrait, dépendent de structures commerciales sur lesquelles il n'a pas prise – et combien un esprit indépendant peut anticiper les développements à venir – est illustré par le destin d'Atget qui, dès la première décennie du XXe siècle, conçut plusieurs projets pour des albums photographiques complets à thème : « la voiture à Paris », « les intérieurs parisiens », « les enseignes et vieilles boutiques à Paris », « les zoniers », et bien d'autres encore [30] qui ne virent jamais le jour faute de structures éditoriales adéquates. L'Allemagne de Weimar fut l'un des premiers centres en Europe pour la publication d'albums photographiques [31]. L'édition française concentrée à Paris suivit immédiatement le mouvement. En 1928 parut le

27. *Brassaï : Letters to my Parents*, traduit du hongrois par Peter Laki et Barna Kantor, Chicago et Londres, 1997, p. 211.

28. Voir C. Bouqueret, *Des Années folles aux années noires*, op. cit., p. 159.

29. On trouvera un bon aperçu sur cette nouvelle forme d'ouvrage, même s'il comporte des lacunes sur le plan international, dans *Fotograffa publica, Photography in print 1919-1939*, Madrid, Museo Nacional Centro de Arte Sofia, 1999.

30. Voir Molly Nesbit, *Atget's Seven Albums*, New Haven et Londres, Yale University Press, 1992.

31. En 1928-1929, plusieurs incunables parurent sous cette forme : Karl Blossfeldt, *Urformen der Kunst. Photographische Pflanzenbilder* (*Formes originelles de l'art. Images photographiques de plantes*); Albert Renger-Patzsch, *Die Welt ist schön* (*Le monde est beau*); August Sander, *Antlitz der Zeit* (*Visages du temps*), ainsi que l'anthologie rassemblée par Franz Roh et Jan Tschichold, *Foto-Auge* (*Œil et Photo*).

recueil de clichés photographiques de Germaine Krull, *Métal*[32], suivi en 1930 des albums pour bibliophiles de Pierre Bost, *Photographies modernes*[33], puis de Germaine Krull, *Études de nu*. En cette même année sortit chez Henri Jonquières à Paris et simultanément à Leipzig en versions allemande et française une édition du livre *Atget photographe de Paris*[34]. Si on considère l'influence de cet album sur plusieurs générations de photographes de 1930 à nos jours, on peut le désigner comme le plus important de l'époque, de même que *Paris de nuit* de Brassaï, paru à la fin de 1932[35], est certainement le plus bel album de ces années-là. Celui-ci contient un reportage, sous forme de livre, qui se déroule comme un film documentaire moderne[36] avec des prises de vue qui commencent à minuit et d'image en image montrent les lieux de travail, de plaisir et de repos dans la ville, pour se terminer avec les livreurs de lait au petit matin. Une semblable structure narrative imprègne encore davantage l'album *Paris vu par André Kertész*, le pendant diurne de *Paris de nuit*, qui bien que paru en 1934, est presque entièrement illustré par des photos de la seconde moitié des années 1920[37].

C'est une image romantique de Paris que les photographes étrangers offraient au regard de leurs contemporains et à la postérité, libre de toute préoccupation sociale, politique et urbanistique, entraînée par la modernisation industrielle des grandes villes après la Première Guerre mondiale. Ils montraient la métropole internationale comme une ville idyllique, paisible, préindustrielle, oui, presque provinciale. Hoyningen-Huene, Krull, Kertész et Brassaï avaient quitté leur Russie, Allemagne ou Hongrie natale, où de 1917 à 1923 une guerre civile ouverte ou latente avait fait rage. Dans cette ville étrangère qu'était Paris, ils vivaient en dehors de tout conflit social et jouissaient du privilège de pouvoir contempler le monde comme des spectateurs au théâtre. Leur vision de Paris mêlait le vécu et l'imaginaire, le réel et le rêve, les faits bruts et les réminiscences littéraires.

L'image de Paris dans la photographie du XIXᵉ siècle, telle qu'on peut la voir sur les clichés d'Édouard Baldus, d'Henri Le Secq, de Charles Marville et enfin d'Eugène Atget, est née dans un contexte précis à des fins de documentation. Il s'agissait, d'une part, de préserver par la photo les anciens

32. Paris, Librairie des Arts décoratifs, A. Calavas éditeur.
33. Paris, Librairie des Arts décoratifs, A. Calavas éditeur. Voir compte rendu dans *Variétés*, 2ᵉ année, n° 12, Bruxelles, 15 avril 1930, pp. 873-874.
34. L'édition allemande (*E. Atget. Lichtbilder*) comprenait une introduction de Camille Recht ; l'édition française était introduite par Pierre Mac Orlan ; une édition américaine parut également chez Weyhe à New York.
35. Publié dans la collection « Réalités », sous la direction de J. Bernier, texte de Paul Morand, Éditions Arts et Métiers graphiques.
36. Voir le film de Walter Ruttmann, *Berlin. Die Sinfonie der Grossstadt*, 1927.
37. Publié sous la direction de J. et R. Wittmann, Paris, Librairie Plon, Éditions d'Histoire et d'Art.

monuments et aménagements urbains d'une disparition inéluctable et, d'autre part, de fixer les nouveaux pour la gloire de la nation. C'était une image de Paris vue par un Parisien, c'est-à-dire dans une perspective française. L'image de Paris livrée par la «nouvelle photographie» des années 1920 n'était pas au service de la documentation mais de la distraction. Elle n'obéissait à aucun plan préétabli, mais à la spontanéité et à la subjectivité de l'observateur individuel, de ces photographes immigrés qui déambulaient dans la ville et qui se sentaient aussi étrangers à Paris qu'ils l'étaient dans leur pays d'origine, qu'ils avaient pour la plupart d'entre eux quitté définitivement. Dans leur flânerie guidée par la curiosité, ils étaient en situation de saisir par la photographie de nouveaux aspects et détails de la ville en même temps que de donner une vision contemporaine de lieux littéraires, d'objets ou d'habitants de cette cité. La nouvelle vision photographique de Paris reflétait les nombreux mythes sur la ville transmis par la littérature du XIXᵉ siècle, perçus par la sensibilité d'observateurs étrangers et revisités à travers la vie urbaine des années 1920. Photographier dans la perspective du promeneur, ainsi qu'on pourrait le formuler avec Franz Hessel [38], est une sorte de lecture des rues où les visages des gens, les étalages, les vitrines, les enseignes des magasins, les terrasses des cafés, les escaliers, les ponts, les maisons et les arbres deviennent autant de lettres d'un alphabet qui, réunies, forment les mots, les phrases, les pages du grand livre sur «Paris» que rédigent depuis la fin du XVIIIᵉ siècle écrivains, peintres, dessinateurs, photographes.

Ce point de vue sentimental, enchanté, qui imprègne les photos de Krull et de Bing, de Kertész ou de Brassaï, tant par le choix du motif que par son rendu, était idéal pour une valorisation touristique [39]. Combien les touristes depuis la Première Guerre mondiale ont délaissé les prestigieux monuments historiques au profit de lieux populaires, moins nobles mais d'autant plus vivants, voilà ce qu'atteste Florent Fels dans son introduction à l'album de Germaine Krull sur la ville, *100 x Paris*, de 1929 [40]. Plutôt que la cathédrale Notre-Dame, il propose au visiteur de Paris de traîner dans les rues de la prostitution, de visiter les bars de nuit fréquentés par les petits voyous, de jeter un œil sur les lieux de rendez-vous des lesbiennes et homosexuels, de faire une escapade nocturne aux halles, «le ventre de Paris», et de se rendre au marché aux puces à Clignancourt. «Musez à l'entour de la Madeleine, parée de bouquets comme un corsage de midinettes, rue Lepic où les poules traînent en savates leur visage encore plâtré de fards nocturnes. Gagnez du plaisir en ces théâtres de quartier où se jouent les tragédies du peuple "La Tour de Nesle", "Les Deux Orphelines". Comptez

38. Voir Franz Hessel, *Spazieren in Berlin*, Vienne et Leipzig, Verlag Dr Hans Epstein, 1929.
39. Il n'est pas possible, dans le cadre de cet article, de mentionner la masse de reportages touristiques et de livres sur Paris illustrés par ces photographes.
40. Paru en édition trilingue aux éditions Verlag der Reihe, Berlin.

LES " MANOUSCH " DE BAGNOLET

Eugène Atget, Germaine Krull,
« Les "Manousch" de Bagnolet », 1930,
publié dans *L'Art vivant*, 1ᵉʳ mars 1930

pour rien ces plaisirs internationaux que l'on trouve dans tous les cabarets de Montmartre et du monde, mais choisissez ces bals de la rue de Lappe, de la rue Blomet, si riches en couleurs. À la foire aux Puces, barrière de Clignancourt, vous trouverez d'étonnants vestiges d'un passé désuet ; autour des halles des restaurants d'aspect modeste et de chair somptueuse [41]. » Brassaï s'est révélé à partir de 1930 comme le meilleur connaisseur et le plus sensible photographe de ces lieux : ses photos de bars à voyous dans la rue de Lappe, de bals musettes place de la Bastille, des « maisons closes », du bal nègre de la rue Blomet, ses images du bal de la montagne Sainte-Geneviève et de la « Magic City » réservés aux homosexuels, ainsi que des scènes au « Monocle » réservé au beau sexe, parues en 1934 dans l'album *Voluptés de Paris* [42], sont devenues des images emblématiques du Paris secret de l'entre-deux-guerres. Du temps de la République des Conseils ouvriers à Munich, Germaine Krull s'était engagée d'abord aux côtés des socialistes de gauche puis des spartakistes. On peut retrouver cette sympathie pour les exclus et les laissés-pour-compte dans ses photographies d'ouvriers et de revendeuses de légumes dans le quartier des Halles, de clochards, de chiffonniers et tsiganes vivant dans la « zone », toutefois son regard n'est plus celui d'une militante engagée mais d'une spectatrice distanciée. Les habits déchirés des gens, la pauvreté de leur habitation, se sont mués en éléments décoratifs d'une esthétique du

41. *Ibid.*, p. XV.
42. Paris-Publications.

pittoresque [43]. Si on en croit les nombreuses photos de clochards de Krull, Kertész et Brassaï, ceux-ci étaient aux yeux des photographes étrangers la figure idéale de l'habitant de Paris. Ces photographes émigrés qui parcouraient l'inépuisable diversité de la métropole étrangère comme de pauvres vagabonds, quoique privilégiés, voyaient dans ces clochards démunis et solitaires mais maîtres de leur existence, du moins en apparence, une âme sœur et projetaient sur ce personnage plutôt pitoyable leur rêve de liberté et d'indépendance [44].

L'aisance avec laquelle les photographes étrangers ont su observer et fixer la vie autour d'eux à Paris, a peu à voir, à de rares exceptions près, avec la sérénité. Souvent c'est l'inverse. Sur toutes les photos de Paris de Kertész pèse l'expérience de la solitude de l'émigré et flotte une légère nostalgie du pays. On a remarqué que Kertész avait une prédilection et photographiait les lieux de Paris où demeuraient des restes d'un passé villageois ou encore la nature faisant irruption dans la ville [45] : comme par exemple « les forêts parisiennes [46] », avec ce jeu de lumière envoûtant dans le jardin du Luxembourg, ces quais de Seine recouverts d'un feuillage d'automne ou la butte Montmartre avec ses maisonnettes de jardin en bois qui rappellent davantage une ville de province hongroise qu'une capitale moderne. Aucun des photographes étrangers n'a su conférer une telle mélancolie et une telle fragilité aux images de paysage urbain que Kertész. « Un pont de Paris provoque ainsi une étrange vie larvaire et nocturne », écrivait Mac Orlan dans sa préface à l'album *Paris vu par André Kertész*, « un square désert se peuple d'ombres ; une rue vide laisse prévoir les cortèges du meurtre et de la fin. Aucune grande cité ne peut se libérer des fantômes dont l'imagination publique est en droit de les croire hantés [...]. Il suffit du petit déclic de l'objectif pour donner aux incrédules un aspect si secret des choses qu'ils ne reconnaissent plus la chaise où ils vont s'asseoir dans un jardin, à d'autres heures conquis par les enfants. » Ressentir et capter par la photographie ces « fantômes » qui, depuis les œuvres littéraires d'un Mercier, Balzac, Hugo, Nerval, Théophile Gautier, Eugène Sue, Baudelaire, Zola et bien d'autres, peuplent l'imagination collective, sous les aspects vivants ou figés de Paris, tel a été l'art de Kertész, Krull, Brassaï et Bing. Lorsque ces « fantômes » sont sous-jacents à la réalité, le petit déclic de l'objectif du touriste se métamorphose en une image artistique riche d'expérience et d'esprit.

43. Voir André Warnod, *Visages de Paris*, Paris, Firmin-Didot, 1930, pp. 252-278.
44. Voir A. Warnod, *Visages de Paris, op. cit.*, pp. 267-272, et Kim Sichel, « Les photographes étrangers à Paris durant l'entre-deux-guerres », dans *Le Paris des étrangers depuis un siècle*, sous la direction d'André Kaspi et d'Antoine Marès, Paris, Imprimerie nationale, 1989, p. 263.
45. Voir Sandra Philipps, « André Kertész : the Years in Paris », *André Kertész of Paris and New York*, Londres, Thames and Hudson, p. 29.
46. Titre d'un reportage paru dans *Vu*, reproduit dans *André Kertész : the Years of Paris and New York, op. cit.*, p. 42.

Comme en Allemagne et en Union soviétique, la nouvelle photographie a aussi engendré à Paris son manifeste de « l'esprit moderne » animé par un optimisme industriel et un utopisme technologique sans limite. Il parut en 1928, incarné par l'album *Métal* de Germaine Krull [47]. Le critique Jean Gallotti, qui publiait depuis 1929 dans la revue *L'Art vivant* une série d'articles ayant pour titre « La photographie est-elle un art ? », s'exprima avec ravissement : « Nous n'y voyons que fers à T, pylônes et ponts en poutres métalliques, engrenages, bielles et excentriques. Nous sommes depuis longtemps entraînés à dire que, là seulement, se trouve la vraie, la grande, la pure beauté du monde moderne. Poésie troublante des trolleys ! Roulement à billes séducteur [48]. » Pour beaucoup de jeunes photographes français, cette collection d'images a servi de stimulant et de référence pour leur propre travail créatif. Ainsi René Zuber identifia rétrospectivement la naissance de la photographie moderne en France avec cet album : « Il y a vingt ans, Germaine Krull, braquant son appareil vers le ciel, a photographié la tour Eiffel de bas en haut, et la tour Eiffel s'est cassé la gueule. Elle a été restituée comme un pont suspendu à la renverse, comme un poignard enfoncé dans les nuages. Depuis ce jour-là, les photographes sont partis à la découverte du monde. Les pavés, les taches d'huile, les bouts de chiffon, les lézardes sur les murs et quantité d'autres choses des plus banales, que l'œil ordinaire ne remarquait pas, ont été vus pour la première fois par l'objectif photographique. De là est née l'école photographique moderne dont j'ai fait partie [49]. » L'album de Krull était le résultat d'un travail photographique de deux ans inspiré par les idées du constructivisme et du film moderne. Toutefois, elle n'a pas créé une image de Paris qui serait l'expression cohérente d'une esthétique constructiviste [50], voilà qui sera le fait d'un autre émigrant venu du Bauhaus de Dessau à Paris en 1928 : le peintre et photographe lituanien Moshé Raviv-Vorobeichic dit Moï Ver [51]. Son album *Paris-80 photomontages*, publié en 1931, présentait la ville sous un jour différent de Kertész et Brassaï, comme une métropole moderne tumultueuse [52]. C'était une vision moderniste de Paris, fondée sur le maniement virtuose d'un seul procédé

47. On cite souvent l'année 1927 comme date de parution de l'ouvrage. Selon tous les faits documentaires rassemblés, il s'agit bien pourtant de la fin 1928. Voir Kim Sichel, *Avantgarde als Abenteuer, op. cit.*, p. 76.
48. Jean Gallotti, « La photographie est-elle un art ? », *L'Art vivant*, 1er juillet 1929, p. 526. Voir aussi Charles Saunier, « Le métal inspirateur d'art », *L'Art vivant*, 1er mai 1929, pp. 361 et 368-369.
49. Article daté du 1er février 1949, publié dans *Les Cahiers du Musée national d'art moderne*, Paris, Centre Georges Pompidou, n° 3, 1980, p. 73. Concernant la signification emblématique de la tour Eiffel pour la photographie moderne, voir David Travis, « In and of the Eiffel Tower », *The Art Institute of Chicago Museum Studies*, vol. 13, n° 1, 1987, pp. 4-23.
50. Elle a toutefois publié de nombreuses photos isolées dans ce style. Voir le portfolio « Images nouvelles de Paris », *Variétés*, Bruxelles, 2e année, n° 2, 15 juin 1929, p. 110.
51. et **52.** *Page suivante.*

Couverture du livre
Paris-80 photomontages
de Moshé Raviv-Vorobeichic dit Moï Ver,
Éditions Jeanne Walter, Paris, 1931

photographique : le montage-sandwich. Certaines planches comprennent jusqu'à cinq négatifs superposés afin d'obtenir un enchevêtrement de perspectives et de visions axiales. On pense immédiatement à l'esquisse d'un scénario de film : « Dynamisme de la grande ville » dans l'ouvrage de Moholy-Nagy *Peinture, photographie, film* de 1925 [53]. Devant les yeux du spectateur se déploient en une danse folle, diagonales, grilles, taches blanches ou noires. Tout bouge, se bouscule, se confond ; mouvement, rapidité, rythme sont des atouts. Le Paris dont le photographe a rendu l'image par cette technique est une ville sans centre axial, sans repos : les flux et agglutinations sur les trottoirs, les croisements de voitures, de bicyclettes et de passants dans les rues, les espaces insondables qui se réfléchissent l'un l'autre, comme parfois dans les vitrines des magasins. C'était la ville vue dans l'optique d'une allégresse constructiviste, enivrée par les promesses utopistes de l'industrie moderne et par le tumulte de la métropole, dont il ne s'agissait pas seulement de suivre le rythme mais encore de l'accélérer.

L'École de Paris a joué un rôle considérable dans l'histoire de la photographie moderne. Les photographes étrangers, avant tout Man Ray, André Kertész et Germaine Krull, ont œuvré pour que Paris, dans les années 1920, ne soit pas à la traîne des ateliers les plus innovants situés aux États-Unis, en Allemagne, en Union soviétique. Ils ont hissé la création photographique au niveau le plus avancé de l'époque et ont aidé une jeune génération de photographes français à s'intégrer au développement international. Quelques-uns des photographes étrangers des premières heures quittèrent Paris au moment où Emmanuel Sougez, Maurice Tabard, René Zuber, Pierre Boucher, Jean Moral et Henri Cartier-Bresson (pour ne citer que les plus célèbres) commençaient leur carrière. Abbott et Outerbridge retournèrent aux États-Unis en 1929, Moshé Raviv-Vorobeichic (Moï Ver) émigra en Palestine en 1934 et Krull s'installa à Monaco en 1935. Kertész partit à New York en 1936. Toutefois le noyau dur demeura à Paris : Man Ray, Brassaï, Hoyningen-Huene, Florence Henri, Ilse Bing, tandis que la montée des régimes réactionnaires en Europe, avant tout la victoire des nazis en Allemagne, entraîna un nouveau flot d'immigrants qui vint grossir les rangs de l'École de Paris. Robert Capa, Chim (David Seymour), Gisèle Freund, Herbert List, Erwin Blumenfeld, Hans Bellmer, Raoul Ubac, fuyant l'avancée du totalitarisme, s'installèrent en France et firent de Paris la capitale incontestée de la photographie moderne dans les années 1930.

---

51. Il a étudié au Bauhaus auprès de Josef Albers et a été séduit par la théorie photographique de Laszlo Moholy-Nagy. À Paris, il étudia en 1928 à l'École technique de photographie et de cinématographie, et fréquenta le soir les cours de dessin de Léger à l'Académie moderne. Voir Herbert Molderings, « Moshé Raviv-Vorobeichic (Moï Ver) », dans *Photographie Bauhaus 1919-1933*, Berlin, Bauhaus-Archiv, sous la direction de Jeannine Fiedler, Carré, Paris, 1990, p. 75.
52. Avec une introduction de Fernand Léger, Éditions Jeanne Walter.
53. Albert Langen Verlag, Munich, pp. 116-129.

À propos de cette exposition

Les écrits modernes sur l'histoire de la photographie assurent avec certitude que la collection de clichés photographiques, en tant qu'œuvres d'art originales, a commencé au début des années 1970 et donc que les photographies des années 1920 ont été transmises uniquement par tirage de presse, ou tirage destiné à la reproduction. Voilà qui est vrai en général avec toutefois de notables exceptions. La constitution de collections publiques et privées de photographies contemporaines, évoquée dès le milieu des années 1920, s'est rapidement concrétisée en Allemagne. En 1928, Carl Georg Heise, directeur du musée Sainte-Anne de Lübeck et défenseur en pointe de la « Nouvelle Objectivité », entreprit de réunir une « collection de photographies exemplaires » dans le musée qu'il dirigeait [1]. Juste après le début de l'exposition internationale « Film und Foto » de Stuttgart, le conservateur de la Bibliothèque d'art de Berlin, Kurt Glaser, acquit des tirages d'André Kertész et Florence Henri, ainsi que d'autres photographes, afin d'étendre la collection de photographies pictorialistes à la photo contemporaine. À la même époque, Hildebrand Gurlitt, directeur du musée König-Albert à Zwickau, commença à constituer une collection privée de photographies modernes internationales pour le compte de Kurt Kirchbach, un industriel de Dresde, et acquit, entre autres, plusieurs tirages de grand format de Man Ray, Florence Henri, Germaine Krull et André Kertész [2].

L'Américain Julien Levy, qui avait déjà acquis en 1927 avec Berenice Abbott une partie du fonds Atget, le sauvant d'une possible disparition, se mit à recueillir à partir de 1930 à Paris des clichés de collection de Man Ray, Kertész, Florence Henri, Eli Lotar, Ilse Bing et Brassaï pour une galerie qu'il projetait d'ouvrir à New York [3]. La photographie était pour Levy « the supreme expression of our epoch [4] » ; sa galerie ouverte à la fin de 1931 joua un rôle clef dans la propagation des photographes de l'École de Paris aux États-Unis [5].

Les responsables de la présente exposition ont cherché, dans la mesure du possible, à emprunter et à montrer des clichés qui avaient été réalisés par les photographes eux-mêmes dans les années 1920 comme des clichés d'exposition c'est-à-dire de collection. Une grande partie des tirages présentés ici provient des collections historiques de Levy, Kirchbach et de la Bibliothèque d'art de Berlin.

(traduit de l'allemand par Yves Kobry)

1. Voir le catalogue de l'exposition « Die neue Sicht der Dinge. Carl Georg Heises Lübecker Fotosammlung aus den 20er Jahren » (La nouvelle vision des choses. La collection de photos de Carl Georg Heise à Lübeck), Kunsthalle de Hambourg et Museum für Kunst und Kulturgeschichte de Lübeck, 1995.

2. À peu près la moitié de cette collection a été vendue aux enchères chez Sotheby, à Londres en 1997, sous le faux nom de « Collection Helene Anderson ». Voir à ce sujet : « La stupéfiante collection Helene Anderson était un conte de fées », *Le Monde*, 3 février 1998, p. 26. Dans la mesure où Gurlitt, jusqu'à son renvoi comme directeur du musée König-Albert de Zwickau le 1er avril 1930, a souvent passé commande pour la collection privée Kirchbach en se servant du papier à en-tête du musée, c'est à tort que Kertész s'est souvenu avoir vendu autrefois des tirages au musée König-Albert. Voir André Kertész, « Ich erzähle mit meinen Fotos », *Kölner Stadt Anzeiger*, n° 243, septembre 1982, et *André Kertész of Paris and New York, op. cit.*, p. 266, cat. n° 63. En réalité, les images étaient destinées à la collection Kirchbach. Elles ont aujourd'hui disparu. L'auteur prépare un ouvrage sur la genèse et l'histoire de la collection de photos Kirchbach.

3. À côté d'œuvres de photographes étrangers actifs à Paris, il prévoyait pour sa galerie des clichés de photographes français tels Atget, Roger Parry, Maurice Tabard, Emmanuel Sougez, Jacques-André Boiffard et Henri Cartier-Bresson.

4. Voir Ingrid Schaffner et Lisa Jacobs, *Julien Levy : Portrait of an Art Gallery*, Cambridge (Mass.) et Londres, The MIT Press, 1998, p. 32.

5. Voir Julien Levy, *Memoir of an Art Gallery*, New York, 1977 ; catalogue de l'exposition « Photographs from the Julien Levy Collection. Starting with Atget », Chicago, The Art Institute of Chicago, 1976-1977, et catalogue de l'exposition « The Julien Levy Collection », New York, The Witkin Gallery, 1977.

« Un certain antisémitisme mondain »
(compte rendu)

ÉRIC MICHAUD

« *Existe-t-il une peinture juive ?* » demande Vanderpyl dans le *Mercure de France* du 15 juillet 1925. « *Allez visiter les galeries de peinture du Louvre, de bas en haut et d'un bout à l'autre, pendant autant d'heures que vous voudrez, examinez chaque toile ou panneau et chaque nom d'artiste écrit dessous, du XIIIᵉ au XXᵉ siècle, vous n'y trouverez pas une seule œuvre juive, exception faite – si vous voulez – pour une* Paysanne assise *et un* Effet de givre *signés C. Pissarro qui, né en 1830 aux Antilles danoises, était le fils d'un colon "rattaché par son ascendance au sémitisme portugais"* […]. *Or, soudain, on voit les peintres israélites foisonner. Dans les Salons d'après-guerre, les Lévy sont légion* […]. *D'où est venue, tout à coup, cette envie de peindre chez les descendants des douze tribus, cette passion pour les pinceaux et la palette que – malgré la Loi – l'on semble tolérer, voire encourager, dans les milieux les plus orthodoxes ?* »

« *Le débat mérite d'être élargi* », enchaîne Pierre Jaccard dans la livraison suivante. « *Ce n'est pas seulement le sens de la couleur qui manque aux Juifs, c'est surtout le sens de la forme. Le génie plastique a toujours fait défaut à la race juive. À tel point qu'il est paradoxal de demander s'il existe un art juif. Personne ne s'est avisé d'en parler. Pourtant, les critiques sont généreux et n'hésitent pas à reconnaître un art original chez les peuples les plus rudimentaires : Sioux, Esquimaux, Nègres et Patagons. Israël est bien la seule race au monde qui n'ait laissé aucune trace d'une activité artistique quelconque dans le domaine plastique.* »

« *Y a-t-il une peinture juive ? Non* », leur répond le Juif Adolphe Basler dans le numéro de novembre. « *Les Juifs n'embrassent la carrière de peintre ou de sculpteur, comme toute autre carrière libérale, comme celle d'avocat, de médecin, de magistrat, que depuis leur émancipation, qui est toute récente dans l'histoire.* […] *Mais se distinguent-ils par leur caractère ethnique, apportent-ils le moindre accent juif à l'art qu'ils exercent ? Ils ne reflètent que la culture artistique du pays dans lequel ils vivent. Ils montrent des dons d'assimilation admirables, dons qui leur permettent de satisfaire à tous les goûts, au goût du jour, au goût du pays qu'ils habitent, et même au goût qui n'est pas conditionné par la mode.* […] *Il y a des Juifs qui ont appris à faire de la peinture et de la sculpture à Paris, à Berlin, à Munich, à Londres, à Amsterdam ; et il y a parmi eux quelques rares talents. Mais les talents sont toujours et partout fort rares. »*

Les yeux rivés sur le peuple qu'il désigne très chrétiennement, depuis saint Augustin, comme le « peuple témoin », l'antisémitisme demeure assurément lui-même le meilleur témoin des angoisses de la société où il se développe. Grâce à lui, il est possible de sonder l'histoire des représentations du mal comme on opère un carottage dans la banquise : une stratigraphie impitoyable révèle à coup sûr les états successifs des pollutions atmosphériques. Durant les trente premières années du xxᵉ siècle, l'antisémitisme français s'actualise en s'imprégnant de l'air des temps nouveaux. Il se modernise en accueillant et en les concentrant toutes les peurs qu'inspire la modernité technique, économique, sociale et politique : « *Je ne peux pas supporter les Juifs, parce qu'ils sont par excellence le monde moderne* », dira bientôt l'un des héros du *Gilles* de Drieu la Rochelle [1]. Mais simultanément, il conserve autant les traces des craintes récentes que celles des peurs anciennes, perpétuées par l'antisémitisme chrétien et ravivées par l'affaire Dreyfus [2].

Au creux de ses deux plus fortes vagues qui ont emporté la vie politique française, soit entre la fin de l'Affaire (le capitaine Dreyfus est gracié en 1899 puis réhabilité en 1906) et les années 1930 qui préparent l'opinion aux lois antijuives de Vichy, l'antisémitisme connaît un moment de repli stratégique. Il cherche un second souffle, des formulations neuves, des arguments d'apparence plus rationnelle. S'il se fait alors politiquement plus discret, c'est pour se raffermir au sein d'une bourgeoisie nationaliste et antidreyfusarde qui n'a pas supporté sa défaite. Marcel Proust a décelé ce transfert :

> « *Mais c'était le moment où des suites de l'affaire Dreyfus était né un mouvement antisémite parallèle à un mouvement de pénétration plus abondant du monde par les Israélites. Les politiciens n'avaient pas eu tort en pensant que la découverte de l'erreur judiciaire porterait un coup à l'antisémitisme. Mais provisoirement au moins un certain antisémitisme mondain s'en trouvait au contraire accru et exaspéré* [3]. »

La publication en 1925, trois ans après la mort de Proust, de ces lignes de *La Fugitive* les rend exactement contemporaines du débat qui s'ouvre dans les pages du *Mercure de France* avec l'article de Vanderpyl intitulé : « Existe-t-il une peinture juive ? » C'est en effet, au-delà du « monde » que désigne

1. Pierre Drieu La Rochelle, *Gilles* (1939), Paris, Gallimard, 1942, p. 99.
2. Cet aperçu de l'antisémitisme français de cette époque demeure nécessairement très général. Il faudrait notamment l'affiner en prenant en considération ce que Pierre Birnbaum nomme « le paradigme français » : celui de « l'antisémitisme contre l'État républicain » ; voir Pierre Birnbaum, *Un mythe politique : la « république juive », de Léon Blum à Pierre Mendès France* (1988), Paris, Gallimard, 1995, pp. 30 et suivantes.
3. Marcel Proust, *À la recherche du temps perdu*, tome III, *La Fugitive* (éd. Thierry Laget), Paris, Robert Laffont, p. 463.

Proust, l'ensemble du milieu de l'art parisien qui se trouve alors affecté par *un certain antisémitisme mondain* – dont on ne peut prendre aujourd'hui la mesure qu'en produisant les textes de cet instructif débat.

Étranger

La première alerte est donnée par le compte rendu de l'assemblée générale de la Société des Indépendants qu'André Warnod, inquiet, publie en 1924 dans *Comœdia* : « *Au prochain Salon, le comité a décidé de séparer les Français et les étrangers, ces derniers devant être groupés par nationalité ou par race.* » Il est vrai, reconnaît Warnod, que « *cette question des étrangers est très délicate* » ; que l'art français est souvent représenté « *par des artistes qui ne sont absolument pas de chez nous, non seulement par la naissance, mais encore par la culture et le tempérament* ». Mais Van Gogh, Pissarro ou Sisley « *sont devenus essentiellement de chez nous. Qu'il y ait des indésirables à Montparnasse et ailleurs, c'est bien certain. Mais les peintres qui ont acquis leur culture en France, qui ont toujours vécu à Paris, doivent-ils être traités de la même façon ? Et puis, il y a la question des naturalisations, la question de la guerre. Un étranger qui s'est engagé n'est-il pas devenu français[4] ?* » Non, répondent les nationalistes, car il demeure nécessairement, par toutes ses fibres, à jamais étranger à la « France éternelle ».

Or si le discours antisémite peut continuer, durant les années 1920, à faire du Juif l'incarnation de toutes les figures de l'Autre, de l'Étranger absolu, c'est en redéployant le thème de la trahison de la patrie, central durant l'affaire Dreyfus. Après « la découverte de l'erreur judiciaire », après que les Juifs de France eurent fait la preuve de leur patriotisme en mourant sur les champs d'honneur de la Grande Guerre, l'accusation de trahison se déplace du domaine militaire vers celui de la culture et de ses traditions. Très tôt, et tout en refusant de reconnaître l'innocence du capitaine Dreyfus (qu'il « *est capable de trahir, je le conclus de sa race[5]* »), Maurice Barrès s'est employé à ce redéploiement : « *Tout étranger installé sur notre territoire, alors même qu'il croit nous chérir, hait naturellement la France éternelle, notre tradition, qu'il ne possède pas, qu'il ne peut comprendre et qui constitue précisément la nationalité. Cette vue d'ethnographie passe par-dessus le personnage[6].* » Ainsi la vraie nationalité ne saurait s'acquérir, puisqu'aucune naturalisation ne peut effacer ces déterminations « ethniques » que sont le *faux* amour d'une patrie d'adoption, la haine *naturelle* de la France éternelle et la nécessaire incompréhension de sa tradition culturelle.

4. André Warnod, « La question des étrangers », *Comœdia*, 11 février 1924.
5. Maurice Barrès, *Scènes et doctrines du nationalisme* (1902), Paris, Plon, 1925, t. 1, p. 61 ; cité par Pierre Birnbaum, *Un mythe politique : la « république juive »*, *op. cit.*, p. 129. Sur Barrès, voir Z. Sternhell, *Maurice Barrès et le nationalisme français* (1972), Bruxelles, Complexe, 1985.
6. M. Barrès, *L'Appel au soldat*, Paris, E. Fasquelle, 1900, p. 178.

C'est cette même logique barrésienne de l'irréductible détermination ethnique qui traverse le débat souvent violent que suscite le nom d'*École de Paris*, donné en 1925 par André Warnod à un ensemble d'artistes, français et étrangers, tous travaillant à Paris hors des institutions officiellement reconnues. « *L'École de Paris existe*, déclare Warnod. *Plus tard, les historiens d'art pourront, mieux que nous, en définir le caractère et étudier les éléments qui la composent, mais nous pouvons toujours affirmer son existence et sa force attractive qui fait venir chez nous les artistes du monde entier.* [...] *Peut-on considérer comme indésirable l'artiste pour qui Paris est la Terre promise, la terre bénie des peintres et des sculpteurs ?* [...] *l'hommage universel est rendu à ceux que l'État tient en suspicion. La séparation de l'Art et de l'État est un fait accompli. L'Institut est vide, l'École des beaux-arts offre un enseignement sans espoir, tandis qu'ailleurs règne une vivante activité. L'Église est déserte, mais le culte est célébré dans les forêts et l'office n'en est pas moins beau.* » Ce constat de vivante activité une fois étayé par une longue liste de noms français, Warnod ajoute – comme pour stigmatiser la ségrégation « *par nationalité ou par race* » décidée par le comité du Salon des indépendants : « *À côté de ces artistes français*, et travaillant dans le même sens, *apparaissent des étrangers qui se sont formés en France et affirment ainsi d'une façon absolue l'existence de l'École de Paris avec ceux qui ne font que passer et que des raisons affectives retiennent seules chez nous[7].* »

Mais ce qui pour Warnod justifie le nom et l'unité de l'École de Paris est pour ses détracteurs le motif même de sa condamnation : que tous *travaillent dans le même sens* devient pour eux la meilleure preuve de l'*abâtardissement* de la culture française et de son art, le signe irrécusable de leur dissolution prochaine. Tandis que beaucoup, durant la guerre, voyaient dans le cubisme une sorte de gaz toxique répandu par les Boches pour éteindre l'âme de la France éternelle, Cocteau dénonçait ce goût de l'autre qui, venu du sein même de la culture française, en altérait l'harmonie : « *Debussy a dévié, parce que de l'embûche allemande, il est tombé dans le piège russe.* [...] *La musique russe est admirable parce qu'elle est la musique russe. La musique française russe ou la musique française allemande est forcément bâtarde[8]* [...]. » De même, aux yeux des détracteurs de l'École de Paris, cet abâtardissement qu'ils perçoivent dans la peinture française n'est pas seulement la conséquence de présences étrangères sur le sol français ; c'est aussi le symptôme d'un mal plus intérieur, rongeant déjà le beau visage régulier de l'art issu du sang français. Et c'est pourquoi seule la figure du Juif – cet ennemi intérieur – peut expliquer la connivence intime de certains avec les forces de destruction venues de l'extérieur.

7. A. Warnod, « L'École de Paris », *Comœdia*, 27 janvier 1925 (je souligne).
8. Jean Cocteau, *Le Coq et l'Arlequin. Notes autour de la musique*, Paris, 1918, p. 69, cité par Kenneth E. Silver, *Vers le retour à l'ordre. L'avant-garde parisienne et la Première Guerre mondiale*, trad. Dennis Collins, Paris, Flammarion, 1991, p. 118.

Juifs et Aryens

Ainsi pour le critique Vanderpyl, le doute n'est pas permis : c'est le travail de sape du Juif, nécessairement étranger à la France, qu'il reconnaît dans la hideuse altération de l'art français : « *La foi de jadis (qui avait résisté aux encyclopédistes) est remplacée par la discussion, et – les nouveaux moyens de déplacement aidant – le sens local, l'esprit local, le sujet local, la couleur locale souffrent d'une décadence si certaine qu'une vague possibilité d'art international se fait jour. Dès lors, la carrière de peintre commence à s'ouvrir aux Juifs* [9]. »

La hantise d'une dissolution de toutes les frontières et de toutes les limites constitue assurément l'un des grands thèmes que l'antisémitisme hérite du XIXe siècle. Et sans doute l'effondrement des cadres dogmatiques de la foi chrétienne sous les assauts supposés de la *critique juive* se conjugue-t-il à merveille avec la disparition de « l'esprit local » (Vanderpyl rappelle ce lieu commun : « *le Juif est bon critique* [10] »). Mais le motif du Juif errant qui sous-tend ce discours se renouvelle ici par la modernité technique des « *nouveaux moyens de déplacement* » : en démultipliant le nombre de ceux que Barrès nomme les « *déracinés* », la technique et la motorisation *judaïsent* donc l'Europe entière par la négation géographique des frontières nationales et par la négation spirituelle de ses *localités*. En perdant le « *sens local* », la peinture cesse d'incarner la continuité des génies nationaux pour tomber aux mains du Juif cosmopolite et « international ».

Certains, comme le critique Charles Fedgal, protestent en arguant d'un inéluctable processus d'acculturation : tous ces artistes indépendants, venus chacun avec son âme et sa vision particulières pour étudier l'art français, voici que Paris « *jette sur eux son inéluctable et merveilleuse emprise* ». Le ciel, l'atmosphère, « *l'ordonnance toute de logique beauté des paysages parisiens, la grâce noble et la splendeur avenante des monuments* […], *– tout cela, quoi qu'ils en aient, s'insinue inconsciemment dans la cervelle et dans le cœur même de ceux qui séjournent parmi nous* ». Et lorsqu'il les a touchés par son « *harmonieux équilibre* », « *alors, cet art français auquel ils apportent leurs ardeurs bénévoles et leur fiévreuse foi, polit et repolit sans cesse les angles durs, corrige, élimine, assouplit* ». C'est ainsi qu'aux « *vedettes* » de l'École de Paris, « *chaque jour écoulé apporte de sûres lettres de naturalisation* [11] ».

Mais Vanderpyl a par avance répondu à cet argument de l'imprégnation par le génie du lieu, capable de naturaliser l'étranger : il est déjà trop tard, et la peinture française elle-même s'est d'ailleurs défaite depuis près de vingt ans de tous les liens qui l'attachaient à son lieu de naissance. Depuis les premières manifestations des fauves, estime Vanderpyl, « *les neuf dixièmes des œuvres accrochées* […] *sont non seulement d'une inévitable médiocrité,*

9. Fritz R. Vanderpyl, « Existe-t-il une peinture juive ? », *Mercure de France*, 15 juillet 1925, p. 390.
10. *Ibid.*, p. 388.
11. Charles Fedgal, *Essais critiques sur l'art moderne*, Paris, Librairie Stock, Delamain, Boutelleau et Cie, 1927, p. 65.

non seulement d'un coloris sale et d'une pauvreté de matière antifrançaise, mais encore elles sont tristes et scatologiques, d'une laideur voulue, empreintes souvent d'obscénité sans la seule excuse du charme, basées sur des formules géométriques et anatomiques [12] ». Car « le jour où la peinture est devenue, pour beaucoup, une science spéculative, le Juif a pu en faire. L'ancien calligraphe du Talmud s'est mis à acheter toiles et couleurs [13] ». Mais ce fut aussitôt pour se vouer à ses pulsions destructrices : « Personne ne l'ignore : rien n'est laid dans la nature. [...] Le Juif [...] a, sans doute, été tenté par ce nouvel axiome qui, niant le difforme dans la création, semble admettre toutes les déformations : c'était une raison de plus pour se faire peintre [14]. » C'est toute la rhétorique du Drumont de La France juive que l'on retrouve dans ce texte, qui joue de tous les thèmes antisémites à la fois en maniant alternativement l'allusion perfide et l'attaque frontale pour démontrer « l'enjuivement » général de la peinture française : ainsi oppose-t-il la banalité d'âme des « traditionalistes » – qui se rachètent par une « honnête sincérité » –, à celle des « émancipés » (par quoi chacun doit entendre les Juifs), qui la cachent « sous la charge, cette lèpre de l'œil, sous du réalisme sans inattendu, cette affection purulente de la pensée ». Mieux encore : identifiant caricature, profanation et mise à mort, il réactive dans le domaine de l'art la vieille accusation chrétienne du meurtre rituel d'enfants [15]. Le passage, qui déploie en outre le soupçon de l'intérêt économique, mérite d'être cité :

> « Léon Bloy, peu au courant du mouvement d'art moderne, mais d'instinct infaillible, sentait bien cette manie de se singulariser qui aboutit à la grimace et à l'ineptie, lorsque, dans l'Invendable, il appelle Willette – à propos de son Enfant Jésus – un Botticelli de maison d'amour : "Instinct de profanation vraiment démoniaque", conclut l'auteur de La Femme pauvre [16]. »

Ainsi le motif du peuple ennemi de l'art s'articule-t-il à celui du « peuple déicide » : de même que la mise à mort du Christ, incarnation visible du dieu, est imputable au Juif, de même est-il coupable de la destruction de l'art incarnant le génie national. Naturellement critique, la caricature dévoile ainsi son essence sémitique par ses effets dissolvants. Il est vrai que

12. F. R. Vanderpyl, loc. cit., pp. 393-394.
13. Ibid., p. 388.
14. Ibid., p. 394.
15. C'est à Blois, en 1171, que pour la première fois les Juifs furent accusés d'avoir crucifié un enfant à l'occasion de leur fête de Pâques, rappelait Bernard Lazare. Pour lui, cette « légende populaire est née d'abord de cette idée répandue que le Juif était fatalement poussé, chaque année, à reproduire figurativement, à la même époque, le meurtre du Christ » (Bernard Lazare, L'Antisémitisme, son histoire et ses causes (1894), préf. de J.-D. Bredin, Paris, Les Éditions 1900, 1990, pp. 351-357). Jean-Louis Schefer me fait observer que cette accusation est déjà présente chez Thomas d'Aquin, citant Augustin sur ce point.
16. F. R. Vanderpyl, loc. cit., p. 394.

les frères Goncourt, déjà, avaient usé du motif de l'art anéanti par le judaïsme : Manette Salomon, l'éponyme de leur roman, est ce modèle juif d'un peintre qu'elle parvient à posséder corps et âme, le vidant – jusqu'à sa perte – de sa puissance créatrice [17].

C'est en se fondant sur cet antisémitisme « culturel » français du XIXe siècle que Pierre Jaccard répond à Vanderpyl dans le numéro suivant du *Mercure de France*. Au discours plein de hargne, Jaccard préfère le ton de l'érudit courtois dont les arguments, sous les apparences d'un fondement solide et d'un juste équilibre, entérinent le cliché séculaire du Juif sans « génie créateur ». Intitulé « L'art grec et le spiritualisme hébreu. À propos de la peinture juive », son article prend explicitement pour modèle Renan, le penseur officiel de la Troisième République. Car c'est à lui que l'on doit, en France, cette opposition irréductible de l'Aryen créateur au Juif sans art ni culture, même si les ambiguïtés du dernier Renan, celui de *Qu'est-ce qu'une nation ?*, en firent tout à la fois la cible des catholiques et des nationalistes antisémites. Son discours inaugural au Collège de France, en 1862, s'interrogeait sur « *la part des peuples sémitiques dans l'histoire de la civilisation* ». C'est peu de dire que le jugement du grand savant était tranché : « *Dans l'art et la poésie, que leur devons-nous ? Rien dans l'art. Ces peuples sont très peu artistes ; notre art nous vient tout entier de la Grèce* [18]. » Dès 1863, Taine venait seconder Renan pour établir « scientifiquement » cette opposition fantasmatique de l'Aryen au Sémite [19].

Vint plus tard Édouard Drumont qui, tout en poursuivant Renan de sa haine pour avoir défendu l'idée républicaine en abdiquant son antisémitisme racial [20], n'avait cependant plus qu'à répéter après lui dans *La France juive* – qui fit l'objet de cent quatorze éditions dès la première année de sa publication, en 1886 : « *Le Sémite n'a aucune faculté créatrice ; au contraire, l'Aryen invente* [21]. » Et Gustave Le Bon à son tour, avant même

17. Voir Edmond et Jules de Goncourt, *Manette Salomon*, Paris, A. Lacroix, Verboeckhoven et Cie, 1867 ; réédition Gallimard, coll. Folio, 1996.

18. Ernest Renan, « De la part des peuples sémitiques dans l'histoire de la civilisation », *Discours d'ouverture au Collège de France*, 21 février 1862, reproduit dans E. Renan, *Qu'est-ce qu'une nation ? et autres essais politiques* (éd. Joël Roman), Presses Pocket, s. l., 1992, p. 190. Sept ans plus tard, retraçant l'histoire des origines chrétiennes, il s'arrêtait longuement à Paul auquel il consacrait un livre. Lorsque Paul se rendit pour la seconde fois à Athènes, imaginait Renan, la ville « se montrait encore ornée de tous ses chefs-d'œuvre : [...] il vit tout cela, et sa foi ne fut pas ébranlée ; il ne tressaillit pas. Les préjugés du juif iconoclaste, insensible aux beautés plastiques, l'aveuglèrent ; il prit ces incomparables images pour des idoles. [...] Ah ! belles et chastes images, vrais dieux et vraies déesses, tremblez ! voici celui qui lèvera contre vous le marteau. Le mot fatal est prononcé : vous êtes des idoles ; l'erreur de ce laid petit juif sera votre arrêt de mort. » (Ernest Renan, *Saint Paul* (1869), chapitre VII ; reproduit dans E. Renan, *Histoire et parole, œuvres diverses* (éd. L. Rétat), Robert Laffont, Paris, 1984, pp. 428-429).

19, **20** et **21.** *Page suivante.*

son antidreyfusisme rageur, énoncera cette vérité désormais présentée comme étant bien établie : « *Les Juifs n'ont possédé ni arts, ni sciences, ni industrie, ni rien de ce qui constitue une civilisation.* [...] *Entre ses sentiments* [ceux du peuple juif], *ses idées et ceux des peuples aryens, existent de véritables abîmes* [22]. »

Telle est exactement la thèse que développe Pierre Jaccard dans le *Mercure de France*. Elle est fidèle à Renan en ce qu'elle se prétend « impartiale » et parfaitement « laïque ». Elle s'oppose, ou feint de s'opposer à Vanderpyl, en récusant l'idée que le seul motif menant aujourd'hui les Juifs à la peinture soit celui de l'intérêt économique. « *Les peintres juifs pullulent* », acquiesce Jaccard. Mais peuvent-ils avoir du génie ? Non, puisque « *ce n'est pas seulement le sens de la couleur qui manque aux Juifs, c'est surtout le sens de la forme* ». Et si donc la « *race juive* » est sans génie plastique, « *il est paradoxal de demander s'il existe un art juif* ». Comme Vanderpyl, il ne trouve au Louvre « *aucune œuvre importante signée d'un Juif* » et s'étonne par conséquent de voir soudain « *d'innombrables peintres israélites accrocher leurs toiles dans les salons contemporains. Mais ce n'est qu'une illusion : il n'y a pas d'art juif. Cela est d'autant plus frappant que les Juifs sont de grands et d'avides collectionneurs. Ils sont les maîtres du marché des œuvres d'art. Mais jamais ils n'en ont créé une seule* [23] ». Après l'évocation du Juif trafiquant et « *avide* », c'est l'autorité morale et scientifique de Renan qui est invoquée : « *L'étude impartiale de la littérature hébraïque justifie pleinement*

---

19. « Chez les races aryennes, [...] l'esprit tout entier, à travers les déviations et les défaillances inévitables de son effort, s'éprend du beau et du sublime et conçoit un modèle idéal capable, par sa noblesse et son harmonie, de rallier autour de soi les tendresses et les enthousiasmes du genre humain. » Tandis que « chez les races sémitiques, la métaphysique manque, la religion ne conçoit que le Dieu roi, dévorateur et solitaire, la science ne peut se former, l'esprit se trouve trop roide et trop entier pour reproduire l'ordonnance délicate de la nature, la poésie ne sait enfanter qu'une suite d'exclamations véhémentes et grandioses, la langue ne peut exprimer l'enchevêtrement du raisonnement et de l'éloquence, l'homme se réduit à l'enthousiasme lyrique, à la passion irréfrénable, à l'action fanatique et bornée. » (Hyppolyte Taine, *Histoire de la littérature anglaise*, Paris, Hachette, 1863, tome I, pp. XIX-XX ; cité par Z. Sternhell, *La Droite révolutionnaire. Les origines françaises du fascisme. 1885-1914*, Paris, Seuil, 1978, pp. 157-158).
20. Sur la complexité de la pensée de Renan, « assez élastique » pour être tirée dans les sens les plus contradictoires, voir Pierre Birnbaum, *« La France aux Français ». Histoire des haines nationalistes*, Paris, Seuil, 1993, pp. 117-144.
21. Édouard Drumont, *La France juive*, Paris, Marpon et Flammarion, 1885, p. 10.
22. Gustave Le Bon, « Du rôle des Juifs dans l'histoire de la civilisation », *Revue scientifique*, 1888, pp. 386 et 493 et suivantes ; cité par Léon Poliakov, *Histoire de l'antisémitisme. IV. L'Europe suicidaire*, 1870-1933, Paris, Calmann-Lévy, 1977, p. 58.
23. Pierre Jaccard, « L'art grec et le spiritualisme hébreu », *Mercure de France*, 15 août 1925, pp. 81 et 83 (je souligne).

cette affirmation. » Car « *tout ce qui est description leur est inconnu* » au point que « *seul, Michel-Ange*, dit Renan, *fut capable de concevoir sous forme visuelle les théophanies des Hébreux* [24] ».

Vient alors la nécessaire explication de cette singularité anthropologique et historique. Ici, Jaccard balaie prestement l'argument de la lutte contre l'idolâtrie et de l'interdit de la représentation qui en découle : « *Ce n'est pas le second commandement* [...] *qui explique le moins du monde l'absence de la gravure, de la peinture et de la sculpture en Israël* », mais l'inverse : puisque l'interdit ne date que de bien longtemps après Moïse, « *loin d'être une loi imposée à la nature, le second commandement du Décalogue apparaît au contraire comme l'expression légalisée d'une incapacité foncière de la nature hébraïque à représenter les formes et les couleurs.* [...] *Les législateurs hébreux érigèrent en devoir religieux et moral une tendance naturelle et spontanée de la mentalité sémitique* [25] ».

De ce renversant argument « psychologique », voici maintenant la preuve par Renan, longuement cité, car nul ne conteste alors ses travaux « démontrant » l'opposition foncière du caractère « *objectif et impersonnel* » du génie grec au caractère « *subjectif et personnel* » du génie sémitique. « *Harmonie et beauté formelle* » d'un côté, « *lyrisme et mélancolie* » de l'autre. De là découle, ainsi que le dit Renan, « *ce symbolisme, exagération du spiritualisme sémitique, qui est la cause de ce défaut étrange qu'a l'œil des Orientaux d'altérer les images des choses, défaut qui fait que toutes les représentations figurées sorties de leurs mains paraissent fantastiques et dénuées d'esprit de vie* ». Ainsi en va-t-il de la littérature hébraïque, comme en témoigne si bien l'Apocalypse : « *Les défauts d'un tel genre* [symbolique], dit Renan, *sont sensibles* [...]. *Des couleurs dures et tranchées, une absence complète de tout sentiment plastique, l'harmonie sacrifiée au symbolisme, quelque chose de cru, de sec et d'inorganique font de l'Apocalypse le parfait antipode du chef-d'œuvre grec, dont le type est la beauté vivante du corps de l'homme ou de la femme* [26]. »

Reprenant à son compte cette habile description toute plastique du « défaut de génie plastique », Pierre Jaccard fait pourtant volte-face *in fine* : « *La prière de Renan sur l'Acropole, pompeuse et vaine, a toute la superficialité de la religion grecque* » ; les Hébreux, par leur profondeur spirituelle, ont donné au monde l'universalisme et le monothéisme, « *quelque chose de plus impérissable encore que la révélation de la beauté classique* ». Enfin, dans la « *destinée contraire* » des Grecs et des Hébreux, il reconnaît « *l'éternel conflit de l'art et de la religion* », de la matière et de l'esprit entre lesquels « *aucune conciliation n'est possible* ». Aussi l'art chrétien est-il à ses yeux « *un non sens et un sacrilège* », que seul le protestantisme a su éviter, « *se tenant infiniment plus près de la vraie tradition chrétienne, issue du prophétisme hébreu* [27] ».

24. *Ibid.*, p. 84.
25. *Ibid.*, pp. 85 et 87.
26. *Ibid.*, p. 91. L'ouvrage de Renan cité par Pierre Jaccard est *L'Antéchrist*, publié en 1873.
27. *Ibid.*, pp. 92-93.

Faut-il lire ce texte comme la profession de foi d'un protestant, justifiant contre l'antisémitisme chrétien de Vanderpyl son propre « aniconisme » ? Quoi qu'il en soit, il reste que Jaccard, par l'opposition qu'il hérite de Renan, enfonce plus fort encore le clou de « *l'incapacité foncière de la nature hébraïque à représenter les formes et les couleurs* », et la fonde sur une supposée détermination raciale qui aurait poussé le peuple juif à interdire par la Loi ce qu'il serait lui-même biologiquement incapable de faire. C'est à cet « argument » profondément antisémite que tente de répondre Adolphe Basler en novembre 1925. Critique d'art et marchand pour subvenir à ses besoins, c'est un Juif d'origine polonaise qui oscille entre la simple défense de l'assimilation « républicaine » et la « haine de soi », dont *Sexe et Caractère* d'Otto Weininger demeure le témoignage le plus saisissant.

Il ne se trouve aucun chef-d'œuvre signé d'un Juif dans les peintures du Louvre ? C'est que l'émancipation des Juifs est trop récente. Mais le fait est qu'aujourd'hui, « *un très grand nombre de Juifs de toutes les contrées d'Europe, d'Amérique et même d'Asie arrivent, mal préparés par une tradition religieuse millénaire hostile aux arts plastiques, à faire de la peinture dans de grands centres artistiques d'Europe, et particulièrement à Paris* ». Se distinguent-ils par leur caractère ethnique ? Point du tout : « *Ils ne reflètent que la culture artistique du pays dans lequel ils vivent. Ils montrent des dons d'assimilation admirables, dons qui leur permettent de satisfaire à tous les goûts* [28]. » Quiconque est tant soit peu familier du discours de l'antisémitisme reconnaîtra que c'est là donner des verges pour se faire fouetter. Vanderpyl disait-il autre chose, en écrivant qu'« *une intelligence prudente dans la manière, un goût distingué dans le choix des couleurs, un dessin habile ou discret, permet à plus d'un de suppléer à une personnalité hypothétique* [29] » ? N'est-ce pas, dans un cas comme dans l'autre, réduire l'assimilation à l'art du copiste ? Mais tandis que Vanderpyl impute ce mimétisme à l'appât du gain qui caractériserait une « race » sans identité fixe, Basler invoque « *la question d'éducation* », qui « *joue ici un plus grand rôle que l'élément ethnique* ». C'est d'ailleurs pourquoi il stigmatise autant « *l'esprit exalté des nationalistes juifs* » que « *les idées haineuses des racistes* » : tous n'ont fait que « *compliquer le problème de la peinture juive, problème bien imaginaire au fond* ». Car l'influence du milieu prime celle de la race, de sorte que le Juif « *est aujourd'hui un citoyen comme les autres* [30] ». Aussi les peintres juifs, venus nombreux de Russie, de Pologne et d'Amérique, ne montrent pas « *de particularités spécifiquement ethniques dans leurs œuvres. C'est Paris qui les forma tous et tous font une peinture qui est celle d'une époque et non d'une race déterminée* [31] ». Pourtant, il ne nie pas qu'il existe « *une sensibilité juive et même une mentalité juive* » dont il constate la présence « *dans certaines manifestations de*

28. Adolphe Basler, « Y a-t-il une peinture juive ? », *Mercure de France*, 15 septembre 1925, pp. 111-112.
29. F. R. Vanderpyl, *loc. cit.*, p. 395.
30. A. Basler, *loc. cit.*, p. 112.
31. *Ibid.*, p. 113.

l'art contemporain ». Par exemple Pascin, ce « *néo-Américain globe-trotter* » qui est « *aussi spirituel que méchant* », donne des peintures « *d'un talent pervers et séduisant* ». « *C'est peut-être Pascin qui est le peintre le plus racé, plus racé en tout cas que Chagall, cet imagier de Vitebsk qui* […] *réunit la sauvagerie du moujik à l'esprit fol du jeune Juif s'étant abîmé les méninges à trop étudier le Talmud.* » D'ailleurs, « *les meilleurs peintres et sculpteurs juifs venus de Russie sont tous accablés autant par les qualités que par les défauts de leur race* » : Zadkine ? un « *esprit de spéculation* » « *affectant le caractère barbare* » ; Lipchitz ? son « *talent d'ornemaniste s'épuise dans les élucubrations cubistes* ». Ce qui « *agace* » Basler chez Balgley, Chana Orloff et tant d'autres, c'est « *cet esprit brouillon, trop fréquent parmi eux, et ce manque de mesure qui, dans leurs œuvres, prend un air d'arrogance que tous les juifs de la terre nomment* choutzpe ». Soutine ? « *un peintre des plus sympathiques* », « *sincère et pas menteur et qui plaît surtout par cette vérité qui se dégage de ses toiles aussi indigentes que sensibles* ». Feder ? Mané-Katz ? « *Presque tous se révèlent habiles* […] *et, avec leur vernis de culture, savent éblouir.* » Tous, comme les peintres d'autres races, ont trouvé « *depuis les fauves et les spéculations cubistes* […] *ce qu'il fallait peut-être à leur penchant naturel : des problèmes, un art plein d'allusion aux idées, une esthétique préconisant une manière pour ainsi dire algébrique d'exprimer les formes et substituant à la beauté optique une beauté toute abstraite* ».

Après une telle anthologie de traits alignant les poncifs de l'antisémitisme, on ne s'étonne pas de voir Basler citer, avec Jaccard, le passage de Renan stigmatisant « *l'absence complète de tout sentiment plastique chez les Juifs* ». Mais c'est à « *cet esthétisme dans lequel nous a embourbés Picasso* » que Basler l'applique : « *Est-ce à ses lointaines origines juives, est-ce à un atavisme arabe que Picasso doit cet art tout subjectif* [qui] *incarne le plus authentiquement l'esprit juif ou arabe – mettons pansémite – dans l'art ?* » Il n'y a pas de peinture juive, conclut Basler, et cependant la menace subsiste : « *Le seul qui ait créé un art issu des spéculations d'une nature toute talmudique, n'est-ce pas Picasso, cet héritier des ornemanistes abstraits arabes ou cabalistes juifs d'Espagne ? Réfléchissez-y* [32]. »

Assurément, le Juif polonais Basler est devenu tellement anxieux de sa propre assimilation à la France et à sa culture qu'il rejoint ou anticipe les plus réactionnaires des critiques dans sa condamnation de l'École de Paris. Et comme l'antisémite Vanderpyl, ou comme Mauclair bientôt, c'est du fauvisme et du cubisme qu'il date la décadence et les premières attaques portées à l'identité supposée d'un art « de tradition française ».

32. *Ibid.*, pp. 116-118. On peut rapprocher ce passage qui fait écho aux rumeurs alors persistantes sur la judéité de Picasso de ce propos de Fernand Léger, en 1927 : Léger, rapporte Rosenberg, en opposant l'art nordique à celui de la Méditerranée, affirme de Picasso que « ses origines, vaguement sémitiques, font de lui un assimilateur de grande classe » ; *Fernand Léger. Une correspondance d'affaires* (éd. Christian Derouet), Paris, Les Cahiers du Musée national d'art moderne, coll. Hors-série/Archives, 1996, p. 232 (lettre de Rosenberg à Léger du 19 octobre 1927).

Nationalismes

Cette même année 1925, l'artiste Marek Szwarc, également d'origine polonaise, poursuit dans *La Nouvelle Aurore* le débat entamé dans le *Mercure de France*. Sous le titre : « L'élément national dans l'art – Y a-t-il un art juif ? », il souligne d'entrée la nouveauté de la question : jusqu'en 1910 environ, « *l'Europe avait décidé que les Juifs n'avaient joué, dans l'histoire de l'art, aucun rôle. Nos amis croyaient nous défendre en invoquant le "Tu ne feras pas d'images". Nos ennemis par contre voyaient dans ce commandement un signe frappant de notre dégénérescence. L'apparition de quelques artistes juifs au commencement du XIXᵉ siècle a, sinon ruiné, en tout cas modifié cette conception. [...] On en vint aussitôt à dire que les Juifs, en se réformant, s'étaient émancipés et européanisés ; que l'influence religieuse était devenue moindre en eux, et que, après s'être libérés du commandement "Tu ne feras pas d'images", les Juifs avaient eu la possibilité de créer dans l'art plastique* ». Or c'est à l'ensemble de ces explications trop rapides que s'en prend Marek Szwarc. Au plan historique d'abord : « *Avant la Diaspora, la création plastique (la création des idoles), et malgré l'interdiction, n'a jamais cessé. Nous n'hésiterions même point à prétendre que de cela l'interdiction est au contraire une preuve. "Tu ne voleras point" a-t-il prouvé jamais qu'entre les Juifs il n'y ait pas eu de voleurs ? Et, vraiment, nous n'avons qu'à feuilleter la Bible ou le Talmud, nous verrons sans cesse à quel point il fallait compter avec les idoles nationales et les combattre*[33]. »

L'argument est puissant, et l'on sait que l'archéologie comme l'histoire de l'art ont depuis longtemps donné raison à Szwarc[34]. Affirmant contre Renan « *le profond sens plastique* » qui anime les descriptions du *Cantique des Cantiques*, rappelant les découvertes successives faites en matière de folklore et d'archéologie, l'introduction dans l'esthétique par le critique d'art russe Stassof de « *l'idée de l'art juif* », les articles publiés sur les fresques et l'art juif du Moyen Âge par les revues d'art *Milgrom* et *Rimom*, les nombreux manuscrits illustrés de Paris, Hambourg ou Oxford, les multiples collections d'objets d'art juif à Strasbourg, Francfort, Vienne, Prague, Londres, Varsovie, Dantzig..., Marek Szwarc en appelle à la création d'un musée d'art juif ainsi qu'à la préservation « *de nos monuments historiques* » contre les ravages du temps et de la civilisation. Il se réjouit aussi : « *La jeune génération des artistes a senti le besoin de se rattacher profondément à la tradition juive* » ; ainsi la création voici quinze ans [1912] du journal *Maḥmadim* ouvre à l'artiste juif, qui « *a un dur combat à mener pour son existence* », l'espoir d'un « *mouvement durable* » capable de « *s'assurer de l'avenir* ».

Mais ce plaidoyer militant pour la reconnaissance de « *l'élément national dans l'art juif* » s'appuie sur un discours bien sibyllin : « *La création repose sur une connaissance profonde de la nature, et de ses mystères, qui sont ses lois. C'est là l'élément réel de l'art. C'est le fondement de tous les styles.*

---

33. Marek Szwarc, « L'élément national dans l'art – Y a-t-il un art juif ? », *La Nouvelle Aurore*, mars 1925, p. 8 (je souligne).
34. Voir par exemple Gabrielle Sed-Rajna, *L'Art juif*, Paris, Arts et Métiers graphiques, 1975.

De cette commune racine pourront s'élever des tiges aux communes florai-sons, chacune de l'"espèce" qui lui est propre. L'espèce s'est différenciée au contact de l'air, du rayon de soleil et de toutes les exigences de la vie. Il convient de distinguer son essence biologique, s'il est permis de s'exprimer ainsi, l'intérieur, le général, – et une essence physiologique, l'essence vitale. [...] Au point de vue social l'art est international ; il est dirigé par des lois uni-verselles. D'un point de vue culturel, au contraire il ne peut se développer que d'après sa construction et son espèce. Et c'est là une loi non moins univer-selle[35]. » Suffirait-il donc de substituer « espèce » à « race » pour échapper aux contradictions de tout nationalisme ? Car en se rapprochant de la dange-reuse et trop fameuse trilogie de Taine sur la détermination de l'art par « *la race, le milieu, le moment*[36] », ce nationalisme juif rejoue la vieille conception de l'art comme incarnation d'un « génie » national et racial – dont il faudrait toujours maintenir ou regagner la pureté afin de garantir l'absolue identité à soi de la nation par le miroir d'une culture hermétique à toute altérité. Il est vrai qu'une telle conception, issue du nationalisme romantique, domine très largement (au moins jusqu'à la Seconde Guerre mondiale) la critique et l'his-toire, y compris dans les rangs des plus progressistes[37]. Ainsi André Warnod, pourtant « inventeur » d'une École de Paris ouverte à toutes les altérités, ne s'en est-il pas tout à fait détaché lorsqu'il écrit que, « *dans cette "École de Paris" si riche en étrangers* [qui] *entretiennent une activité salutaire,* [...] *tout de même les Français construisent une œuvre qui est bien de chez nous*[38] ».

Dans l'ouvrage qu'il publie en 1926 sous le titre *La Peinture, religion nou-velle*, Basler professe à nouveau, à l'opposé de Szwarc, une position assi-milationniste si intégrale qu'il se voit contraint de rejeter, dans un dia-logue imaginaire avec un confrère juif, l'accusation d'antisémitisme dont il est réellement l'objet :

35. M. Szwarc, *loc. cit.*, p. 8.

36. Il faut rappeler l'une des origines de cette métaphore végétale uti-lisée par Marek Szwarc : « Je vous montrerai d'abord la graine, c'est-à-dire la race avec ses qualités fondamentales et indélébiles, telles qu'elles persistent à travers toutes les circonstances et dans tous les climats ; ensuite la plante, c'est-à-dire le peuple lui-même avec ses qua-lités originelles, accrues ou limitées, en tout cas appliquées et trans-formées, par son milieu et son histoire ; enfin la fleur, c'est-à-dire l'art, et notamment la peinture, à laquelle tout ce développement aboutit. » (Hyppolyte Taine, *Philosophie de l'art (1865-1869)*, Paris, Librairie Hachette et Cie, 1904, t. I, pp. 225-226.)

37. Louis Aragon demeure ici exemplaire : « Plongez dans la réalité nationale pour en renaître ruisselant de la plus réelle humanité. Cherchez aux sources vives de votre nation l'inspiration profonde qui vous traduira, en l'exprimant. [...] vous deviendrez d'excellents ingé-nieurs des âmes, en collaborant à la création d'une culture vraiment humaine, parce qu'elle sera *nationale par la forme et socialiste par le contenu* » (L. Aragon, « Discours à la session terminale de Paris du IIᵉ Congrès international des écrivains », *Commune*, août 1937, pp. 1416 et 1420-1421 [c'est Aragon qui souligne]).

38. A. Warnod, *Comœdia*, 1ᵉʳ novembre 1925.

« – Mais pourquoi vos écrits sont-ils entachés d'antisémitisme ?
– Par exemple ! ici, vous m'épatez ! Ne suis-je pas, tout comme vous,
de la race des prophètes et des cabalistes ? Je finirai bien par croire,
avec Weininger, l'auteur du livre : Le Sexe et le Caractère, *que la*
race juive est une race femelle…»

Ni «*habitué des synagogues*», ni «*converti comme Max Jacob*», Basler
s'amuse de voir ces «*nombreux frères venus des ghettos lituaniens sur-
prendre, par des sensations inattendues, les civilisés d'Occident*». Car cet art
«*chaotique*» et «*arbitraire*» est en vérité celui «*d'un barbare transplanté
dans un milieu de vieille culture, dont il caricature les habitudes et altère le
langage par les expressions vicieuses d'un inassimilable*». Barbare, caricaturiste, vicieux, inassimilable : on attendrait bientôt l'appel à l'enfermement,
à l'expulsion ou à la destruction – mais au nom bien sûr de la parfaite assimilation de ceux qui, à l'instar «*du peintre parisien Léopold-Lévy*», «*font
penser parfois à Claude Lorrain*» et participent de «*la peinture française
[qui], en raison de sa grandeur et de sa vitalité, est l'expression de la plus
haute civilisation des temps modernes* [39]». Pour Adolphe Basler, devenu un
critique d'art de la droite républicaine la plus conservatrice, l'École de Paris
met en danger la République et la culture française, indissolublement.
Le cas de l'écrivain et critique Waldemar George, Juif d'origine polonaise
comme Basler, est plus complexe. Arrivé à Paris en 1911, engagé volontaire
et naturalisé français en 1914, il milite simultanément après la guerre pour
la Révolution de 1917 et pour l'art d'avant-garde qu'il soutient dans la
revue *L'Amour de l'Art*. Mais vers la fin des années 1920, cet ancien défenseur de Picasso, du mouvement cubiste et, plus généralement, des diverses
formes du mouvement moderne, se retourne contre ses anciens amis : pour
lui comme pour Basler, «*l'internationalisme de l'École de Paris*» met en
danger la République et l'unité de la culture française. Au début des
années 1930, son désir d'intégration le conduit à l'admiration simultanée
de l'esthétique classique et de la forme fasciste que Mussolini a imposée au
nationalisme italien. «École française ou École de Paris», un texte qu'il
publie dans la revue *Formes* en 1931, donne à lire ce virage tout à la fois
politique et esthétique.

«Ce terme [d'École de Paris] *est un escamotage conscient, prémédité du terme : École de France. […] Ce mouvement […] n'a aucune
filiation légitime. Il se réclame d'une tradition française. Mais, pratiquement, il en fait table rase. […] Ce n'est pas un creuset, où s'élabore une langue vivante et organique. C'est une langue fabriquée
de toutes pièces comme le volapük ou comme l'espéranto. L'École de
Paris n'a ni état civil, ni pièces d'identité. […] Elle traduit un état de
névrose collective et elle instaure une mode. […] Le mouvement*

---

39. A. Basler, *La Peinture, religion nouvelle*, Paris, Bibliothèque des
Marges, 1926, chapitre v : «*E finita la commedia*», pp. 73-74 (je souligne).

centrifuge de l'École de Paris est-il un mouvement de propagande française ? Il semble, au contraire, qu'il s'écarte de son centre, qu'il tende à perdre son centre de gravité [40]. »

La Perte du centre. L'art du XIXe et du XXe siècle, symptôme et symbole de l'époque : tel est le titre que l'historien de l'art Hans Sedlmayr, qui fut nazi à l'heure nazie, donnera en 1948 à l'un de ses ouvrages sur l'art moderne [41]. Chez lui comme chez Waldemar George dix-sept ans plus tôt, ce thème de la perte du centre est indissociable de l'obsession de l'absence de *filiation légitime*. Mais la légitimité n'est pas la même pour l'un et pour l'autre. Pour Sedlmayr, elle est dans la race, dans le sang et le sol. Pour George, elle est dans un « *état d'esprit* » qui « *démontre la persistance d'une volonté française* ». Ainsi « *l'art de Fontainebleau, cet art d'importation, pratiqué par des peintres étrangers, n'a pas détourné l'art français de ses sources. Il s'est incorporé dans la lignée française* ». Mais voici le drame contemporain :

> « *Au XXe siècle, des Français de vieille souche dénaturent l'art de France. Cette situation a des causes très complexes.*
> *La France n'est pas seulement une nation, un état, une acception ethnique et politique. La France est un état d'esprit. Elle représente un ordre spirituel et intellectuel. L'art français accueille et assimile tous ceux qui s'adaptent à son mode de sentir. Semblable en cela à l'Église catholique, il maintient l'unité dans la diversité. Mais cet état ne permet à la France de remplir son message que si elle reste elle-même, si, tout en adoptant, en naturalisant les néophytes qui s'abreuvent à ses sources, elle parvient à ne pas aliéner son originalité et sa physionomie. La France conservera au monde son grand exemple à condition de défendre à tout prix la loi de sa continuité. […]*
> *Le moment est venu pour la France de faire son examen, d'opérer un retour sur elle-même, et de trouver dans son fonds national les éléments premiers de son salut* [42]. »

Discours nationaliste, discours fasciste, discours national-socialiste aussi à condition d'y ajouter la filiation par le sang. Or dès qu'il s'interroge sur l'art du Juif Soutine, l'assimilationniste Waldemar George déclenche un flot de sang comme s'il voulait inscrire le peintre dans une filiation enfin légitime. Le petit volume qu'il lui consacre en 1928 s'ouvre sur le rappel de la thèse antisémite du « *génie juif* […] *incapable d'incarner des idées,* […] *rebelle à la beauté formelle* ». George ne prétend pas « *la réfuter ici* », mais « *seulement*

---

40. Waldemar George, « École française ou École de Paris », I, *Formes*, juin 1931, p. 92.

41. Hans Sedlmayr, *Verlust der Mitte. Die bildende Kunst des 19. und 20. Jahrhunderts als Symptom und Symbol der Zeit*, Salzbourg, 1948. Sur Sedlmayr, voir par exemple Norbert Schneider, « Hans Sedlmayr (1896-1984) », dans Heinrich Dilly (Hg.), *Altmeister moderner Kunstgeschichte*, Berlin, Dietrich Reimer Verlag, 1990, pp. 266-288.

42. W. George, *loc. cit.*, p. 93.

opposer des faits à cette théorie, par ailleurs défendable ». Son inquiétude est d'un autre ordre, plus immédiatement politique peut-être : l'activité artistique des juifs au XXᵉ siècle témoigne-t-elle de leur assimilation et de leur soumission aux « *constantes de la culture européenne* », ou bien est-elle au contraire l'indice de « *la judaïsation de l'Europe contemporaine ? C'est là que gît la clef de ce problème entre tous angoissant* ». En effet : « *Que signifie cet art, dont il est impossible d'établir l'origine, qui ne connaît ni loi, ni patrie, ni principes directeurs, qui n'est lié à aucune tradition ? Art d'exilé, ou bien de barbare ? Je défie quiconque de découvrir la filiation de Soutine.* »

Une fois déployée la rhétorique barrésienne du « déraciné », de celui qui a rompu toute filiation spirituelle, il ne reste plus que la race et le sang pour comprendre cet art : parce que « *l'anathème qui pèse sur le jeune artiste s'étend à toute sa race* [et] *détermine la vie émotive de l'artiste* », « *son œuvre*, écrit George, *m'apparaît comme une hémorragie. Avant de rendre l'âme, le peintre crache tout son sang. Et chaque flot donne naissance à une vision nouvelle, singulièrement intense, tragique et douloureuse* ». Ainsi « *l'art classique n'a pas de points de contact avec cette œuvre qui est une rédemption et une élévation* ». D'où vient ce sang qui fait l'œuvre entière de Soutine ? Sans doute est-ce de la faute, du déicide qui en a fait ce Juif errant jusqu'à ce moment de la rédemption, jusqu'à l'instant où il rend son âme juive. « *D'autres peignent. Lui remplit son destin. Son œuvre est une fatalité, à laquelle il ne peut se soustraire* [43]. » Soutine est un bon Juif parce qu'il témoigne visiblement de la déchéance de son peuple et parce qu'il paye enfin, par son hémorragie, le sang du déicide. Soutine ne fait pas de peinture : il paye de son sang une intégration – une rédemption – jusqu'alors refusée aux Juifs par une Europe chrétienne.

Race et racines

Les fameux « excès » de Camille Mauclair, ce proche de l'Action française, régulièrement publiés par *Le Figaro* et *L'Ami du Peuple*, excèdent encore ceux de Waldemar George. Si leurs arguments convergent parfois, leurs tons cependant ne se ressemblent pas. Par exemple George, ce Juif cultivé, aurait bien mieux dit, parce qu'il lui faut toujours justifier sa naturalisation française, que cette peinture qu'il rejette tout autant que Mauclair l'exècre est « *une attaque contre tout ordre social fondé sur les patries* ». En vérité, l'antisémitisme de Mauclair est une éructation ininterrompue. Rassemblés en 1929 dans *La Farce de l'art vivant*, puis en 1930 dans *Les Métèques contre l'art français*, ses textes substituent à la « haine de soi » du Juif la haine de l'autre dont peut témoigner un *goye*. Ainsi viennent s'ajouter à ce jeu de miroirs, et dans la lignée du langage si « nuancé » de Drumont, la dénonciation de « *la peinture kasher* », de ces « *Polaks pour qui Giotto se prononce Ghetto* », ou bien, déjà, celle du « *bolchevisme pictural* [44] ».

43. W. George, *Soutine*, Paris, Éditions du Triangle, coll. « Les artistes juifs », 1928, p. 16.
44. *Page suivante.*

L'idéal de Mauclair est celui d'un art déterminé par la « race » ou l'« ethnie ». C'est sur ce fond qu'il prophétise : de même que « *la peinture académique est morte pour avoir voulu imposer un Code international* […] *copié par les élèves de tous pays contre l'idéal héréditaire de leurs races* », de même « *la peinture fauve ou surréaliste mourra pour avoir voulu imposer un type de déformation et de laideur internationale supprimant les caractères et les aspirations ethniques* ». Mais le doute demeure, la victoire est incertaine et l'avenir menacé : « *Le danger réel, c'est cette conception qui, séparant l'art de la nature et l'artiste de sa race, coupant les racines, travaille à imposer la tyrannie de formules interchangeables où notre goût, notre sensibilité, notre terroir ne comptent plus.* » D'un texte à l'autre circule cette métaphore végétale qui se fait parfois barrésienne pour s'achever en appel, sinon au meurtre, du moins à l'expulsion. Car face à ce qu'il perçoit comme « *un plan général de déracinement de toutes nos habitudes intellectuelles et morales* », il n'est pas sans remède : « *Il est beau, malgré tout, et encore sain, l'arbre de France. L'écorce pourrie, je viens de la décrire. Mettons sans peur le doigt, puis la main, insistons, arrachons, elle s'en ira par plaques, elle sautera* [45]. »
À cette dénonciation du « *bolchevisme pictural* », Mauclair associe de façon bien sûr parfaitement contradictoire – mais habituelle aux fascismes – celle du capitalisme de « *ces messieurs des galeries Lévy-Tripp, Bouc, Gluant, Rosenschwein, Bloode Pig and Co* [46] ».
Il faut encore souligner deux points qui achèvent de faire de Mauclair le frère des national-socialistes de cette Allemagne qu'il abhorre : comme eux, il associe très tôt la « *désagrégation bolcheviste* » au « *sang juif* » ; avant eux, il préconise d'« *interdire aux étrangers de juger chez nous les gens de chez nous* », car il n'est pas tolérable de voir ces « *métèques* [qui] *s'installent chez nous pour juger nos artistes sans posséder le sens intime de notre race* [47] » (les nazis décideront d'un telle interdiction après leur arrivée au pouvoir).
En somme, l'essentiel de sa pensée se résume assez bien dans cette page qu'il insère entre deux articles de l'un de ses recueils :

> « *Précisément parce que je suis catholique, je ne suis pas antisé-
> mite : et j'ai des amis israélites que j'aime fidèlement. Mais enfin, il
> est connu et admis que, si les Juifs ont eu de merveilleux poètes, ils*

44. Il est vrai que Camille Mauclair avait signé en 1919 le *Manifeste du Parti de l'intelligence*, d'inspiration maurrassienne et très Action française, publié dans *Le Figaro* du 19 juillet et qui visait à organiser la défense des valeurs culturelles de l'Occident chrétien et humaniste face au danger du « bolchevisme intellectuel ». Voir Eugen Weber, *L'Action française*, trad. M. Chrestien, Paris, Fayard, 1985, p. 542.
45. Camille Mauclair, *La Farce de l'art vivant. Une campagne picturale, 1928-1929*, Paris, La Nouvelle Revue critique, 1929, pp. 33, 38, 135 et 156 (le sous-titre est sans doute un hommage au livre d'extrême droite de Jules Soury, *Campagne nationaliste*, publié en 1902).
46. *Ibid.*, p. 212.
47. C. Mauclair, *Les Métèques contre l'art français (La Farce de l'art vivant, II)*, Paris, La Nouvelle Revue critique, 1930, pp. 62, 97, 110 et 129.

n'ont jamais brillé dans les arts plastiques. On ne peut citer aucun génie juif en sculpture et en peinture (non plus qu'en musique). Comment donc n'être pas frappé, et rendu très défiant, par ce fait que le marché actuel de la peinture est aux mains des israélites de France et de Mittel-Europa, et que les marchands, les critiques-démarcheurs, les peintres juifs si nombreux dans "l'art vivant" s'accordent tous pour attaquer la tradition latine et obéir à l'esprit de criticisme négateur, de dissociation, de chambardement des valeurs, qui est le vieux fond bolchevik de leur race [48] ? »*

On comprend pourquoi, malgré la vieille opposition des cultures « latine » et « germanique », malgré aussi l'assimilation fréquente en France, depuis 1871 et l'affaire Dreyfus, du Juif avec l'Allemand – de l'éternel ennemi intérieur avec l'éternel ennemi extérieur –, « *la France*, ainsi que le fit remarquer Hannah Arendt, *fut une proie si facile pour l'agression nazie. La propagande hitlérienne parlait un langage depuis longtemps familier, qui n'avait jamais été vraiment oublié* [49] ». Il faut ajouter qu'*un certain antisémitisme mondain*, qui communique toujours immédiatement avec ses manifestations raciales ou biologiques, n'en avait pas seulement conservé la mémoire : il avait aussi paradoxalement rajeuni l'antisémitisme du siècle précédent, d'inspiration religieuse, économique et nationale, en lui donnant de nouvelles lettres de noblesse, acquises au combat pour la défense de la culture et de l'art « classiques ».

48. C. Mauclair, *La Farce de l'art vivant, op. cit.*, p. 199.
49. Hannah Arendt, *Sur l'antisémitisme*, trad. Micheline Pouteau, Paris, Seuil, coll. Points, 1984, pp. 206-207. Au regard des lois anti-juives de Vichy, plus dures encore que celles de Nuremberg, cette phrase sonne presque comme un euphémisme.

Le désir de Paris

YONA FISCHER

« Jusqu'au début de l'Occupation, Paris a été le lieu saint de notre temps. Le seul. Non seulement pour son génie positif, mais peut-être au contraire en raison de sa passivité qui le rendait disponible pour les chercheurs de toutes nationalités. Pour Picasso et Juan Gris, espagnols, pour Modigliani, Boccioni et Severini, italiens, pour Brancusi, roumain, pour Joyce, irlandais, pour Mondrian, hollandais, pour Lipchitz, polonais de Lituanie, pour Archipenko, Kandinsky, Diaghilev, Larionov, russes, pour Calder, Pound, Gertrude Stein, Man Ray, américains, pour Kupka, tchèque, pour Lehmbruck et Max Ernst, allemands, pour Wyndham Lewis et T. E. Hulme, anglais… pour tous les artistes, étudiants, réfugiés. […] Paris était alors le lieu unique où l'on pouvait fondre les différentes tendances et les mener à maturité, où l'on pouvait agiter le cocktail "moderne" de psychologie viennoise, sculpture africaine, romans policiers américains, néo-catholicisme, technique allemande, nihilisme italien. Paris était l'Internationale de la culture [1]. »

Ces mots écrits par le poète et critique américain Harold Rosenberg au début de la Seconde Guerre mondiale s'appliquent tout à fait à la période considérée ici, 1904-1929.

Le désir de Paris pour un artiste va du rêve jamais accompli mais souvent obsessionnel au court voyage qui parfois, faute de moyens, ne peut être prolongé et, finalement, au séjour définitif. C'est un désir que nourrissent des motifs d'ordre ethnique, culturel, social ou politique.

Partout en Europe, mais aussi aux États-Unis et en Amérique latine, les jeunes sont formés dans des académies ou dans des ateliers privés auprès d'artistes à réputation variable. La réputation d'une académie, d'un maître, attire un nombre considérable d'étrangers. Munich, autant que Paris, est un pôle d'attraction dans les dernières décennies du XIXe siècle et les années qui précèdent la Première Guerre mondiale.

Tout se passe comme si, pour étudier l'art, il n'y avait que deux options. La première, exprimée par le peintre russe Léonide Pasternak, un moderniste « modéré » enseignant à l'École des beaux-arts, de sculpture et d'architecture de Moscou, qui disait à ses étudiants : «… Munich, c'est une ville allemande tranquille et calme, ennuyeuse peut-être pour certains, mais pour l'étude, elle peut donner beaucoup et c'est l'essentiel, c'est la base [2]. »

1. Harold Rosenberg, « La Chute de Paris », *Partisan Review*, 1940, repris dans *Tradition of the New*, 1962, version française d'Anne Marchand, *La Tradition du Nouveau*, Paris, Éditions de Minuit, 1962.
2. Valentine Marcadé, *Le Renouveau de l'art pictural russe*, Lausanne, L'Âge d'homme, 1971.

La seconde est représentée par le peintre traditionaliste américain Thomas Eakins, professeur à la Pennsylvania Academy of Fine Arts de Philadelphie, selon lequel les étudiants devraient s'appliquer à « étudier leur propre pays et dépeindre sa vie et ses gens » plutôt que de « passer leur temps à l'étranger pour y acquérir une vue superficielle de l'art du Vieux Monde [3]. »

L'opposition dont on fait état un peu partout à l'enseignement prodigué dans les écoles d'art est surtout d'ordre idéologique : tradition et modernisme s'y confrontent. Cette opposition apparaît au sein même des institutions aussi bien qu'en dehors de leurs murs. Ainsi, l'enseignement traditionaliste qu'offre l'Accademia delle Belle Arti à Florence provoque la formation du groupe des « *Macchiaioli* ». De même, en 1905, Archipenko est chassé de l'École d'art de Kiev parce qu'il critiquait ses maîtres, leur reprochant d'être « trop vieux jeu et académiques [4] ».

Mais une autre forme de contrainte naît au fur et à mesure que de nouvelles écoles d'art sont créées, qui n'est pas d'ordre idéologique : il s'agit simplement de l'insuffisance, voire de la médiocrité de l'enseignement prodigué. Valentine Marcadé en rappelle quelques exemples saisissants : ainsi, en 1895, le peintre russe Evguéni Lanceray écrit-il dans son journal : « Ici, chez moi, je n'ai confiance en aucun maître ni en aucun système. » Ces mots expriment la confusion générale des élèves de l'Académie des beaux-arts de Saint-Pétersbourg [5].

Aux États-Unis, les académies à la fin du XIXᵉ siècle étaient « à peine plus que des organisations d'expositions annuelles [6] ». Whistler, qu'on admirait, était néanmoins considéré comme un « Américain européanisé ».

D'autres raisons majeures poussent les jeunes gens à partir étudier ailleurs. Il s'agit en fait d'émigrations dues à des discriminations de tout ordre, à des mesures et violences touchant des minorités ethniques. Ces mesures visent notamment les populations juives de l'Europe de l'Est. Le *numerus clausus*, imposé en 1897 par le ministre de l'Éducation russe, limitait l'accès à l'enseignement supérieur à 10 % ou 5 % des étudiants juifs et dans le cas des deux capitales, Saint-Pétersbourg et Moscou, à 3 % (en 1911, cette mesure sera étendue aux étudiants externes).

À Saint-Pétersbourg, c'est l'accès même de l'Académie des beaux-arts qui est interdit aux juifs. Ce qui oblige le jeune Chagall à suivre les cours de l'École de protection des beaux-arts de cette ville où, d'ailleurs, « l'enseignement était inexistant [7] ». C'est ce qui oblige aussi Kikoïne à aller à l'académie de Vilno.

3. Cité in Lloyd Goodrich, *Thomas Eakins, his Life and Work*, New York, Whitney Museum, 1933, p. 139.
4. Donald Karshan (ed), *Archipenko visionnaire international*, Washington, Smithsonian Institution, 1969.
5. V. Marcadé, *Le Renouveau de l'art pictural russe, op. cit.*
6. Barbara Rose, *American Art since 1900*, Londres, Thames and Hudson, 1967, p. 12.
7. Marc Chagall, *Ma vie*, Paris, Stock, 1931, p. 130.

Enfin, les émigrations massives sont provoquées par les pogroms de la Grande Russie. Le premier de ces pogroms – le terme est russe – se produit en 1881. Entre cette date et 1914, plus d'un million de juifs partiront dont la grande majorité s'installera aux États-Unis.

Pour tous les nouveaux venus, étudiants et artistes, gens de passage et ceux qui se proposent de s'établir à Paris, la France républicaine est le pays de la liberté. Le Paris des libertés était aussi, pour beaucoup d'étrangers, le Paris bohémien des *Scènes de la vie de bohème*, que publie Henri Murger entre 1845 et 1849, et qui connaît un succès rapide non seulement en France, mais dans les grandes capitales européennes et jusqu'aux États-Unis. Barbara Rose souligne qu'à l'opposé de Stieglitz qui a décrit sa mission comme « la tentative d'établir pour moi-même une Amérique dans laquelle je pourrais respirer comme un homme libre », toute une génération « d'écrivains et d'artistes expatriés, plutôt que d'affronter l'hostilité philistine de l'Amérique à toute forme de modernisme, fuit là où l'air était déjà libre [8] ». À plus d'un égard, les cafés parisiens illustrent cette liberté. Si le Montparnasse du XIXe siècle fut celui des artistes et des écrivains français, il s'est transformé après 1900, et surtout après la Grande Guerre, en un véritable centre de cosmopolitisme intellectuel.

À Paris !

Dès le XIXe siècle, Paris, et ce qu'on peut appeler sa campagne, ont attiré de nombreux artistes étrangers. En 1855 se tient dans la capitale l'Exposition universelle avec la participation de quatre mille artistes. L'*Illustrated London News* rapporte qu'il s'agit de « la collection la plus remarquable de peinture et de sculpture jamais réunie dans les murs d'un seul édifice [9] ». Cette même année, le Salon consacre deux rétrospectives, l'une à Ingres, l'autre à Delacroix. Rien d'étonnant à ce que pour le jeune James McNeill Whistler, qui vient visiter le Salon, Paris « semble exister juste pour les artistes [10] ». Vers 1860, on compte jusqu'à soixante-dix artistes suédois à la Kunstakademie de Düsseldorf : ils sont insatisfaits de l'enseignement de l'art à Stockholm. L'un d'eux, le peintre Alfred Wahlberg, ira à Paris en 1866. Il sera suivi dans les années 1870 par une bonne partie des futurs maîtres de la peinture moderne suédoise : Carl Frederik Hill, Ernst Josephson, Carl Larson, Karl Nordström, Anders Zorn. Nordström devient, dans les années 1880, membre de la colonie d'artistes scandinaves qui s'est formée à Grez-sur-Loing. August Strindberg en fera partie aussi, à plusieurs reprises, à partir de 1883.

Le pleinairisme barbizonien puis l'impressionnisme attirent de nombreux peintres. Citons parmi eux, pêle-mêle, les Américains Winslow Homer, qui passe un an en France en 1866-1867, Mary Cassatt, John Singer Sargent,

8. B. Rose, *American Art since 1900, op. cit.*, p. 38.
9. Cité par Gordon Fleming, *The Young Whistler 1834-1866*, Londres, George Allen & Unwin, 1978.
10. *Ibid.*

qui étudie à Paris de 1874 à 1884, Childe Hassam, qui travaille à Paris en 1880 en impressionniste attardé, les Hongrois Mihály Munkácsy, Lajos Deák-Ebur et József Rippi-Rónai, le Roumain Nicolae Grigorescu, les Anglais Wilson Steer et Walter Richard Sickert, tous deux au début des années 1880, le Portoricain Francisco Oller. Les ateliers dirigés par des artistes réputés attirent des centaines de jeunes étrangers. Ainsi de celui de Gérôme à l'École des beaux-arts où l'on rencontre l'Américain Thomas Eakins de 1866 à 1869, le Finlandais Albert Edelfelt qui, boursier de l'État pour faire des études à Anvers, va auprès de Gérôme en 1874, le Japonais Yamamoto Hosui en 1878…

Dans la dernière décennie du XIXe siècle, un nouvel exemple de voyageurs se dessine : les jeunes artistes de l'avant-garde catalane. Déjà en 1880, Miguel Utrillo arrive à Paris, où il sera le correspondant du journal catalan *Vangardia*. En 1882, Ramon Casas Carbó va à Paris et étudie, en 1884, dans l'atelier de Carolus-Duran. Les Catalans se succèdent à un rythme plus accéléré après l'*Expositió Universal* de 1888, qui provoque un essor considérable dans l'architecture et l'art locaux, et qui affirme la ville dans son rôle de capitale culturelle de l'art vivant en Espagne. Un groupe de jeunes artistes se réunit en un cercle au café *Els Quatre Gats* à partir de 1897. De ce milieu sont issus des artistes pour lesquels Paris est la seule destination. Déjà de 1889 à 1894, Carlos Vázquez Ubeda est à Paris, où il travaille dans l'atelier de Bonnat ; en 1891, Ignacio Zuloaga le suit. En 1894, c'est au tour de Joaquim Sunyer Miró de s'en aller : il sera, en 1904, voisin de Picasso au Bateau-Lavoir. L'année 1897 voit le départ d'Isidro Nonell, en qui on a vu un précurseur du jeune Picasso, accompagné de Ricardo Canals et Ramón Pichó Gironés, amis de Picasso. Ce dernier part pour Paris en 1900, ainsi que Carles Casagemas Coll, Julio González et Manolo. Quant à Picasso, « on a beaucoup glosé sur cette arrivée à Paris. Depuis longtemps Picasso – il n'avait pas encore dix-neuf ans – avait été alléché par les récits de Ramon Casas, de Santiago Rusiñol et de Miguel Utrillo y Molins, trois artistes qui avaient longtemps vécu à Paris et pour lesquels il n'y avait d'art qu'au-delà des Pyrénées. Il y avait aussi le désir de connaître la ville où travaillaient Steinlen et Toulouse-Lautrec, découverts et admirés grâce aux journaux satiriques[11] ». Picasso installé accueille volontiers ses compatriotes espagnols et autres artistes de langue espagnole. En 1906, il adresse le jeune Juan Gris, parti d'Espagne « pour s'épargner la corvée du service militaire, quitte à ne pouvoir jamais y retourner[12] », à son marchand Kahnweiler ; en 1912, il reçoit le peintre guatémaltèque Carlos Merida, qui vient à Paris muni d'une lettre d'introduction de Jaime Sabartes, ami de jeunesse et futur biographe de Picasso.

À partir de 1900, il nous semble plus aisé de connaître les raisons personnelles qui peuvent éveiller chez tel jeune artiste le désir de Paris et le déter-

11. Jean-Paul Crespelle, *La Vie quotidienne à Montmartre au temps de Picasso, 1900-1910*, Paris, Hachette, 1978.
12. Juan Antonio Gaya-Nuno, *Juan Gris*, Paris, Cercle d'art, 1974.

miner à y aller, ou du moins les circonstances de son départ. Pour une bonne partie des jeunes peintres américains, Paris devient, entre 1900 et 1914, une étape obligatoire dans leur formation. Ces peintres qui appartiennent à ce qu'on a appelé aux États-Unis les « Exilés », au même titre que les écrivains de la même génération, sont souvent restés longtemps à Paris à étudier ou travailler avant de retourner chez eux : le premier semble avoir été Alfred Maurer. D'autres ont suivi, obéissant au mot d'ordre : « They do things better in Europe ; let's go there [13]. » En 1908, ils étaient assez nombreux et actifs pour créer une « New Society » des artistes américains de Paris. Parmi les noms les plus significatifs (en relation avec leur contribution à l'évolution de la peinture américaine de la première moitié du siècle), mentionnons Arthur Carles, Arthur Dove, Marsden Hartley, John Marin, Charles Sheeler, Max Weber, Edward Hopper, Charles Demuth, William Zorach, Joseph Stella, John Convert et le photographe Edward Steichen.

Les peintres italiens se retrouvent aussi à Paris en grand nombre. Ardengo Soffici va à Paris en 1900 pour visiter l'Exposition universelle. En 1906 arrivent Amedeo Modigliani, Gino Severini et Mario Sironi. Severini est parti déçu du climat académique et provincial de Rome. En 1912, il persuade Carrà, qui a déjà visité Paris en 1900, et Boccioni, qu'il fréquenta en 1906, de revenir à Paris pour le vernissage de l'exposition des futuristes chez Bernheim-Jeune. De retour en Italie, Boccioni s'enquiert auprès de Severini des dernières évolutions du cubisme parisien : « Prends toutes les informations possibles sur les artistes. S'il y a des photos récentes d'œuvres achètes-en une ou deux. Rapporte toutes les informations possibles [14]. »

C'est par les photos que l'expérience parisienne peut trouver un prolongement chez l'artiste rentré chez lui et ce sont elles qui peuvent également nourrir le rêve d'un artiste à l'étranger. En 1914, un jeune peintre palestinien d'origine russe, Menaham Shemi, révolté contre l'enseignement académique à Jérusalem, écrit à un frère installé à Paris. D'abord, il expose son rêve (qui ne sera réalisé qu'en 1928) : « Prendre le bateau, aller à Paris pour y étudier et travailler. » Et en 1922, il lui demande de lui envoyer « quelques reproductions, si possible des artistes suivants : Cézanne, Van Gogh, Picasso, Gauguin et Claude Monet. Ils m'intéressent tous, surtout Cézanne [15] ».

Les artistes juifs issus d'Europe de l'Est partent quant à eux pour échapper au milieu provincial que constitue la tradition religieuse, aux persécutions ou à l'insuffisance de l'enseignement. Chagall, dans *Ma vie*, se présente comme captif de la communauté juive de Vitebsk, et cependant il s'accommode de cette captivité. Il partira pour Paris comme il l'a fait pour

13. Malcolm Cowley, *Exile's Return*, Londres, Penguin Books, p. 74 (« Ils font mieux les choses en Europe ; allons-y »).

14. Cité dans *Robert Delaunay*, catalogue d'exposition du Centre Georges Pompidou, Paris, 1999, p. 37.

15. Menahem Shemi, *Dix-huit peintures, choix de lettres et dessins*, Tel-Aviv, Hakibboutz Hameuhad, 1963 (hébreu), pp. 1 et 7.

Saint-Pétersbourg, c'est-à-dire sans «aucun élan», mais «je savais qu'il fallait partir [16]». Kikoïne et Soutine ont étudié ensemble à Minsk, puis allèrent en 1908 étudier à l'académie de Vilno où ils rencontrent Krémègne. Ils iront à Paris par crainte de pogroms, et pour Soutine, qui est issu d'une famille religieuse, pour se libérer aussi des interdits. Marek Szwarc, peintre d'origine polonaise qui vient à Paris en 1910, parle dans ses *Mémoires* [17] de ses hésitations de jeunesse. Avec son père, il va «consulter» Léopold Pilichowski, peintre académique «rentré dernièrement de Paris». Peu à peu, il devient un «talent qui promet dans l'opinion publique». Mais bientôt une lettre écrite à Paris par son frère Samuel détermine sa destinée : «Je pense, chers parents, qu'il faut envoyer le petit à l'École des beaux-arts à Paris. Je mets à sa disposition mon pied-à-terre, rue des Écoles, et je lui offre 100 francs par mois. Il faut l'aider à devenir un artiste.»

Paris, mode d'emploi

L'étudiant qui vient de province ou de l'étranger à Paris, y apprendre la peinture et la sculpture, va d'habitude travailler dans l'atelier d'un artiste où il passe la matinée puis, vers midi, il se rend au Louvre et faire des copies. Cézanne avait été un des premiers à montrer l'exemple. Les dernières lettres qui précèdent l'arrivée de l'artiste aixois sont perdues mais, à la réponse que lui fait Émile Zola dans une lettre du 3 mars 1861, nous pouvons aisément deviner ce qui préoccupe le jeune peintre : «Tu me fais une question singulière. Certainement qu'ici, comme partout ailleurs, on peut travailler, la volonté y étant. Paris t'offre, en outre, un avantage que tu ne saurais trouver autre part, celui des musées où tu peux étudier d'après les maîtres, depuis onze heures jusqu'à quatre heures. Voici comment tu pourras diviser ton temps. De six à onze tu iras dans un atelier peindre d'après le modèle vivant ; tu déjeuneras, puis de midi à quatre, tu copieras, soit au Louvre, soit au Luxembourg le chef-d'œuvre qui te plaira. Ce qui fera neuf heures de travail ; je crois que cela suffit et que tu ne peux tarder, avec un tel régime, de bien faire [18].»

En parcourant les tomes volumineux du «Registre des demandes d'autorisation de copier» au Louvre, on peut constater que, pour les années d'avant-guerre, le nombre des copistes étrangers est, *grosso modo*, comparable à celui des copistes français. Sur ces registres, on relève ainsi les noms de deux artistes déjà mentionnés : Max Weber se rend au musée le 27 avril 1906 pour copier le *Portrait de Philippe IV* de Velázquez [19]. Il y retourne le 19 juin pour copier le *Portrait d'homme* de Titien [20]. Alexandre Archipenko va au Louvre, ayant quitté l'École des beaux-arts, pour apprendre la sculp-

16. M. Chagall, *Ma vie, op. cit.*, p. 143.
17. Marek Szwarc, *Un artiste est né*, mémoires inédites recueillies par Eugénia Markowa, traduites du polonais par Suzanne Brucker.
18. Paul Cézanne, *Correspondance*, Paris, Grasset, 1978, p. 67.
19. Bibliothèque du Louvre, *Registre des copistes*, L. L. 27, p. 490.
20. *Ibid.*, p. 303.

ture « d'après des exemples ». Mais il ne se contente pas de sculpture : le 15 juin 1909, il s'inscrit pour copier le *Portrait de Jeanne d'Aragon* de Raphaël [21]. « Ma véritable école a été le Louvre et j'y allais tous les jours », dira-t-il plus tard [22].

On peut deviner pourquoi Archipenko, futur auteur des reliefs-peintures, a été fasciné par l'éclat de la robe de velours de la *Jeanne d'Aragon*. Le Louvre attise le coup de foudre de plus d'un jeune artiste débarquant à Paris. Citons Chagall : « Seule la grande distance qui sépare Paris de ma ville natale m'a retenu d'y revenir immédiatement ou du moins après une semaine, ou un mois [...]. C'est le Louvre qui mit fin à toutes ces hésitations. Faisant le tour de la grande salle de Véronèse et des salles où sont Manet, Delacroix, Courbet, je ne voulais plus de rien d'autre [23]. » Whistler avait raison de dire : « Pour les peintres et les apprentis peintres, le Louvre n'était pas un musée : c'était une partie intégrante de leur vie [24]. »

Outre le Louvre et ses chefs-d'œuvre, Paris offrait aux étudiants l'enseignement de nombreuses académies. Mentionnons-en quelques-unes dans lesquelles les étudiants étrangers étaient particulièrement nombreux. En 1868, le peintre Rodolphe Julian ouvrit un atelier qu'il transforma en « académie », suivant l'exemple de l'académie Colarossi, fondée en 1815. Avant 1900, Maurice Denis, Bonnard, Vuillard et Matisse y ont étudié. Et, parmi les jeunes étrangers, relevons les noms du peintre suisse Félix Vallotton (en 1882) ; des peintres américains Frank Weston Benson, qui deviendra le chef de file de l'École de Boston (1887-1888), Childe Hassam (1886-1889) et Thomas Anshutz (1891) ; du Finlandais Magnus Enckel, qui deviendra le maître de la peinture symboliste dans les pays nordiques ; du Russe Léon Bakst (1893) ; du Catalan Herman Anglada-Camarassa (1894), qui étudie également à l'académie Colarossi ; des Suisses Augusto Giacometti, oncle d'Alberto, et Cuno Amiet (1888) ; du Roumain Ioan Andreescu (1879), qui ira ensuite travailler à Barbizon et deviendra un peintre pleinairiste apprécié dans son pays ; de S. J. Peploe (1894) et F. C. B. Cadell (1899-1903), membres du groupe connu sous le nom de « Scottish Colourists », qui ont, eux, complété leurs études à Munich.

Puis, de 1900 à 1914, signalons parmi des centaines d'élèves à l'académie, quelques grands noms de l'École de Paris : le Suisse Jean Crotti (en 1901) ; le Polonais Louis Marcoussis (en 1903) qui, après des études à l'Académie des beaux-arts de Cracovie, vient travailler dans l'atelier de Lefèbvre ; le Lituanien Jacques Lipchitz qui, après un court passage aux Beaux-Arts, travaille (1909-1911) dans le cours du sculpteur Raoul Verlet. D'autres élèves d'avant-guerre sont le Roumain Jean Al Steriadi (1903) ; les Américains Jose de Creeft et Edward Steichen ; l'Anglais d'origine américaine Jacob Epstein (vers 1907-1908) ; le Japonais Soturo Yasui (1907) ;

21. *Ibid.*, p. 202.
22. D. Karshan, *Archipenko visionnaire international, op. cit.*
23. M. Chagall, *Ma vie, op. cit.*, p. 149.
24. Cité par Gordon Fleming, *The Young Whistler 1834-1866, op. cit.*

l'Australien George Bell (1904-1906) ; le Russe Liev Brouni (1912-1913).
Par ailleurs, on rencontre à l'académie Julian des artistes qui fréquentent
d'autres académies parisiennes : le sculpteur norvégien Wilhelm Rasmussen,
après des études à Berlin, s'inscrit aux académies Julian (1902) et
Colarossi ; l'Américain Max Weber (1905) ira à l'académie Matisse ;
l'Ukrainien Alexandre Chevtchenko (1905-1906) étudiera également avec
Eugène Carrière ; les Allemands Ludwig Meidner et Jacob Steinhardt
(1905-1907) suivront aussi les cours de l'académie Cormon ; l'Américain
Stanton MacDonald-Wright (1908-1912), cofondateur du synchromisme,
fera des études à la Sorbonne, aux Beaux-Arts et aux académies Julian
et Colarossi.

L'académie Colarossi est la première des académies parisiennes dont l'histoire a retenu le nom. Parmi ses élèves étrangers, on compte le peintre
américain Maurice Prendegast (1891-1894), qui ira aussi chez Julian ; le
Russe Constantin Somov (1898), qui avait étudié à l'académie de Saint-
Pétersbourg chez Répine ; le sculpteur argentin Rogelio Yrurtia (vers
1900) ; la peintre allemande Paula Modershon-Becker (1900) ; le sculpteur
suédois Carl Miles (vers 1900) ; les peintres norvégiens Henryk Sorensen
(1905-1906) et Per Krohg, qui iront plus tard à l'académie Matisse ;
Amedeo Modigliani (1906) ; le peintre tchèque Josef Capek (1910), frère
de l'écrivain Karel Capek. Dans les années 1920, les peintres Fritz Glarner,
suisse, Léon Zak, russe, et Bradley Tomlin, américain, compteront parmi les
élèves de cette institution.

À l'académie Vitti, Luc-Olivier Merson eut pour élève le peintre suisse René
Auberjonois en 1896-1897. Kees Van Dongen y enseigna à l'Ukrainien
David Sterenberg vers 1910 et au peintre uruguayen José Cúneo en 1911.
Antoine Bourdelle, quant à lui, est professeur de 1909 à 1929 à l'académie
de la Grande-Chaumière : parmi ses élèves, relevons les noms d'Ivan Chadr
qui, après son retour en Russie, collabora au Plan monumental de propagande, du cubiste tchécoslovaque Otto Gutfreund vers 1910, de l'Américain
Hugo Robus, qui sera proche à Paris des vorticistes et de Kupka, de l'historien d'art et peintre russe Boris Terhovets (en 1913-1914), qui a précédemment étudié à Moscou et à Munich, du Suisse Alberto Giacometti en 1922,
du Libanais Youssouf Hoyeck, qui fut à Paris l'ami du poète Khalil Gibran
vers 1920. Alexandra Exter en 1908 et la photographe américaine
Berenice Abbott en 1921 y suivront aussi des cours dans d'autres ateliers.
Parmi les élèves de l'académie La Palette, on rencontre les peintres russes
Sonia Terk (en 1905), qui a étudié précédemment à Karlsruhe en
Allemagne, Lioubov Popova, Nadiejda Oudaltsova et Serge Charchoune ; le
Polonais Henri Hayden, qui vint à Paris pour un an en 1908 et y restera
toute sa vie, ou encore le sculpteur américain William Zorach en 1910-1911.
André Lhote fut l'un des enseignants les plus sollicités dans les années
d'après-guerre. Il a déjà enseigné dans diverses académies avant d'ouvrir la
sienne en 1926. Fernand Léger y vient souvent. En 1926, un de ses tout
jeunes étudiants s'appelle Hans Hartung ; d'autres étrangers sont la

Palestinienne Sionah Tagger, le Néo-Zélandais John Wecks, l'Australienne Grace Crowley, l'Américain Philip Evergood, la Polonaise Tamara de Lempicka (une ancienne de la Grande-Chaumière et de l'académie Ranson), la photographe américaine Florence Henri, qui y suit les cours de Léger et d'Ozenfant, un certain nombre de jeunes peintres venus d'Afrique du Sud… On a constaté la souplesse du « système » : étudiants, et dans une certaine mesure enseignants, circulent librement d'une académie à l'autre dans la capitale. Mais nombreux aussi sont ceux qui viennent compléter à Paris des études commencées dans leur pays d'origine, à Vienne ou à Munich. Certains artistes, et non des moindres, après des débuts prometteurs chez eux, jugeront utile d'aller à Paris : ainsi des Allemands Max Slevogt, Emil Nolde, Georg Kolbe, le Roumain Stefan Luchian, les Hongrois József Rippi-Rónai et Béla Czóbel, le sculpteur d'origine polonaise Élie Nadelman.

Des collectionneurs et des marchands engagés

Dans les années qui précèdent la Première Guerre mondiale, Paris est, plus que jamais, au cœur du marché mondial de l'art vivant. De fait, depuis le milieu du XIXe siècle, Paris est le seul centre artistique à pouvoir alimenter, en vagues successives, décennie par décennie, une clientèle qui ne demande qu'à suivre le « goût du jour ». C'est une clientèle qui voyage, qui se meuble en objets et œuvres d'art, qui, souvent ignorante, se laisse guider par des artistes et par des pionniers d'une jeune profession en pleine expansion : les marchands.

À Paris, ceux qui achètent, vers 1905, Picasso et Matisse, côtoient ceux qui ont commencé, à peine quelques années plus tôt, à rassembler des Cézanne et les impressionnistes. Souvent ce sont les mêmes qui passent de Cézanne, devenu un « classique » du modernisme, à Matisse ou à Picasso, nouveaux maîtres du jour. De 1900 à 1929, cette classe de collectionneurs va s'amplifier et se diversifier, mêlant de modestes « amateurs » aux grands magnats de l'industrie. Les collectionneurs français y sont rares (mais non des moindres, puisqu'on y compte Auguste Pellerin, Maurice Girardin, Roger Dutilleul…). La grande majorité vient d'ailleurs, de partout, ou presque : Américains, Russes, Allemands, Suisses, Italiens, Roumains, Tchèques, Scandinaves, Japonais.

Ces collectionneurs sont de grands voyageurs. Le choc d'une première visite à Paris détermine souvent un choix artistique, bouleverse un goût initial, des convictions fermes. Ceci est déjà arrivé, bien des années plus tôt, au Roumain Georges de Bellio : installé à Paris en 1851, il achète de vieux maîtres, des céramiques, de l'art japonais ; cette même année, il acquiert à la vente de l'atelier de Delacroix la copie que celui-ci fit d'un Rubens. Puis, en 1874, il achète un Monet. Il en devient l'ami, le mécène et le collectionneur. C'est lui qui achètera le fameux *Impression, soleil levant*.

Mais c'est à des hommes et des femmes nés entre 1850 et 1865 qu'il a appartenu de former une véritable première génération de collectionneurs d'art moderne, ces acquéreurs aux grands moyens et à l'appétit grandissant, dont l'influence sur les mœurs du commerce de l'art et la société de leur temps alla au-delà de l'envergure de leur collection, de la qualité propre des œuvres et parfois du simple prestige.

Dans cette première génération devenue légendaire de collectionneurs d'art moderne, on trouve les noms de deux Américaines, Louisiane Havemeyer et Lillie Bliss, trois Danois, Christian Tetzen-Lund, Cornelis Hoogendijk et Johannes Rump, et un Russe, Sergueï Chtchoukine.

À cette première génération succède une deuxième qui, elle, est contemporaine des artistes qui constitueront l'essentiel de leurs collections : il s'agit de ceux qui sont nés entre 1870 et 1885. On y trouve les Américains Quinn, Barnes, Abby Adrich Rockefeller, Arensberg, Gallatin, Dale ; mais aussi le Russe Morosov, les Allemands Reber, Osthaus, Glaser et Goeltz, les Suisses Müller, Reinhardt et Burckhardt, le Tchèque Kramar. Ils se distinguent de leurs aînés à plus d'un titre. Ils fréquentent des artistes et des intellectuels de leur propre génération. Quinn et Barnes achètent aussi des artistes *étrangers* de l'École de Paris : Quinn acquiert presque tous les Brancusi exécutés entre 1914 et 1924, Barnes découvre Soutine en 1922 et lui achète une cinquantaine de peintures.

Ce point est fondamental : la fidélité à Paris, bastion de la tradition française, a fait lentement place à un véritable intérêt pour l'art *fait* à Paris. Il est vrai qu'on y allait déjà acheter, au Salon ou directement chez l'artiste ou son marchand, au temps de Whistler, du jeune Picasso. Autour de 1908-1910 cependant, le mouvement s'amplifie jusqu'au lendemain de la Première Guerre mondiale. Il subsistera même en 1929-1930, lorsque l'acquisition de l'art moderne deviendra une véritable alternative à celle des vieux maîtres, devenus onéreux.

Ces collectionneurs se font souvent guider, « conseiller », et pas seulement par les marchands. Le Japonais Kojiro Matsoukata, dont les premières acquisitions à Paris (et à Londres) remontent à 1916, reçoit les conseils de Léonce Benedite, directeur du musée du Luxembourg. Albert Barnes qui, de 1907 à 1910, a acheté les peintres de l'École de Barbizon, envoie le peintre américain William Glackens acquérir des impressionnistes à Paris, et ce n'est qu'à la veille de la Grande Guerre et surtout au début des années 1920, alors qu'il crée sa fameuse fondation à Merion, près de Philadelphie, qu'il fait pleinement confiance à son intuition. Le peintre Alberto Magnelli, allant à Paris en 1914, acquiert pour un oncle collectionneur des Picasso, des Gris et surtout trois sculptures importantes d'Archipenko, dont *Le Boxeur*, aujourd'hui au Museum of Modern Art de New York. D'autres exemples illustrent les rapports entre artistes et collectionneurs : Mary Cassatt auprès de Louisiane Havemeyer, Maurice Denis auprès d'Ivan Morosov, Marcel Duchamp auprès de Katherine Dreier et des Arensberg…

Mais c'est dans l'entourage des Stein que les grandes rencontres ont lieu entre artistes, écrivains et poètes, intellectuels, marchands et collectionneurs. On y rencontre l'écrivain Henri-Pierre Roché, qui prendra la relève

Gertrude Stein par Man Ray, 1926
Bibliothèque nationale de France, Paris

de Glackens auprès de Quinn, Hans Purrmann, qui engagera l'historien d'art berlinois Curt Glaser à acheter des Matisse… Gertrude Stein même présente Picasso à la collectionneuse américaine Etta Cone en 1905.

Les Stein font charnière entre les deux générations de collectionneurs : Michael est né en 1865, sa femme Sarah en 1870, son frère Leo en 1872 et sa sœur Gertrude en 1875. Michael et Sarah s'installent à Paris en 1903, Leo et Gertrude un an plus tard. Mais cette charnière n'est pas seulement d'ordre chronologique : l'appartement de Leo et Gertrude – 27, rue de Fleurus – devient le lieu de rencontre privilégié entre Parisiens et étrangers de passage. L'écrivain et théoricien anglais Roger Fry y vient vers 1908, alors qu'il est conseiller pour l'acquisition d'œuvres européennes pour le Metropolitan Museum de New York. Les Stein sont évidemment des collectionneurs « engagés », par leurs rapports avec les artistes, les liens qu'ils contribuent à créer entre artistes et intellectuels français et étrangers.

De tels échanges n'étaient possibles qu'à Paris où s'est distillée, à n'en pas douter durant ces années-là, ce qu'Henry James, dès 1895, nommait « la confondante élasticité de la France [25] ».

---

25. Henri James, *Esquisses parisiennes*, Paris, La Différence, 1988, p. 54.

Au rendez-vous des poètes

JACQUELINE GOJARD

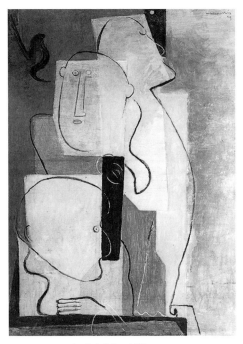

Louis Marcoussis, *Les Trois Poètes*, 1929
Centre Georges Pompidou, Paris,
Musée national d'art moderne

Les artistes étrangers venus à Paris au début du XXᵉ siècle s'accordent tous pour le dire : ce sont les poètes et non les critiques officiels qui leur ont prêté main-forte, quand ils étaient inconnus. Qui sont-ils ces poètes, amis de la première heure, qu'Apollinaire tentera de regrouper sous la bannière de l'Esprit nouveau ? Sinon des apatrides, du moins des déracinés. Né à Quimper en 1876 dans une famille d'origine juive, Max Jacob éprouve un vif sentiment d'exclusion ; toute sa vie, il se cherchera des racines dans la tradition celtique et dans le catholicisme auquel il s'est converti. Guillaume Apollinaire (Wilhelm de Kostrowitsky) est né à Rome en 1880 d'une mère polonaise et d'un père italien qui ne l'a pas reconnu. À partir de 1901, ses voyages le mènent à Berlin, Prague, Vienne, Londres. Il débute en publiant des contes européens et envisage un recueil poétique, *Le Vent du Rhin*. Né à Paris en 1881, André Salmon part en 1897 pour Saint-Pétersbourg où il séjourne cinq ans. Ses premiers recueils, peuplés de moujiks, de tziganes, de nègres et de matelots, témoignent d'un métissage culturel qui lui est propre. Quant à Blaise Cendrars, né en Suisse en 1887, il a vécu deux années à Naples, avant de faire ses études en Allemagne. À dix-sept ans, il se met au service d'un marchand russe qui l'envoie au fin fond de la Sibérie. Ses premiers poèmes, « Les Pâques à New-York », « La Prose du Transsibérien et de la petite Jehanne de France », « Le Panama ou les Aventures de mes sept oncles », seront réunis en 1919 sous le titre *Du monde entier*. Tous ces poètes aiment Paris, ville de la tour Eiffel maintes fois célébrée par Cendrars. « Feu d'artifice géant de l'exposition universelle », la tour (« Ô Babel ! » « Ô sonde céleste ! ») resplendit de la magnificence de sa télégraphie sans fil :

> *« On se dit merde de tous les coins de l'univers* [1]. *»*

Si l'on ajoute que tous vivent dans des conditions précaires, on voit bien quelle sympathie ils éprouvent à l'égard de ces jeunes peintres étrangers, arrivés sans un sou dans la Rome nouvelle :

> *« Ô Paris*
> *Gare centrale débarcadère des volontés carrefour des inquiétudes*
> *[…]*
> *Paris*
> *Ville de la Tour unique du Grand Gibet et de la Roue* [2]. *»*

---

1. *Du monde entier, poésies complètes : 1912-1924*, Paris, « Poésie/ Gallimard », 1967, pp. 72, 73, 89.
2. *Ibid.*, p. 45.

Quand André Warnod parle pour la première fois de l'École de Paris en 1925, il désigne une réalité déjà ancienne. Salmon la fait naître en 1905. C'est cette année-là en effet qu'a lieu la première grande manifestation des fauves au Salon d'automne, qui regroupe autour de Matisse, Derain et Vlaminck des peintres étrangers comme Jawlensky, Kandinsky, Czóbel ou Van Dongen. C'est aussi en 1905 que Paul Fort fonde la revue *Vers et Prose*. À la Closerie des Lilas, où il tient ses assises tous les mardis soir, affluent des artistes venus des quatre horizons. Apollinaire et Salmon y retrouvent leurs amis. La Grèce est représentée par le poète Jean Moréas et le graveur Galanis ; la Norvège par les peintres rivaux Diriks et Krohg ; la Suisse par le sculpteur Niederhausern-Rodo et l'Italie par Ardengo Soffici en qui nul ne pressent un adepte du futurisme. Figurent encore à ces soirées un poète lituanien, Milosz, un peintre péruvien, Ricardo Florès, un citoyen américain, le poète Stuart Merrill, des Hollandais, des Russes et de nombreux Polonais autour du critique d'art Basler. À la table des Catalans prennent place le peintre Fabian de Castro et le sculpteur Manolo, amis de Picasso qui viendra bientôt les rejoindre. C'est ainsi que se met en place le réseau constitutif de l'École de Paris. André Warnod ne s'y trompe pas quand, dans ses *Berceaux de la jeune peinture*, il fait de Paul Fort le parrain de cette école.

Autre événement fondateur, c'est en 1905 que se forme « la bande à Picasso ». Au début de l'année, Apollinaire et Salmon ont fait la connaissance du peintre qui leur a aussitôt présenté son ami Max Jacob. Ces rencontres sont vécues comme de véritables illuminations, chacun découvrant le double fraternel qu'il attendait pour croire en lui-même. L'arrivée du poète (Croniamental) au seuil du peintre (l'oiseau du Bénin), racontée par Apollinaire dans *Le Poète assassiné*, donne la mesure du choc éprouvé :

> « *Et quand la porte s'ouvrit, ce fut dans la brusque lumière la création de deux êtres et leur mariage immédiat* [3]. »

Dès lors peintre et poètes ne se quittent plus. Ils ont leur idiolecte imité du père Ubu, leur code vestimentaire, leurs bonnes adresses (Chez l'ami Émile, Chez la mère Adèle, Chez le père la Bille, Au Lapin agile, Au bar des Clowns à Médrano…). Ils dînent ensemble, déambulent en chantant dans les rues et ne rentrent que fort tard au Bateau-Lavoir où Picasso a tracé sur sa porte à la craie bleue cette inscription : « Au rendez-vous des poètes ». Et tous les soirs, on se lance des défis et on réinvente l'art entre deux éclats de rire [4].

3. *Œuvres en prose complètes I (O.P.C. I)*, Paris, Gallimard, « La Pléiade », 1977, édition Michel Décaudin, p. 255.
4. Pour se faire une idée de la liberté de ton qui règne dans ce microcosme, voir *Picasso / Apollinaire Correspondance*, Paris, Gallimard / Réunion des Musées nationaux, 1992, et « Portraits de poètes », par Hélène Seckel, dans *Picasso et le portrait*, Paris, Flammarion / Réunion des Musées nationaux, 1996. Voir en particulier la série de portraits-charges où Apollinaire est représenté dans tous ses états et jusque dans les positions les plus intimes, en train de déféquer ou de se masturber.

Sans doute la palme de l'amitié revient-elle à Max Jacob. Le premier [5], il a encouragé Picasso. Aux pires jours de misère, il l'a hébergé, partageant avec lui le peu d'argent qu'il gagnait comme petit employé. Blaise Cendrars, quelques années plus tard, jouera auprès de Chagall un rôle analogue, en un autre lieu phare de l'École de Paris, la Ruche du passage Dantzig. Même effet de fascination quand il arrive chez le peintre :

> *« La Ruche*
> *Escaliers, portes, escaliers*
> *Et sa porte s'ouvre comme un journal*
> *Couverte de cartes de visite*
> *Puis elle se ferme.*
> *[…]*
> *Chagall*
> *Chagall*
> *Dans les échelles de la lumière* [6]*. »*

Même solidarité d'un pauvre à l'égard d'un plus pauvre, même ferveur lyrique ponctuée d'éclats de rire :

> *« Venait Cendrars qui me consolait du seul éclat de ses yeux. […]*
> *Il me lisait ses poèmes […] souriait à mes toiles et tous deux nous*
> *rigolions* [7]*. »*

Max Jacob et Picasso, Cendrars et Chagall, Salmon et Kisling, Reverdy et Juan Gris, Apollinaire et Survage : on ne saurait parler de la vie des peintres sans évoquer celle des poètes. À l'occasion des fêtes et des drames, les liens se resserrent. Max Jacob demande à Picasso d'être son parrain le jour de son baptême ; Apollinaire (avec Max Jacob et Cocteau) est le témoin du mariage de Picasso, et réciproquement. Engagé volontaire à la Légion étrangère, Kisling est aux côtés de Cendrars le jour où un obus lui arrache le bras droit. Le 13 novembre 1918, on se retrouve pour enterrer Apollinaire ; en janvier 1920, ce sont les funérailles de Modigliani, réglées par Kisling en l'absence de la famille. Un matin de juin 1930, Salmon et Kisling sont appelés d'urgence à l'atelier de Pascin ; ils trouvent son corps pendu à l'espagnolette. Dans ce réseau enchevêtré de personnes et de lieux, les différents domiciles de Salmon offrent des fils conducteurs. Poète débutant, secrétaire de *Vers et Prose*, il vit d'abord au Quartier latin où il rencontre Manolo qui le mène rue Ravignan chez Picasso. En 1907, il s'installe à Montmartre. En 1908, il occupe un atelier au Bateau-Lavoir, lieu culte de l'art nouveau. L'année suivante, il se marie : fin de la période montmartroise. Salmon vit désormais à Montparnasse, rue Joseph-Bara, à deux pas du numéro 3, nouveau rendez-vous des poètes où il retrouvera, chez Kisling, Modigliani, Ortiz de Zárate, Zborowski, Max Jacob, Cendrars, Cocteau et tant d'autres.

5. Dès 1901.
6. *Du monde entier, poésies complètes, 1912-1924, op. cit.*, p. 78.
7. Marc Chagall, *Ma vie*, Paris, Stock, 1931, pp. 162, 165.

Portrait d'André Salmon devant
Trois femmes **de Picasso**,
dans l'atelier du Bateau-Lavoir

C'est par l'effet du hasard que les poètes amis des peintres vont devenir leurs défenseurs. Dès 1905, Apollinaire et Salmon font l'éloge de Picasso, mais ils n'ont accès qu'à des revues littéraires dont l'audience est limitée. En 1908, Salmon, las de la vie de bohème, entre à L'*Intransigeant*. L'année suivante, on lui commande un papier « bien parisien » sur le Salon des indépendants. L'article favorable à la peinture nouvelle crée un effet de surprise. Remarqué par Charles Morice, éminent critique d'art de la génération symboliste, le poète devient en 1910 titulaire du « Courrier des ateliers » à *Paris-Journal*. Apollinaire lui succède à L'*Intransigeant* où il fonde la rubrique « La Vie artistique ». Les deux poètes ont ainsi l'occasion chaque jour de soutenir leurs amis dont ils présentent aussi les catalogues d'exposition. Articles et préfaces fourniront pour l'essentiel la matière de leurs livres : *Les Méditations esthétiques* (Apollinaire, 1913), *La Jeune Peinture française, La Jeune Sculpture française, L'Art vivant, Propos d'ateliers* (Salmon, 1912, 1919, 1920, 1922).

Les faiblesses de leur discours ont souvent été signalées : absence de rigueur scientifique, jugements à l'emporte-pièce [8], partis pris plus ou moins justifiés (pour le cubisme contre l'expressionnisme allemand et le futurisme italien, pour l'orphisme de Delaunay contre les synchromies de Morgan Russell). Ces défauts sont la contrepartie d'une critique « à chaud », menée au pas de charge, selon l'humeur du jour, sous la pression des circonstances et des contraintes éditoriales. Médiocres théoriciens, nos critiques d'art improvisés sont en revanche de bons tacticiens. Quand Apollinaire répète les noms de Brancusi et d'Archipenko, il les impose comme chefs de file de la nouvelle sculpture. Dans ses comptes rendus de salon, les plates énumérations, conformes aux lois du genre, n'excluent pas les coups de cœur : les « peintures étrangement métaphysiques » de Chirico font d'emblée l'objet d'un hommage appuyé [9]. À l'occasion d'une exposition, comme celle de Larionov et Gontcharova chez Paul Guillaume en 1914, il lance une véritable campagne de soutien, avec effet d'annonce, compte rendu du vernissage, visite d'atelier, dernières nouvelles de l'exposition, échos divers. Sachant qu'un trait d'esprit vaut mieux qu'un long discours, il invente des anecdotes plaisantes :

> « *Dernière heure. Le bruit court que les* Muscles en vitesse *de Boccioni, ont pris le mors aux dents. On n'a pas pu encore les rattraper* [10]. »

Il a le goût des titres accrocheurs (« Prenez garde à la peinture ! », « Jeunes peintres, ne vous frappez pas [11] ! ») et le don de la provocation. Son mani-

8. Pendant plusieurs années, Apollinaire s'en prend à Van Dongen : c'est un peintre brutal et vulgaire, un « sous-Matisse », etc. Ces offenses sont oubliées lorsqu'en 1918 il présente l'exposition du peintre hollandais chez Paul Guillaume. Voir *O.P.C. II*, 1991, pp. 107, 144, 613, 1404.
9. *Ibid.*, p. 603.
10. *L'Intransigeant*, 21 juin 1913, *ibid.*, p. 600.
11. *L'Intransigeant*, 18 mars 1910 ; *Bulletin de la Section d'or*, 9 octobre 1912, *ibid.*, pp. 140, 484.

feste de *L'Antitradition futuriste* [12], répartissant le monde des arts en deux catégories sous les deux mentions «Merde aux…», «Rose aux…», reste un modèle d'insolence.

Quand il parle de ses amis, Apollinaire cherche à communiquer son enthousiasme. Ainsi le chapitre «Picasso» des *Méditations esthétiques* [13] commence-t-il par un vaste préambule lyrique qui célèbre le mythe du peintre solaire, capable de recréer un monde à son image :

> «*Si nous savions, tous les dieux s'éveilleraient. Nés de la connaissance profonde que l'humanité retenait d'elle-même, les panthéismes adorés qui lui ressemblaient se sont assoupis. Mais, malgré les sommeils éternels, il y a des yeux où se reflètent des humanités semblables à des fantômes divins et joyeux.*
> *Ces yeux sont attentifs comme des fleurs qui veulent toujours contempler le soleil. Ô joie féconde, il y a des hommes qui voient avec ces yeux.*»

Réincarnant verbalement les personnages de l'univers plastique de Picasso (époque bleue, époque rose), Apollinaire les présente comme les acteurs d'une mythologie neuve, qu'il anime par des effets de mise en scène et de discours, ponctués de commentaires allégoriques :

> «*Il y a des enfants qui ont erré sans apprendre le catéchisme. Ils s'arrêtent et la pluie cesse de tomber […] Ces enfants qu'on n'embrasse pas comprennent tant ! Maman, aime-moi bien ! Ils savent sauter et les tours qu'ils réussissent sont des évolutions mentales.*»

Les signes du visible et du lisible fusionnent lorsqu'il s'agit d'évoquer le monde des arlequins blêmes, des animaux sages et des frêles adolescents qui, par leurs acrobaties, perpétuent «des rites muets avec une agilité difficile» :

> «*Les arlequins vivent sous les oripeaux quand la peinture recueille, réchauffe ou blanchit ses couleurs pour dire la force et la durée des passions, quand les lignes limitées par le maillot se courbent, se coupent ou s'élancent. […]*
> *La couleur a des matités de fresques, les lignes sont fermes. Mais placés à la limite de la vie, les animaux sont humains et les sexes indécis.*»

Parfois, c'est une image-synthèse qui, sous la plume du poète, résume métaphoriquement la ferveur créatrice du peintre :

> «*La grande révolution des arts qu'il a accomplie presque seul, c'est que le monde est sa nouvelle représentation. Énorme flamme.*»

---

12. Tract, Paris-Milan, fin juillet 1913, *ibid.*, p. 937.
13. Ce chapitre regroupe deux articles, l'un donné dans *La Plume* (15 mai 1905), l'autre dans *Montjoie !* (mars 1913), *ibid.*, pp. 19-25.

Apollinaire s'offre lui-même comme exemple de non-conformisme et n'hésite pas à forcer la note, quitte à déchaîner l'hilarité de ses confrères :

> « *Moi, je n'ai pas la crainte de l'Art et je n'ai aucun préjugé touchant la matière des peintres.*
> *Les mosaïstes peignent avec des marbres ou des bois de couleur. On a mentionné un peintre italien qui peignait avec des matières fécales ; sous la Révolution française, quelqu'un peignit avec du sang. On peut peindre avec ce qu'on voudra, avec des pipes, des timbres-poste, des cartes postales ou à jouer, des candélabres, des morceaux de toile cirée, des faux cols, du papier peint, des journaux.* »

Face à une critique xénophobe qui s'en prend aux étrangers, « suiveurs », « brocanteurs », « naufrageurs » de l'art français, Salmon défend une sorte de droit du sol. Pour lui, sont français non les artistes de nationalité française, encore moins ceux qui émargent au très officiel Salon des artistes français, mais tous ceux qui travaillent et exposent en France. Dans sa *Jeune Peinture française*, il présente, entre deux chapitres énumératifs, sa « Petite histoire anecdotique du cubisme » centrée sur Picasso le Malaguène, héros de l'art nouveau [14]. Dans sa *Jeune Sculpture française*, il fait l'éloge d'Élie Nadelman, Polonais d'origine juive, et le classe résolument « parmi les artistes de chez nous [15] ». Il remercie tous ceux qui sont venus de si loin enrichir notre patrimoine et « qui vivent parmi nous moins en hôtes qu'en associés spirituels [16] » : la peinture française est régénérée par l'angoisse espagnole d'un Picasso, rajeunie par la sensualité batave d'un Van Dongen. Il ne s'agit pas de créer un art européen de type espéranto. La rencontre des cultures n'abolit pas la spécificité de chacune, elle l'exalte au contraire. Construisant sa guitare, « dans un royal tintamarre », Picasso fait entendre « un plain-chant espagnol en l'Église de France » ; Modigliani incarne en sa personne l'union féconde de deux hautes traditions :

> « *Le Dôme de Florence se mirait dans la Seine [17].* »

Certes l'origine de peintres comme Marc Chagall, Marie Vassilieff ou Maria Blanchard n'est pas en soi indifférente. Mais parler à leur propos d'art russe ou juif, c'est méconnaître leur singularité. Le véritable artiste affirme sa personnalité face aux normes instituées, et un sculpteur comme Zadkine « prouve que certains individus sont à eux seuls des patries [18] ».
Les poètes eux-mêmes feront les frais d'une critique haineuse déchaînée contre les « métèques envahisseurs ». Lorsqu'Apollinaire est incarcéré à la Santé en 1911, pour un vol qu'il n'a pas commis, il est attaqué « par les anti-

Pablo Picasso,
Portrait-charge d'André Salmon, 1905
Bibliothèque historique de la Ville de Paris – Bibliothèque Guillaume Apollinaire

14. En avant-première, il conte au lecteur de 1912 la genèse des *Demoiselles d'Avignon*, qui ne seront exposées que quatre ans plus tard.
15. Paris, Albert Messein, 1919, p. 77.
16. *Ibid.*, p. 96.
17. André Salmon, « Peindre », dans *Carreaux et autres poèmes*, Paris, « Poésie/Gallimard », 1986, pp. 133, 148.
18. A. Salmon, *Propos d'ateliers*, Paris, Crès, 1922, pp. 171, 182, 191.

sémites qui ne peuvent se figurer qu'un Polonais ne soit pas juif [19] ». La parution d'*Alcools*, en 1913, avec un portrait de l'auteur par Picasso, déclenche les invectives dans les milieux « autorisés ». On dénonce la suppression de la ponctuation comme une atteinte à la langue française, on se gausse du portrait « cucubiste [20] », choisi pour épater la galerie. Georges Duhamel, respectable critique du *Mercure de France* éreinte le recueil [21] : le poète n'est qu'un « brocanteur », capable de revendre mais non de fabriquer sa marchandise ; on trouve en lui « à la fois du juif levantin, de l'Américain du Sud, du gentilhomme polonais et du *facchino* »… Cendrars n'est guère mieux traité. Sa *Prose du Transsibérien*, éclatante de nouveauté, sera présentée comme « un nouveau plagiat métèque [22] ». L'affaire Archipenko illustre la précarité d'Apollinaire dans les milieux de la presse. Le 2 mars 1914, il fait dans *L'Intransigeant* l'éloge du sculpteur russe. Or l'une de ses statuettes est présentée en première page, assortie d'une légende ironique. Désavoué par son journal, le poète démissionne. Au même moment, Arthur Cravan, boxeur amateur, fondateur de la revue *Maintenant*, s'en prend à la critique du « juif Apollinaire [23] ». Prêt à se battre en duel, le poète obtient un démenti : « M. Apollinaire n'est pas juif mais catholique romain »… Accusé de soutenir la « précellence des papous » et des « indésirables russes » sur nos artistes nationaux [24], Salmon sera lui aussi traité de juif, insulte bientôt relayée par d'autres termes, nègre, boche, bolchevik, utilisés sans plus de discernement.

La violence de ces polémiques témoigne du succès remporté par les poètes. Dès 1914, Salmon estime que la partie est gagnée :

> « *Nous avons tué la vieille critique.* [...]
> *C'est la critique des poètes qui a délivré le public des plus solides préjugés.* [...]
> *Les critiques d'aujourd'hui admettent toutes les tentatives, ils admettent les plus absurdes s'il le faut, car l'art a besoin du ferment de l'absurde* [25]. »

Ce qui est sûr c'est qu'en moins de quatre ans, ils ont fait connaître leur nom et celui de leurs amis. On les sollicite pour des préfaces, des catalogues d'exposition, des conférences en France et à l'étranger. Ils sont au centre

19. Lettre du 30 juillet 1915, dans *Tendre comme le souvenir*, Paris, Gallimard, 1952, p. 73.
20. *Le Courrier français*, 22 février 1913.
21. 15 juin 1913, voir Pierre Marcel Adéma, *Guillaume Apollinaire*, Paris, La Table ronde, 1968, p. 239.
22. *Paris-Journal*, 24 octobre 1913. Voir Miriam Cendrars, *Blaise Cendrars*, Paris, « Points/Seuil », 1985, p. 392.
23. N° 4, mars-avril 1914, voir P. M. Adéma, *Guillaume Apollinaire*, *op. cit.*, p. 239.
24. *Paris-Midi*, 11 octobre 1913.
25. Article donné dans *Montjoie !* (mars 1914), repris dans *L'Art vivant*, Paris, Éditions G. Crès et Cie, 1920, p. 9.

d'un réseau international de galeries d'avant-garde. À Paris, ils ont leurs entrées dans des revues comme *Montjoie !* fondée par Ricciotto Canudo. À partir de 1912, Apollinaire, soutenu par le peintre russe Serge Férat, ouvre sa revue *Les Soirées de Paris* à ses amis peintres et sculpteurs. Picasso, Archipenko bénéficient de numéros illustrés et Survage expose ses recherches sur le rythme coloré. Le siège de la revue, boulevard Raspail, devient, avec le « grenier » de *Montjoie !* à la Chaussée-d'Antin [26], l'un des hauts lieux de l'École de Paris.

Présents dans la vie des poètes et dans leur critique d'art, les artistes de l'École de Paris le sont aussi dans leur œuvre littéraire. Ils peuvent y figurer comme personnage d'une fiction, dédicataire ou inspirateur d'un poème. C'est ainsi que Picasso devient Justin Prérogue dans « La Serviette des poètes », conte cruel d'Apollinaire [27] qui célèbre le pouvoir transfigurateur de l'art.

> « *Placé sur la limite de la vie, aux confins de l'art, Justin Prérogue était peintre. Une amie vivait avec lui et des poètes venaient le voir. Tour à tour, l'un d'eux dînait dans l'atelier où la destinée mettait, au plafond, des punaises en guise d'étoiles.* »

Le jeune couple est si pauvre qu'il ne dispose que d'une seule serviette quand il reçoit chacun de ses amis poètes : David Picard (Max Jacob), Georges Ostréole (Salmon), Jaime Saint-Félix (Apollinaire) et Léonard Delaisse (Mécislas Golberg [28]), gravement atteint de phtisie. Victimes de la serviette, les poètes contaminés meurent l'un après l'autre. Un jour, le peintre et son amie déplient la serviette maculée de reliefs divers et de taches de sang ; ils voient apparaître, en la faisant tourner, les quatre visages des poètes disparus :

> « *[…] et cette Sainte-Véronique, de son quadruple regard, leur enjoignait de fuir sur la limite de l'art, aux confins de la vie.* »

On retrouve Picasso dans l'oiseau du Bénin, personnage du « Poète assassiné », autre conte d'Apollinaire. Lorsque le poète, Croniamental, est massacré, comme un nouvel Orphée, « l'oiseau » décide de lui consacrer un monument :

> « *Il faut que je lui sculpte une profonde statue en rien, comme la poésie et comme la gloire* [29]. »

On sait qu'après la mort d'Apollinaire, Picasso essaiera de réaliser ce projet d'une « statue en rien », en l'honneur de son ami [30]. On le reconnaît

---

26. C'est là qu'a lieu la première exposition privée de Chagall.
27. Conte de *L'Hérésiarque et Cie* (1910), dans *O.P.C. I, op. cit.,* pp. 191-194.
28. Juif polonais émigré, Golberg, ancien anarchiste, était dramaturge, poète et critique d'art. Frère ennemi de Basler, il fut l'un des premiers admirateurs de Bourdelle et de Matisse chez qui il introduisit Apollinaire. Il est mort de tuberculose, le 28 décembre 1907.
29. *O.P.C. I, op. cit.,* p. 301.
30. Voir Peter Read, *Picasso et Apollinaire*, Paris, Jean-Michel Place, 1995.

encore dans « le peintre aux mains bleu céleste » de *La Femme assise*, roman posthume d'Apollinaire [31] : Pablo Canouris est né à Malaga en Espagne. Faisant revivre le Greco, il appartient à cette peinture nouvelle qui, si différente soit-elle de celle d'hier, retrouve la tradition du grand art. Autour de lui gravitent des poètes, Anatole de Saintariste (Apollinaire), Moïse Deléchelle (Max Jacob) et Waxheimer (Cendrars). Tous se retrouvent à la Rotonde ou chez le restaurateur Baty, dans ce Montparnasse qui « est devenu pour les peintres et poètes ce que Montmartre était pour eux il y a quinze ans : l'asile de la belle et libre simplicité ». Dans *La Négresse du Sacré-Cœur*, roman à clefs de Salmon [32], Picasso est Sorgue, le peintre amateur de fétiches dahoméens. Il vit à Montmartre à côté de ses amis, les poètes Septime Febur (Max Jacob), Florimond Daubelle (Salmon) et le romancier O'Brien (Pierre Mac Orlan).

Nombreux sont les poèmes offerts à un ami peintre. Apollinaire dédie à Picasso l'un de ses plus beaux poèmes d'*Alcools*, « Les Fiançailles », et lui consacre l'un de ses plus étonnants calligrammes [33]. Certains recueils, *Dix-neuf poèmes élastiques* de Cendrars (1919), *Peindre* de Salmon (1921), peuvent se lire comme des manifestes de l'Art vivant. Les *Dix-neuf poèmes* de Cendrars font une large place aux héros de l'Esprit nouveau [34], Apollinaire, Canudo, Robert et Sonia Delaunay, Chagall, La Fresnaye, Archipenko, Léger, qui bénéficient chacun d'un poème. *Peindre* célèbre la geste des artistes par-delà les frontières de l'espace et du temps. Les noms des maîtres de la Renaissance (Vinci, Titien, Giotto, Véronèse…) alternent avec ceux de la grande tradition française qu'ils soient de la veille (Manet, Renoir, Cézanne, Seurat…) ou de l'avant-veille (Ingres, Delacroix, Courbet, Corot…). Toutes ces gloires du passé fraternisent avec les champions de l'Art vivant, français (Dufy, Derain, Matisse, Friesz…) ou étrangers (Picasso, Severini, Kisling, Juan Gris, Per Krohg, Modigliani, Survage, Van Dongen). Comme les aviateurs, les artistes de l'ère nouvelle ont su conquérir un espace élargi :

> « *Je compare au vol terrible de Nungesser l'œuvre illimité de Picasso* [35]. »

Tous, peintres d'hier et d'aujourd'hui, s'inscrivent dans l'aventure prométhéenne qui fait renaître le feu de ses cendres :

> « *L'art, c'est la pierre un jour jaillie*
> *D'un bloc de feu*
> *Qui ne tombe jamais, qui jamais ne se fixe, froide et qui s'irradie,*

---

31. *O.P.C. I, op. cit.,* pp. 409-494.
32. Paris, La Nouvelle Revue française, 1920.
33. « Pablo Picasso », paru dans *Sic,* n° 17, mai 1917, voir *Apollinaire critique d'art,* Paris, Paris-Musées/Gallimard, 1993, p. 184.
34. Formule proposée par Apollinaire, dans sa conférence « L'Esprit nouveau et les poètes » (26 novembre 1917), celle de l'Art vivant appartenant à Salmon.
35. *Peindre, op. cit.,* p. 130.

Si tu crois la saisir au compas de tes yeux.
Alors, tes yeux seront la pierre
Froide jusqu'à ce que d'autres yeux
La saisissent pour mieux prolonger l'infini de sa course [36]. »

Juste retour des choses, les peintres font entrer les poètes dans leur œuvre. La liste est longue de ceux qui ont fixé les traits d'Apollinaire, de Max Jacob ou de Salmon : Picasso, Modigliani, Gottlieb, Marcoussis, Kisling, Larionov, Survage, Juan Gris, De Chirico, Pascin, Mondzain, Ortiz de Zárate, Chana Orloff, Isaac Grünewald [37]… Certains de ces portraits reproduits en frontispice viendront enrichir des recueils poétiques. *Alcools* et *Calligrammes* d'Apollinaire, *Le Cornet à dés* de Max Jacob, *Peindre* de Salmon, *Cravates de chanvre* de Reverdy s'ouvrent sur un portrait de l'auteur par Picasso [38] ; *Dix-neuf poèmes élastiques* est orné d'un portrait de Cendrars par Modigliani ; *La Guitare endormie* d'un portrait de Reverdy par Juan Gris [39]. La facture du portrait prend parfois valeur de manifeste : le frontispice cubiste d'*Alcools* rend hommage au défenseur de l'esthétique nouvelle, comme le frontispice « nègre » de *Peindre* rappelle le combat de Salmon en faveur de l'art mélanésien. Pour les exemplaires de tête ou les éditions de luxe, il arrive que le poète obtienne une ou plusieurs compositions originales. Ainsi en va-t-il pour *Poèmes* (Salmon/Picasso), *La Guerre au Luxembourg* (Cendrars/ Kisling), *Cœur de chêne* (Reverdy/Manolo) [40]. Max Jacob détient en ce domaine un record personnel, avec cinq livres illustrés de gravures par Picasso entre 1911 et 1919 [41]. Dans ce travail de collaboration entre peintres et poètes, il faut faire une place à part à *La Prose du Transsibérien et de la petite Jehanne de France* [42]. Cet ouvrage signé à deux mains par Blaise Cendrars et Sonia Delaunay opère une sorte d'osmose entre le rythme verbal du poème et le jeu des contrastes simultanés de l'univers plastique. La double dynamique des mots et des couleurs s'inscrit dans la confrontation visuelle de deux colonnes disposées verticalement sur un dépliant de deux mètres. Avec ses cent cinquante exemplaires, le « premier livre simultané » bat un autre record : il égale la hauteur de la tour Eiffel !

36. *Ibid.*, pp. 121-122.
37. Deux de ces portraits, l'un par Kisling, l'autre par Marcoussis, représentent Salmon et Apollinaire entourés de leurs livres dont les titres sont lisibles. Au bas de *L'Émigré* (cat. p. 229), Kisling a écrit « Prikaz », en hommage au recueil de Salmon consacré sous ce titre à la Révolution russe. Pascin, dans un portrait en pied de Salmon, a multiplié les références à sa vie et à son œuvre.
38. Voir les éditions originales : Paris, Mercure de France, 1913, 1918 ; Paris, chez l'auteur, 1917 ; Paris, La Sirène, 1921 ; Paris, Nord-Sud, 1922.
39. Paris, Au Sans Pareil, 1919 ; Paris, L'Imprimerie littéraire, 1919.
40. Paris, Vers et Prose, 1905 ; Paris, Niestlé, 1916 ; Paris, Galerie Simon, 1921.
41. *Saint Matorel, Le Siège de Jérusalem*, Paris, Kahnweiler, 1911, 1914 ; *Le Cornet à dés, Le Phanérogame*, Paris, chez l'auteur, 1917, 1918 ; *La Défense de Tartufe*, Paris, Société littéraire de France, 1919.
42. Paris, Les Hommes nouveaux, 1913.

Cette alliance entre peinture et poésie pose la question délicate des influences réciproques. Même si, comme Pierre Reverdy, on refuse toute confusion entre les deux domaines, on ne saurait méconnaître certaines parentés. C'est au moment où les peintres abandonnent les normes de la perspective et proposent un univers de lignes discontinues, de formes brisées ou de synthèses originales, que les poètes renoncent à toute linéarité, qu'il s'agisse de la narration, de la description ou de l'expression du Moi. La poésie échappe aux règles de la prosodie (mètre, rime), à la ponctuation désormais réservée à la prose, à la cohérence des enchaînements discursifs. Elle est faite de fragments, d'éclats, juxtaposés ou combinés entre eux ; et de même qu'apparaissent en peinture deux grandes directions (géométrie formelle, dynamisme des couleurs), se manifestent deux tendances en poésie (constructivisme, conflagration). Max Jacob incarne le pôle « cubiste ». Dans sa préface au *Cornet à dés*, il affirme que le poème doit être « un objet construit » qui vaut par lui-même « et non par les confrontations qu'on peut en faire avec la réalité [43] ». Cendrars illustre le pôle « orphique » : jaillissement d'images, crépitement des mots et des syllabes, pur mouvement giratoire :

> « *Le paysage ne m'intéresse plus*
> *Mais la danse du paysage*
> *Danse-paysage*
> *Paritatitata*
> *Je tout-tourne* [44]. »

L'union des poètes et des peintres se manifeste clairement aux yeux du public à partir de 1916, lorsque les artistes éclopés reviennent du front. Les retrouvailles ont lieu dans les jeunes revues, *Sic* de Pierre Albert-Birot et *Nord-Sud* de Pierre Reverdy. Lors des soirées organisées par l'association Lyre et Palette au 6, rue Huyghens, chez Léonce Rosenberg dans sa galerie de l'Effort moderne, au Salon d'Antin chez le couturier Paul Poiret [45], on lit des poèmes d'Apollinaire, Salmon, Max Jacob, Cendrars, Cocteau, Reverdy, dans des salles pavoisées par les peintres de l'École de Paris : Picasso, Gris, Hayden, Rivera, Modigliani, Kisling… Les amis se retrouvent à la terrasse de la Rotonde, à la cantine de Marie Vassilieff, ou au café de Flore autour d'Apollinaire. Mais en dépit de ces activités festives, la guerre crée des tensions nouvelles. Pris entre le discours néoclassique du « rappel à l'ordre » (Cocteau) et les appels à la subversion totale (Picabia et le dadaïsme), Apollinaire se sent « assis entre deux chaises ». Il n'a plus seulement à répondre aux invectives coutumières (« à bas les métèques ! »), mais aux critiques qui se manifestent dans le clan des cubistes « orthodoxes ». Les polémiques éclatent à propos des portraits ingresques de Picasso, des

43. Paris, « Poésie/Gallimard », 1967, p. 23.
44. « Ma danse » (février 1914), *Dix-neuf poèmes élastiques*, dans *Du monde entier, poésies complètes, 1912-1924, op. cit.*, p. 82.
45. Salon organisé par Salmon en juillet 1916 ; on y voit pour la première fois *Les Demoiselles d'Avignon* de Picasso.

décors de *Parade* [46] (Cocteau/Picasso) et des *Mamelles de Tirésias* [47] (Apollinaire/Serge Férat) censés porter préjudice à la cause. Après la mort d'Apollinaire, le front des poètes se défait. Les relations s'aigrissent entre Max Jacob, Cendrars et Cocteau qui se disputent l'héritage de l'Esprit nouveau. Brouillé avec tous ses amis, Léonce Rosenberg se répand en propos venimeux : « Gardez-vous des animaux malades de la peste apollinarienne [48] ». Après une série d'escarmouches dans la revue *La Rose rouge* [49], Cendrars quitte Paris pour de nouvelles aventures. Max Jacob se retire à Saint-Benoît-sur-Loire pour mener une vie quasi monastique. André Breton et ses amis ont tôt fait d'occuper le terrain et de récupérer à leur profit l'étiquette surréaliste créée par Apollinaire. Resté seul, Salmon reçoit l'appui de Florent Fels, qui fonde en 1925 la revue *L'Art vivant* dont le titre lui rend hommage. En France et à l'étranger, il continue de soutenir ses amis de l'École de Paris, mais les temps héroïques sont révolus. En passe de devenir officiels à leur tour, les artistes étrangers vivent les « heures chaudes de Montparnasse ». La cote de leurs toiles monte, en même temps que la thèse du « complot juif [50] » : Apollinaire et Salmon deviennent de rusés mystificateurs, complices de l'agiotage. L'engagement des surréalistes « au service de la révolution » va situer le combat sur le champ de la politique, et la mort de Max Jacob à Drancy, le 5 mars 1944, apportera un cruel démenti au beau « rêve d'une Internationale des artistes soustraite aux vicissitudes de l'histoire. »

« Notre amitié a été le fleuve qui nous a fertilisés. » Ces mots d'Apollinaire dans le « Poème lu au mariage d'André Salmon le 13 juillet 1909 [51] » recréent le climat d'une époque. En rivalisant d'audace, les poètes et les peintres ont fait naître ensemble un monde nouveau. En apportant leurs forces vives dans le combat de l'Art vivant, les étrangers de Paris ont poussé les enchères. C'est cette époque de fièvre créatrice que Salmon évoque dans *Peindre*, avec une pointe de nostalgie :

> *« Ô mondes élargis de nos sages ivresses*
> *Ô patries tirées du néant*
> *Ô rue des Abbesses*
> *Ô rue Ravignan ! »*

46. Représentation par les Ballets russes, le 18 mai 1917. Le programme est préfacé par Apollinaire qui invente à cette occasion le terme « surréaliste ».
47. « Drame surréaliste », représenté le 21 juin 1917.
48. Voir *Cubisme et Empirisme*, Paris, L'Effort moderne, 1921.
49. Il y engage une polémique contre les cubistes et défend ses amis, Léger, Survage et Chagall « dont la moindre aquarelle enfonce les grandes compositions cubistes » (n° 13, 24 juillet 1919).
50. À côté d'une critique antisémite « classique » (Camille Mauclair) apparaît une presse diffamatoire (Marcel Hiver et sa revue *C.A.P.*, 1924), qui s'en prend aux personnes – leur physique, leur nom, leurs proches – et en appelle à l'autodafé pour que périssent par le feu « tant de toiles plus souillées que peintes ».
51. Dans *Alcools*.

Née d'un élan de solidarité juvénile, la critique des poètes aura été efficace et féconde. Réunissant l'art nègre, le Douanier Rousseau et Picasso sous le signe de la pureté plastique, elle a inauguré une méthode comparatiste promise à un bel avenir. Un recueil comme *Peindre* de Salmon repose déjà tout entier sur le principe du Musée imaginaire. L'autonomie de l'œuvre ne relevant que des lois de la création artistique est clairement affirmée. Face aux contraintes biologiques, sociales, historiques, l'art apparaît comme un antidestin. Tel le phénix d'Apollinaire, il vit de ses métamorphoses. Ces principes, énoncés ici et là sur le mode lyrique, Malraux les reprendra en leur donnant l'armature conceptuelle qui leur faisait défaut. Avec son goût de l'action politique, son sens de l'efficacité, il essaiera de réaliser le vœu d'Apollinaire que l'art soit le lieu d'une communauté fraternelle dont chaque membre devienne libre d'exercer sa propre démiurgie : « J'aime l'art d'aujourd'hui parce que j'aime avant tout la lumière et tous les hommes aiment la lumière, ils ont inventé le feu [52]. »

52. *O.P.C. II, op. cit.*, p. 18.

Le réseau économique

MALCOLM GEE

En 1931, Grete Ring, une directrice de la prestigieuse galerie Paul Cassirer de Berlin, chercha à expliquer aux lecteurs de *Kunst und Künstler* pourquoi les jeunes artistes parisiens se vendaient mieux que leurs collègues berlinois, même en des temps difficiles. Ce n'était pas simplement la question du célèbre goût français : il s'agissait plutôt des conditions particulières dans lesquelles le « jeu » entre artistes, marchands, critiques et collectionneurs se manifestait à Paris. Là, d'abord et fondamentalement, le rôle de l'argent était accepté par tous ; de plus, il existait une hiérarchie de marchands et d'amateurs qui assurait le bon fonctionnement des mécanismes de sélection et de promotion de jeunes inconnus, à travers les galeries de la rive gauche et de la rive droite, en passant par l'Hôtel des ventes [1].

Le critique d'art parisien Louis Vauxcelles, quelques années plus tard, fit une analyse moins favorable des pratiques parisiennes :

« Il fut un temps, qui n'est pas très loin de nous, où le moindre galopin tchécoslovak (*sic*) de la Rotonde était porté aux nues par un consortium de marchands, de courtiers, de spéculateurs et de critiques, chez qui l'ignorance et l'astuce se conjuguaient étrangement. À peine ce génie en herbe avait-il bâclé trois pochades soutiniennes qu'il signait un contrat doré : un opuscule dithyrambique était rédigé à sa louange, et, dégringolant de l'humble rue Jacques-Callot au fastueux faubourg Saint-Honoré et à la glorieuse rue La-Boétie, ce rapin candide et chanceux était promu chef d'école et comparé au Greco ou à Van Gogh par un esthéticien bulgare naturalisé de la veille [2]. »

Le dynamisme du marché parisien d'art contemporain, au début du XXᵉ siècle, était universellement reconnu. Envié par beaucoup de ses rivaux, certains le trouvaient malsain. Le commentaire polémique de Vauxcelles évoque un autre aspect notable de ce marché : son ouverture aux étrangers. L'analyse qui suit cherche à mettre en lumière les éléments structurels, conjoncturels et personnels qui permirent à la place de Paris de se démarquer entre 1901 et 1929, notamment en ce qui concerne la promotion des artistes venus d'ailleurs.

Les structures fondamentales du « système » parisien se sont mises en place entre 1860 et 1900. Face aux pressions des artistes, attirés à Paris par la puissance des institutions elles-mêmes et une demande accrue de la part de la bourgeoisie pour les objets de luxe, le modèle du Salon unique,

1. « Der junge Künstler und sein Händler in Paris und Berlin », *Kunst und Künstler*, XXIX, 1930-1931, pp. 178-179.
2. Article de presse sur Lehmann, années 1930, Bibliothèque d'art et d'archéologie Jacques Doucet, fonds Vauxcelles, carton 41.

contrôlé par l'Institut et l'État, ne pouvait perdurer. L'État républicain céda le contrôle du Salon « officiel » aux artistes en 1880 : en 1884, la Société des artistes indépendants fut fondée afin d'offrir un lieu d'exposition ouvert à tous. Sur le plan commercial régnait un laisser-faire presque total, donnant lieu à des opportunités nouvelles que saisissaient, plus ou moins consciemment, des marchands de tableaux prêts à spéculer sur l'évolution du goût et le succès des artistes novateurs. Pendant les années 1890, quand les prix des peintres de Barbizon, de Manet et des impressionnistes s'envolèrent sur le marché international à des niveaux inouïs, on vit une certaine hiérarchie s'établir au sein des galeries où se vendait l'art contemporain : d'une part, de grandes maisons avec des stocks considérables et variés ; d'autre part, des boutiques plus modestes souvent spécialisées, qui prêtaient leurs cimaises à de jeunes inconnus ou – comme le fit Ambroise Vollard en 1895 à l'égard de Cézanne – à des peintres dont « on parlait » dans les milieux artistiques. Outre Vollard, Le Barc de Bouteville, Clovis Sagot et Berthe Weill remplissaient aussi le rôle de « dénicheurs » vers 1900.

Pour que ce « système » fonctionnât, il fallait des acheteurs. Le marché parisien bénéficiait de deux avantages : d'une part, la pratique de la collection, y compris d'œuvres d'art moderne, était très répandue parmi les élites françaises et, dans certains cas, entendue comme un jeu spéculatif ; d'autre part, Paris avait réussi à imposer l'art moderne français dans les grands centres de consommation à l'étranger, en Allemagne, en Grande-Bretagne et aux États-Unis. Citons un seul exemple de cet état de fait : en 1883, l'amateur parisien Jean-Baptiste Faure achète directement à Manet le tableau *Le Bon Bock* pour 6 000 francs ; en 1878, il le place à l'hôtel Drouot mais le reprend, pour 10 000 francs ; en 1907, il le vend à Durand-Ruel 100 000 francs ; lequel le cède quelques mois plus tard à Paul Cassirer avec un bénéfice de 20 000 francs ; de Berlin, le tableau passe, après guerre, aux États-Unis [3]. Cassirer et les amateurs berlinois considéraient la peinture française comme une *Weltanschauung* moderne : la diffusion triomphante de l'art moderne français avait pour conséquence sa transformation en tendance internationale. Ceci renforça l'attrait que Paris exerçait déjà à l'étranger. Un jeune artiste ambitieux pouvait trouver là non seulement une formation réputée, mais aussi la possibilité de faire carrière, puisque l'art « indépendant » ne portait pas d'étiquette nationale. À partir de 1900, ils étaient de plus en plus nombreux à venir tenter leur chance. Si beaucoup de ces jeunes étrangers passaient presque inaperçus sur la scène parisienne, quelques-uns « perçaient » – Kees Van Dongen ou Picasso, par exemple.

Ce dernier vint à Paris pour la première fois en 1900 et s'y installa en 1904. En 1932, la galerie Georges Petit présenta une exposition rétrospective de son œuvre qui le consacra, avec Matisse, comme chef de file de « l'école »

---

3. Voir A. Callen, « Manet et Faure », *Gazette des beaux-arts*, n° 83, mars 1974, pp. 157-178.

moderne. Sa carrière fut en grande partie exceptionnelle, les moyens de sa réussite et les étapes qui la ponctuèrent, exemplaires aussi. Dès 1901, avant son installation, Picasso avait déjà vendu quelques tableaux à des courtiers et marchands parisiens ; il obtint son premier contrat avec Manach, un compatriote installé à Paris qui le présenta à Vollard. Il eut des amis dans le milieu artistique et littéraire « d'avant-garde » et ceux-ci allaient promouvoir son talent. Le plus célèbre d'entre eux, Guillaume Apollinaire, était lui polonais. De 1908 à 1914, Picasso fut la vedette d'une nouvelle galerie, fondée en 1907 par un jeune Allemand, Daniel-Henry Kahnweiler. Celui-ci comptait parmi ses clients un écrivain américain habitant Paris, Gertrude Stein, un négociant moscovite passionné d'art moderne français, Sergueï Chtchoukine, et un jeune homme d'affaires de Düsseldorf qui lui-même se lança dans le négoce d'art en 1913, Alfred Flechtheim. En mars 1914, un grand tableau de 1905, *Les Bateleurs*, appelé aussi *La Famille de saltimbanques*, fit sensation à la vente aux enchères de la collection de « La Peau de l'ours », un club d'amateurs dirigé par André Level. Estimée 8 000 francs, la toile fut achetée pour 11 500 francs par le marchand de tableaux munichois Heinrich Thannhauser. (Un peintre en bâtiment à Paris gagnait environ 190 francs par mois à l'époque.)

Ce réseau international se brisa en août 1914. Picasso se trouva isolé et sans marchand. Les affaires reprenant dès 1916, Léonce Rosenberg désira l'attacher à sa future galerie de l'Effort moderne, l'artiste connaissant ses premiers succès auprès du Tout-Paris grâce aux Ballets russes. À l'armistice, Picasso avait déjà fait fortune. Il avait un contrat avec le frère cadet de Léonce Rosenberg, Paul, qui cultivait une clientèle riche et aristocratique. Lorsque le stock de la galerie Kahnweiler fut vendu aux enchères par l'État français, le marché des œuvres cubistes souffrit, mais Picasso s'en tira assez bien. Avec l'aide de Paul Rosenberg et des critiques dont André Salmon, Maurice Raynal puis André Breton, Tériade et Christian Zervos, il sut s'imposer comme génie inclassable, qui ne faisait partie d'aucune école et ne se conformait qu'à une tradition libertaire – et parisienne. Du milieu de la décennie jusqu'à la crise boursière de 1929, ses prix grimpèrent d'une façon spectaculaire, poussés par la demande intérieure et internationale, notamment aux États-Unis. Le couturier Jacques Doucet, conseillé par André Breton, acheta au peintre *Les Demoiselles d'Avignon* en 1924 pour 25 000 francs. En 1928, le vicomte de Noailles paya 120 000 francs un tableau plus petit de la même époque (*Nu à la serviette*, 1907) et 175 000 francs une grande nature morte datée de 1925. En 1931, Chester Dale, un amateur américain qui venait de s'associer avec la galerie Georges Petit, obtint *La Famille de saltimbanques* en Suisse au prix de $ 20 000 (environ 500 000 francs [4]).

4. Voir Michael Fitzgerald, *Making Modernism. Picasso and the Creation of the Market for Twentieth Century Art*, Berkeley/Los Angeles/Londres, 1996 (1995), pp. 198-199.

Aucun autre artiste de l'École de Paris ne connut un tel succès, mais la carrière de chacun passait par les mêmes étapes : le réseau de marchands, critiques et amateurs qui assura la renommée de Picasso participa à la réussite de nombreux autres cas. Avant guerre, quelques-uns commençaient à attirer l'attention des critiques et des marchands : Juan Gris chez Kahnweiler à partir de 1913, Van Dongen en contrat chez Bernheim-Jeune (de 1909 à 1916), mais aussi Brancusi, Chagall, Kisling et Modigliani avaient tous rencontré quelque succès. Parmi les critiques, Apollinaire, Canudo et Salmon faisaient la promotion de l'art «moderne». En 1913 et 1914, par exemple, Apollinaire aida Paul Guillaume à monter sa galerie ; il lui recommanda Gontcharova et Larionov, ainsi que De Chirico. Ce fut encore Apollinaire qui, avec Cendrars, mit Chagall en rapport avec Herwarth Walden à Berlin ; celui-ci lui consacra sa première exposition personnelle en juin 1914. Quand la guerre éclata, ses cinquante tableaux restèrent en Allemagne. Les premières années du conflit furent difficiles pour les artistes étrangers de Paris. Beaucoup de leurs collègues français dont Apollinaire étaient au front ; on exposait peu et on vendait moins. Dès 1916, on l'a dit, la situation s'améliora. Quelques marchands, dont Georges Chéron, Paul Guillaume et Léonce Rosenberg (bien que mobilisé pendant la guerre) s'activaient ; les expositions reprenaient. Comme le fit remarquer Juan Gris à Rosenberg, à propos notamment de l'exposition «L'Art moderne en France», organisée par André Salmon pour Paul Poiret en juillet 1916, cette situation soulignait le rôle que jouaient certains étrangers sur la scène parisienne [5]. Juan Gris et les autres cubistes soutenus par Léonce Rosenberg à l'époque ne participaient pas à l'exposition. Lipchitz, Hayden, Rivera et Severini comptaient parmi «l'écurie» que le marchand constitua en vue d'une «offensive» cubiste lorsque la guerre serait terminée. Elle échoua, au moins partiellement ; cependant, l'art moderne trouva un nombre croissant de débouchés à partir de 1919. «Chaque jour […] nous voyons surgir un nouveau marchand de tableaux», observa André Salmon en 1920 [6]. La crise économique de 1921 ralentit l'activité mais, à partir de 1922, la percée des artistes de l'École de Paris devint de plus en plus évidente. Les achats massifs faits cette année-là par Albert Barnes, conseillé par Paul Guillaume, d'œuvres de Lipchitz, de Modigliani et, notablement, de Soutine, consolidèrent un essor déjà amorcé ; celui-ci prit des allures de vrai «boom» autour de 1926 – aidé, sans aucun doute, par la chute vertigineuse du franc, qui rendait bon marché l'art acheté à Paris par les amateurs munis de dollars et autres monnaies fortes. De 1924 à 1929, les prix atteints à l'hôtel Drouot par Kisling et Soutine furent multipliés par sept et huit, ceux de Modigliani par vingt. En janvier 1929, Paul Guillaume

5. Lettre du 22 juillet 1916, citée dans Juan Gris, *Correspondances avec Léonce Rosenberg 1915-1927*, textes présentés, établis et annotés par Christian Derouet, *Les Cahiers du Musée national d'art moderne*, Hors série/Archives, 1999, pp. 33-34.
6. *L'Europe nouvelle*, n° 34, 19 septembre 1920, p. 1359.

prétendait que Jacques Doucet avait refusé la somme de 500 000 francs pour *Portrait de femme* de Modigliani [7]. Alfred Flechtheim, lui-même, dans un essai où il commentait favorablement l'estime des amateurs français pour l'art moderne, trouva le cas de Modigliani, comme celui d'Utrillo, bien excessif [8].

« C'est bien l'âge d'or de la peinture », commenta alors Tériade en 1926, à propos du quatrième Salon des Tuileries, où il remarqua « la plupart des bons peintres d'aujourd'hui et qui comptent dans le mouvement parisien de la peinture [9] ». Ce nouveau salon cherchait, avec quelque succès, à réunir dans un seul lieu les représentants de tous les courants importants de l'art de l'époque. Il fut éclectique, mais sélectif. Là où le Salon d'automne exposait les œuvres d'environ mille deux cents artistes et les Indépendants deux mille, celui des Tuileries en acceptait autour de cinq cents, sélectionnés par deux jurys – l'un « traditionnel » et l'autre « moderne ». Picasso, chéri par ses marchands, n'exposait jamais aux Salons ; néanmoins ces lieux de rassemblement et de confrontation gardaient leur attrait pour beaucoup d'artistes, ceux qui n'avaient pas encore trouvé de soutien commercial solide. Il en résulta forcément des rivalités, parfois même des controverses. Réagissant à ce qu'ils considéraient être l'emprise d'une « petite chapelle » sur l'organisation des expositions de 1920 et de 1921, Paul Signac (le président) et ses alliés aux Indépendants imposèrent le classement par ordre alphabétique en 1922 puis par sections nationales en 1924. Léger, suivi plus tard par d'autres, démissionna du comité [10]. L'autre possibilité pour les « groupuscules » était de louer une salle et de faire une exposition collective. Le Salon de la Section d'or de 1912, renouvelé en 1920, en est un exemple [11].

En 1925, le peintre polonais Victor Poznanski, soutenu par Léger, organise l'exposition « L'Art d'aujourd'hui » dans le but de démontrer la vitalité de « l'art plastique non imitatif » issu du cubisme. Les quatre-vingt-six exposants

131

Exposition « L'Art d'aujourd'hui », 1925, publié dans *Le Bulletin de la vie artistique*, n° 1, janvier 1926

7. *Les Arts à Paris*, n° 16, janvier 1929, p. 4.

8. « Die Einbahnstrasse », *Omnibus*, n° 1, 1931, pp. 9-20. Pour les prix à Drouot, voir Malcolm Gee, *Dealers, Critics and Collectors of Modern Painting : Aspects of the Parisian Art Market between 1910 and 1930*, New York, Garland, 1981, annexe G.

9. *Cahiers d'art*, n° 5, juin 1926, pp. 109-112. Brancusi, Chagall, Coubine, Hayden, Kisling, Lipchitz, Marcoussis, Orloff, Zadkine et Zárate furent parmi les exposants.

10. Léger a démissionné en novembre 1923 ; Yves Alix, Luc-Albert Moreau et André Lhote étaient parmi les neuf artistes sur vingt du comité qui ont démissionné en décembre 1926, après un vote confirmant la présentation des œuvres par ordre alphabétique.

11. Le premier Salon de la Section d'or se tint à la galerie La Boétie en octobre 1912. Gleizes et Metzinger, avec les frères Duchamp-Villon, jouèrent un rôle central dans l'organisation de cette exposition qui rassembla la plupart des pratiquants du « cubisme » à l'époque, à l'exception (critique) de Braque et Picasso. La même galerie organisa une nouvelle exposition de la Section d'or en mars 1920. Cette fois, Braque y participa. En janvier 1925, la galerie Vavin-Raspail fit appel aux membres du groupe pour son exposition inaugurale.

étaient de vingt-quatre nationalités différentes. Beaucoup d'entre eux, dont Brancusi, Csáky, Lipchitz et Mondrian, habitaient Paris. Cette démonstration força l'attention des critiques. L'art moderne eut ses supporters désormais bien placés dans le monde de la presse – entre autres, André Salmon à la *Revue de France* et ailleurs, Waldemar George à *L'Amour de l'art* et Maurice Raynal à *L'Intransigeant*. Deux nouvelles revues – *Cahiers d'art* et *L'Art vivant* (d'une teneur bien différente, il est vrai) défendaient sa cause. Mais les appréciations de « L'Art d'aujourd'hui », même venant de la part de ces « modernes », furent mitigées. L'esprit collectif qui prévalait dans le courant « non-imitatif », sa recherche d'une « grammaire géométrique » furent mal accueillis par des critiques pour qui la valeur d'une œuvre résidait dans la qualité de l'expression personnelle et son « intensité plastique », selon la formule de Raynal[12]. La sobriété aseptisée ne correspondait point à l'éclectisme de l'époque qu'incarna si bien le Salon des Tuileries, et que Raynal luimême, ardent défenseur du cubisme, reconnut dans son *Anthologie* publiée en 1927, qui présentait quarante-neuf peintres, dont dix-huit étrangers, issus de tous les courants de la production contemporaine[13].

Léonce Rosenberg compara « L'Art d'aujourd'hui » au Salon du XVIIIe siècle : on y trouvait beaucoup de « sous petits maîtres » et un ou deux « maîtres ». Comme par le passé, l'amateur dut distinguer « le faux du vrai[14] ». En effet, parmi les milliers d'artistes installés à Paris, seule une minorité put vivre de la vente de ses œuvres, et les artistes « non-imitatifs » avaient choisi la voie la plus délicate pour y parvenir. Néanmoins, l'étendue et l'élasticité du marché leur donnaient toujours espoir. Parmi les plus anciens présents à « L'Art d'aujourd'hui », Brancusi, Gris, Lipchitz et Léger avaient maintenant une « cote ». L'art austère de Mondrian ne séduisait guère les amateurs français. Cependant, en 1927, le vicomte de Noailles lui acheta l'un de ses envois ; l'artiste fut invité au Salon des Tuileries ; en 1928, Jeanne Bucher lui offrit une exposition dans sa petite salle de la rue du Cherche-Midi (sans grand retentissement, il est vrai). Cette amie alsacienne du décorateur Pierre Chareau fut parmi les nouveaux acteurs sur la scène parisienne, qui contribuèrent à la croissance du nombre de galeries vouées à l'art contemporain (plus de cent en 1930). Beaucoup d'entre elles s'installèrent sur la rive gauche, rue de Seine ou plus au sud, à Montparnasse.

Les galeries Basler (Sèvres), Zak et Zborowski figurent parmi ces nouveaux établissements. Évoqués dans le commentaire sarcastique de Vauxcelles, les premiers marchands de l'École de Paris furent souvent des proches de la communauté artistique et d'origine étrangère. Ils devinrent négociants

---

12. *L'Intransigeant*, 7 janvier 1926.

13. *Anthologie de la peinture en France de 1906 à nos jours*, Paris, Montaigne, 1927.

14. Lettre du 5 décembre 1925 au vicomte de Noailles, citée dans Fernand Léger, *Une correspondance d'affaires 1917-1937*, textes présentés, établis et annotés par Christian Derouet, *Les Cahiers du Musée national d'art moderne*, Hors série/Archives, 1996, p. 196.

d'art par un mélange – selon les cas – de solidarité, d'enthousiasme et de nécessité économique. Le travail de ces «dénicheurs» souvent démunis de fonds constitua un élément essentiel au bon fonctionnement du marché. Sa vraie force, cependant, vint de marchands installés sur la rive droite, dans le faubourg Saint-Honoré, qui avaient les moyens de garder un stock d'œuvres d'art, et une clientèle aisée qui leur assurait des revenus réguliers et élevés. Ce fut l'entrée des œuvres de Modigliani, de Chagall, de Kisling, de Pascin, de Soutine et d'autres dans les stocks de marchands tels que Bernheim-Jeune, Georges Bernheim, Bignou et Bing, aux cours des années 1920, qui signala la réussite commerciale de ces artistes, dont bénéficièrent, d'ailleurs, ceux qui les avaient soutenus les premiers – dans la mesure où ils avaient conservé quelques pièces. Le marché de l'art contemporain était un marché spéculatif où il fallait investir pour espérer gagner; tous les marchands de tableaux parisiens, même les plus modestes achetaient au comptant, spéculant sur la hausse de la cote d'un artiste. Ces règles, comme Grete Ring le nota, furent bien comprises des artistes. Généralement, un contrat ou au moins une simple entente réglait les rapports entre les deux parties : les conditions financières, la quantité et la durée. Si le marchand de tableaux fut l'allié, parfois même l'ami de «ses» artistes, il était aussi homme – ou femme – d'affaires, comptant tirer profit de leur production. Les galeristes les plus doués, comme Paul Rosenberg et Daniel-Henry Kahnweiler, savaient gérer ce rapport délicat avec tact – ce qui n'empêcha pas Kahnweiler de rappeler Manolo sévèrement à l'ordre quand il contrevint aux règles de leur accord en 1923 [15]. Les conditions très favorables du marché, au milieu des années 1920, promettaient des bénéfices importants et rapides à ceux qui s'occupaient des artistes de l'École de Paris. C'est ce qui permit, d'ailleurs, à Zborowski d'ouvrir sa galerie en 1927. Néanmoins, pour maintenir un commerce important, il fallait une assise financière solide, ce qui manquait souvent aux pionniers. En 1928, Zborowski fut obligé de se séparer de tableaux de Soutine auprès de la galerie Bing afin de renflouer sa trésorerie. Malgré ses liens privilégiés avec des artistes tels que Kisling et Soutine, et le fait d'avoir acquis de nombreuses œuvres de Modigliani, il n'eut pas les moyens (ni, en fait, le caractère) de surmonter le krach de 1929 [16].

La carrière de Paul Guillaume, qui croisa celle de Zborowski à maintes reprises, fut bien différente. En janvier 1929, Guillaume annonça dans sa revue *Les Arts à Paris* son projet d'établir un «hôtel-musée». Au mois de mai, à la galerie Bernheim-Jeune, fut inaugurée par le ministre de l'Instruction

L'appartement de Paul Guillaume, avenue Foch

15. Lettres des 9 et 16 juillet 1923, citées dans Pierre Assouline, *L'Homme de l'art : D.-H. Kahnweiler 1884-1979*, Paris, Balland, 1988, pp. 248-249.

16. Voir M. Gee, *Dealers, Critics and Collectors of Modern Painting*, *op. cit.*, chapitre III, et Marc Restellini, «Zborowski, le marchand-poète», dans *Les Peintres de Zborowski*, Lausanne, Fondation de l'Hermitage, 1994, pp. 9-16.

publique une exposition de sa collection. Le 4 juin, son ami, l'homme politique et collectionneur Albert Sarraut, vint y faire une conférence sur l'art contemporain. Devenu riche, le marchand se transforma en mécène. Paul Guillaume d'origine modeste avait débuté dans le commerce de l'art en 1914 sans grands moyens. Il bénéficiait, certainement, d'un bon sens des affaires, d'un goût raffiné, et aussi d'excellents contacts dans le monde de l'art, notamment avec Apollinaire. D'abord expert en objets d'art africain, il sut profiter de la vogue de « l'art nègre » qui envahit Paris après la guerre, et qui amena Albert Barnes chez lui, rue La-Boétie. Guillaume, avant tout, épousa l'éclectisme de l'époque. Pendant la guerre, il exposa Derain, Matisse et Picasso (ensemble), ainsi que Van Dongen. Avec un enthousiasme authentique mais non dénué de sens commercial, il acquit Modigliani et Soutine en même temps que le Douanier Rousseau et Utrillo. Grâce à Barnes, il eut les moyens d'acheter aussi des œuvres de Cézanne et de Renoir, ce qui lui ouvrit des perspectives de bénéfices énormes au cours de la décennie.

« Nul n'est assez naïf, assez mal informé ou assez hypocrite pour maintenir la démarcation de jadis entre le marchand et "l'amateur" », déclare Guillaume en 1932 [17]. Dans sa conférence de 1929, Sarraut avait rendu hommage au travail effectué par les marchands de tableaux pour maintenir « la pré-éminence esthétique » de Paris en tant que « Métropole européenne [18] ». L'évolution du goût, qui permit à Modigliani, Pascin et Soutine de partager les cimaises de la galerie Bernheim-Jeune avec Picasso, Derain, Matisse, Cézanne et Renoir, démonstration triomphale de l'art français « made in Paris », fut en fait le fruit d'une collaboration entre marchands et collectionneurs en France et à l'étranger, ce qui n'excluait pas des interventions intéressées de certains de ces derniers. En vérité, le dynamisme du marché parisien tenait au fait qu'il s'accommodait de comportements très différents, dictés non seulement par les idées et le goût mais aussi par les ressources des participants. Les observateurs distinguaient communément les « spéculateurs » des « amateurs » en parlant des collectionneurs, mais la réalité fut plus nuancée. Même pour les plus désintéressés, le marché comptait. Roger Dutilleul, un amateur « pur » si jamais il en fût, revendait des tableaux de temps en temps – pour en racheter d'autres. À l'inverse, André Level, le fondateur du club de « La Peau de l'ours » et directeur, dès 1921, de la galerie Percier, ses amis et associés André Lefèvre, Max Pellequer et Alfred Richet allièrent sciemment le jeu spéculatif à la cause de l'art moderne et de ses créateurs.

Dutilleul et Level avaient vécu tous les deux les heures « héroïques » de l'avant-guerre. À cette époque, on pouvait obtenir un Picasso pour un prix raisonnable. En 1912, Dutilleul paya 850 francs la nature morte *Sol y*

17. *Les Arts à Paris*, n° 16, janvier 1929, p. 4. Sur la carrière de Paul Guillaume, voir Colette Giraudon, *Paul Guillaume et les peintres du XXᵉ siècle*, Paris, La Bibliothèque des arts, 1993.
18. *Variations sur la peinture contemporaine*, Paris, Éditions des Quatre-Chemins, 1930, pp. 93-97.

sombra à la galerie Kahnweiler – c'était cher, mais pas hors de prix. Pour lui, et pour Level aussi, l'attrait d'autres artistes de l'École de Paris, pendant et juste après la guerre, venait du fait que leurs prix n'étaient pas élevés. Dutilleul paya 500 francs le portrait que Modigliani avait fait de lui en 1919, au moment où Paul Rosenberg augmentait considérablement le prix de Picasso qui était son préféré [19].

Plusieurs amateurs parisiens qui commencèrent à acheter Modigliani, Soutine, Kisling et d'autres artistes étrangers comme Chagall, Coubine, Foujita, Hayden, Pascin, à cette époque, furent aussi attirés par les prix peu élevés. Parmi eux, se trouvaient le commissaire de police Léon Zamaron, l'écrivain, habitué de Montmartre, Francis Carco, le dentiste (ami d'Apollinaire) Daniel Tzanck, et l'homme d'affaires Jonas Netter. Ces collectionneurs ne pouvaient, ou ne voulaient pas payer cher. Lorsque le marché des œuvres de l'École de Paris s'améliora, plusieurs en profitèrent pour vendre une partie de leur collection. La vente Carco en mars 1925 fut l'une des premières à faire sensation à l'hôtel Drouot par les prix qu'atteignait la peinture contemporaine. En fait, cette vente fit partie d'une campagne promotionnelle en faveur de l'art moderne menée par le commissaire-priseur Alphonse Bellier, aidé par l'expert Jos Hessel et encouragé par Carco lui-même et l'antiquaire-amateur Georges Aubry. Ce dernier fit une première vente à Drouot, en 1920 ; Bellier et Hessel présidèrent à deux autres constituées d'œuvres provenant de sa collection, en 1924 et 1925. Des tableaux de Kisling, Modigliani et Soutine côtoyaient des Picasso, des Utrillo et des Derain, Dufy, Matisse et Vlaminck. Netter aussi suivait les coutumes commerciales de l'époque, au point de s'associer avec Zborowski, avec lequel il cosigna certains contrats d'artistes. Sa collection, en 1929, comptait des œuvres de Kisling, Modigliani, Utrillo, Soutine, Friesz, Coubine, Vlaminck, Hayden, Favory et Valadon, avec quelques pièces plus anciennes [20]. Le cubisme n'y figurait pas : Netter est représentatif d'une catégorie de collectionneurs qui privilégiaient le pathos et la sensualité en peinture et trouvaient le cubisme trop cérébral. Pourtant, vers 1923, des œuvres cubistes, même «de la première heure», étaient disponibles sur le marché à des prix abordables. Parmi les quelques collectionneurs qui enchérirent aux ventes Uhde et Kahnweiler, il y avait des jeunes créateurs comme André Breton, Nils Dardel, Paul Éluard, Jacques Lipchitz, Oscar Mietschaninoff, Amédée Ozenfant et Henri-Pierre Roché. Les professionnels des arts et lettres ont toujours figuré parmi les collectionneurs de l'art contemporain et ils firent aussi, à cette époque, un travail déterminant de diffusion, non seulement des idées mais aussi des œuvres. Des tableaux achetés à ces ventes

Jacques Doucet par Man Ray, 1926
Centre Georges Pompidou, Paris,
Musée national d'art moderne

19. Voir Francis Berthier, *La Collection Roger Dutilleul* (thèse Paris I), 1977, et *idem* «La merveilleuse et grande aventure de Roger Dutilleul», *Galerie des arts*, n° 220, décembre-janvier 1984, pp. 46-71.
20. Voir C. J. Gros, «Les grands collectionneurs. Chez M. J. Netter», *L'Art vivant*, n° 1, 1929, pp. 14-15.

Le studio de Jacques Doucet, avenue du Bois à Neuilly,
publié dans *L'Illustration*, avril 1930

passèrent, au cours des années, dans de prestigieuses collections en France et à l'étranger, comme par exemple le *Portrait de Kahnweiler* de Picasso acheté par Grünewald, aujourd'hui à l'Art Institute of Chicago, et son *Nu à la serviette* acheté par Miestchaninoff qui entra en 1928 dans la collection Noailles.

Le contact avec les jeunes artistes aida souvent les grands collectionneurs à s'orienter vers l'art contemporain. Son amitié avec Le Corbusier, puis avec Ozenfant, fut déterminante pour le jeune banquier Raoul La Roche, qui constitua un ensemble unique d'art cubiste et puriste de 1918 à 1928 [21]. Nils Dardel fut l'ami et conseiller de Rolf de Maré, le directeur des Ballets suédois, dont la collection incluait des Picasso, Brancusi, Kisling et Chagall. Le couturier Jacques Doucet [22], peut-être le collectionneur le plus remarquable de l'époque, suivant une pratique systématique, employa André Breton entre 1921 et 1924 pour l'informer sur la littérature et l'art contemporains. Breton, qui appréciait particulièrement Picasso, obtint l'achat des *Demoiselles d'Avignon* et lui recommanda, entre autres, De Chirico et Chagall. À la même époque, Henri-Pierre Roché travaillait comme agent

21. Voir *Ein Haus für den Kubismus. Die Sammlung La Roche*, Bâle, Kunstmuseum Basel, 1998.
22. Voir François Chapon, *Jacques Doucet ou l'Art du mécénat*, Paris, Librairie académique Perrin, 1996 (1984), chapitre IX.

et conseiller de l'avocat new-yorkais John Quinn, qui collectionnait exclusivement l'art français après la guerre. Charles et Marie-Laure de Noailles eurent de multiples liens avec le milieu artistique ; Marie-Laure connaissait Jean Cocteau depuis 1918. Plus tard, Éluard, Dali et Buñuel devinrent des amis de ce jeune couple aristocratique dont la maison fut un point de rencontre entre l'avant-garde et le Tout-Paris des années 1920.

La collection La Roche valorisa – à la grande satisfaction de Léonce Rosenberg – le cubisme en tant qu'esthétique moderne. Doucet et les Noailles, de manières différentes, montrèrent un goût moins exclusif mais tout aussi avancé, dont bénéficièrent beaucoup d'artistes de l'École de Paris. Vers le milieu de la décennie, ces collections dans leur ensemble démontrèrent à quel point l'art moderne, produit de la culture spécifique de la capitale, jouissait, en France, d'un grand prestige et d'assises économiques solides. En 1921, John Quinn fit savoir aux frères Rosenberg que les États-Unis n'étaient pas « prêts » pour le cubisme et dit à Roché, en 1922, que ses Picasso devaient retourner en France après sa mort car « America has not got a real civilization [23]. » De fait, après son décès prématuré en 1924, la vente la plus importante de sa collection fut organisée à Paris plutôt qu'à New York et ce furent les Français – Paul Rosenberg pour les Picasso, et Roché et Duchamp pour les vingt-neuf Brancusi négociés auparavant – qui achetèrent en bloc, en pariant sur l'avenir. Néanmoins, le marché parisien restait tributaire de l'étranger et surtout des États-Unis. On a allégué que ceci constituait une faille fatale du « système [24] » : il est certainement vrai que la crise économique et, plus tard, la guerre et l'Occupation stoppèrent le bon fonctionnement du marché et retardèrent le processus d'assimilation de « l'École de Paris » par les institutions de l'État, amorcé dès 1937. En effet, le nouveau palais de Tokyo ouvert cette année-là devait abriter, à côté des collections modernes de la Ville de Paris, un musée national d'art moderne. Mais il a fallu attendre la fin de la guerre pour que ce projet soit mené à bien sous la direction de Jean Cassou et que, finalement, les étrangers de l'École de Paris puissent être exposés à côté de leurs collègues français [25].

(texte en français rédigé avec l'assistance de Françoise Décugis)

John Quinn, Erik Satie, Constantin Brancusi et Henri-Pierre Roché, à Fontainebleau, vers 1922

137

23. Lettre du 17 juin 1922, *John Quinn Papers*, New York Public Library.
24. Christian Derouet, « Faux collectionneurs, vrais donateurs, quelques marchands de tableaux à Paris entre 1900 et 1960 », *Passions privées*, Paris, musée d'Art moderne de la Ville de Paris, 1995, pp. 46-58.
25. Les carences de l'État en matière d'art contemporain furent souvent remarquées par ses sympathisants au début du XXe siècle. Le Dr Tzanck fit campagne tout au long des années 1920 pour la création d'un musée d'art moderne, notamment à travers l'enquête menée par *L'Art vivant* en 1925. Voir « Pour un musée français d'art moderne », *L'Art vivant enquête*, Paris, Réunion des musées nationaux, 1996.

Pourquoi des étrangers à Paris [1] ?

ANTOINE MARÈS

La France, terre d'immigration

L'afflux d'étrangers dans l'espace français est un phénomène ancien. Longtemps, il s'est agi d'une immigration de spécialistes. À partir des années 1870, le processus s'est amplifié. En 1881, on comptait un million d'étrangers en métropole, soit 3 % de la population ; en 1931, ils étaient officiellement 2 700 000, soit 7 % de la population.

Les raisons économiques expliquent une immense part de cet apport. Il a d'abord fonctionné par capillarité : les Belges, les Allemands, les Suisses, les Italiens, les Espagnols constituent les gros effectifs des premières vagues [2]. Après la guerre, ce seront les mines, les forges et l'agriculture qui seront consommatrices de main-d'œuvre immigrée : les Polonais, les Yougoslaves, les Tchécoslovaques, les Portugais, les Marocains prennent alors le relais [3].

Si le besoin de ces flux s'est accru en raison des pertes humaines dues à la guerre (1,4 million de morts, des millions de blessés et d'invalides), il est nécessaire de souligner des arrivées d'une autre nature : juifs d'Europe

1. Il ne s'agit pas ici d'une réflexion théorique : on renverra pour cela à l'ouvrage de Gérard Noiriel (*Le Creuset français, histoire de l'immigration, XIXᵉ-XXᵉ siècles*, Paris, Seuil, 1988), qui a soulevé d'importantes questions sur les enjeux français de l'écriture de l'histoire de l'immigration. Le texte présent est redevable à quelques travaux collectifs fondamentaux de ces dernières années, qui fournissent tous des bibliographies abondantes : *Histoire des étrangers et de l'immigration en France* (sous la direction d'Yves Lequin), Paris, Larousse, 1992 ; *Le Paris des étrangers* (sous la direction d'André Kaspi et d'Antoine Marès), Paris, Imprimerie nationale, 1989 ; *Le Paris des étrangers depuis 1945* (sous la direction d'Antoine Marès et de Pierre Milza), Paris, Publications de la Sorbonne, 1994 ; *Un art sans frontières : l'internationalisation des arts en Europe 1900-1950* (sous la direction de Gérard Monnier et de José Vovelle), Paris, Publications de la Sorbonne, 1994 ; *Paris, capitale culturelle de l'Europe centrale ? Les échanges intellectuels entre la France et les pays de l'Europe médiane, 1918-1939*, Paris, Institut d'études slaves, 1997 ; *Toute la France. Histoire de l'immigration en France au XXᵉ siècle*, Paris, BDIC/Somogy, 1998.

2. Les Belges sont 482 000 en 1886 ; les Allemands : 120 000 à la veille de la Première Guerre mondiale ; les Suisses : 131 000 en 1926 ; les Italiens : 420 000 en 1911 et 808 000 en 1931 (ils constituent le premier groupe étranger dans la capitale des années 1920 à 1968) ; les Espagnols : 100 000 en 1911 et 350 000 en 1931.

3. Les Polonais sont 507 000 en 1931 ; les Yougoslaves : 31 000 en 1931 ; les Tchécoslovaques : certaines estimations vont jusqu'à 70 000-80 000 à la fin des années 1920 ; les Portugais : près de 50 000 en 1931 ; les Marocains : 21 000 en 1929.

orientale, Arméniens, ressortissants de la Russie soviétique, hommes et femmes de gauche fuyant les régimes autoritaires ou les dictatures qui se mettent en place à partir de 1919, à commencer en Hongrie.

L'histoire des étrangers en France résulte de phénomènes complexes où jouent les points de départ comme les points d'arrivée. À côté des communautés immigrées « économiques » apparurent donc ceux qui avaient été chassés par l'intolérance, la guerre, la révolution.

À la suite d'une première arrivée de juifs alsaciens, les confins de l'Empire tsariste vont alimenter la communauté juive de France. L'assassinat d'Alexandre II en 1881 a été suivi de pogroms et de mesures législatives contre les juifs ; en Roumanie et en Ukraine, les persécutions se multipliaient. De la Lituanie à Salonique, les régimes inhospitaliers poussaient au départ. Les juifs allemands puis autrichiens suivront à partir de 1933.

Les Arméniens appartiennent à cet ensemble de populations contraintes de quitter leur pays. Jusqu'en 1914, ils sont environ quatre mille en France, dont mille cinq cents à Paris. Leur extermination par les Turcs et la Révolution russe de 1917 ont provoqué les premiers départs. Mais c'est seulement à partir de 1921 qu'arrive la vague cilicienne, suivie pendant une décennie par des arrivées annuelles massives, le traité de Lausanne de 1923 ayant mis fin aux espoirs qu'avait nourris le traité de Sèvres jamais ratifié. La France se devait d'apporter une aide humanitaire aux Arméniens. Comme les Russes, ils bénéficièrent, à partir de 1924, du passeport Nansen, qui leur évitait d'être des apatrides et leur assurait un minimum de protection.

Quant aux Russes, ils ont constitué une véritable « société en exil », à la vie communautaire forte, au sein de structures dominées par les anciennes classes dirigeantes. En 1931, ils sont près de quatre-vingt-trois mille, pour leur grande majorité dans le département de la Seine : leur visibilité est forte car s'ils ne représentent que 2,6 % des étrangers de France, ils constituent 10 % des étrangers de Paris. L'automobile est leur fief, soit qu'ils aient trouvé un emploi comme taxi, soit qu'ils travaillent dans les usines Renault ou Citroën, d'où leur concentration dans les XVe et XVIIe arrondissements. Ici encore, ces « Russes blancs », qualifiés d'« émigrés » pour bien marquer leur statut de réfugiés politiques, sont arrivés en plusieurs vagues aux sensibilités différentes.

Est-il pertinent de raisonner en termes nationaux ? Ne faut-il pas déconstruire ce qui relève d'une homogénéisation artificielle ? Cette question est loin d'être rhétorique.

D'une part, l'appartenance citoyenne est comprise en France dans une sorte de projection gallocentrique comme appartenance nationale. Prenons l'exemple de François Kollar, photographe arrivé en France au lendemain de la Première Guerre mondiale : il est de citoyenneté tchécoslovaque, de nom slovaque et il semble plus à l'aise avec ses homologues hongrois qu'avec ses compatriotes. Qui vient de Turquie peut être aussi kurde ou arménien.

D'autre part, qu'en est-il des juifs, dont la présence dans la communauté artistique des étrangers de Paris est si importante et dont l'amalgame est un des fondements de l'École de Paris ? Ne doit-on pas envisager des sous-ensembles : juifs américains, juifs russes, juifs polonais, juifs des confins (lituaniens, biélorusses, ukrainiens) ? Comment les considérer ? De leur propre point de vue ou à travers le regard de ceux qui analysent leurs œuvres et les qualifient nationalement ? N'oublions pas non plus les réticences des juifs de France – eux-mêmes divisés – à l'égard de ces juifs venus surtout de l'est de l'Europe [4].

Comme pour les juifs, les périodes d'arrivée, les origines géographiques, les différences politiques, sociales, confessionnelles, culturelles et linguistiques atomisent les groupes. Il faut se méfier des étiquettes nationales qui servent essentiellement à la commodité du propos ou, comme on le sait pour les années 1930, à discréditer hommes et courants au nom de la défense d'une soi-disant culture *française*. L'affaire Dreyfus a laissé des traces dans les esprits, que la crise économique allait raviver.

Comment comparer les travailleurs russes de Billancourt et les héritiers des pétroles de la mer Noire ? Quoi de commun entre l'ouvrier italien de Puteaux et le réfugié antifasciste – les *fuorosciti* – des années 1920 ? Quels liens entre l'artisan yiddishophone de Belleville et un juif russe du Champ-de-Mars, entre un jardinier tchèque de la banlieue parisienne et František Kupka ? Ce qui ne doit pas empêcher *a priori* de caractériser ces communautés : un groupe américain – il en est de même pour les Hispano-Américains ou les Brésiliens – constitué d'étudiants, de représentants de grandes familles, de journalistes et d'écrivains, voire d'exilés politiques ou volontaires pour les seconds ; des Russes stratifiés politiquement mais aussi socialement ; des Italiens relativement homogènes jusqu'à l'arrivée de trois vagues antifascistes entre 1921 et 1928 (vingt mille en tout).

Quelle est la relation entre ces immigrations massives et le microcosme des élites artistiques ? Ténue, en général. Le chemin qui mène des champs et de l'usine à l'atelier ou au commerce, puis de là au monde de la création est long. Il dure d'une à trois générations. Ce n'est que dans les réactions à la crise des années 1930, amplifiées par la montée du racisme et de l'extrême droite, que les étrangers seront mis dans une même nasse confondant travailleurs immigrés, réfugiés et étrangers qui ont choisi la France.

Questions de chronologie

Quelle que soit la pertinence de la chronologie retenue ici, la Grande Guerre apparaît comme une césure majeure. De la Belle Époque aux Années folles, la France passe de la prospérité à une nouvelle prospérité, mais leur nature est différente. Avant 1914, cette prospérité est une évidence : l'épargne française finance la modernisation de l'Europe centrale et

4. Voir les réflexions pertinentes de Nancy Green dans *Le Paris des étrangers, op. cit.*, pp. 105-118.

orientale. Le monde colonial est consolidé sans état d'âme. Et le rayonnement de Paris est incontestable, même si certains dénoncent une certaine décadence, notamment à la suite de l'affaire Dreyfus, face à l'Allemagne triomphante de Guillaume II.

Après 1918, la victoire alliée dont les Français sont à juste titre crédités fait illusion. Politiquement et militairement, la France est désormais considérée comme la grande puissance du continent européen : la Russie a sombré dans la Révolution, l'Allemagne défaite se débat dans ses convulsions internes, l'Angleterre regarde vers le large et l'Italie n'est qu'un comparse aigri. Économiquement, financièrement et humainement, la France est pourtant épuisée. Les illusions ne se dissiperont définitivement qu'au milieu des années 1920, quand la Russie et l'Allemagne commenceront à être réintroduites sur la scène internationale et que l'impuissance française (la crise de la Ruhr, Locarno, la faillite financière) – ce qu'un historien a baptisé l'«impérialisme du pauvre» – deviendra manifeste.

La guerre a donc marqué une vraie rupture, à la fois comme révélateur du rapport des étrangers à la France et comme entrée en scène de l'État dans des secteurs jusque-là négligés. Elle bouleverse tous les ancrages, politiques, territoriaux ou culturels. Dès la déclaration de guerre, de nombreux étrangers ont quitté l'Hexagone : l'État devant pallier ces défections amplifiées par la mobilisation, les pays méditerranéens et les colonies furent appelés à la rescousse. À ce propos, il faut noter que l'établissement en France n'a pas présenté de difficulté avant 1914. Il suffisait d'une simple déclaration à la mairie. Aucun contrôle n'était exigé *a priori*. La situation changea en août 1914, et surtout en avril 1917, quand un décret institua une carte de séjour pour les étrangers de plus de quinze ans. Mais l'intervention de l'État est restée toute relative. La IIIe République fut encore assez libérale, malgré les dispositions restrictives adoptées entre 1932 et 1935, et ce fut l'État français qui rompit avec la tradition républicaine d'asile [5].

Pour de nombreuses catégories d'«exclus [6]», qu'il s'agisse de l'Église catholique, du monde ouvrier, des femmes ou même des juifs français, la guerre a été un facteur d'intégration. Qu'en a-t-il été pour les étrangers ? Les dispositions relatives à la mobilisation à Paris en août 1914 les classaient en ressortissants de pays ennemis (Allemagne et Autriche-Hongrie), en Alsaciens-Lorrains non naturalisés français (au traitement diversifié) et en autres étrangers. Les premiers devaient être transportés dans l'ouest de la France – ce fut le cas du Hongrois Imre Szobotka – avec un maximum de trente kilos de bagages ; les derniers devaient se déclarer pour recevoir un permis de séjour et conserver leur domicile. En fait, nombre d'étrangers non soumis à la mobilisation s'engagèrent. Rappelons l'appel du 2 août 1914 dont le premier signataire fut le Suisse Blaise Cendrars : « L'heure est grave.

5. Voir Patrick Weil dans *Le Paris des étrangers depuis 1945, op. cit.*, chapitre I.
6. Voir Jean-Jacques Becker dans *Toute la France, op. cit.*, pp. 188-195.

Tout homme digne de ce nom doit aujourd'hui agir, doit se défendre de rester inactif au milieu de la plus formidable conflagration que l'histoire ait jamais pu enregistrer. Toute hésitation serait un crime. Point de paroles, donc des actes. » Vingt-deux mille étrangers s'engagèrent ainsi dans la Légion étrangère, ressortissants de pays neutres – près de cinq mille Italiens (dont l'écrivain Canudo) qui avaient répondu à l'appel de Ricciotto Garibaldi, le fils du héros de l'Unité italienne –, plus de trois mille Russes, des Polonais comme Moïse Kisling, des Austro-Hongrois comme František Kupka ou Alfred Reth, voire même des Allemands (un millier).

Quelles étaient leurs motivations ? Combattre pour le droit et la civilisation, c'est-à-dire pour des principes universels ; payer une dette à l'égard d'un pays d'asile menacé ; devenir, comme le disaient les juifs immigrés, « Français de droit » après l'avoir été « de cœur et d'âme ».

A joué aussi le fait – pour les ressortissants d'États ennemis – qu'il fallait sauvegarder son bien, ses liens familiaux, son implantation en France. Finalement, seule une faible minorité fit le choix de l'engagement, en dépit de l'image qu'en a alors donnée la propagande, mais ce choix a été mis en exergue pour conforter l'image d'une France rassembleuse qui défendait des valeurs universelles.

L'exemple des artistes tchèques en France est révélateur de la différenciation des comportements :

– certains fuirent vers la Belgique (Georges Kars), les Pays-Bas (Emil Filla), d'autres en Espagne ou en Suisse ;

– František Kupka, le caricaturiste corrosif de L'Assiette au beurre, proche de l'anarchisme au tournant du siècle, se transforma en combattant courageux de la Somme, en organisateur de la colonie tchécoslovaque puis en officier servant la cause nationale ; Moïse Kisling, les Russes Serge Férat et Marie Vassilieff considérèrent eux aussi l'engagement comme un devoir ;

– le sculpteur Otto Gutfreund, engagé dans la Légion étrangère, subit comme d'autres la double pression des combats et d'une attitude hostile de l'encadrement : il fut sanctionné, arrêté et interné jusqu'à la fin des hostilités au camp de Saint-Michel-de-Frigolet dans les Bouches-du-Rhône.

Trois parcours qui illustrent l'ambivalence des attitudes : le pacifisme, la conversion à la lutte armée, l'engagement déçu et contrarié. À ces choix, on pourrait ajouter celui de ceux qui revinrent servir dans leur patrie d'origine, tels le Polonais Gottlieb ou l'Allemand Freundlich.

Paris, Ville lumière

Les flux vers Paris tiennent à des facteurs globaux, à la nature même de Paris et à des motivations individuelles.

Un monde transformé

L'art a été bouleversé par la mobilité résultant de la révolution des transports, la modernité liée à la grande ville, la nouvelle liberté productrice due à la transformation des conditions de production. Elles ont facilité la rupture avec les cadres anciens et permis l'expérimentation. Les avant-gardes circulent désormais au-delà des limites des sociétés politiques. Le phénomène va de pair avec la diffusion des idéologies. L'Art nouveau en a été un exemple[7].

La mobilité des artistes est ancienne : l'art de cour, les commandes royales en témoignent. Mais les centres étaient peu nombreux. Les cadres traditionnels explosent à la fin du XIXe siècle ; l'échange devient une composante majeure : les collections, les expositions, l'édition accélèrent la circulation des marchandises et des hommes. Les espaces nationaux privilégiés au XIXe siècle s'effacent au profit de légitimations extérieures. En ce sens, l'abstraction apparaît comme le résultat d'une nouvelle lecture de l'art tout en étant une réaction à des traditions locales spécifiques.

« Le *passage d'un art référentiel à un art structural* amorcé par les recherches cubistes de Braque et de Picasso trouva dans les auteurs anonymes de la statuaire africaine des ancêtres nécessaires[8] » : les Scythes chez les Russes, la production artistique des Tatras chez les formistes polonais, les recherches des Tchèques – Apollinaire recommande en 1912 à Josef Capek de visiter le musée du Trocadéro – allaient dans cette direction.

Le cubisme est international dès ses débuts. Braque et Picasso ont autour d'eux l'Espagnol Juan Gris, le Polonais Marcoussis, le Hongrois Reth, le Russe Férat, le Hollandais Mondrian et même, plus brièvement, le Mexicain Diego Rivera. Les futuristes italiens Marinetti et Gino Severini, futur gendre de Paul Fort, lancent leur mouvement à Paris. À Puteaux, Jacques Villon et son groupe entretiennent d'étroites relations avec Kupka. Le dadaïsme est également international. Comme Brancusi l'affirmait en 1922 : « En art, il n'y a pas d'étranger. »

Paris entre mythe et réalité

Paris n'est pas seulement un lieu ou un ensemble de lieux ; il est un fantasme, un mythe omniprésent. Paris est rêvé avant d'être découvert, voire « vérifié ». De Montmartre à Saint-Germain-des-Prés, il s'offre à l'imaginaire. Quand le Brésilien Gilberto Amado vient pour la première fois à Paris en 1912, il a en tête le propos de Jefferson : « Tout homme a deux patries, la sienne et Paris. » Et Amado ajoute : « Une rue de Paris, c'est un fleuve qui vient de Grèce[9]. » Le Polonais Czeslaw Milosz ne dira pas autre chose, quelques décennies plus tard, en qualifiant Paris de « capitale du monde ». On connaît le mythique voyage de Constantin Brancusi, parti de Roumanie à pied en mai 1904, arrivé à Paris le 14 juillet, et présenté à Rodin comme « apôtre de l'art ». Le Hongrois József Csáky viendra aussi à pied en 1908 et l'Italien Giorgio De Chirico arrivera également dans la capitale un 14 juillet, en 1911. Au contraire, le Tchèque Josef Sima préférera la contourner, séjour-

7. Voir *Un art sans frontières, op. cit.* pp. 9-10.
8. Jean Laude, *La Peinture française et l'Art nègre, 1905-1912*, Paris, Klincksieck, 1968.
9. Cité par Mario Carelli dans *Le Paris des étrangers, op. cit.*, p. 289.

nant près d'une année à Hendaye avant de se décider à s'y installer, pour toujours. Paris n'est pas seulement la nouvelle Rome artistique, mais aussi une capitale religieuse. L'écrivain Karel Capek nous dit : « Au début a été la littérature française. De mon séjour dans la Rome sainte des artistes est né un enchantement des gens, de la vie, de l'art. » Le peintre, poète et romancier italien Ardengo Soffici parlait de « saut vital » pour expliquer sa décision de quitter Florence pour Paris en 1900. Se rendre à Paris est le devoir de tout intellectuel. Il y reçoit cette investiture sans laquelle il n'est pas.

Au point que cette inclination provoque parfois l'irritation. Miguel de Unamuno écrivait en 1899 au Guatémaltèque Rubén Dario : « Je dois vous dire que je ne parviens pas à comprendre tout à fait que ce soit précisément à Paris, et non à Londres, à Berlin, à Vienne, à Bruxelles, à Stockholm ou… à Heidelberg que l'on vous découvre [10]. » On connaît, deux décennies plus tard, la réaction de Vladimir Maïakovski, à une époque où Moscou s'oppose comme ville mythique à Paris [11].

Malgré tout, Paris reste aux yeux de la plupart comme une métaphore de la France et de l'Histoire : la Révolution et la Commune sont des références ; de Voltaire à Victor Hugo, Paris est la terre des droits de l'homme, de la liberté, de l'égalité et de la fraternité. Elle est porteuse des valeurs de la République.

Paris est aussi un creuset cosmopolite unique. « La Butte Montmartre, c'est un congrès des cinq continents », peut-on lire dans *Bifur* en 1929. Paris est certes la capitale des cultures francophones, mais la Méditerranée (Picasso, Gris, Miró, De Chirico, Modigliani…) y rencontre l'Est (Soutine, Chagall, Pascin, Marcoussis…). Après les Ballets russes et les Ballets suédois, la « vague nègre » occupe à son tour une place de choix dans le cœur des Parisiens.

Paris est un pôle d'attraction parce qu'il offre des possibilités d'organisation sans comparaison. Entre 1900 et 1913, la capitale a accueilli quatre cent quatre réunions internationales contre cent vingt-neuf à Londres et cent cinquante et une à Bruxelles. La centralisation et la volonté des pouvoirs publics de maintenir Paris comme capitale intellectuelle expliquent en partie cette prépondérance qui s'est poursuivie tout au long du XXe siècle. À cela s'ajoute l'universalisme dont la France continue de se réclamer et dont l'étranger la crédite. Les grandes expositions – et leurs caractéristiques festives – sont un puissant aimant de la découverte. Dans un autre registre, la Cité universitaire et les bourses offertes par le gouvernement français facilitent les flux estudiantins. La Closerie des Lilas, la Coupole, à Montparnasse, le Bœuf-sur-le-Toit, rue d'Anglas, les cafés de quartier

10. Cité par Christiane Séris dans *Le Paris des étrangers, op. cit.*, p. 299.
11. Voir Ewa Bérard dans *Le Paris des étrangers, op. cit.*, p. 351 et suivantes. Le rejet est encore plus virulent, quelques années plus tard, chez Bruno Jasienski (*Je brûle Paris*, 1929, réponse à *Je brûle Moscou*, de Paul Morand). Voir Marta Wyka dans *Paris, capitale culturelle de l'Europe centrale ?, op. cit.*

– par exemple, le Bosphore à la Roquette pour les Judéo-Espagnols – sont autant de lieux de sociabilité originaux qui donnent à la vie parisienne une saveur particulière.

Pour les artistes, certaines « institutions » jouent un rôle majeur :

– la Ruche, rue Falguière, le Bateau-Lavoir, rue Ravignan, Montparnasse, sont des espaces de vie qui ont acquis une dimension mythique ;

– les Salons des indépendants, d'automne, des Tuileries, des surindépendants... sans parler des salons tout court, comme celui de la princesse Edmond de Polignac, née Winnaretta Singer, où Romaine Brooks, José-Maria Sert et la fine fleur de la musique peuvent se côtoyer, offrent des possibilités sans égales ;

145

– des personnalités fortes contribuent à former des groupes qui sont autant de phares, vus de l'étranger : Pablo Picasso, Guillaume Apollinaire et André Salmon, les théoriciens Albert Gleizes et André Lhote, Jean Cocteau ou André Breton sont de ceux-là. À des titres divers, Henri Matisse – quand il dirige son académie –, et les ateliers d'Auguste Rodin et d'Antoine Bourdelle attirent de nombreux disciples. Les Delaunay, dans le sillage de leurs pérégrinations à Madrid et à Lisbonne pendant la guerre, suscitent des vocations parisiennes ;

– collectionneurs tournés vers la France – un Feliks Jasienski à Cracovie ou un Vincenc Kramar à Prague – et marchands parisiens – les Bernheim ou Kahnweiler – jouent un rôle aussi important que des revues nouvelles comme *Cahiers d'art* lancés en 1926 par les Zervos et Tériade ;

– Paris est aussi un chaudron intellectuel où les théories s'élaborent et s'épanouissent : le fauvisme, la Section d'or, l'orphisme, le futurisme, le cubisme, le synchromisme, le dadaïsme, le surréalisme... y ont droit de cité. C'est ainsi que la capitale française attire l'ensemble des arts. Des architectes américains, maghrébins et proche-orientaux ou balkaniques sont présents en nombre à l'École des beaux-arts après 1918. Les musiciens espagnols ou russes fréquentent leurs compatriotes plasticiens dès le début du siècle ; Falla affirme lui aussi : « Pour tout ce qui fait référence à mon métier, ma patrie, c'est Paris. » Sous l'impulsion de Debussy et de Ravel, le paysage musical français se diversifie. À une vague latine (d'Albéniz à Alfredo Casella en passant par Villa-Lobos et Edgar Varèse) succèdent des Russes (Stravinski, Prokofiev, Tchérepnine) et des Centre-Européens (Szymanowski, Enesco, Mihalovich, Martinú, Harsányi). Quant aux photographes, s'ils n'arrivent qu'au cours des années 1920, ils ont aussitôt des liens étroits avec les avant-gardes auxquelles ils ouvrent de nouvelles perspectives. Les avancées techniques qui se sont produites en Allemagne, la reproduction à bon marché et le développement d'une presse illustrée, jointe à l'apparition de nouveaux métiers (photoreporters), ont transformé leur univers. Les photographes étrangers (Krull, Brassaï, Kertész, Lotar, etc.) vont de plus affranchir la photographie parisienne de la nostalgie : ils exaltent la liberté de la capitale en en donnant une image vibrante et pittoresque à travers des « fragments urbains ».

C'est cette vie intense qui attire et retient : « Quand je suis arrivé à Paris, j'avais l'intention de louer un studio et de me dévouer à l'art, mais la vie était tellement intéressante que je ne pus me retirer et m'isoler pour travailler [12] », écrit Brassaï. Ce que Georges Limbour traduira en d'autres termes à propos de l'École de Paris : « Le lien qui unit les peintres de cette École, c'est l'atmosphère de Paris, une haute température de l'esprit, propice à la création artistique. Dans aucune autre ville du monde n'existe une telle passion de la culture [13]. »

Des motivations personnelles

Avec Jules Laforgue, Lautréamont et Jules Supervielle, on comprend aisément qu'il a existé une tradition francophone uruguayenne. Il en est de même avec les Italiens d'Alexandrie Marinetti et Ungaretti, avec les Roumains qui se sont construits, depuis le milieu du XIXᵉ siècle, une latinité destinée à leurs élites, avec les Tchèques dont la francophilie est si étroitement liée à la construction de leur identité. Pour les Polonais, Paris est depuis la grande émigration de 1830 une capitale de l'exil : y venir, c'est mettre ses pas dans les traces des prestigieux aïeux Adam Mickiewicz et Frédéric Chopin. Pour les juifs d'Europe centrale et orientale, rejoindre leurs coreligionnaires du Pletzl (du Marais), c'est reconstruire leur environnement d'origine. Jusqu'aux années 1920, Paris est accueillant. L'embauche y est facile. Les salaires sont plus élevés qu'en province. À la recherche d'un marché s'ajoutent évidemment des réseaux : fratries ou cousinages, souvenirs ou associations, lieux d'implantation déjà constitués.

Au niveau individuel, l'appel de Paris est ambigu. Comme l'écrivait le Polonais Antoni Potocki en 1904 : « Il ne manque pas dans ce pays d'artistes qui ne voulant pas assumer la responsabilité d'être martyr, ou apôtre, se précipitent vers Paris, poussés par l'égoïsme ou l'instinct d'autodéfense [14]. » La venue à Paris peut être une fuite en même temps que la volonté de satisfaire des aspirations à savoir, à être reconnu et légitimé. Souvent aussi, du pèlerinage révérencieux, de l'idée que la France a tout à vous apprendre, le voyageur passe à celle d'échange et de médiation. Il se sent investi d'une nouvelle mission – comme le Guatémaltèque Enrique Gomez Carillo ou le Tchèque Josef Sima : faire connaître sa culture aux Français et apporter à sa culture d'origine un nouvel élan, de nouvelles forces. Il en résulte parfois une perte d'identité qu'illustrent la graphie, la prononciation et la transformation du nom et du prénom [15].

Parmi ces visiteurs, une tentative de typologie ferait apparaître les bohèmes, jeunes, au corps à corps avec la pauvreté et la faim ; les pèlerins,

12. Cité par Kim Sichel dans *Le Paris des étrangers, op. cit.*, p. 261.
13. *L'Œil*, octobre 1957.
14. « Sztuka », 1904, p. 329, cité par Elzbieta Grabska dans *Un art sans frontières, op. cit.*
15. Ici encore, pour reprendre l'exemple de Kupka, s'agit-il de František, de Frank ou de François ?

dont les séjours durent plus ou moins longtemps et dont la présence est la matérialisation d'un dialogue culturel déjà engagé ; les passagers, qui visent d'autres destinations et dont la France n'est qu'un relais ; les enracinés, qui savent dès leur arrivée qu'ils sont parvenus à leur port d'attache. Ils peuvent passer d'une catégorie à l'autre au hasard de la chance ou de la malchance : on connaît les suites inespérées de la rencontre entre Alfons Mucha et Sarah Bernhardt. D'autres sombrent au contraire dans la misère, l'alcool, la déchéance : le suicide est leur seule issue et Paris est leur tombeau. Pour certains, derrière la Ville lumière se profile en effet la ville tentaculaire, égoïste, indifférente. Ils sont dans un monde où ils ont perdu repaires et soutiens. Aux difficultés matérielles s'ajoute l'incompréhension. La littérature très contradictoire consacrée aux séjours à la Ruche reflète la diversité des sentiments face au quotidien de privation auquel étaient confrontés ces déracinés. S'ajoute parfois aussi la perception aiguë d'une différence irréductible entre l'esprit français et leur culture d'origine.

Malgré ces rejets et ces échecs, la notion d'espace et de liberté qu'offre Paris reste en général beaucoup plus répandue, comme en témoigne un écrivain contemporain « exilé » en France : « Ce qui m'importe, c'est un changement radical de perspective, tel qu'on l'avait exprimé avant moi en ces termes : *Je préfère être un poisson minuscule dans un océan plutôt qu'une grosse carpe dans un étang.* Pour qui est parti sur les chemins sinueux d'un pèlerinage sans fin, la question de l'exil est dépourvue de sens. Car quoi qu'il en soit, il vit dans un "sans-lieu" qui est un perpétuel point de départ, ouvert dans toutes les directions [16]. » La logique du processus créateur échappe souvent aux contingences matérielles. Le mystère de Paris tient précisément au fait qu'il a été ce lieu privilégié où se sont réunis tant d'artistes capitaux au début du XXe siècle.

147

16. Vera Linhartova dans *Intellectuels en Europe. Paris-Prague*, Prague, Edice Stepanska, 1994.

L'École de Paris, suites

LAURENCE BERTRAND DORLÉAC

L'École de Paris n'est pas une école de peinture fixée à tout jamais. C'est une construction imaginaire dont les métamorphoses renvoient à l'identité de l'art français et donc à cette France à la recherche d'elle-même qui oscille toujours entre l'ouverture et l'exclusion. Entre 1925 où l'expression apparaît et aujourd'hui, où elle est avant tout un objet historique, ses différents états recoupent une histoire de l'art en quête d'une tradition française universaliste qui saurait intégrer tout le monde, sans renoncer à ce qui s'entend le plus souvent comme un tempérament national singulier, un ensemble de traits communs, une distinction et finalement une exception [1]. Le 4 janvier 1925 dans *Comœdia*, le critique André Warnod [2] baptise « l'École de Paris [3] » pour défendre l'art français vivant contre l'Académie et l'art officiel, avant de passer dès la fin du mois à une position plus audacieuse qui intègre cette fois les artistes étrangers « à côté des artistes français [4] ». L'expression vient réaffirmer avec lui la suprématie de l'art français et de Paris comme centre du monde et désigner des artistes depuis longtemps installés en France et repérés mais sans vrai « statut ». Avant d'avoir lancé le concept, André Warnod a beau hésiter et s'inquiéter un peu des « mauvais » étrangers du monde de l'art, il voit surtout dans les « bons » un facteur d'« agitation très profitable » et un apport [5]. Même s'il reconnaît d'entrée de jeu qu'il est « très difficile de préciser ce que les étrangers nous empruntent et ce que nous leur empruntons [6] », bien d'autres que lui vont s'attacher à distinguer leurs singularités ; dans le meilleur des cas, en pariant sur le charme tempérant de la capitale et la capacité d'intégration

1. Pour développement, voir Laurence Bertrand Dorléac, « De la France aux magiciens de la terre. Les artistes étrangers à Paris depuis 1945 », *Le Paris des étrangers depuis 1945*, dir. Antoine Marès et Pierre Milza, Paris, Publications de la Sorbonne, 1994 ; « L'École de Paris, un problème de définition », *Revista de Historia da Arte e Arqueologia*, 1995-1996 ; « Paris-Est : l'échange artistique », *Regards croisés et coopération en Europe du XXᵉ siècle*, dir. Élisabeth du Réau, Paris, Presses de la Sorbonne nouvelle, 1996 ; « L'art de l'étranger », *Toute la France. Histoire de l'immigration en France au XXᵉ siècle*, dir. Laurent Gervereau, Pierre Milza, Émile Temine, Paris, BDIC, Musée d'Histoire contemporaine, 1998.
2. André Warnod, journaliste au *Figaro* dans l'entre-deux-guerres, était en outre romancier et, depuis le début du siècle, l'auteur d'un bon nombre d'ouvrages sur Paris et sur le vieux Montmartre, ainsi que sur la peinture française, en particulier montmartroise.
3. A. Warnod, « L'État et l'art vivant », *Comœdia*, 4 janvier 1925.
4. A. Warnod, « L'École de Paris », *Comœdia*, 27 janvier 1925.
5. *Ibid.*
6. *Ibid.*

de la France qui saurait les instrumentaliser en les infléchissant et finalement les soumettre. En 1926, parmi les plus ouverts, l'historien d'art Henri Focillon avait repéré « ces artistes étranges » qui ne « sont encombrés d'aucun humanisme » mais doués de « leur singulière capacité d'assimilation » qui « les autorisait à s'en chercher un dans les musées et dans les ateliers d'Occident[7] ». Sur ce terrain, si les différences sont pointées, la présence importante des artistes étrangers (et plus encore depuis la fin de la Première Guerre mondiale) n'est pas remise en cause mais plutôt justifiée.

Elle ne date d'ailleurs pas d'hier : dès les années 1910, le critique Jacques-Félix Schnerb note qu'il suffit de jeter un coup d'œil sur les livrets des Salons[8] pour s'apercevoir qu'ils représentent en moyenne près d'un cinquième des artistes exposés. L'École de Paris est-elle pour autant prête à tous les adopter ? Si l'expression passe rapidement dans le langage commun du monde de l'art[9], c'est bien davantage pour désigner les artistes étrangers les plus en vue et les premiers arrivés plutôt que les autres, inconnus ou presque. Même si le terme d'École de Paris est régulièrement contesté autant que son contenu[10], il semble désigner un phénomène encore flou mais désormais toléré qui répond à « l'embourgeoisement » des lieux cultes, en particulier Montparnasse, et à la réussite des « vedettes » de plus en plus prisées par la critique et bientôt par le marché et le public qui ajuste ses goûts des conventions à l'esprit du temps.

L'histoire de l'art semble acquise aux artistes étrangers de l'École de Paris, dès 1931, si l'on s'en tient à l'édition du *Dictionnaire biographique des artistes contemporains* qui leur consacre une large place. Le critique Georges Charensol y annonce en outre que « l'atmosphère de la douce terre de France » a bien agi sur eux, en leur faisant oublier la misère des ghettos d'Europe centrale[11]. Même si, en 1937 encore, à l'occasion de l'Exposition

7. Henri Focillon, *Gazette des beaux-arts*, juin 1926.

8. Jacques-Félix Schnerb, « Les Salons de 1914. Le Salon des indépendants », *Gazette des beaux-arts*, janvier 1914. Voir aussi le comptage des artistes étrangers par nationalité d'Henry Bidou dans « Les Salons de 1910 », *Gazette des beaux-arts*, mai 1910.

9. Dès 1927, dans ses *Essais critiques sur l'art moderne*, le critique Charles Fegdal témoigne de l'emploi de « l'École de Paris » pour qualifier « les artistes indépendants venus ici, de tous les pays du monde, pour étudier l'art français », Paris, Librairie Stock, Delamain, Boutelleau et Cie, 1927.

10. En 1929, Adolphe Basler et Charles Kunstler reconnaissent « une Babel de la peinture » à Montparnasse : « Mais est-ce l'École de Paris ? Et y a-t-il même une École de Paris ? » Voir A. Basler et C. Kunstler, *La Peinture indépendante en France II. De Matisse à Segonzac*, Paris, Éditions G. Crès et Cie, 1929.

11. *Dictionnaire biographique des artistes contemporains*, Paris, Art et Édition, 1931, tome II, p. 249. Participaient à la rédaction de ce dictionnaire dont le premier tome parut en 1930 : Jean Cassou, Georges Charensol, Édouard des Courrières, Armand Dayot, Jérôme Doucet, André Fontainas, Florent Fels, Camille Mauclair, Victor-Émile Michelet, Gabriel Mourey, Georges Rivière, Louis Vauxcelles, Roger Vitrac et Waldemar George.

internationale, Chagall doit se plaindre de l'indifférence des pouvoirs publics qui l'écartent de la commande comme « étranger » (il n'est pas encore naturalisé français), l'État, en d'autres occasions, manifeste sa volonté d'intégrer l'École de Paris, en particulier quand il accorde son indépendance au musée d'art étranger dont s'occupe l'ingénieux conservateur André Dézarrois, à partir de 1930. Même si certains regrettent, dès ce moment, de ne pas voir exposés dans un seul grand musée ambitieux les étrangers « aux côtés des Français », une étape est franchie. La salle 14 consacrée à « l'École de Paris » sert d'objet de curiosité pour un public qui apprend à connaître les œuvres de Picasso, Juan Gris, Modigliani, Van Dongen, Marc Chagall ou Ossip Zadkine, tous ces artistes qui ont posé un casse-tête à l'administration des musées ainsi qu'à l'Académie des beaux-arts minée par le dilemme : comment définir un artiste « étranger » ou français et selon quels critères : nationalité d'origine uniquement, durée de séjour en France, production ?

Si la bannière ambiguë de « l'École de Paris » affichait, dès l'origine, toutes les aspérités du projet d'intégration française des étrangers, l'administration de l'État l'utilisait à son profit comme outil diplomatique à l'étranger. En 1931, le critique André Salmon, qui avait joué un rôle important dans le mouvement moderne, donnait à Prague une conférence sur l'École de Paris, à l'occasion d'une exposition sur le même thème, déclarant que « les bureaux gouvernementaux l'avaient favorisé en se présentant lui-même comme une sorte d'agent secret et l'un des *missi dominici* délégués à travers le monde [12] ».

La même année pourtant, le même André Salmon renie ce qu'il décrit lui-même comme sa « politique métécophile [13] », au moment où la société française en son ensemble s'oriente vers un retour sur soi que la scène artistique avait depuis assez longtemps laissé présager.

L'antichambre de la France

Au moment même où l'École de Paris semble la mieux placée pour s'intégrer à la vie artistique française, au moment où les artistes étrangers en vue sont régulièrement pris en exemple de l'assimilation flatteuse de leur singularité (chacun a sa spécialité [14]), resurgit un discours d'exclusion ralliant la montée des totalitarismes en Europe. Paris, dont l'École dépend étroitement, redevient le centre nerveux du débat sur l'avenir de la France, non seulement comme capitale mais comme laboratoire de la

12. André Salmon, « Ce qu'est l'École de Paris », *La Vie artistique*, juin 1931.
13. A. Salmon, *Léopold Lévy*, cité par Romy Golan, dans : « The "École française" vs. the "École de Paris". The Debate about the Status of Jewish Artists in Paris between the Wars », *The Circle of Montparnasse, Jewish Artists in Paris, 1905-1945*, New York, Jewish Museum, 1985, p. 86.
14. Voir l'édition de 1931 du *Dictionnaire biographique des artistes contemporains, op. cit.*

modernité [15]. Aux yeux de ses adversaires, de plus en plus nombreux dès les années 1920, et plus encore dès que la crise économique et le chômage frappent, la ville devient le chantre du «cosmopolitisme» et du «mercantilisme», où déceler tous les signes du déclin des valeurs traditionnelles, comme un grand organisme agité en permanence d'un mouvement qui viole et déplace dangereusement les frontières en fragilisant la France.

Au fond, dès 1925, le baptême en apparence bon enfant et généreux de l'École de Paris par André Warnod est déjà miné par la volonté de séparer le bon grain de l'ivraie, les bons étrangers des mauvais et «l'autre» du Français. À cet égard, la nouvelle École émerge comme un cadre contraignant et comme le sas d'une «École française» qui s'ouvrirait aux plus méritants (les plus anciens en France aussi), en excluant les autres. Le préambule en serait la volonté de ceux qui, dès 1923 (deux ans avant la naissance officielle de l'École de Paris), exigent le classement «des étrangers par nationalité ou par race [16]» au Salon des indépendants, où le nombre d'exposants non français avait augmenté depuis les années 1910 [17].

Si l'on saisit bien chez les extrémistes de droite «l'équité» de ce classement inédit pour débusquer «tous les Juifs de Russie, de Pologne, de Bohême, de Moravie, de Galicie, de Bessarabie et d'ailleurs [18]», on comprend l'amplitude de la discussion : une «tempête [19]» au sein du comité des Indépendants qui recule devant le risque de démission de plusieurs «têtes [20]». Le projet qui tourne court a pourtant délié les langues et les plumes, et bien au-delà de la manie d'époque d'inventorier et de classer les populations, bien au-delà aussi des ultracistes.

15. Sur Paris au tournant du siècle, voir Christophe Prochasson, *Paris 1900. Essai d'histoire culturelle*, Paris, Calmann-Lévy, 1999.

16. Voir le compte rendu d'André Warnod dans «Assemblée générale des Indépendants», *Comœdia*, 1924.

17. Alors qu'au Salon des indépendants de 1920, les artistes d'origine étrangère représentaient environ un cinquième de l'ensemble, ils sont en 1924 près d'un tiers. Des propositions du genre se manifestent pourtant depuis plus longtemps. Voir pour exemple le critique traditionnellement ouvert René Jean qui, dès 1911, écrit : «Si l'on se décidait, aux Salons d'avant-garde, à mettre à part les artistes étrangers, peut-être serait-on frappé de voir combien leur éparpillement parmi nos salles a pu nuire, dans l'opinion moyenne, à la renommée de l'apport pictural contemporain», «Les Salons de 1911», *Gazette des beaux-arts*, mai 1911.

Bien que dans une optique très différente, la précision du pays d'origine des exposants date du début du siècle ; Claude-Roger Marx y fait allusion à propos du Salon des indépendants en se félicitant de leur apport important, en février 1904 dans *La Chronique des arts*.

18. Voir Henri Longnon, *L'Action française*, 2 février 1924.

19. Je reprends l'expression d'André Warnod qui rend compte de la réunion, dans «Assemblée générale des Indépendants», présidée par Maximilien Luce, assisté de Luc-Albert Moreau, vice-président, et des deux secrétaires, Léveillé et Ygounet de Villiers, *loc. cit.*

20. *Ibid.*

Il faudra donc prendre au sérieux les allusions d'un Henri Longnon, dans le journal d'extrême droite *L'Action française*, le 2 février 1924, à la crainte de ses ennemis de voir inventer en plein Salon des indépendants un « camp de concentration où seront relégués les étrangers [21]… ». C'est que les imaginaires de la peur et de la haine sont en train de se mettre en place. Une fois « fondée, nommée, classée [22] », l'École de Paris repérée devient le bouc émissaire idéal, tandis que ses « sûres lettres de naturalisation [23] » que devaient assurer la belle souplesse des étrangers et leurs dons d'assimilation au génie français, vont très vite être contestées par les ennemis de tout mélange.

La haine conjuguée de la nouveauté en art et de la modernisation de la France, bien connue du XIXᵉ siècle, ne fait que s'amplifier tout au long de cet entre-deux-guerres dominé par la montée des périls en Europe et la crise économique à partir des années 1930. À cet égard, nul doute qu'ont joué des réflexes corporatistes élémentaires dans un milieu qui voit les étrangers comme autant de rivaux potentiels sur un marché en crise. Traquant le coupable imaginaire qui avait été tour à tour juif, boche, slave ou oriental, chacun à sa façon – les Waldemar George ou les Vanderpyl – appelle à la dissolution de l'École de Paris au bénéfice d'une École « purement » française. Camille Mauclair qui avait fréquenté les milieux anarchistes et symbolistes du XIXᵉ siècle, s'acharne, à partir de la fin des années 1920, contre « ce soviet pictural qui s'intitule École de Paris, alors qu'il est presque entièrement composé d'étrangers qui profitent du renom de Paris et tâchent de saper le goût de France [24] ». Leur discours contient les ingrédients pathologiques d'une xénophobie et d'un antisémitisme que la défaite et l'occupation allemande rendront ordinaires sous Vichy, lorsqu'ils auront désormais la loi pour eux, qui réduira les étrangers et les juifs à la peur, à la fuite, à l'exil et parfois à la mort. L'École de Paris vit alors les heures les plus sombres.

L'histoire serait plus simple si elle n'avait concerné que les ultracistes ; or ils n'ont pas été les seuls à combattre « l'ennemi » à terre, depuis longtemps expurgé des cimaises et des textes. Dans les rangs officiels du monde de l'art, on s'attache encore à repérer les incompatibilités entre l'art français et l'École de Paris. Chez les responsables, Robert Rey, par exemple, conservateur et inspecteur général des Beaux-Arts et des Musées, qui, en pleine Occupation, s'en prend dans son « Que sais-je ? » sur *La Peinture moderne ou l'Art sans métier* [25], au Paris cosmopolite et à ces expériences qui auraient pu avoir leur intérêt « dans un musée d'ethnographie contemporaine », mais qui ne peuvent que déboussoler le public. Illustrer les carté-

21. H. Longnon, *loc. cit.*
22. Je reprends l'expression de C. Fegdal dans ses *Essais critiques sur l'art moderne, op. cit.*
23. L'expression est de C. Fegdal dans ses *Essais critiques sur l'art moderne, op. cit.*
24. Camille Mauclair, *L'Ami du peuple*, 15 août 1929.
25. Éditions Flammarion, 1941.

siennes *Fables* de la Fontaine par des « lévitations » de Chagall lui était insupportable même s'il faisait confiance au public qui se défendrait d'instinct, troublé « par les éclaboussements colorés et les violentes divagations de cette École de Paris qui ne comportait pratiquement pas un Parisien […] Pas un Français [26]. »

Dernières cartouches

La Libération suspend la nocivité de tels propos et André Malraux rendra bientôt justice à Chagall en imposant son œuvre à l'Opéra de Paris en 1964. Il n'empêche : l'histoire de l'École de Paris démontre la filiation d'une pensée française toujours inquiète d'elle-même et de son identité jalousement gardée.

L'historien d'art et conservateur au musée d'Art moderne depuis 1941, défenseur en outre d'un art français de tradition moderne, Bernard Dorival, pose en 1944 [27] le problème de l'influence étrangère en défendant la raison occidentale contre les débordements orientaux qu'il juge en expansion et liés aux bouleversements politiques. Voyant dans la peinture « le témoignage de toute l'activité moderne et d'un temps qui n'était décidément pas celui de la raison [28] », il s'appuie sur l'histoire pour s'inquiéter du « réveil étrange des arts orientaux ou des arts proches de l'Orient [29] », qui lui donnent l'impression que « l'Occident était de nouveau battu par une marée déferlante de l'Est, comme il l'avait été aux premiers siècles de notre ère [30] ». La preuve : le rôle de l'Espagne marquée par l'occupation arabe et qui avait joué un rôle important dans la genèse du cubisme et du surréalisme ; la contribution des peuples de l'Est, la Lituanie, la Pologne ou la Russie, à la peinture moderne ; la mode des arts islamiques et extrême-orientaux.

Bien trop érudit pour ignorer que l'Occident n'avait cessé de puiser en Orient – de Duccio à Ingres et de Delacroix à Matisse –, Bernard Dorival se demande comment le « génie traditionnel » de la France va faire cette fois pour « assimiler ces apports orientaux, s'enrichir et se fortifier par eux et, plus robuste ainsi résister à leur étreinte [31] ». Il n'est pas seul à voir l'art français comme supérieur à tous les autres et d'autant mieux qu'il sait les piller en leur imposant finalement ses lois : sa raison, son achèvement, sa tempérance mais aussi sa fronde et tout ce qui fait au final son universalité. Vieille conception qui lui sert à relancer l'idée presque moribonde d'une École de Paris, après des années d'intolérance et d'exclusion des étrangers.

153

---

26. Robert Rey, *La Peinture moderne ou l'Art sans métier, op. cit.*, p. 120.
27. Bernard Dorival, *Les Étapes de la peinture française contemporaine*, Paris, Gallimard, 1944, tome III.
28. *Ibid.*, p. 319.
29. *Ibid.*
30. *Ibid.*
31. *Ibid.*, p. 320.

L'élasticité du concept d'École de Paris sert Bernard Dorival dans sa démonstration, précieuse en 1944, selon laquelle la France dicte son modèle à tous et jusqu'aux juifs d'Orient auxquels s'était imposé « le climat de notre pays […] avec une force si doucement convaincante qu'il modifia leur esprit et leurs formes, et fit de leur art une manière de marche ou de pays sous mandat de l'art proprement français [32] ».

Presque au même moment, son rival, l'historien d'art Pierre Francastel dans son *Nouveau dessin, nouvelle peinture, l'École de Paris* [33], réinvente, à rebours, une École de Paris authentiquement française sans faire allusion à la participation d'artistes étrangers, pour exalter ces jeunes artistes « de tradition française » qu'il avait découverts en France sous l'Occupation [34]. En affublant le vieux concept d'un patriotisme fringant, il alimente le moulin des adversaires d'une France prétentieuse et trop sage à la fois, au moment où commence une lutte acharnée avec New York, qui présente l'image radicale et séduisante de l'innocence des commencements sur fond d'un puissant volontarisme artistique et national. Georges Limbour ou Charles Estienne pourront essayer de redresser la barre, au début des années 1950, en annonçant un rajeunissement de « l'École de Paris » qui réunirait « tous » les artistes abstraits ou presque, sans distinction de nationalités [35], les dés sont jetés : *l'abstraction lyrique* a beau triompher en France, c'est New York qu'elle fait gagner contre Paris.

32. *Ibid.*, p. 321.

33. Paris, Librairie de Médicis, 1946.

34. Lors de l'exposition « Douze peintres d'aujourd'hui », à la galerie de France, en 1943, où étaient présentées trente-six œuvres de : Bazaine, Borès, Estève, Fougeron, Gischia, Lapicque, Le Moal, Manessier, Pignon, Singier, Villon, et des sculptures de Chauvin.

35. En février 1952, il organisait l'exposition d'une « Nouvelle École de Paris » à la galerie de Babylone, pleine à craquer des œuvres des artistes abstraits du moment, toutes nationalités confondues. Étaient représentés dans un premier groupe : Bazaine, Berçot, Deyrolle, Estève, Hartung, Hilaireau, Lapicque, Le Moal, Manessier, Mortensen, Piaubert, Pignon, Poliakoff, Marie Raymond, Schneider, Surgier, Soulages, de Staël, Tal-Coat, Ubac, Vasarely, Vieira da Silva ; dans un second : Arnal, Atlan, Calmettes, Chapoval, Denise Chesnay, Degottex, Cicero Dias, Dmitrienko, Duvillier, Roberta Gonzalez, Lapoujade, Loubchansky, Messagier, Nejad, Pichette, Pons, Quentin, Resvani, Fahr-el-Nissa Zeïd. En 1953, il remettait cela en proposant une « Introduction à la Nouvelle École de Paris », à la galerie Ex-libris de Bruxelles. Cette fois, il s'agissait d'un cycle d'expositions particulières de Deyrolle, Poliakoff, Schneider, Nejad, Gilioli, Estève, Lapicque, Loubchansky, Duvillier et Messagier.

Cette tentative de mettre sur pied une École de Paris non-figurative était partagée par un assez grand nombre de protagonistes, jusqu'aux instances officielles qui patronnèrent, en 1978, l'exposition « École de Paris » au Palazzo Reale de Milan, uniquement composée d'œuvres abstraites.

Pour les années 1950, voir pour exemple parmi d'autres : Hubert Juin et Jean-Clarence Lambert qui, en 1956 et 1958, proposèrent leur *Jeune École de Paris* dans le Musée de Poche édité par Georges Fall.

La peau de chagrin

Lorsqu'on enregistre empiriquement la leçon de ceux qui voient la nécessité de récupérer tous les apports étrangers ou, ce qui va de pair, les insoumis (à la tête desquels vocifère Dubuffet), il est déjà trop tard et l'art français a commencé son purgatoire. La puissance économique et politique des États-Unis aura raison d'une agitation parisienne dépourvue de stratégie. Dans les faits, l'École de Paris chauvine d'un Pierre Francastel cède rapidement la place au rassemblement le plus large, sorte de République des arts de tous ceux qui ont choisi la France pour vivre et pour créer – les chiffres montrent que l'émigration, condamnée sous Vichy, reprend à partir de 1945, ramenant vers Paris des artistes de tous les coins du monde.

Avant la guerre, si l'École de Paris avait fait son chemin sans l'appui d'expositions de groupes en tant que telles, des manifestations dans le monde se multiplient après la Libération en usant d'un concept-gigogne qui s'affirme avant tout par la magie de la formule sans faire généralement l'objet d'aucun effort de définition [36]. L'École de Paris peut dorénavant aussi bien renvoyer à des émigrés de la première partie du siècle qu'à n'importe quel artiste connu ou pas encore, de n'importe quelle nationalité et de n'importe quelle tendance. Si l'on dresse le tableau de ces manifestations, leur œcuménisme ne condamne pas pour autant les stratégies nationales, esthétiques, voire économiques ; il n'empêche, le temps des exclusions est passé et l'École de Paris se plie à nouveau à l'ambiance en révélant sa fonction : n'étant rien de très précis, elle peut à tout moment légitimer un groupe et juste après un autre, selon le besoin de chacun.

C'est comme souvent hors des frontières que l'on a formulé le plus clairement la vocation internationale de la capitale, Hubert Read réunissant, dès 1938 à Londres, une exposition de l'École de Paris qui regroupe des artistes français et étrangers. Dans les faits, l'ensemble des manifestations de l'après-guerre témoigne plutôt d'une «citoyenneté parisienne» généreuse qui ne s'embarrasse pas d'une définition stricte de l'École de Paris. Mieux, alors que l'on s'évertuait avant et pendant la guerre à fermer les portes de Paris pour ne pas laisser passer les indésirables, ces portes ont tendance à se fermer dorénavant pour qu'ils ne puissent plus en sortir.

Compte tenu d'une internationalisation croissante, Paris devient une scène parmi d'autres qui, dans le cadre de stratégies individuelles de plus en plus objectives, ne vaut pas forcément une naturalisation ni la fidélité à des institutions nationales durement concurrencées par d'autres à

36. Voir pour exemples : *École de Paris*, trad. de l'italien, Milan, Gruppo Editoriale Fabbri, 1967-1975 ; Paris, Rive-Gauche Productions, 1981. Voir également les textes publiés par la galerie Charpentier qui, après la guerre, consacre un cycle commercial à « L'École de Paris », plus d'une décennie durant, réunissant dans l'éclectisme des artistes de toutes les générations et de toutes les nationalités. Sur l'École de Paris dans la première partie du siècle, il faut attendre, en 1985, l'exposition «The Circle of Montparnasse. Jewish Artists in Paris, 1905-1945 », au Jewish Museum de New York, pour voir discuté le concept sur des bases plus rigoureuses.

l'étranger [37]. Charles Estienne peut se féliciter en juillet 1954 de ce que « toute la peinture du monde » se fait « tôt ou tard citoyenne de Paris [38] », que la nouvelle École de Paris ne soit pas « la colonie [39] » américaine que l'on croyait et qu'il y ait des artistes en France qui travaillent depuis longtemps l'expression lyrique, les camouflets ne se font pas attendre. La Biennale de Venise devient le bon indicateur du nouvel échiquier international. La scène américaine doit attendre 1964 pour afficher sa première grande victoire en Europe et s'enticher des tics chauvins que l'on avait à juste titre attribués aux Français : le premier prix de Robert Rauschenberg à Venise inspire au commissaire de la participation américaine, Alan R. Salomon, un discours sans subtilité qui annonce fièrement que tout le monde devra désormais reconnaître que le centre des arts est passé de Paris à New York. Un an plus tôt, la scène française avait essuyé un premier revers face aux États-Unis qui remportaient le prix de la Biennale de São Paulo décerné à Adolph Gottlieb [40]. Quant à la Documenta allemande de Kassel née en 1955 [41], elle invite massivement, dès 1968, les artistes d'outre-Atlantique, en sacrifiant la scène européenne et la scène parisienne.

Contre l'isolement de la capitale française, contre l'absence en France d'un musée d'art moderne international digne de ce nom jusqu'à la fin des années 1960, l'École de Paris n'était d'aucun secours. Le concept était pleinement usé à force d'avoir servi toutes les causes et toute la peinture depuis le début du siècle avait fini par entrer dans une définition élastique qui ne cessait d'évoluer au gré des modes esthétiques et des stratégies nationales et identitaires. C'est le sens à donner au « ? » de Bernard Ceysson

37. 1958 est à cet égard une date importante puisque, lors de la XXIXᵉ Biennale, la France était « mise en accusation devant cette ONU miniature que constituait à l'époque le jury » ; ce dernier préférait Mastroianni à Pevsner. Voir Pierre Restany, « Biennales », *L'Avant-Garde au xxᵉ siècle*, en collaboration avec Pierre Cabanne, Paris, Balland, 1969, pp. 114-115.

38. Charles Estienne, « Le surréalisme et la peinture à la Biennale de Venise », *Combat-Art*, n° 8, 5 juillet 1954.

39. C. Estienne, « Paris-mai ou la peinture imprévue », *France-Observateur*, n° 210, 20 mai 1954. Dans ce texte, Estienne faisait remarquer que Sam Francis travaillait à Paris.

40. La Biennale de Sao Paulo naissait en 1951, selon des principes analogues à ceux qui présidaient à la Biennale de Venise. En alternance avec celle-ci, elle réglait la vie artistique internationale, selon les années, en infléchissant ou en accentuant les choix de sa consœur. Comme elle, elle privilégia longtemps après la guerre les écoles européennes ; le retour de balancier fut d'autant plus cruel : en 1963, Soulages perd contre Gottlieb et, en 1967, César à qui échappe le grand prix est mis en situation de refuser le prix de consolation.

41. La Documenta naissait à l'initiative du professeur Bode, de l'Académie de Kassel. Ayant lieu tous les quatre ans (ou à peu près), elle était, dans un premier temps, une manifestation très allemande avant de s'ouvrir, à partir de 1968, à d'autres perspectives moins nationales.

à son exposition sur « L'École de Paris ? » au Luxembourg, en 1998 [42], et c'est aussi le sens de la disparition de l'École de Paris comme concept agissant. Davantage que les « écoles », le nouveau siècle de moins en moins jacobin semble préférer « les magiciens de la terre [43] » et les différentes formes de déterritorialisation et de résistance à toute assimilation. Comme si Paris s'était lassé de négocier sa position centrale de donneuse de leçon pour renouer avec cet « enfer » où Balzac a fait tomber sa fille aux yeux d'or, parce que là, à Paris, « tout fume, tout brûle, tout brille, tout bouillonne, tout flambe, s'évapore, s'éteint, se rallume, étincelle, pétille et se consume. Jamais vie en aucun pays ne fut plus ardente, ni plus cuisante. Cette nature sociale toujours en fusion semble se dire après chaque œuvre finie : "À une autre" [44] ».

42. « L'École de Paris ? 1945-1964 », Fondation du musée d'Art moderne Grand Duc Jean, Musée national d'histoire et d'art, Luxembourg, 1998-1999.

43. Voir l'exposition organisée par Jean-Hubert Martin au Centre Georges Pompidou et à la Grande Halle de la Villette en 1989.

44. Honoré de Balzac, *La Fille aux yeux d'or*, 1835.

Catalogue

L'École de Paris
ou l'artiste en arlequin, Picasso

Picasso, qui domine alors la scène artistique, est choisi ici comme figure clé de l'École de Paris – ce riche assemblage d'artistes venus d'horizons différents – dont il est le représentant exemplaire. Arrivé dans la capitale en 1900, il s'y installe en 1904. Au Bateau-Lavoir, au contact des poètes Salmon, Apollinaire et Max Jacob, il s'approprie Arlequin qui l'accompagnera de façon symptomatique dans les années considérées. Fil conducteur dans son art protéiforme, il se décline en autant d'autoportraits travestis ; tour à tour saltimbanque, acrobate ou fou du roi, il est le « funambule errant » (Rilke). Le costume bariolé et le chapeau géométrique sont prétextes, depuis la période bleue jusqu'aux essais cubistes (*Arlequin*, 1913), à expérimenter diverses variations picturales comme en témoignent les œuvres retenues.

Empruntant les canons néoclassiques – harmonie des couleurs et prépondérance du dessin –, Picasso réalise en 1917 le portrait mélancolique de Léonide Massine, chorégraphe du ballet *Parade*. Quelques années plus tard, l'*Arlequin musicien* (1924) exalte le désordre en accentuant l'extravagance vestimentaire et rompt avec la légèreté du personnage de théâtre en insistant plutôt sur la dimension énigmatique d'Arlequin/Picasso. Quant au *Visage d'Arlequin* de 1927, il est masqué par un cloisonnage coloré – tel un vitrail – dans lequel se mêlent et se superposent chapeau, costume et collerette.

Pablo Picasso
Arlequin
1917

Pablo Picasso
Arlequin
1913

Pablo Picasso
Arlequin musicien
1924

Primitivismes et cubismes

La scène artistique parisienne, au début des années 1910, est traversée par différentes avant-gardes aux frontières perméables : cubisme, futurisme, abstraction. Les artistes « étrangers », lestés de leur bagage culturel, favorisent de nouvelles compénétrations. Parmi les sculpteurs, Brancusi, nourri de sa culture roumaine et prenant ses distances avec Rodin, crée des sculptures « primitives » aux formes épurées avec une dimension symbolique propre. Modigliani, à sa suite, sculpte et peint des idoles-cariatides d'inspiration à la fois archaïque et africaine. D'autres sculpteurs, tels que Nadelman, associent à une simplification des volumes et à des sujets contemporains la tradition de la statuaire hellénique ; Lehmbruck renouvelle les canons classiques en y introduisant une déformation caractéristique ; Orloff, quant à elle, influencée par l'archaïsme grec, polit les matériaux, privilégiant la masse sur le détail ; tandis qu'Indenbaum introduit la polychromie sur des formes schématiques. Dunikowski et Zadkine mêlent couleur et taille directe : le premier y ajoute la fragmentation qui donne un caractère brutalement expressif à ses œuvres, l'autre propose une approche singulière du cubisme – dont il ne retient que le traitement en facettes –, créant un effet « expressionniste », alors ressenti comme « barbare ».

Le cubisme, bien que surgi dès 1907, apparaît comme l'avant-garde « française » au Salon des indépendants de 1911 – Gleizes, Metzinger, Le Fauconnier… Y participent beaucoup d'artistes « étrangers » : Gris, Rivera, Lipchitz, Marcoussis, Férat, Blanchard, Baranoff-Rossiné, Exter, Halicka, Archipenko, Csáky, Szobotka… Faisant preuve d'une grande liberté et fuyant toute orthodoxie, ils confèrent à ce courant une grande variété d'accents, insistant sur la couleur (Gris, Chagall), les contrastes chromatiques de tendance « orphique » (Sonia Delaunay, Kupka, les synchromistes américains Russell et Bruce), la vitesse (Severini), le mouvement (Crotti, Bailly), la déréalisation progressive de l'objet (Lipchitz, Archipenko, Storrs, Csáky) allant même jusqu'à l'abstraction (Mondrian).

Constantin Brancusi
Muse endormie
1910

František Kupka
Ordonnance sur verticales en jaune
1913

František Kupka
*Étude pour le langage
des verticales*
1911

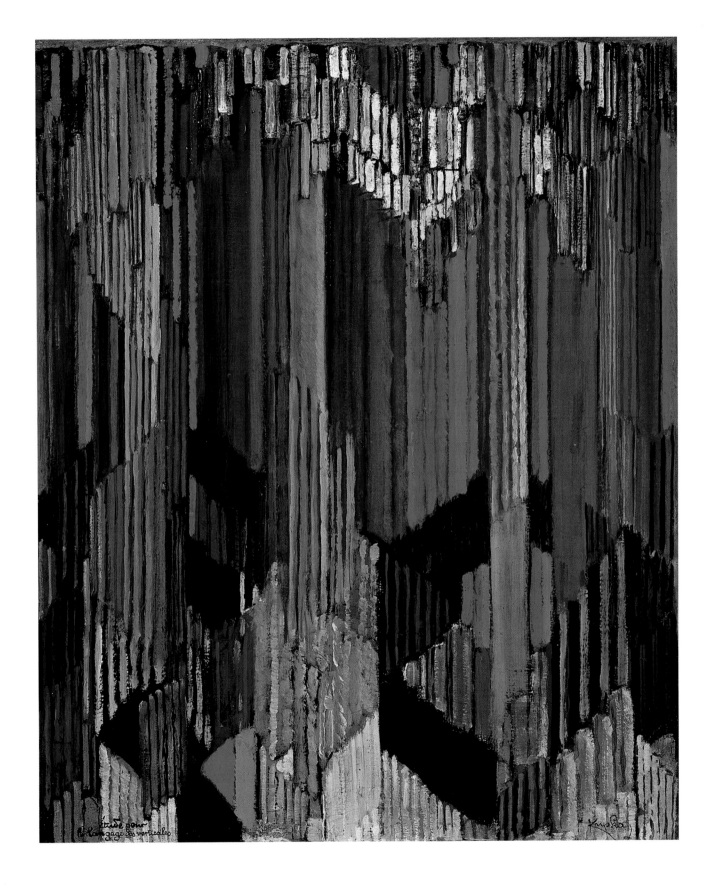

Morgan Russell
Nature morte synchromiste
avec nu en jaune
1913

Patrick Henry Bruce
Composition VI
1916

John Storrs
Formes abstraites n° 2
c. 1917-1919

Patrick Henry Bruce
Peinture (Formes)
c. 1918-1919

Constantin Brancusi
Portrait de Madame L. R.
1914-1917

Amedeo Modigliani
Cariatide
1913

Amedeo Modigliani
Cariatide
c. 1911

Amedeo Modigliani
Tête de femme
1913-1914

Amedeo Modigliani
Tête
1911-1912

Élie Nadelman
Tête
c. 1910-1911

Wilhelm Lehmbruck
Torse incliné
1913

177

Léon Indenbaum
Tête de Foujita
1915

Chana Orloff
Torse
1912

Foujita
Femme au verre et à la carafe
1917

Alexandre Archipenko
Femme au chat
1911

Ossip Zadkine
Figure féminine
1914

Ossip Zadkine
Déméter
1918

Sonia Delaunay

Philomène

1907

Otto Freundlich

Masque d'homme

1911

Ossip Zadkine

Tête d'homme

1919

Ossip Zadkine

Maternité

1919

Ossip Zadkine
Le Prophète
1914

Xawery Dunikowski
Le Souffle
1914-1917

Xawery Dunikowski
Autoportrait
(Je marche vers le soleil)
1916-1917

Piet Mondrian
Composition N° VI
(Composition 9, Façade bleue)
1914

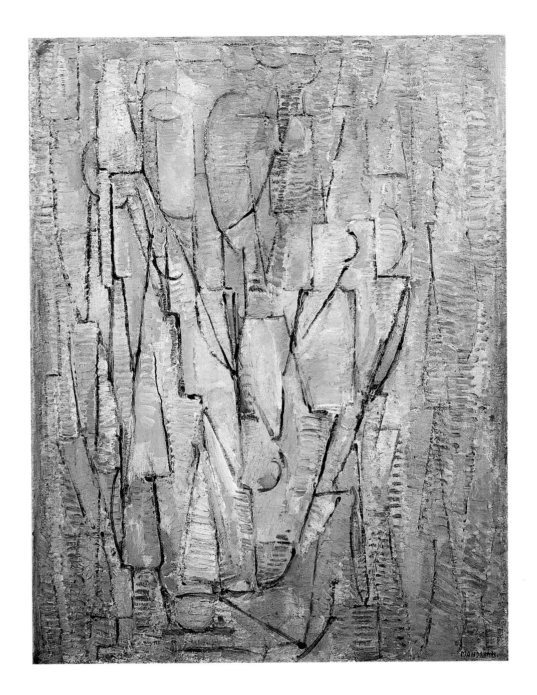

Piet Mondrian
Composition N° XI
1912

Jószef Csáky
Tête cubiste
1920

Jószef Csáky
Composition cubiste – Cônes et sphères
1919

Jacques Lipchitz
Figure assise
1917

Marc Chagall
Hommage à Apollinaire
1911-1912

Jacques Lipchitz
Arlequin à l'accordéon
1919

Marc Chagall
Adam et Ève (Tentation)
1912

Jacques Lipchitz
Marin à la guitare
1917-1918

Jacques Lipchitz
Personnage jouant de la clarinette II
1919-1920

Jacques Lipchitz
Figure détachable : danseuse
1915

Juan Gris
Maisons à Paris
1911

Juan Gris
Bouteilles et couteau
1912

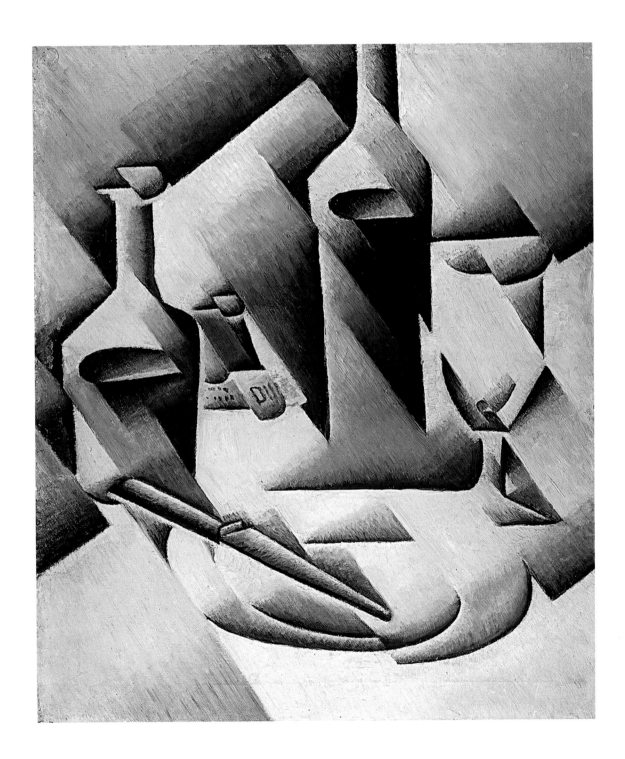

Juan Gris
Portrait de Maurice Raynal
1912

Juan Gris
Hommage à Pablo Picasso
1912

Diego Rivera
La Tour Eiffel
1914

Diego Rivera
Portrait d'Oscar Miestchaninoff
1913

Jean Crotti
La Partie de thé
1914

Alice Bailly
Le Thé
1914

Manuel Ortiz de Zárate
Portrait de Picasso
c. 1915

Amadeo de Souza-Cardoso
Peinture
1914

Amadeo de Souza-Cardoso
Peinture
c. 1913

Gino Severini
Le Nord-Sud
1913

Alexandra Exter

Les Ponts de Paris

c. 1912

Gino Severini
Rythme plastique du 14 Juillet
1913

Léopold Survage

Les Usines

1914

Gino Severini
Portrait de Paul Fort
1915

Gino Severini
La Danse de l'ours au Moulin-Rouge
1913

Ossip Zadkine
Femme à l'éventail
1923

Vladimir Baranoff-Rossiné

La Forge

1911

Serge Charchoune
Devant Paris
1912

Imre Szobotka
Nature morte au verre
1913

Alfred Reth
Le Restaurant Hubin
1913

Marie Vassilieff

La Femme aux bas noirs

1913-1914

Maria Blanchard
Femme à l'éventail
1916

Louis Marcoussis
Nature morte au damier
1912

Henri Hayden
Les Trois Musiciens
1920

Alice Halicka
Nature morte
1913

Serge Férat
Sans titre
c. 1914

Alexandre Archipenko
Nature morte
1915

Alexandre Archipenko

Femme

1920

Julio González
Don Quichotte
c. 1929-1930

Traditions et modernité

À Paris au début du xxe siècle, l'artiste immigré trouve un milieu différent au sein duquel il reconstitue des repères et des amitiés. Son art répercute l'influence d'une scène artistique unique alors par sa richesse et sa diversité, mais demeure aussi en lui la culture d'origine dont il est exilé. Se mêlent ainsi souvent, dans les œuvres réalisées à Paris, de multiples emprunts et réminiscences.

Marc Chagall dans son *Autoportrait aux sept doigts* associe la vue de la tour Eiffel par la fenêtre de l'atelier à celle, dans le cadre du chevalet, de son tableau dédié *À la Russie, aux ânes et aux autres*. La culture hébraïque intervient dans une autre forme d'autoportrait comme *Le Juif errant* ou, de manière plus détournée, dans *L'Émigré* de Kisling, hommage à un livre de Salmon, *Prikaz*. Chana Orloff sculpte le visage de son ami le *Peintre juif* Reisin comme figure symbolique de l'intellectuel. Dans ses cuivres martelés, technique empruntée à l'artisanat oriental, Marek Szwarc explore l'univers de la Bible.

Que l'on soit d'Europe centrale ou d'Amérique latine, les cafés peuvent proposer aux buveurs de Zak ou de Rego Monteiro l'oubli et la rêverie poétique d'un ailleurs. La correspondance est aussi un moyen de renouer avec les siens et l'*Homme à la lettre* de Mondzain, par son hiératisme silencieux et sombre, stigmatise le manque.

Pascin, toujours en partance, embarque, quant à lui, la figure typiquement parisienne de Pierre Mac Orlan, pour les îles dont il est nostalgique, dans une fantaisie picturale comme inachevée. De Chirico, enfin, propose avec ses visions fantasmées de gares une lecture plus métaphysique du voyage, entre *Angoisse du départ* et *Énigme de l'arrivée*.

Sonia Delaunay

La Prose du Transsibérien
et de la petite Jehanne de France
1913

Marc Chagall
Paris par la fenêtre
1913

Marc Chagall
Autoportrait aux sept doigts
1912-1913

Morice Lipsi
Le Prophète
1922-1924

Chana Orloff
Peintre juif (Reisin)
1920

Kisling
L'Émigré
1919

Marc Chagall
Le Juif errant
1923-1925

Marek Szwarc
L'Échelle de Jacob
1925

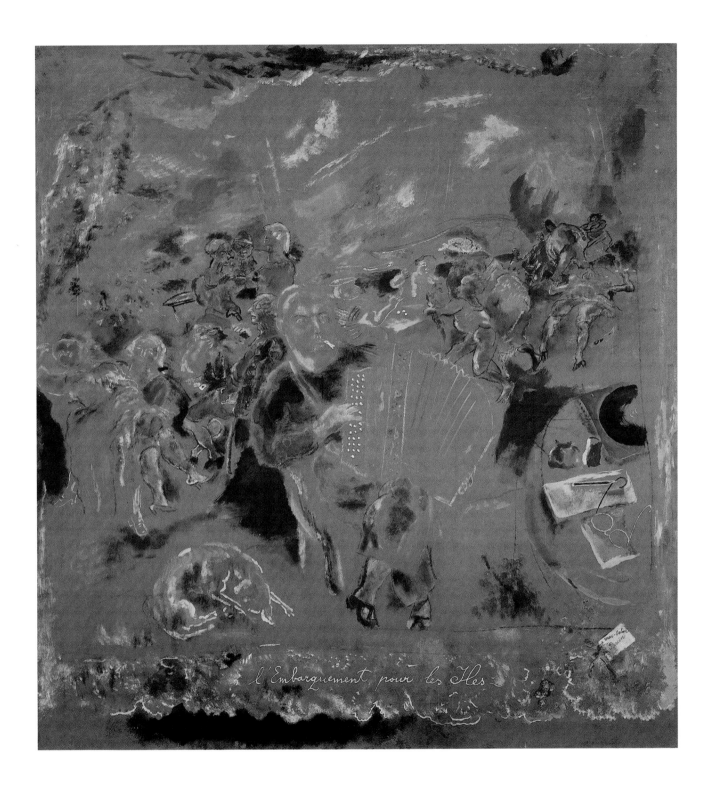

Jules Pascin
L'Embarquement pour les îles
(Hommage à Mac Orlan)
c. 1924

Eugène Zak

La Buveuse

c. 1923

Eugène Zak

Le Buveur

c. 1923

Vicente do Rego Monteiro
Le Buveur
1925

Simon Mondzain
Homme à la lettre
c. 1915

Giorgio De Chirico
L'Angoisse du départ
1914

L'invention de Paris :
I. La nouvelle photographie

Ce n'est qu'après la Première Guerre mondiale que de jeunes artistes étrangers sont venus à Paris pour y pratiquer la photographie, médium déjà ancien auquel de récents progrès techniques permettaient de donner une plus grande souplesse d'utilisation et donc d'en multiplier les possibilités expressives.

Le premier, Man Ray, vient en 1921, déçu du peu d'écho rencontré par l'esprit dada à New York ; puis c'est le tour de Germaine Krull et Brassaï en 1924 et, l'année suivante, André Kertész. Avec Florence Henri et Eli Lotar (arrivés en 1924), ils vont faire de Paris une capitale de la nouvelle photographie – non plus cantonnée au pictorialisme, à l'inventaire ou à la commémoration, mais réinvestie d'un pouvoir esthétique et poétique dans une plus grande virulence formelle –, en proposant une vision neuve de la cité. Sensibles aux mêmes aspects de la vie parisienne que les peintres, ils inventent, à partir de détails, un portrait de la ville où l'on trouve l'univers spécifique des cafés (natures mortes épurées de Kertész), de la Seine (jeux de miroirs poétiques d'Ilse Bing), des petits métiers (contre-plongées déformantes de Florence Henri, regard nostalgique d'Eli Lotar), des marginaux (nocturnes de Brassaï), du nu féminin et du Tout-Paris de l'art (cadrages sophistiqués de Man Ray), ou encore la tour Eiffel (gros plans géométriques de Germaine Krull), symbole de cette modernité.

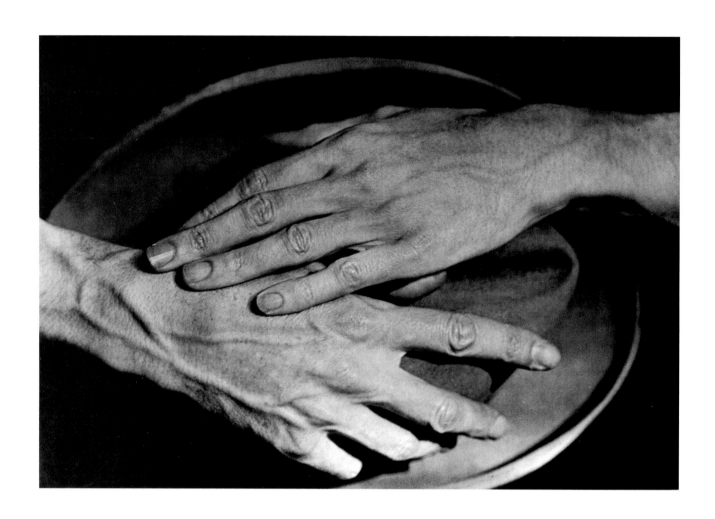

Berenice Abbott
Les Mains de Jean Cocteau
1927

Berenice Abbott
Eugène Atget
1927

Ilse Bing

Trois hommes sur un escalier,
Seine, Paris

1931

Photograph by Ilse Bing © Estate of Ilse Bing
Courtesy Edwynn Houk Gallery, New York

Ilse Bing

Le Champ-de-Mars
vu de la tour Eiffel

1931

Photograph by Ilse Bing © Estate of Ilse Bing
Courtesy Edwynn Houk Gallery, New York

Ilse Bing
Autoportrait au Leica
1931
Photograph by Ilse Bing © Estate of Ilse Bing
Courtesy Edwynn Houk Gallery, New York

Ilse Bing

Rue de Valois, Paris

1932

Photograph by Ilse Bing © Estate of Ilse Bing
Courtesy Edwynn Houk Gallery, New York

Brassaï

Pont-Neuf

c. 1932

Brassaï
Un costume pour deux
c. 1931

Brassaï
Lesbienne au Monocle
c. 1932

Brassaï
Orchestre noir
c. 1932

Brassaï

La Fumeuse d'opium et le Chat, Paris
c. 1931

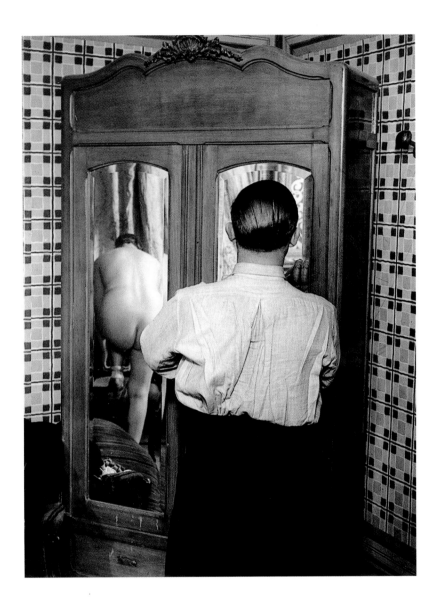

Brassaï
L'Armoire à glace, rue Quincampoix
c. 1932

Brassaï
Belle de nuit, Paris
1932

Brassaï
La « Môme Bijou »
au bar de la Lune, Montmartre
1932

Florence Henri
Bois et Charbons. Vins et Liqueurs
1931
Copyright Galleria Martini e Ronchetti – Genova

George Hoyningen-Huene
Serge Lifar dans La Chatte
1927

André Kertész
Ombres de la tour Eiffel
1929

André Kertész
Chaises, fontaine Médicis, Paris
1926

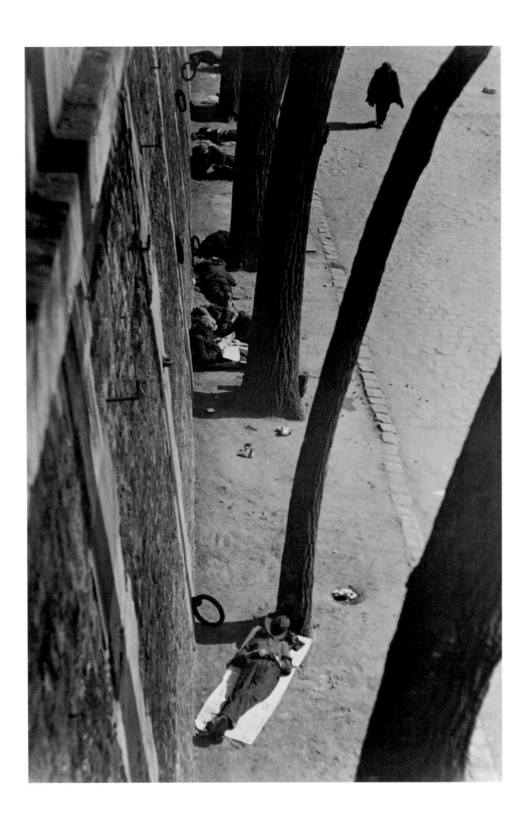

André Kertész
La Sieste
(Vue du pont au Change)
1927

André Kertész
Montparnasse, square Jolivet
1929

André Kertész
L'Atelier de Mondrian
1926

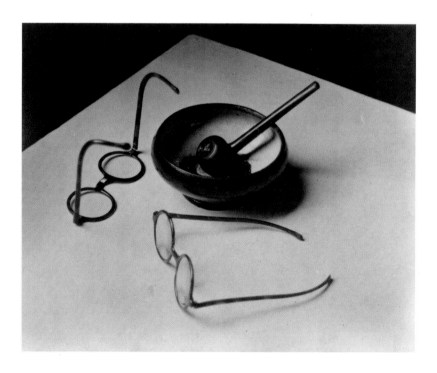

André Kertész
Les Lunettes et la Pipe de Mondrian
1926

André Kertész
Le Poème d'Ady
c. 1928

Germaine Krull
Autoportrait
1925

Germaine Krull
Visage, mains
1931

Germaine Krull

Tour Eiffel, Paris

c. 1928

Germaine Krull

Tour Eiffel

1926-1927

Germaine Krull
Trafic à Paris
1926

Man Ray
Le Bateau ivre
1924

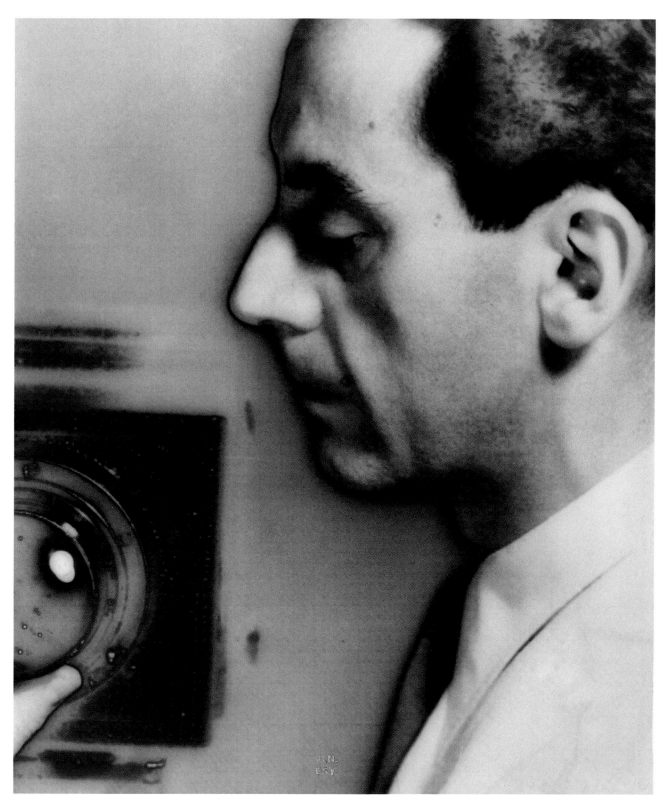

Man Ray
Autoportrait
1932

Man Ray
La Dormeuse
(Swana)
1931

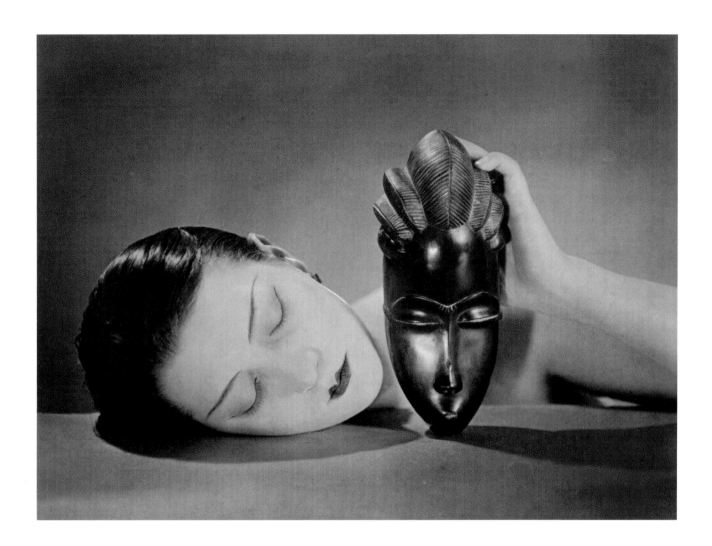

Man Ray
Noire et blanche
1926

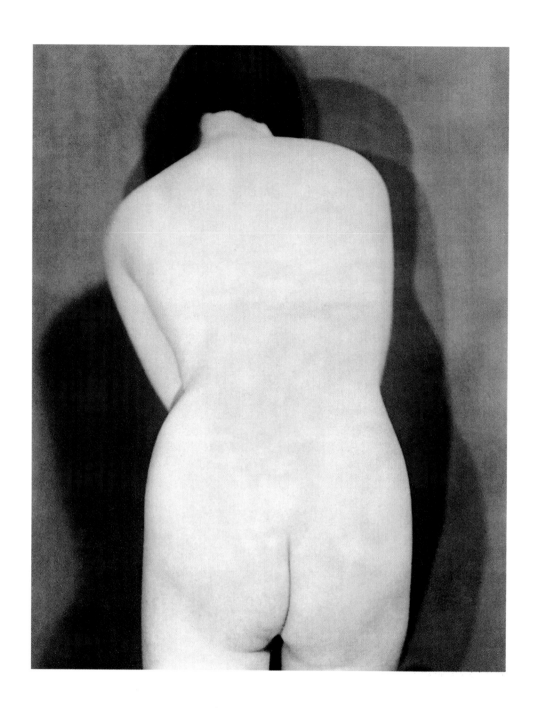

Man Ray
Sans titre
1927

Man Ray
Retour à la raison
1923

Man Ray

Femme aux longs cheveux

1929

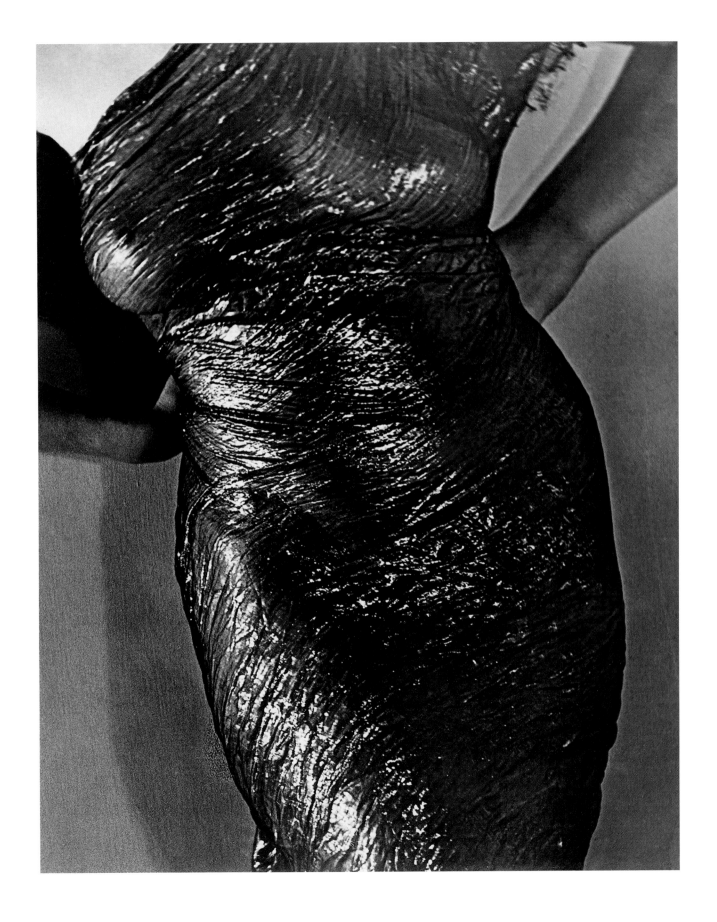

273

Man Ray
Barbette
1924

Man Ray
Anna de Noailles
1927

Man Ray
Nancy Cunard
1927

Paul Outerbridge
Autoportrait
c. 1927

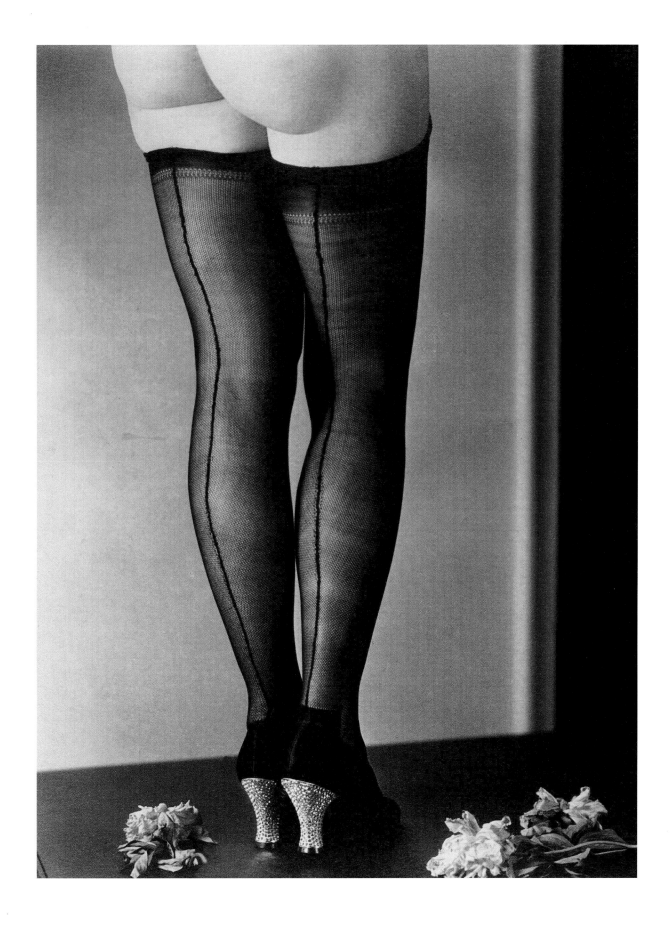

L'invention de Paris :
II. Nouvelles images

Les artistes étrangers qui s'installent à Paris en font découvrir un nouveau visage. Plutôt que la description de la ville et de ses monuments, ils retiennent, électivement, les lieux publics et souvent nocturnes, cafés (Marie Vassilieff), cabarets (Per Krohg), cirque (Chagall), lieux de plaisir (Foujita, Pascin) mais aussi leur atelier où est mis en scène le nu (Kars, Feder), genre jugé à l'époque typiquement parisien, auquel ils confèrent une charge érotique personnelle (Kisling, Modigliani, Foujita, Van Dongen). Le public y est très sensible et les réactions sont parfois violentes : *Le Châle espagnol* de Van Dongen est exclu du Salon d'automne par son jury, en 1913, et l'exposition des nus de Modigliani à la galerie Berthe Weill est fermée par la police pour attentat à la pudeur, en 1917.

Les artistes eux-mêmes figurent au premier plan de cette scène parisienne à travers des portraits croisés (Pascin par Gottlieb et Grünewald ; Grünewald par Pascin ; Kisling ou Soutine par Modigliani – ce dernier pouvant apparaître comme le portraitiste de toute la communauté artistique) ou des autoportraits (Foujita, Kisling). Ils y côtoient les critiques (Salmon, Cocteau) et leurs marchands (Basler, Kahnweiler, Paul Guillaume, Zborowski, Flechtheim) ou encore des personnalités amies du Tout-Paris (Maria Ricotti, Susy Solidor, Kiki).

Kees Van Dongen
Portrait de Fernande
1905

Amedeo Modigliani
Portrait de Zborowski
1918

Amedeo Modigliani
Portrait de Soutine
1916

Amedeo Modigliani
Portrait de Baranowski
1918

Amedeo Modigliani
Portrait de Kisling
1916

Léopold Gottlieb
Portrait de Pascin
c. 1907

Isaac Grünewald
Portrait de Pascin
1921

Jules Pascin
Portrait d'Isaac Grünewald
1911

Kisling

Jean Cocteau assis dans son atelier
1916

Kisling
Autoportrait avec Renée et la chienne Kousky
1917

Kisling

Portrait de Salmon

1912

Jules Pascin

André Salmon et Montmartre

1921

À André Salmon
la Negresse du Sacré...
...hes de la Seine
La fanfare de Montparnasse

pascin

Pablo Gargallo
Kiki
1928

Foujita
Susy Solidor
1927

Kees Van Dongen
Maria Ricotti dans L'Enjôleuse
1921

Romaine Brooks
*Jean Cocteau à l'époque
de la grande roue*
1912

Jules Pascin
Alfred Flechtheim en toréador
1927

Kees Van Dongen
Le Châle espagnol
1913

Amedeo Modigliani
Nu allongé
1917

Amedeo Modigliani
Nu assis
1916

Adolphe Feder
Nu dans l'atelier
c. 1915

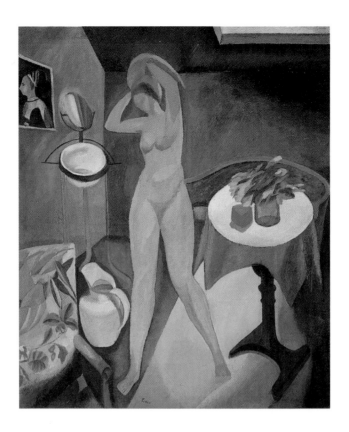

Georges Kars
Femme nue au repos
1919

Kisling
Femme à sa toilette
1914

Foujita
Nu au chat
1930

Foujita

Nu
(Nu couché à la toile de Jouy)
1922

Kisling

Buste de Kiki
1927

Per Lasson Krohg
Cabaret
1912

Marie Vassilieff
Café de la Rotonde
1921

Jean Lambert-Rucki
Les Noctambules
1925

Frans Masereel
La Flèche rouge
1925

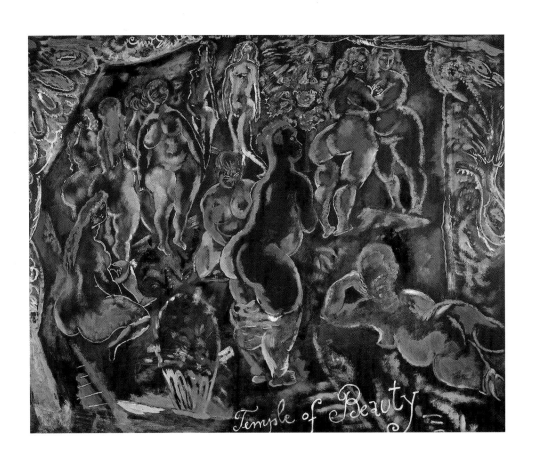

Jules Pascin

Temple of Beauty

1925

Jules Pascin
L'Enfant prodigue chez les filles
1920

Foujita
Lupanar à Montparnasse
(Le Salon à Montparnasse)
1928

Foujita

La Dompteuse et le Lion
1930

Marc Chagall

Les Trois Acrobates

1926

Le parti de l'Autre, Soutine

Soutine s'est imposé ici, pour clore le parcours sur l'École de Paris dont il est, par la force de sa vision affranchie des courants contemporains, un irréductible Singulier. Arrivé de Lituanie en 1913, il va d'abord pendant neuf ans, vivant misérablement, partager les difficultés des artistes à la Ruche tout en gagnant les amitiés de Modigliani, Kisling et Zborowski. En 1922, le collectionneur américain Barnes achète chez ce dernier cinquante-deux de ses tableaux pour sa fondation à Philadelphie. Cet artiste et cette peinture radicalement exogènes aux modèles français – touche épaisse et mouvementée, couleurs vives, déformations émotionnelles dans des sujets inspirés par la vie la plus quotidienne – focalisent alors l'attention des marchands et critiques qui en soulignent le caractère tantôt « pathétique » tantôt « naïf et primitif », suscitant souvent des réactions violentes : Waldemar George parle même d'« expectoration ».

Cette orientation expressive et matiériste est partagée par d'autres artistes, proches de lui – Kikoïne et Krémègne, ses compatriotes lituaniens – ou encore Mané-Katz, Balgley, Epstein et Mela Muter, tous venus d'Europe centrale et orientale.

Henri Epstein
Paysage
c. 1915

Mané-Katz
Paysage
1914

Chaïm Soutine

L'Escalier rouge à Cagnes

c. 1923-1924

Mela Muter
Portrait du compositeur Edgard Varèse et de sa femme
1924

Michel Kikoïne
Autoportrait
1925-1927

Jacques Balgley
Couple
c. 1929

Pinchus Krémègne
Autoportrait
1920

Pinchus Krémègne

Portrait de Soutine

c. 1916-1918

Chaïm Soutine
Autoportrait
c. 1918

Chaïm Soutine
Paysage à Céret
c. 1920-1921

Chaïm Soutine
Le Petit Pâtissier
1922-1924

Chaïm Soutine
Le Vieillard
1920

Chaïm Soutine
Le Philosophe
1921

Chaïm Soutine
Groupe d'arbres
c. 1922

Liste des œuvres
Notes biographiques

Les notes biographiques concernent essentiellement la période considérée.
Pour les photographies, tous les tirages sont des épreuves aux sels d'argent.
Les nombres renvoient aux pages du catalogue.

James Joyce
1926
23,2 x 17,3 cm
The Metropolitan Museum of Art,
New York
Purchase, Gifts In memory
of Harry H. Lunn, J.-R. and Anonymous
Gifts, 1999
Inv. n° 1999.406

Buddy Gilmore
1926-1927
23,1 x 17,2 cm
The Metropolitan Museum of Art,
New York
Purchase, Gift of the Polarold
Corporation and Matching Funds
from the National Endowment
for the Arts, 1981
Inv. n° 1981.1043

Julien Levy
1927
24,8 x 19,0 cm
The Metropolitan Museum of Art,
New York. Purchase, Jennifer
and Joseph Duke Gift, 1999
Inv. n° 1999.38

239 **Eugène Atget**
1927
33,7 x 26,2 cm
Centre Georges Pompidou, Paris
Musée national d'art moderne
Inv. AM 1982-370

238 **Les Mains de Jean Cocteau**
1927
17,5 x 12,5 cm
Collection particulière

Abbott, Berenice

Springfield, 1898 – Abbot Village, Maine, 1991

Après des études de journalisme (1918-1921), elle apprend la sculpture et la peinture à New York. En 1921, elle s'installe à Paris, où elle travaille sous la direction de Bourdelle. Elle se tourne ensuite vers la photographie et, pendant deux ans, est l'assistante de Man Ray. Sa première exposition, « Portraits photographiques », a lieu à la galerie Le Sacre du printemps en 1926. Elle s'aménage ensuite un studio et produit de nombreux portraits d'écrivains, de peintres et de personnalités du Tout-Paris : Jean Cocteau, Marie Laurencin, Max Ernst, Leo Stein, la princesse Bibesco, James Joyce. En 1927, elle convainc Atget, déjà très âgé, de se faire portraiturer. Elle acquiert, grâce à la générosité du marchand Julien Levy, le contenu de son atelier qu'elle emporte aux États-Unis en 1929 et elle lui consacre un livre l'année suivante. Elle photographie New York en plein bouleversement architectural – notamment, la construction du Rockefeller Center – et enseigne à la New School for Social Research. En 1958, Berenice Abbott s'installe dans le Maine et vend sa collection d'Atget au Museum of Modern Art de New York.

179 **Femme au chat**
1911
Albâtre ; H. : 34 cm
Kunstmuseum Düsseldorf im Ehrenhof,
Düsseldorf

Tête
1913
Bronze ; 43,2 x 20,5 x 31,5 cm
Saarland Museum Saarbrücken,
Stiftung Saarländischer Kulturbesitz,
Sarrebruck
Inv. NI 2798

221 **Nature morte**
1915
Huile, crayon, papier de verre sur bois ;
44 x 48 cm
Collection particulière, Suisse

222 **Femme**
1920
Feuille de métal ; support : huile sur
toile sur panneau ; 187 x 82 x 13 cm
Tel Aviv Museum of Art
Don de la famille Goeritz, Londres,
1956

Archipenko, Alexandre

Alexandre Porphyriévitch Archipenko
Kiev, 1887 – New York, 1964

Après avoir étudié à l'École d'art de Kiev (1902-1905) d'où il est exclu pour indiscipline, il s'installe à Paris, à la Ruche, en 1908. Il s'intéresse aux arts archaïques qui influencent sa sculpture. En 1910, il a son propre atelier à Montparnasse, où il crée sa première sculpture « trouée » (1911). En 1912, il ouvre une école d'art qui existera jusqu'en 1914. Il participe aux Salons des indépendants (1910-1914, 1920) et d'automne (1911-1913, 1919), ainsi qu'au premier Salon de la Section d'or en 1912 (puis aux deux autres). Dès cette époque, concomitamment avec Picasso et Braque, il a recours à divers matériaux (bois, métal, verre, plâtre, fil de fer, etc.). *Medrano I* (1912) est la première sculpture à utiliser des matériaux peints. Il conserve des contacts avec les cubofuturistes russes et ukrainiens. En 1913, il est à l'Armory Show (New York), au Erster Herbstsalon et à Der Sturm (Berlin). De 1914 à 1918, Archipenko habite Nice et développe des bas-reliefs colorés (« sculpto-peintures »). En 1920, il fait partie du groupe des artistes russes à la 12ᵉ Biennale de Venise. La même année, il est membre fondateur avec Gleizes et Survage de la nouvelle association artistique La Section d'or qui organise deux expositions en 1920 et 1925. De 1921 à 1923, il ouvre une école d'art à Berlin. En 1922, il participe à la « Erste Russische Kunstausstellung » à la galerie Van Diemen. De 1923 à sa mort, il habite et travaille à New York.

Tête, 1913

203 **Le Thé**
1914
Huile sur toile ; 49 x 65 cm
Aargauer Kunsthaus, Aarau
Inv. n° 4080

Bailly, Alice

Alice Bally

Genève, 1872 – Lausanne, 1938

Après avoir obtenu son diplôme à l'École des beaux-arts de Genève (1891-1895), elle poursuit ses études à Munich (1896-1897). Elle rentre en Suisse en 1899 et tente d'enseigner le dessin. Ne pouvant plus supporter la vie genevoise, elle part pour Paris où elle reste jusqu'en 1914, puis de 1921 à 1922. Elle s'établit à Montparnasse. Dès 1906, elle pratique surtout la xylographie et expose au Salon d'automne ; influencée par le fauvisme, elle expose sa première toile en 1908, à ce même salon. En 1909, pour ne pas être confondue avec un autre peintre, elle change son nom de Bally en Bailly. S'intégrant peu à peu à l'avant-garde parisienne – Dufy, Gleizes, Lhote, Picabia, Laurencin, Gris, Lewitzka et Delaunay –, elle se tourne vers le cubisme avec indépendance et hétérodoxie. À partir de 1911, elle expose au Salon des indépendants ; Apollinaire et Salmon la remarquent (*Montjoie !*, 1914). Son style emprunte des éléments à la fois au cubisme français et au futurisme. Elle retourne en Suisse pendant la guerre ; elle met au point ses « tableaux-laine » et participe activement à la scène artistique suisse. Elle prend part au mouvement dada à Zurich avec Jean Arp, Sophie Taeuber-Arp et Tristan Tzara. À partir de 1920 et jusqu'à la fin de sa vie, elle revient régulièrement à Paris.

Autoportrait
c. 1929
Huile sur toile ; 80 x 60 cm
Collection particulière

316 **Couple**
c. 1929
Huile sur toile ; 80 x 64 cm
Collection particulière

Balgley, Jacques (Iakov)

Brest-Litovsk, 1891 – Beaugency, 1934

Après avoir étudié l'architecture à Odessa, il s'installe à Paris en 1911. Restant isolé, il ne se mêle pas à la vie de la colonie d'artistes issus de l'Empire russe. À la déclaration de guerre, il désire s'engager mais, étant cardiaque, il est réformé. Ses premières œuvres de 1917-1918 sont marquées par un primitivisme allégorique pour les peintures et par l'expressionnisme dans les eaux-fortes ayant pour thème la vie et la culture juives. En 1920, il rencontre sa future épouse, Alice Kerfers, amie des sœurs de Max Jacob et, en 1924, il est naturalisé français. La même année, il se lie avec Louis Vauxcelles qui préface son exposition à la galerie Barbazanges. Balgley fréquente aussi André Spire et les critiques Claude-Roger Marx, André Warnod et Jacques Bielinky qui soutiennent son œuvre.

Autoportrait, c. 1929

213 **La Forge**
1911
Huile sur toile ; 162,0 x 210,5 cm
Centre Georges Pompidou, Paris
Musée national d'art moderne
Don d'Eugène Baranoff-Rossiné, Paris,
1957
En prêt au musée d'Art moderne
et contemporain, Strasbourg
Inv. AM 3467 P

Baranoff-Rossiné, Vladimir

Léonide Davydovitch Baranov
près de Kherson, Ukraine, 1888 – Auschwitz, 1944
Après ses études de peinture à l'École d'art d'Odessa (1903-1908), puis à l'Académie des beaux-arts de Saint-Pétersbourg (1908-1909), il participe aux expositions de l'art de gauche russe et ukrainien avec des tableaux à dominante postimpressionniste. De 1910 à 1914, il travaille à Paris sous le nom de Daniel Rossiné ; il y développe un cézannisme géométrique très original, marqué par le fauvisme, le protocubisme français et, autour de 1912, par l'orphisme des Delaunay. Il s'adonne alors à la synthèse de la musique et de la couleur. Il expose aux Salons d'automne (1910) et des indépendants (1911 et 1914). Lors de cette dernière exposition, il montre sa sculpture polychrome *Symphonie N° 2*, faite d'assemblages de tubes métalliques colorés, de fils de fer et de ressorts, qui provoque les sarcasmes et dont il se débarrasse lors d'un « happening » auquel il convie ses amis artistes. Avec Archipenko, Picasso, Tatline et Pougny, il est le créateur d'un type de sculptures combinant les matériaux les plus variés (les « polytechniques »). À Christiana (Oslo), de 1915 à 1917, il travaille à une série d'œuvres cubofuturistes et a une exposition personnelle (1916). De cette époque datent ses premières œuvres abstraites. De retour en Russie en février 1917, il participe à l'effervescence artistique révolutionnaire, puis fait des décorations pour le premier anniversaire de la Révolution à Pétrograd en 1918. Il enseigne aux Svomas (Ateliers libres) de Pétrograd et aux Vkhoutémas (Ateliers supérieurs d'art et de technique) moscovites (1918-1924). En 1923 et 1924, il organise à Moscou des concerts avec son « piano optophonique » sur lequel il exécute des « partitions de couleurs », accompagné par un orchestre symphonique. À partir de 1925, il s'installe à Paris, où il réalise des sculptures-assemblages et peint des toiles dont le style oscille entre biomorphisme, postcubisme et musicalisme. Baranoff-Rossiné est l'auteur de nombreuses inventions : le « chromophotomètre » (pour l'analyse des pierres précieuses), le « multiperco » (pour produire et purifier les solutions chimiques), le « camouflage impressionniste » (pour le brouillage des objets de guerre à l'aide de pulvérisations colorées).

327

241 **Autoportrait au Leica**
1931
20,0 x 26,9 cm
Collection Thomas Walther, New York

240 **Le Champ-de-Mars
vu de la tour Eiffel**
1931
22,2 x 28,2 cm
Collection Thomas Walther, New York

240 **Trois hommes sur un escalier,
Seine, Paris**
1931
20,4 x 28,4 cm
Collection Thomas Walther, New York

242 **Rue de Valois, Paris**
1932
28,1 x 22,2 cm
Collection Thomas Walther, New York

Bing, Ilse

Francfort, 1899 – New York, 1998
Née dans une famille bourgeoise, elle étudie l'histoire de l'art entre 1920 et 1929 puis, en autodidacte, apprend la photographie et s'achète un Leica avant d'émigrer à Paris en 1930. Elle débute son travail sur le Paris nostalgique, photographie des détails sans importance, par exemple «des petites choses qu'on ne regardait pas : une feuille morte à côté d'un ticket de tramway sur le pavé… ». Elle commence sa série de portraits et d'autoportraits dont le fameux *Autoportrait au miroir*. En 1931, elle rencontre Florence Henri et, l'année suivante, elle expose à la galerie La Pléiade. Elle travaille pour la mode et *Harper's Bazaar* qui lui commande des photos d'accessoires. Une exposition personnelle est organisée en 1939 à la galerie Le Chasseur d'images. Après la guerre, elle s'installe aux États-Unis où elle réalise des portraits d'enfants et des natures mortes, s'initie à la couleur puis cesse la photographie en 1959.

217 Femme à l'éventail
1916
Huile sur toile ; 161 x 97 cm
Museo Nacional, Centro de Arte
Reina Sofia, Madrid
Inv. AS01353

Blanchard, Maria

Maria Guttierez Blanchard
Santander, 1881 – Paris, 1932

Née d'un père espagnol et d'une mère franco-polonaise, atteinte d'une cypho-scoliose, elle connaît une enfance solitaire. Elle suit des cours de dessin à Madrid de manière indépendante. Voulant fuir le milieu académique madrilène, elle gagne Paris en 1908 et s'inscrit à l'académie Vitti (cours d'Anglade et de Van Dongen). Elle découvre le cubisme. De 1913 à 1916, elle retourne en Espagne, à Salamanque où elle est professeur de dessin. De nouveau à Paris en 1917, elle fait la connaissance de Picasso, Gris, Lhote, Metzinger, La Fresnaye et Lipchitz, ce dernier lui ayant rendu visite en Espagne pendant la guerre. Très proche de Gris, ils travaillent ensemble sur les mêmes toiles. Si le cubisme est pour elle une révélation, Maria Blanchard l'interprète à sa façon. Les enfants et les petits métiers restent ses thèmes favoris. En raison de conditions matérielles difficiles, elle passe un contrat avec Léonce Rosenberg qui lui achète toute sa production de 1917 à 1919. De même, le docteur Girardin, collectionneur et marchand, la soutient. Elle expose aux Salons de la Section d'or, des indépendants et d'automne à partir de 1920. Après la mort de Gris, elle s'enferme dans un mysticisme religieux sous l'influence d'Isabelle Rivière et d'un père dominicain. Elle est représentée à l'exposition espagnole de 1937 et au musée du Jeu de paume avec douze toiles.

La Prière
1907
Bronze ; 111,5 x 112,0 x 35,0 cm
Muzeul National de Artă al României, Bucarest
Inv. GG 7202 ; GN 556

165 Muse endormie
1910
Bronze patiné ; 16,5 x 26,0 x 18,0 cm
Centre Georges Pompidou, Paris
Musée national d'art moderne
Inv. AM 818 S

172 Portrait de Madame L. R.
1914-1917
Bois ; 117,4 x 35,4 x 24,6 cm
Collection Yves Saint Laurent
et Pierre Bergé

Brancusi, Constantin

Targu Jiu Pestisani Gorj, Roumanie, 1876 – Paris, 1957

Apprenti ébéniste à Craiova et élève à l'École d'arts appliqués de 1894 à 1895, il obtient une bourse pour entrer à l'École des beaux-arts de Bucarest (1898-1902). Il s'installe à Paris en 1904 et s'inscrit aux Beaux-Arts dans l'atelier d'Antonin Mercier de 1906 à 1907. Il expose aux Salons de la Société nationale des beaux-arts de 1905 à 1907, d'automne à partir de 1907 et des indépendants à partir de 1910. Remarqué par Rodin dont il subit l'influence, il décline son offre de devenir son praticien. En 1908, il s'installe à Montparnasse où il rencontre Modigliani et l'incite à faire de la sculpture. Il expose avec le groupe de l'Abbaye de Créteil et fait la connaissance des poètes Apollinaire, Salmon, Max Jacob et des sculpteurs Nadelman et Lehmbruck. Il participe au fameux banquet Rousseau au Bateau-Lavoir où sont présents Picasso et Gertrude Stein. En 1910, grâce à Alexandre Mercereau, il fait la connaissance du peintre américain Walter Pach qui sera l'un des organisateurs de l'Armory Show en 1913 (New York, Chicago, Boston). À Paris, il se lie avec le groupe composé de Gertrude Stein, Cendrars, Léger, Tzara et Satie. Sa première exposition particulière a lieu à New York en 1914 à la 291 Secession Gallery. Il s'installe au 8, impasse Ronsin en 1916. En 1927, il emménagera au n° 11 et y restera jusqu'à la fin de sa vie. Son amitié avec Henri-Pierre Roché et Marcel Duchamp favorise la vente de ses œuvres aux États-Unis où il rencontre ses premiers acheteurs : Arensberg, John Quinn, Peggy Guggenheim, Agnès Meyer, Gallatin…, et bénéficie de nombreuses expositions. Il ne figure au Salon des Tuileries qu'en 1927. Estimé de tous, il se mêle à la vie artistique de l'époque sans pour autant être assimilé à un mouvement précis, même s'il participe à Abstraction-Création dans les années 1930. Il est naturalisé français en 1952.

La Prière, 1907

Boulevard Arago
s. d.
26,2 x 20,2 cm
Bibliothèque nationale de France, Paris

246 **La Fumeuse d'opium
et le Chat, Paris**
c. 1931
22,1 x 29,8 cm
Museum of Fine Arts, Houston,
Museum purchase with funds
provided by Alice C. Simkings
Inv. n° 94.382

245 **Un costume pour deux**
c. 1931
30 x 23 cm
Courtesy Edwynn Houk Gallery,
New York

247 **L'Armoire à glace,
rue Quincampoix**
c. 1932
28,5 x 21,0 cm
Collection particulière, courtesy
Fraenkel Gallery, San Francisco

248 **Belle de nuit, Paris**
1932
23,3 x 16,8 cm
National Gallery of Art, Washington
Don de Madame Gilberte Brassaï
Inv. n° 1998.44.1 (PH)

244 **Lesbienne au Monocle**
c. 1932
16,5 x 22,8 cm
Courtesy Edwynn Houk Gallery,
New York

249 **La «Môme Bijou» au bar
de la Lune, Montmartre**
1932
50,5 x 40,0 cm
The Art Institute of Chicago,
Photography Purchase Fund
Inv. n° 1955.22 RX1529/2

244 **Orchestre noir**
c. 1932
16,5 x 22,8 cm
Courtesy Edwynn Houk Gallery,
New York

243 **Pont-Neuf**
c. 1932
29,4 x 23,4 cm
Collection particulière

**Kiki et son accordéoniste
au cabaret des Fleurs,
boulevard Montparnasse, Paris**
1932-1933
39,4 x 29,6 cm
Museum of Modern Art, New York
David H. McAlpin Fund ; Inv. n° 2547.67

Boulevard Arago, s. d.

293 **Jean Cocteau à l'époque
de la grande roue**
1912
Huile sur toile ; 250 x 133 cm
Centre Georges Pompidou, Paris
Musée national d'art moderne
En dépôt au Musée national
de la coopération franco-américaine,
Blérancourt
Inv. AM 2794 P 7

Brassaï

Gyula Halász

Brasso, Autriche-Hongrie, 1899 – Nice, 1984

Après des études aux Beaux-Arts de Budapest et de Berlin, il arrive à Paris en 1924 où il travaille comme journaliste et peintre. Par l'intermédiaire du marchand Zborowski, il fait la connaissance d'Atget qui reste un modèle pour lui. En 1926, il rencontre André Kertész qui lui fournit des illustrations pour les articles qu'il rédige pour des magazines hongrois. C'est sur les conseils de Kertész qu'il s'achète un appareil. Entre 1930 et 1963, il collabore comme photographe indépendant à plusieurs revues (*Minotaure, Verve, Picture Post, Lilliput, Coronet, Labyrinthe, Réalités, Plaisirs de France, Harper's Bazaar*) dans lesquelles sont publiés ses portraits d'artistes et leurs ateliers. Il adopte le pseudonyme de Brassaï (littéralement « de Brasso », sa ville natale) en 1932, date à laquelle il rencontre Picasso qui lui demande de photographier ses sculptures. De leur amitié naît un livre, *Conversations avec Picasso* (1962). *Paris de nuit*, introduit par un texte de Paul Morand, paraît également en 1932 et lui fournit le thème de sa première exposition personnelle à la Batsford Gallery à Londres. Parallèlement, ses reportages sont publiés dans *Paris-Magazine, Détective* et *Paris-Soir*, ce qui lui permet de subvenir à ses besoins.

Brooks, Romaine

Rome, 1874 – Nice, 1970

Née dans une famille américaine richissime et excentrique, elle se met très jeune à dessiner, ce qui lui permet de s'évader de son entourage familial étouffant. À 19 ans, elle décide de mener une vie indépendante et d'étudier la peinture à la Scuola Nazionale de Rome. Elle vit dans le milieu cosmopolite de Rome et de Capri où elle rencontre un jeune pianiste anglais, John Brooks, qu'elle épouse en 1903. Ils se séparent l'année suivante. Entre temps, sa mère est décédée, laissant à sa sœur et à elle-même une immense fortune. En 1904, elle va à Londres où elle fréquente la gentry et les peintres Conder et Sickert ; elle fait la connaissance de Winnaretta Singer, princesse de Polignac, qui devient son amie. À Paris en 1905, elle atteint la célébrité grâce aux relations de celle-ci. Anna de Noailles, Eugénia Errázuriz, la princesse de Murat viennent poser pour elle. En mai 1910, la galerie Durand-Ruel lui consacre une exposition personnelle. En 1909, D'Annunzio visite son atelier et admire son travail : c'est le début d'une fidèle amitié. Brooks peint son portrait (1912) qu'elle donne deux ans plus tard au musée du Luxembourg qui, en 1922, lui achètera son autoportrait. Elle se lie d'amitié avec Robert de Montesquiou, Ida Rubinstein, danseuse des Ballets russes, et Jean Cocteau. En 1915, elle amorce une liaison durable avec Natalie Barney. La même année, la marquise Casati pose pour elle, puis tous ses amis : Paul Morand, Élisabeth de Gramont, Una Elena Troubridge, la romancière Radclyffe Hall. En 1925, malgré une rétrospective à la galerie Wildenstein de New York, elle cesse de peindre mais continue à voyager et à mener une vie mondaine intense. En 1931, la galerie Briant organise une importante exposition.

169 **Composition VI**
1916
Huile sur toile ; 163,2 x 130,2 cm
The Museum of Fine Arts, Houston
Achat du musée grâce
aux fonds d'Agnes Cullen Arnold
Inv. MFH ACC : 79.69

171 **Peinture**
(Formes)
c. 1918-1919
Huile et crayon graphite sur toile
59,7 x 73,0 cm
Sheldon Memorial Art Gallery
and Sculpture Garden, University
of Nebraska-Lincoln, Howard S. Wilson
Memorial Collection
Inv. n° 1966-U-510

Bruce, Patrick Henry

Long Island, Virginie, 1880 – New York, 1936

Issu d'une riche famille américaine dont la fortune fut largement entamée après la guerre civile, il fait ses études au Art Club de Richmond, puis suit les cours de William Merritt Chase et Robert Henri de 1902 à 1903. Il arrive à Paris en 1904 où il vit à l'American Art Association, et y rencontre Morgan Russell. En 1906, il fait la connaissance d'Arthur B. Frost par l'intermédiaire de Walter Pach et se lie avec Leo et Gertrude Stein. En 1907, il expose au Salon d'automne. En 1908, il fonde avec Steichen The New Society of American Artists in Paris, qui regroupe d'autres artistes de passage dans la capitale tels John Marin, Maurer, Weber. De 1908 à 1910, il suit les cours de Matisse qui ont une influence durable sur sa palette chromatique. En 1909, il rencontre Apollinaire au Dôme. Vers 1910, il collectionne l'art africain et, pour vivre, vend des antiquités à ses compatriotes, commerce qu'il exercera toute sa vie. En 1912, il expose aux Salons des indépendants et d'automne. Avec Frost, il appartient au cercle de Sonia et Robert Delaunay dont le simultanéisme influence en partie sa peinture. Grâce à Robert Delaunay, Herwarth Walden l'invite à présenter deux tableaux à la galerie Der Sturm en 1913 et Apollinaire reproduit l'une de ses œuvres dans *Les Soirées de Paris* ; quant à Mercereau, il sélectionne deux tableaux pour son exposition d'art moderne de Prague (1914). En 1916, Bruce fait la connaissance de Henri-Pierre Roché qui devient son plus fidèle ami, collectionneur et courtier. En 1916, il expose à la Montross Gallery de New York sur l'initiative de Frost. Entre 1917 et 1919, il élabore un nouveau style de nature morte abstraite qu'il ne quittera plus. Sa démarche très personnelle allie le purisme de l'Esprit nouveau à une palette matissienne. En 1920, il rencontre Duchamp et se lie avec Tzara, plus tard avec Seuphor (1926). Ses toiles sont montrées aux Salons d'automne (1919-1930) et des indépendants (1920-1923), et à la Société anonyme (1920-1923). En 1925, il figure à « L'Art d'aujourd'hui » et, en 1926-1927, à l'exposition de la collection de John Quinn à New York et Chicago. La crise économique l'oblige à quitter en 1932 son atelier du 6, rue de Furstenberg pour s'installer à Versailles où il détruit toute son œuvre, sauf vingt et un tableaux qu'il offre à Henri-Pierre Roché. En juin 1936, il rentre à New York où il se suicide le 12 novembre.

Le Grand Fourmilier
1909
Bronze ; 45 x 50 x 30 cm
Collection particulière

Le Grand Fourmilier, 1909

Bugatti, Rembrandt

Milan, 1884 – Paris, 1916

Sculpteur animalier, cousin du célèbre peintre italien Segantini, fils de l'ébéniste Carlo Bugatti, il est le frère d'Ettore Bugatti, le constructeur de voitures. Très jeune, élève du sculpteur russe Troubetskoï, il suit aussi les cours de l'académie Brera. Dès 1902, il s'installe à Paris, près du Jardin des Plantes où il étudie les animaux. Prenant la succession de Barye, il décide de se consacrer presque exclusivement à la sculpture animalière et passe un contrat désavantageux avec le fondeur Adrien Hébrard qui ouvre une galerie rue Royale. En juillet 1904, la galerie présente trente et un plâtres de Bugatti destinés à la fonte de bronze à la cire perdue. En 1907, il figure de nouveau chez Hébrard mais, pour des raisons financières, il s'installe à Anvers où il fréquente assidûment le zoo et observe les animaux exotiques. L'année suivante, il expose à la Société royale de zoologie d'Anvers, chez Hébrard, au Salon d'automne. En 1911, Hébrard demande pour lui la Légion d'honneur ; il est alors au sommet de la gloire. Ses fontes étant d'un coût de fabrication onéreux, il doit se faire aider par sa famille. À la déclaration de guerre, il s'engage dans la Croix-Rouge franco-belge. Gravement déprimé, avec des problèmes financiers, il se suicide le 8 juillet 1916.

191 **Hommage à Apollinaire**
1911-1912
Huile sur toile ; 200,0 x 189,9 cm
Stedelijk Van Abbemuseum,
Eindhoven, Pays-Bas

193 **Adam et Ève
(Tentation)**
1912
Huile sur toile ; 160,5 x 113,9 cm
Saint Louis Art Museum
Don de Morton D. May
Inv. n° 74.1954

227 **Autoportrait aux sept doigts**
1912-1913
Huile sur toile ; 128 x 107 cm
Stedelijk Museum, Amsterdam
(prêt à long terme de l'Institut
Collectie Nederland ICN, Rijswijk
Amsterdam)

226 **Paris par la fenêtre**
1913
Huile sur toile ; 135,8 x 141,4 cm
Solomon R. Guggenheim Museum,
New York
Don de Solomon R. Guggenheim,
1937
Inv. n° 37.438

229 **Le Juif errant**
1923-1925
Huile sur toile ; 72 x 57 cm
Petit Palais, musée d'Art moderne,
Genève
Inv. n° 9439

310 **Les Trois Acrobates**
1926
Huile sur toile ; 117 x 89 cm
The Blue Ridge Trust
Courtesy Rachel et Dov
Gottesman

Chagall, Marc

Mark Zakharovitch Chagall
Vitebsk, 1887 – Saint-Paul-de-Vence, 1985

Il fait ses études à l'École de peinture de Pène à Vitebsk en 1906. De 1907 à 1910, Chagall vit à Saint-Pétersbourg, fréquente la Société impériale d'encouragement des arts, un atelier d'enseignes, les classes de dessin de Seidenberg et les ateliers de Bakst et de Doboujinski à l'école de Mme Zvantséva en 1909. Entre 1910 et 1914, il vit et travaille à Paris, à la Ruche, fréquente les académies de la Palette et de la Grande-Chaumière, fait la connaissance d'Apollinaire, de Max Jacob, de Léger, de Salmon, de Cendrars, des Delaunay. Il combine dans ses œuvres le primitivisme à une géométrisation cubisante et au fauvisme. Il expose aux Salons d'automne et des indépendants, au Mir Iskousstva à Saint-Pétersbourg en 1912, à l'exposition de Larionov « La Cible » à Moscou en 1913. En 1914, la galerie Der Sturm de Berlin organise sa première exposition personnelle. De 1914 à 1922, il séjourne à Vitebsk, Moscou, Pétrograd. Il expose au Salon moscovite (1915), au Valet de carreau (Moscou, 1916). En janvier 1919, il dirige l'École d'art populaire de Vitebsk qu'il quitte en 1920 à cause de conflits avec l'École suprématiste de Malévitch (Ounovis). En 1920-1922, il est l'un des principaux peintres décorateurs du Théâtre national juif de chambre que dirige Granovski et travaille au théâtre Habima. En 1922-1923, il vit à Berlin où il exécute des eaux-fortes pour ses mémoires, *Ma vie*. De retour à Paris (1923-1941), il réalise pour Ambroise Vollard des eaux-fortes pour *Les Âmes mortes* de Gogol (1923-1927, éditées en 1948) et pour *Les Fables* de La Fontaine (1927-1930, éditées en 1952). Il a des expositions personnelles à la galerie Barbazanges (1924), aux Quatre-Chemins (1925), chez Katia Granoff (1926), à la galerie Reinhardt de New York (1926). Il participe à des expositions d'art russe : à Berlin (Van Diemen, 1922), à Paris (M. Henri, 1925 ; L'Époque, 1931), à Moscou (1928), aux États-Unis (1932). Marc Chagall devient citoyen français en 1937.

Charchoune, Serge

Sergueï Ivanovitch Charchoune
Bougourouslane, 1888 – Villeneuve-Saint-Georges, 1975

Issu d'une famille de commerçants, il arrive à Moscou en 1909, où il fréquente les ateliers privés de Machkov et de Youone. Il se lie à Larionov, Gontcharova et au poète transmental Kroutchonykh. En 1910, il fait son service militaire, déserte en 1912 et s'installe à Paris, où il fréquente l'académie du sculpteur russe Boulakovski et celle de la Palette. Il expose ses premiers essais cubisants aux Salons des indépendants de 1913 et 1914. Il se lie d'amitié avec Archipenko et surtout avec une élève de Bourdelle, Helen Grünhoff, avec laquelle il part pour Barcelone, dès le début de la guerre. Il y expose à la galerie Dalmau en 1916 et 1917. De retour à Paris, en 1919, il se lie à Picabia, Arp, Tzara, Duchamp, et fait partie du groupe dada. En 1921, une soirée lui est consacrée au Caméléon. En 1922-1923, il fréquente les milieux russes de Berlin où il expose avec Helen Grünhoff à la galerie Der Sturm. Il écrit une brochure sur le dadaïsme et édite son propre journal-tract *Pérévoz Dada* (*Le Transfert de Dada*, 13 numéros jusqu'en 1949). De retour à Paris en 1923, il fréquente les cercles des écrivains émigrés russes, les dimanches de Picabia, les jeudis d'Ozenfant et les réunions anthroposophiques. Il développe un « cubisme ornemental » très proche du purisme d'Ozenfant et de Le Corbusier. Son activité d'écrivain est aussi importante que celle de peintre. Charchoune participe aux expositions de groupe russes à Paris (à la Rotonde, 1925) et a des expositions personnelles dans les galeries parisiennes Jeanne Bucher (1926), Aubier (1927), Percier (1929), Bonaparte (1930).

Crotti, Jean

Bull, Suisse, 1878 – Paris, 1958

De parents tessinois installés à Bull puis à Fribourg, il s'inscrit à l'École des arts décoratifs de Munich en 1898, puis est à Paris pour un an à l'académie Julian. Il expose pour la première fois en 1908 au Salon des indépendants et, l'année suivante, aux Salons d'automne et des indépendants. Il y fait des envois réguliers de 1910 à 1914. Influencé par le cubisme et le futurisme, son interprétation en est très personnelle (gamme chromatique de bleu ciel et rose, par exemple). Pendant la guerre, il quitte Paris pour les États-Unis, où il fréquente Duchamp et Picabia. De retour à Paris en 1916, il rencontre la sœur de Duchamp qu'il épouse en 1919. Pendant cette période, il est lié au groupe dada à New York, puis à Paris ; il participe à de nombreuses publications (*391, Dada, La Pomme de pin, Ça ira, Mecano…*). En 1921, il présente ses œuvres « Tabu » à la galerie Montaigne. À partir de 1922, son travail évolue vers une abstraction cosmique qu'il expose chez Paul Guillaume en 1923. Il participe à l'International Exhibition of Art du Brooklyn Museum, organisée par la Société anonyme en 1926. Il est naturalisé français en 1927.

Csáky, Jószef

Szeged, Autriche-Hongrie, 1888 – Paris, 1971

Après ses études à l'École des arts décoratifs de Budapest, il arrive à Paris en 1908, où il étudie dans les académies libres de Montparnasse et s'installe à la Ruche. Il y rencontre Léger, Archipenko, Chagall, Soutine, Laurens, mais c'est avec Braque et Picasso qu'il se lie. Influencé tour à tour par Rodin, Maillol, puis Léger, il reste très attaché à la sculpture sur pierre en taille directe où le bloc monolithe est respecté. En 1911, il expose aux Salons d'automne et des indépendants. Il exécute sa première tête cubiste

188 **Tête cubiste**
1920
Pierre ; 34 x 28 x 24 cm
Collection particulière

Tête, 1914

Portrait de Rolf de Maré
1916
Huile sur toile ; 115,5 x 89,0 cm
Musée Hallwyl, Stockholm
Inv. Gr XXXI : c.a.21

Portrait de Rolf de Maré, 1916

236 **L'Angoisse du départ**
1914
Huile sur toile ; 85 x 69 cm
Albright-Knox Art Gallery, Buffalo,
New York
Room of Contemporary Art Fund,
1939

Portrait de Paul Guillaume
1915
Huile sur toile ; 41 x 33 cm
Musée d'Art moderne
de la Ville de Paris
Don en 1978
Inv. AMVP 2113

en 1914, date à laquelle il devient secrétaire de la revue de Canudo, *Montjoie !* À la déclaration de guerre, il s'engage dans l'armée française et fait la campagne d'Orient. Après 1918, sa syntaxe cubiste évolue jusqu'à l'abstraction : cônes, sphères, cylindres si chers à Léger, s'enchevêtrent. En 1920, grâce à celui-ci, il rencontre Léonce Rosenberg. Il obtient un contrat de trois ans, expose de 1921 à 1923 à la galerie de l'Effort moderne et bénéficie de plusieurs articles dans le *Bulletin de l'Effort moderne*. Waldemar George lui consacre la seule monographie écrite de son vivant (éditions ARS, Paris, 1930). À partir de 1924, il s'intéresse à la sculpture Art déco. Il participe au XVᵉ Salon des artistes décorateurs et collabore avec Pierre Legrain, Gustave Miklos et Eileen Gray à la « Réception et intimité d'un appartement moderne » organisée par Legrain. En 1927, après de multiples commandes, le collectionneur Jacques Doucet lui demande de collaborer avec Legrain à l'aménagement de son studio, avenue du Bois à Neuilly : meubles, rampes d'escalier, colonnes, crémones, poignées de portes, tapis, sculptures… En 1928, il abandonne l'esthétique cubiste décorative pour des représentations plus naturalistes.

333

Dardel, Nils

Bettna, Suède, 1888 – New York, 1943

En 1903, sa famille s'installe à Uppsala où il poursuit ses études avant d'intégrer l'École supérieure des beaux-arts de Stockholm en 1908-1909. En 1910, il part pour Paris et fréquente très peu de temps l'académie Matisse. En 1912, il rencontre Alfred Flechtheim et Wilhelm Udhe qui lui fait découvrir Senlis où il décide de travailler. En 1913, il montre un ensemble de peintures dans la galerie de Flechtheim à Düsseldorf. Quand il n'est pas à Senlis, Dardel côtoie régulièrement, à Montparnasse, Cocteau, Apollinaire et Picasso. À partir de 1914, il voyage avec Rolf de Maré, en Europe mais aussi aux États-Unis et au Japon. Il ne retourne à Paris qu'en octobre 1919 pour emménager dans un atelier au 108, rue Lepic. Losque Rolf de Maré crée en 1920 les Ballets suédois, il fait appel à son ami pour les décors et costumes d'une de ses premières productions, *La Nuit de la Saint-Jean*. Il retrouve souvent Brancusi, Pascin ou Kisling. À la fin des années 1920, il devient l'un des portraitistes les plus courus de Paris, mais une grave maladie le contraint en 1928 à s'éloigner de la capitale où il gardera des attaches jusqu'à sa mort.

De Chirico, Giorgio

Volos, Grèce, 1888 – Rome, 1978

Né en Grèce, de parents italiens, il débute ses études à Athènes à l'Institut polytechnique, où il étudie le dessin et la peinture. À la mort de son père en 1905, il s'installe avec sa famille à Munich où il suit pendant deux ans les cours de l'Académie des beaux-arts. Il lit Nietzsche et Schopenhauer, et voit la peinture de Böcklin et Klinger. En 1908, il voyage à Milan, Turin, et se fixe à Florence. En 1911, il rejoint son frère Andrea (Alberto Savinio), musicien et écrivain, à Paris où il reste jusqu'en 1914 ; il expose aux Salons d'automne et des indépendants, et rencontre Apollinaire, Picasso, Max Jacob, puis Paul Guillaume qui devient son marchand. En 1915, il se rend à Ferrare pour son incorporation, il est hospitalisé. Il y rencontre Carlo Carrà en 1917. C'est là que naît officiellement la *Pittura metafisica* à laquelle adhèrent Morandi et De Pisis. En 1919, il s'associe au groupe anti-futuriste *Valori plastici* et délaisse les thèmes métaphysiques. Jusqu'en 1925, De Chirico vit à Rome, puis de 1925 à 1931 à Paris. Il a sa première

**Projet de costume de paysan
pour « La Jarre »**
1924
Gouache sur papier ; 33,5 x 25,5 cm
Dansmuseet, Stockholm
Inv. DM 286

**Projet de décor
pour « La Jarre »**
1924
Tempera sur carton ; 25,5 x 34,0 cm
Dansmuseet, Stockholm
Inv. DM 278

exposition individuelle à la galerie de l'Effort moderne, chez Léonce Rosenberg (1925) puis chez Paul Guillaume (1926). Le catalogue est préfacé par Albert Barnes. Au cours de l'année 1927, il bénéficie de deux expositions personnelles : chez Paul Guillaume et chez Jeanne Bucher. Roger Vitrac publie la première monographie aux éditions Gallimard, *De Chirico et son œuvre. Intérieur métaphysique.* En 1928, Léonce Rosenberg lui consacre à nouveau une exposition et Waldemar George fait paraître un essai, *De Chirico, avec fragments littéraires de l'artiste.* De Chirico illustre *Le Mystère laïc* de Cocteau. L'année suivante, il publie *Heldomeros, le peintre et son génie.* Parallèlement, les surréalistes l'accueillent comme un précurseur dès 1919. Il participe à *Littérature* et à *La Révolution surréaliste.* Mais au moment où il change de style, les surréalistes l'abandonnent et l'attaquent avec virulence en 1928. Sa peinture métaphysique sera néanmoins souvent présentée dans les expositions surréalistes postérieures.

Portrait de Paul Guillaume, 1915

181 Philomène
1907
Huile sur toile ; 40,6 x 33,0 cm
Collection Edythe et Saul Klinow,
Boca Raton, Floride

**225 La Prose du Transsibérien
et de la petite Jehanne
de France**
1913
Pochoir sur simili papier Japon,
édition n° 110, dédicacé à Zadkine
193,5 x 18,0 cm
Musée Zadkine de la Ville de Paris
Inv. BMZ 2431

Delaunay, Sonia
Sara Elievna (Sofia Ilinitchna) Stern
Odessa, 1885 – Paris, 1979

Elle fait son premier apprentissage pictural chez Schmidt-Reuter à Karlsruhe en 1903-1904. Elle s'installe à Paris en 1905, où elle fréquente l'académie de la Palette. Elle expose ses premières œuvres à la galerie Notre-Dame-des-Champs. En 1908, elle fait un mariage blanc avec le critique d'art, collectionneur et marchand allemand Wilhelm Uhde, dont elle divorce pour épouser Robert Delaunay deux ans plus tard. Au début des années 1910, elle fréquente le salon de la baronne d'Oettingen où elle se lie d'amitié avec Cendrars et Apollinaire. Elle participe à l'élaboration du simultanéisme de Robert Delaunay (1912-1914), crée un des premiers designs abstraits (livres, vêtements, objets du quotidien, intérieurs). Elle montre des œuvres orphistes au Salon d'automne, au Erster Herbstsalon (galerie Der Sturm, Berlin) en 1913, aux Indépendants en 1914. Sonia Delaunay met en forme picturale le poème de Cendrars *La Prose du Transsibérien et de la petite Jehanne de France* (1913). De 1914 à 1920, les Delaunay vivent à Madrid, puis au Portugal. Elle rencontre Stravinsky, Massine, Diaghilev et exécute les costumes de *Cléopâtre*, ballet d'Arenski créé à Londres en 1918. Elle a des expositions personnelles à Stockholm (1916), Bilbao (1919), Berlin (1920-1921). En 1920, elle s'installe à Paris où elle ouvre avec Jacques Heim un magasin et un atelier de mode. À partir de 1923, elle fait partie du groupe artistico-littéraire russe de Paris appelé Tchérez (À travers) et met en scène des pièces de Tristan Tzara. Elle participe à l'Exposition internationale des arts décoratifs et industriels à Paris (1925), à « Trente années d'art indépendant, 1884-1914 » (Grand Palais, 1926). En 1928-1930, elle publie des articles et des livres sur la mode et le design contemporains, et participe en 1931 à la formation du groupe Abstraction-Création.

184 **Le Souffle**
1914-1917
Bois ; 130 x 170 cm
Musée Xawery Dunikowski, Varsovie
Inv. MKr 48 MNW

185 **Autoportrait**
(Je marche vers le soleil)
1916-1917
Bois polychrome ; 243 x 170 x 80 cm
Musée Xawery Dunikowski, Varsovie
Inv. MKr 25 MNW

Dunikowski, Xawery

Cracovie, 1875 – Varsovie, 1964

Né dans un milieu modeste, il fait ses études dans une école technique puis suit, en 1894, des cours de sculpture et entre aux Beaux-Arts de Cracovie en 1896. En 1902, il a sa première exposition individuelle à l'Association des amis des beaux-arts de Cracovie. Entre 1904 et 1910, il est professeur aux Beaux-Arts de Varsovie ; il voyage en Syrie, Palestine, Italie. En 1912, il est nommé président des associations d'artistes polonais Sztuka (art) et Rzezba (sculpture). En 1914, il se rend à Paris et prend part à l'ouverture de la première école polonaise de peinture dirigée par Zak et Kinderfreud. À la déclaration de guerre, il est à Londres où il rencontre des membres des Ballets russes et réalise le portrait de Chaliapine. De retour en France, il s'engage dans une unité polonaise formée de volontaires faisant partie de la Légion étrangère. Après sa démobilisation en 1915, il fréquente Montparnasse où il s'installe, expose ses sculptures à l'Association polonaise de littérature et des arts et se lie avec Antoine Cierplikowski pour lequel il réalise une sculpture funéraire. Il sculpte également le monument funéraire du socialiste Jan Strozecki (cimetière de Pantin). Il adopte divers styles, allant du primitivisme le plus sauvage à l'expressionnisme, d'un classicisme décoratif au réalisme héroïque qui prédominera par la suite. En 1920, Dunikowski est nommé professeur de sculpture à l'Académie des beaux-arts de Cracovie mais il ne quitte son atelier qu'en 1922, après avoir présenté ses œuvres parisiennes à une exposition d'art polonais au Grand Palais, en 1921. Il est de nouveau à Paris en 1925. Par la suite, il reçoit d'autres commandes, notamment pour l'autel de la chapelle des Lowenfeld (1926-1927). En 1940, il est arrêté et déporté à Auschwitz et, en 1945, libéré par l'armée soviétique. Après une année de convalescence, il reprend son activité artistique (*Monument des insurgés silésiens*). En 1948, il lègue à l'État polonais ses œuvres.

312 **Paysage**
c. 1915
Huile sur toile ; 54 x 73 cm
Collection particulière

Epstein, Henri

Lodz, 1891 – Auschwitz, 1944

Il étudie à l'École de dessin de Jakub Kacenbogen, à Lodz, et fréquente un groupe d'artistes juifs réunis autour de Vincent (Icchak) Brauner. Après avoir servi brièvement dans l'armée russe, il passe par les Beaux-Arts de Munich, puis se rend à Paris. En 1912, il vit à la Ruche et devient l'ami de Soutine, Chagall, Krémègne, Modigliani, Pascin et plus tard Utrillo. À ses débuts, il suit des cours à l'académie de la Grande-Chaumière et subit une influence durable de Cézanne et des fauves. À partir de 1921, il expose aux Salons des indépendants et d'automne puis à celui des Tuileries. Durant l'entre-deux-guerres, il effectue de nombreux séjours en Corse et dans le midi de la France. Waldemar George publie une monographie aux éditions du Triangle, en 1932. En février 1944, il est interné à Drancy, puis déporté à Auschwitz où il meurt.

207 **Les Ponts de Paris**
c. 1912
Huile sur toile ; 95,5 x 153,5 cm
Collection particulière

Exter, Alexandra Alexandrovna

(née Grigorovitch)
Biélostok, 1882 – Fontenay-aux-Roses, 1949

Elle est auditrice libre à l'École d'art de Kiev de 1901 à 1903, puis, jusqu'en 1906, elle tient un salon littéraire et artistique avec son mari. En 1907, elle passe quelques mois à Paris, à l'académie de la Grande-Chaumière. En 1908, elle organise avec David Bourliouk l'exposition « Le Maillon » dans la capitale ukrainienne. De 1908 à 1914, elle vit entre

Kiev, Moscou, Saint-Pétersbourg, la Suisse, l'Italie et Paris. Son compatriote Serge Férat l'introduit dans le salon de la baronne d'Oettingen, où elle fait la connaissance d'Apollinaire, de Braque et de Léger. Son travail est dominé d'abord par le cézannisme géométrique, puis par le cubofuturisme russo-ukrainien. Elle participe à presque toutes les expositions de l'art de gauche russe et ukrainien. Influencée par le suprématisme, elle crée, à partir de 1916, une série de tableaux abstraits, des décors cubo-suprématistes, puis constructivistes pour le Théâtre de chambre de Taïrov à Moscou (jusqu'en 1923), un design suprématiste pour des ateliers artisanaux ukrainiens. De 1918 à 1920, elle ouvre son atelier de peinture à Kiev et s'occupe de pédagogie enfantine à Odessa. En 1925, Exter s'installe à nouveau à Paris, où elle reçoit la médaille d'or pour son design théâtral à l'Exposition internationale des arts décoratifs et industriels. Entre 1925 et 1930, elle donne un cours de scénographie à l'Académie moderne. Elle travaille à l'atelier Franchetti (cours de composition picturale, art théâtral), crée des « sculptures lumineuses » pour l'appartement berlinois de la danseuse russe Elsa Krüger, fabrique des marionnettes cubodadaïstes pour le théâtre et le cinéma, et expose à Berlin (Der Sturm, 1927), Magdeburg (1927), Londres (Claridge, 1928), Paris (Quatre-Chemins, 1929).

298 **Nu dans l'atelier**
c. 1915
Huile sur toile ; 118,1 x 97,2 cm
Collection particulière, Courtesy
M. Micky Tiroche, Londres

Feder, Adolphe
Odessa, 1886 – Auschwitz, 1943

Il étudie à l'École de dessin d'Odessa et devient membre du Bund. En 1906, il émigre à Berlin, puis à Genève. À partir de 1908, il vit et travaille à Paris, où il fréquente les académies Julian et Matisse. Il participe aux Salons des indépendants (dont il devient membre en 1912), d'automne, des Tuileries et de la Société nationale des beaux-arts. En 1914, il fait partie du comité directeur de l'Académie russe. Dans les années 1920, il collabore aux publications de gauche prosoviétiques (*Clarté*, *Le Monde*, *Oudar*) et illustre des livres (Arthur Rimbaud, Joseph Kessel…). Il expose dans les galeries parisiennes Les Feuillets d'art et Marsant (1920), La Licorne (1922), Barbazanges et Dominique (1923), Druet (1925), Drouant (1928). Feder reçoit, en 1931, la commande de la mise en forme du pavillon de Madagascar pour l'Exposition coloniale de Paris.

220 **Sans titre**
c. 1914
Huile et papiers collés sur panneau
ovale ; 94 x 68 cm
Musée d'Art moderne
de la Ville de Paris
Inv. AMVP 1908

Férat, Serge
Sergueï Nikolaïévitch Yastrebtsov
Moscou, 1881 – Paris, 1958

Il fait son apprentissage à l'École d'art de Kiev, au début des années 1900, et s'installe à Paris à partir de 1905, chez la baronne d'Oettingen. Il fréquente l'académie Julian et expose au Salon des indépendants de 1906. Il fait la connaissance de Picasso en 1910 et est alors influencé par son cubisme. En 1913-1914, il édite avec la baronne d'Oettingen *Les Soirées de Paris* dont le directeur est Apollinaire. Férat y tient la chronique d'art sous le nom de Jean Cérusse (de « ces Russes » !). En 1914, il s'engage comme volontaire dans l'armée française. En juillet 1917, il illustre et fait les décors et costumes pour la mise en scène des *Mamelles de Tirésias* d'Apollinaire au conservatoire de Paris. Dans les années 1920, son style s'éloigne du cubisme. Il expose aux Salons de la Section d'or (1920 et 1925), des indépendants (jusqu'en 1928), d'automne (1924), et montre des expositions personnelles dans les galeries Bonjean (1932) et de Beaune (1938).

Maison close
1913
Mine de plomb sur papier ;
20,1 x 34,3 cm
Moderna museet, Stockholm
Inv. n° 307/1990

À la terrasse de la Rotonde
Assis : Ortiz de Zárate, Picasso,
Per Krohg, Ejde, Okänd, Hellström ;
debout : Santesson, Modigliani
1915
Aquarelle et encre de Chine
sur papier ; 24,0 x 19,5 cm
Moderna museet, Stockholm
Inv. n° 270/1943

**Café de la Rotonde
avec deux Écossais**
1915
Aquarelle sur papier ;
21,1 x 22,6 cm
Moderna museet, Stockholm
Inv. n° 85/1923

Cantine Vassilieff
1915
Mine de plomb sur papier ;
20 x 31 cm
Moderna museet, Stockholm
Inv. n° 169/1990

**Fantaisie d'après une visite
dans l'atelier de Picasso**
1915
Aquarelle et encre de Chine
sur papier ; 33,0 x 24,7 cm
Moderna museet, Stockholm
Inv. n° 133/1990

370 **Lyre et Palette**
De gauche à droite : Max Jacob,
Picasso, Ortiz de Zárate, Hellström,
Modigliani, Kisling, Renée Kisling
et H. M. Melchers au piano
1916
Encre de Chine sur papier ;
31,5 x 34,0 cm
Moderna museet, Stockholm
Inv. n° 126/1990

Lyre et Palette
1917
Encre de Chine sur papier ;
31,0 x 45,8 cm
Moderna museet, Stockholm
Inv. n° 127/1990

Le Dôme et Pascin
1927
Mine de plomb sur papier ;
31,5 x 24,3 cm
Moderna museet, Stockholm
Inv. n° 359/1990

Basler
1928
Aquarelle et encre de Chine
sur papier ; 49,8 x 31,4 cm
Moderna museet, Stockholm
Inv. n° 336/1990

**Fanfare des artistes
avec Dardel, Grünewald**
s. d.
Encre de Chine sur papier ;
31,5 x 51,5 cm
Moderna museet, Stockholm
Inv. n° 197/1990

Ordre de mobilisation
s. d.
Aquarelle sur papier ;
22,4 x 24,6 cm
Moderna museet, Stockholm
Inv. n° 87/1923

Fougstedt, Arvid

Stockholm, 1888 – Stockholm, 1949

Il arrive à Paris en 1908 où il est d'abord apprenti lithographe et s'inscrit à l'académie Colarossi dans l'atelier de Christian Krohg. Il s'intègre vite à la colonie artistique suédoise et aux artistes fréquentant le Dôme tels que Pascin. Il vit de ses illustrations satiriques, publiées dans des journaux comme *Le Rire*. En 1910, il suit les cours de l'académie Matisse. Ses croquis très expressifs rendent compte de l'ambiance de la vie de Montparnasse dans les académies, salons, cafés, à la cantine Vassilieff ou lors des soirées de Lyre et Palette. Surpris par la déclaration de guerre, il ne peut retourner en Suède : ses dessins témoignent alors de la vie parisienne durant les hostilités. Il devient un familier du cercle d'artistes demeurés à Paris, principalement Modigliani, Max Jacob, Picasso, et fait la connaissance de Basler dont il peindra plus tard le portrait. En 1916, il va en Bretagne. En 1917, il retourne en Suède où il demeure jusqu'en 1921, date de son retour à Paris. En 1929, il présente quatre toiles à l'exposition « L'Art suédois moderne ».

178 **Femme au verre et à la carafe**
1917
Bois de chêne teinté ; H. : 119 cm
Collection particulière

301 **Nu
(Nu couché à la toile de Jouy)**
1922
Huile, encre de Chine et crayon
sur toile ; 130 x 195 cm
Musée d'Art moderne de la Ville
de Paris
Don de l'artiste, 1961
Inv. AMVP 2522

373 **Projet de costume de la Folie
pour le ballet
« Le Tournoi singulier »**
1924
Mine de plomb, aquarelle,
encre de Chine sur papier ; 25 x 16 cm
Dansmuseet, Stockholm ; Inv. DM 303

**Esquisse de décor
pour « Le Tournoi singulier »**
1924
Crayon sur papier ; 17 x 24 cm
Dansmuseet, Stockholm ; Inv. DM 296

375 **Carnet de dessins**
1925-1926
Crayon, encre et aquarelle sur papier ;
15,2 x 38,5 cm
Collection particulière

291 **Autoportrait dans l'atelier**
1926
Huile sur toile ; 81,0 x 60,5 cm
Musée des Beaux-Arts, Lyon ; Inv. B1435

Deux amies
1926
Huile sur toile ; 92 x 73 cm
Petit Palais, musée d'Art moderne,
Genève ; Inv. n° 10133

Foujita, Léonard

Tsuguharu Fujita

Edogawa (Tokyo), Japon, 1886 – Zurich, 1968

Fils d'un médecin général de l'armée japonaise, il se destine très tôt à la peinture. En 1905, il prépare l'École des beaux-arts de Tokyo, dans la section peinture européenne. En 1910, il expose au salon Hakuba-Kaï à Tokyo. À Paris en 1913, il se lie à Ortiz de Zárate qui l'emmène chez Picasso, mais il préfère le Douanier Rousseau au cubisme. Il rencontre Braque, Max Jacob, Salmon, Modigliani, Pascin, Soutine, Kisling, Rivera, Zadkine, Lipchitz, Archipenko, Marcoussis. À Londres, en 1914, il est surpris par la guerre et connaît des jours difficiles. Il revient à Paris en 1915 et prend un atelier cité Falguière à côté de Modigliani et Soutine. En 1917, il connaît son premier succès avec deux expositions préfacées par André Salmon chez le marchand Chéron (avec lequel il signe son premier contrat). Zborowski s'intéresse à son œuvre ; en 1918, il invite Foujita, Modigliani et Soutine à Cagnes-sur-Mer. Délaissant le style épuré et italianisant teinté de japonisme et l'influence du Douanier

290 Susy Solidor
1927
Huile sur carton ; 97 x 63 cm
Ville de Cagnes-sur-Mer
En dépôt au musée de Cagnes-sur-Mer

**308 Lupanar à Montparnasse
(Le Salon à Montparnasse)**
1928
Huile sur toile ; 110 x 176 cm
Petit Palais, musée d'Art moderne,
Genève ; Inv. n° 7543

309 La Dompteuse et le Lion
1930
Huile sur toile ; 147 x 91 cm
Petit Palais, musée d'Art moderne,
Genève ; Inv. n° 8279

300 Nu au chat
1930
Huile sur toile ; 97 x 164 cm
Collection particulière

Portrait de Simon Mondzain
c. 1928
Crayon sur papier ; 28 x 22 cm
Collection particulière

Deux amies, 1926

181 Masque d'homme
1911
Bronze ; 47 x 26 x 17 cm
Musée de Pontoise

Rousseau, il réalise une série de nus où la pureté des lignes s'allie à l'économie de la gamme chromatique. Kiki devient son modèle dès 1920. Son succès va grandissant ; il expose en 1919 au Salon d'automne. Membre du jury l'année suivante, il y participe régulièrement. En 1921, il quitte sa femme pour Youki qu'il épousera en 1924. Il devient membre du Salon des Tuileries en 1923. Il expose au Japon dans les années 1920. Foujita participe à toutes les fêtes et bals de Montparnasse. Son hôtel particulier devient un lieu de rencontre du Tout-Paris. En 1925, il est décoré de la Légion d'honneur et, en 1926, l'État lui achète l'*Amitié* pour le musée du Luxembourg. En 1928, il expose chez Bernheim-Jeune. Il quitte Paris en 1930 pour exposer au Japon, ruiné par le fisc et la crise. Après avoir payé ses dettes, il revient pour un court séjour en France en 1931, puis voyage et s'installe au Japon à partir de 1933. Il ne revient en France qu'en 1950 et obtient la nationalité française en 1955.

Freundlich, Otto

Stolp, Poméranie, 1878 – Lublin-Majdanek, Pologne, 1943

Après avoir fait des études commerciales à Hambourg, il quitte son métier et étudie l'histoire de l'art à Berlin, puis à Munich (avec Wölfflin), et enfin à Florence (1904-1905) où il commence à peindre à l'âge de 27 ans. Il étudie à l'École d'art de Lothar von Kunowkia à Berlin et assimile les principaux mouvements d'avant-garde (*Jugenstil* à Munich, *Neue Sezession*, *Die Brücke, Der Blaue Reiter*). En 1908, il s'installe à Paris, au Bateau-Lavoir, où il se lie avec les amis de Picasso : Gris, Braque, Delaunay, Herbin et les Allemands du Dôme. Même s'il expose avec les cubistes, il n'emprunte guère leurs caractéristiques. En 1909, il réalise sa première sculpture, *Masque d'homme*. Ses œuvres sont très marquées par l'expressionnisme. Il sculpte deux masques et deux grandes têtes en plâtre qu'il expose au Sonderbund à Cologne. La même année, Clovis Sagot l'expose dans sa galerie. Jusqu'en 1914, son activité artistique se déploie dans toute l'Europe : « Neue Sezession », Berlin (1910-1911), « Kunst-Kring », Amsterdam (1911-1913), « Erster Deustcher Herbstsalon », Berlin (1913). À la déclaration de guerre, Freundlich retourne en Allemagne où il est mobilisé dans le service de santé. Au cours du conflit, il collabore à la revue *Die Aktion*, devient membre, pendant un temps, du groupe *Novembergruppe* en 1918 à Berlin, et participe avec Walter Gropius à *Arbeitsrats für Kunst*. L'année suivante, il réalise sa première œuvre abstraite. De 1918 à 1924, il séjourne à Berlin et, en 1924, il retourne à Paris, à Montparnasse. Il participe au Salon des indépendants (1926 et suivants), puis à l'exposition d'« Art Abstrait II » à la galerie Bonaparte (1929), au Salon des surindépendants (1930), à Cercle et Carré (1930) et à Abstraction-Création (1931-1934). Il est inclus dans l'exposition nazie d'art dégénéré « Entartete Kunst » en 1937 (*L'Homme nouveau*, sculpture de 1912, fait l'objet de la couverture de l'exposition). En 1943, au moment où il veut quitter la France, il est arrêté et meurt en déportation.

290 **Kiki**
1928
Bronze ; 27,5 x 16,5 x 17,0 cm
Musée d'Art moderne
de la Ville de Paris
Don de Pierrette Anguera-Gargallo,
1981
Inv. AMS 572

Gargallo, Pablo

Maella, Espagne, 1881 – Reus, 1934

Après avoir étudié à l'École des beaux-arts de Barcelone, en 1900, et fréquenté le cabaret *Els Quatre Gats* où il rencontre Picasso, il séjourne à Paris de 1903 à 1904 ; il y retrouve Manolo et Picasso, et fait la connaissance de Max Jacob. Il retourne pourtant en Espagne, mais revient à Paris en 1907 : c'est là qu'il met au point ses premières sculptures en métal. Entre 1912 et 1913, il fréquente le milieu cubiste : Braque, Gris, Apollinaire, Reverdy, Raynal. Léonce Rosenberg lui achète ses premiers masques en métal. En 1914, il cherche à s'enrôler mais, de santé fragile, il est contraint de regagner Barcelone où malade, il réalise des sculptures de petite taille et des bijoux. En 1920, il est nommé professeur de sculpture, ce qui lui assure des revenus réguliers et surtout la possibilité d'aller à Paris. Il démissionne en 1923 et s'installe définitivement à Paris, dans un atelier de la rue Blomet occupé par Miró. Léonce Rosenberg le soutient dans le *Bulletin de l'Effort moderne* (février 1923) et lui achète des œuvres. De même, Maurice Raynal, Tériade, Pierre Reverdy, André Salmon, Paul Fierens, Waldemar George, Géo Charles, André Warnod. En 1927, la galerie Georges Bernheim l'expose.

339

**Projet de costume
pour « Contes russes »**
1917
Gouache sur papier ; 61 x 50 cm
Bibliothèque nationale de France
Bibliothèque-musée du Théâtre
national de l'Opéra
Inv. Mus. 906

**Projet de costume
pour le loup du « Mariage
de la Belle au bois dormant »**
1922
Gouache sur papier ; 45,5 x 31,0 cm
Bibliothèque nationale de France
Bibliothèque-musée du Théâtre
national de l'Opéra, Fonds Kochno
Inv. Mus. K34

**Groupe d'hommes
et de femmes (« Noces »)**
1922
Gouache sur papier ; 61 x 48 cm
Bibliothèque nationale de France
Bibliothèque-musée du Théâtre
national de l'Opéra, Fonds Kochno
Inv. Mus. K35

Projet de décor pour « Noces »
1923
Crayon, encre de Chine
et aquarelle sur papier ; 43 x 59 cm
Bibliothèque nationale de France
Bibliothèque-musée du Théâtre
national de l'Opéra
Inv. Mus. 1664

Gontcharova, Natalia Serguéïevna

Gouvernement de Toula, 1881 – Paris, 1962

À Moscou en 1901, elle étudie la sculpture (chez Volnoukhine et Troubetskoï) et la peinture (chez Korovine). Elle abandonne la sculpture en 1904 et se consacre à la peinture après sa rencontre avec Larionov qui sera le compagnon de toute sa vie. Elle montre des travaux impressionnistes, à l'exposition d'art russe organisée par Diaghilev au Salon d'automne de 1906. À partir de 1907, elle participe à toutes les expositions de l'art de gauche russe avec des œuvres alliant le primitivisme et le cézannisme géométrique. Elle est influencée par l'icône, l'image populaire (*loubok*), l'enseigne artisanale. Elle participe à l'efflorescence du livre-objet futuriste (1912-1915) et à la création du mouvement non-figuratif du rayonnisme (1912-1913). En 1913, elle a une grande rétrospective à Moscou et, en 1914, une exposition personnelle au bureau artistique de Mme Dobytchina à Saint-Pétersbourg ; elle y montre ses derniers travaux rayonnistes. En 1914, elle fait les décors et costumes du *Coq d'or* de Rimski-Korsakov pour les Ballets russes et expose avec Larionov à la galerie Paul Guillaume (préface du catalogue par Apollinaire). En juin 1915, Gontcharova quitte définitivement la Russie avec Larionov et ils s'installent à Paris en 1918. Dans les années 1920, elle est un des peintres principaux des Ballets russes (*Contes russes* de Liadov, en collaboration avec Larionov ; *Une nuit sur le mont Chauve* de Moussorgski ; *Renard, Noces, L'Oiseau de feu* de Stravinsky). De nombreuses expositions personnelles (certaines avec Larionov) sont organisées : entre autres, galeries Barbazanges (1919) et Sauvage (1928). Membre du Salon d'automne depuis 1921, elle participe régulièrement aux Salons des indépendants et des Tuileries.

Projet de costume pour « Contes russes », 1917

González, Julio

Barcelone, 1876 – Arcueil, 1942

Benjamin des quatre enfants de Concordio González, ferronnier et orfèvre réputé de Barcelone, Julio González commence, en 1891, à travailler le fer, guidé par son père. Avec son frère aîné Joan, il s'essaye à la peinture et fréquente, à partir de 1897, le café *Els Quatre Gats* où ils font la connaissance de Picasso. En 1900, la famille González s'installe à Paris, à Montparnasse, où Julio vivra, dans différents ateliers, jusqu'en 1937. Il pratique essentiellement le dessin et le pastel, très influencé par Puvis de Chavannes et Degas ; il se lie aussi avec les amis de Picasso, entre autres, Max Jacob, Maurice Raynal, Pablo Gargallo et expose aux Salons d'automne et des indépendants. Après la mort de son frère en 1908, il sombre dans une solitude presque totale et cherche pendant longtemps sa voie, en essayant d'assujettir le métal de ses années d'apprentissage à ses recherches plastiques. Ce n'est qu'en 1927, à l'âge de 51 ans, qu'il se consacre définitivement à la sculpture en fer, forgé et découpé, avec ses premiers masques et natures mortes. Puis suivent les quatre années de collaboration avec Picasso autour de la commande du *Monument à Apollinaire*. Dans la dernière décennie de sa vie, il déploie une très importante œuvre de sculpteur, à mi-chemin de l'abstraction et du réel, que sa mort prématurée en 1942 laisse inachevée.

Portrait de Salmon, c. 1908

Gottlieb, Léopold

Drohobycz, Pologne, 1883 – Paris, 1934

Il étudie de 1896 à 1902 aux Beaux-Arts de Cracovie (il est l'élève de Janeck Malczewski), puis à Munich où il suit les cours d'Azbe. À Paris à partir de 1904, il expose aux Salons d'automne (1904, 1908-1913, 1926, 1928), des indépendants (1909-1911, 1926) et de la Société nationale des beaux-arts (1911-1912). Il enseigne à l'école de Bezalel de Jérusalem, mais la date de son passage demeure imprécise. Il se lie avec le monde artistique de Montmartre et de Montparnasse dont il fait les portraits (Pascin, Salmon, Rembrandt Bugatti, Rivera). Il a une prédilection pour les thèmes inspirés par l'Ancien et le Nouveau Testament. En 1912, il expose avec les autres artistes polonais à la galerie Dalmau de Barcelone ; Adolphe Basler rend compte de sa présence dans le n° 1 de *Sztuka* (1912). En 1914, son duel avec Kisling fait la une des journaux. Pendant la guerre, il est volontaire dans les légions de Pilsudski. À Cracovie de 1917 à 1919, il participe aux expositions du groupe formiste et enseigne à l'académie de Zakopane (1919). À Varsovie, après la guerre, il écrit *Mémoires d'un légionnaire*, publié en 1922, et participe aux expositions d'art juif (1921 et 1922). De retour en France en 1926, il expose aux Salons du Franc et des Tuileries (1926 à 1929). En 1927, une monographie d'André Salmon est publiée aux Écrivains réunis ; celle d'Émile Szittya aux éditions du Triangle paraît en 1928. En 1929, Gottlieb rejoint le groupe polonais Rythme et expose avec lui en Pologne. Les galeries des Quatre-Chemins (1927), d'art de Montparnasse (1928) et Zak (1934) lui consacrent des expositions personnelles.

Gris, Juan

José Victoriano Gonzalez
Madrid, 1887 – Boulogne-sur-Seine, 1927

Il étudie à l'Escuela de Artes y Manufacturas de Madrid pour devenir ingénieur. En 1904, il quitte l'école pour la peinture. Ses dessins parus dans des journaux lui permettent de vivre. En 1906, il gagne Paris et habite au

198 Portrait de Maurice Raynal
1912
Huile sur toile ; 55 x 46 cm
Collection particulière

199 Hommage à Pablo Picasso
1912
Huile sur toile ; 93,3 x 74,3 cm
The Art Institute of Chicago
Don de Leigh B. Block
Inv. n° 1958.525

284 Portrait de Pascin
1921
Huile sur toile ; 81 x 65 cm
Göteborgs Kunstmuseum, Göteborg
Inv. GKM 738

Bateau-Lavoir jusqu'en 1922. Il y fait la connaissance de Picasso qui a son atelier à l'étage inférieur. Il continue de placer des dessins satiriques dans la presse (*L'Assiette au beurre, Le Charivari, Le Cri de Paris, Le Témoin*). Il adhère au cubisme en 1911, année pendant laquelle Picasso, Braque et Gris séjournent ensemble à Céret. En 1912, il présente *Homme dans un café* au Salon de la Section d'or. À cette même date, il exécute l'*Hommage à Picasso*. Ce tableau montré au Salon des indépendants de 1912, raillé par la critique, est considéré comme du « cubisme intégral » par Apollinaire. Dès lors, il rejoint Picasso et Braque dans leurs plus récentes innovations : décomposition analytique, lettre au pochoir, collage (adopté dès l'été 1912), tout en privilégiant les couleurs franches et vives sur le ton local. La même année, Gertrude Stein achète ses œuvres pour la première fois, Gris expose chez Clovis Sagot, puis au Salon de la Section d'or. Continuant sa percée, il signe un contrat avec Kahnweiler qui deviendra son ami et biographe (*Juan Gris, sa vie, son œuvre, ses écrits*, 1946). Pendant la guerre, Kahnweiler ne peut le soutenir, Gertrude Stein, censée l'aider, ne lui verse pas la pension promise. En 1917, il signe un contrat avec Léonce Rosenberg qui l'expose à la galerie de l'Effort moderne en 1919. Très lié à Lipchitz et Laurens pendant et après la guerre, il s'essaie brièvement à la sculpture. Dans les années 1920, il pratique une peinture plus détendue et reprend les thèmes du Pierrot et de l'Arlequin. En 1923, il retourne chez Kahnweiler (galerie Simon). En 1922-1923, il travaille pour les Ballets russes de Diaghilev (*Les Tentations de la bergère ou l'Amour vainqueur, La Colombe* de Gounod et *Une éducation manquée* de Chabrier). Grâce au soutien de Gertrude Stein, des œuvres de Gris sont achetées par les collectionneurs américains Joseph Brummer, John Quinn, Katherine Dreier, Gallatin, James Thrall Soby, Arensberg. En Allemagne, Alfred Flechtheim est son plus grand défenseur. Une monographie par Maurice Raynal lui est consacrée en 1920 aux éditions de l'Effort moderne. Il illustre *Les Poèmes en prose* de Reverdy en 1915, *Le Mouchoir de nuages* de Tzara en 1924.

341

Grünewald, Isaac

Stockholm, 1889 – Oslo, 1946

Il se sent très jeune une vocation artistique et entre à l'école de l'Association des artistes de Stockholm en 1905. Il fait son premier séjour à Paris de 1908 à 1911 et fréquente l'académie Matisse. Après deux expositions à Stockholm en 1909 et 1910, il est en contact avec la galerie Der Sturm de Berlin. En 1915, il participe à l'illustration de la revue suédoise de Stockholm, *Ny Konst*, dirigée par le futuriste italo-suédois Ciaccelli, et il expose à Copenhague (1916 et 1918), Oslo (1917). En Suède en 1918, Grünewald et son épouse, l'artiste Sigrid Hjertén, participent à l'exposition expressionniste de la Liljevachs Konsthall. En 1920, il voyage en Italie, puis s'installe à Fontenay-aux-Roses. À Paris en 1921, il est le voisin de Fernand Léger. Il expose à la galerie La Licorne et, deux ans plus tard, à l'exposition franco-suédoise de la maison Watteau. Il réalise les décors et costumes de *Samson et Dalila* et *Sakuntala* destinés à l'Opéra de Stockholm, et reçoit un prix à l'Exposition internationale des arts décoratifs de 1925. Il est sollicité pour décorer un des piliers du restaurant de la Coupole inauguré en décembre ; le style de sa décoration s'apparente alors à celui d'Othon Friesz. La galerie Bernheim-Jeune lui consacre une exposition personnelle en 1928 ; André Warnod écrit sur lui une monographie. En 1931, il expose chez Georges Bernheim et reçoit une commande de trois plafonds peints pour la maison du banquier Olof Aschberg à Paris. En 1932, il retourne en Suède, où il est nommé professeur à l'Académie des beaux-arts de Stockholm.

220 **Nature morte**
1913
Huile sur toile ; 45 x 30 cm
Collection particulière

219 **Les Trois Musiciens**
1920
Huile sur toile ; 176 x 176 cm
Centre Georges Pompidou, Paris
Musée national d'art moderne
En dépôt au musée des Beaux-Arts,
Lyon
Inv. AM 2616P

250 **Autoportrait**
1928
39,3 x 25,5 cm
Staatliche Museen zu Berlin,
Kunstbibliothek

Foire de Paris
1929
36,6 x 25,8 cm
Collection Ann et Jürgen Wilde, Zülpich,
en dépôt au Sprengel-Museum, Hanovre

Dans la rue
1930
28,1 x 38,2 cm
Collection Ann et Jürgen Wilde, Zülpich,
en dépôt au Sprengel-Museum, Hanovre

Sans titre
1930
27,5 x 36,3 cm
Collection Ann et Jürgen Wilde, Zülpich,
en dépôt au Sprengel-Museum, Hanovre

251 **Bois et Charbons.
Vins et Liqueurs**
1931
25,9 x 38,9 cm
Collection Thomas Walther, New York

Sans titre
1931
38,3 x 28,1 cm
Collection Ann et Jürgen Wilde, Zülpich,
en dépôt au Sprengel-Museum, Hanovre

Halicka, Alice

Cracovie, 1894 – Paris, 1975

Née dans un milieu universitaire et cultivé, elle fait des études dans les
ateliers de Wyczolkowski et Pankiewicz. Après un bref passage à Munich,
elle s'installe à Paris, au Quartier latin, en 1912. Très vite, elle rencontre
Marcoussis qu'elle épouse l'année suivante. Au début de son séjour, elle
suit les cours de Sérusier et Maurice Denis à l'académie Ranson. En 1914,
elle expose au Salon des indépendants et attire l'attention d'Apollinaire
par ses peintures cubisantes. Il souligne « des dons virils et réalistes qui lui
permettent de construire savamment son tableau sans déformer ses
compositions ». Elle montre régulièrement son travail chez Berthe Weill et
Bernheim. Au début des années 1920, elle revient à une pratique plus
naturaliste. De 1935 à 1938, au cours de longs séjours aux États-Unis, elle
développe essentiellement une activité de scénographe. Elle participe
à quelques expositions après la Seconde Guerre mondiale, en Pologne, à
Varsovie et Cracovie, et en France, à Paris et Bordeaux.

Hayden, Henri

Varsovie, 1883 – Paris, 1970

Issu d'une famille de la bourgeoisie aisée qui le destine à une carrière
d'ingénieur, il entre à l'École polytechnique de Varsovie, en 1902, tout en
fréquentant par ailleurs l'École des beaux-arts. En 1907, il arrive à Paris
parlant déjà français et suit quelque temps les cours de l'académie de la
Palette (Charles Guérin et Georges Desvallières). En 1909, il expose pour
la première fois au Salon d'automne et, l'année suivante, il rencontre
Adolphe Basler qui le présente à André Salmon. Ce dernier préface sa pre-
mière exposition personnelle à la galerie Druet en 1911. En été, il séjourne
fréquemment en Bretagne. En 1913, Hayden fait son premier envoi au
Salon des indépendants et Gustave Coquiot s'intéresse à son œuvre.
En 1914, il s'installe à Montparnasse et s'oriente vers le cubisme. Grâce à
Lipchitz, il fait la connaissance de Juan Gris, et par leurs intermédiaires, de
Léonce Rosenberg. De 1915 au début des années 1920, il se lie avec
Picasso, Max Jacob, Severini, Matisse, Cocteau. En 1919, il peint le grand
tableau *Les Trois Musiciens* (exposé au Salon des indépendants de 1920)
et jouit d'une exposition à la galerie Rosenberg qui restera sans suite car,
à partir de 1922, il effectue un retour à la figuration, provoquant la rupture avec son marchand. Zborowski prend le relais en 1923 et l'expose
dans sa galerie. En 1932, il obtient la nationalité française.

Henri, Florence

New York, 1893 – Compiègne, 1982

Née d'un père français et d'une mère allemande, elle étudie le piano en
Angleterre et en Allemagne, avant d'arriver à Paris en 1924. Elle suit les
cours de l'académie Montparnasse et de l'Académie moderne, et expose
deux ans plus tard ses peintures abstraites à la Galerie d'art contemporain.
En 1927, elle s'inscrit au Bauhaus où le cours de Moholy-Nagy l'influence
dans sa démarche. Bien qu'il n'existe pas d'enseignement de la photographie, elle expérimente ce moyen d'expression et fait des portraits de
ses amis. De retour à Paris en 1928, Florence Henri réalise ses célèbres
autoportraits et portraits au miroir dans lesquels elle mélange abstraction
et réel. En 1929, elle participe aux manifestations internationales
« Fotografie der Gegenwart » à Essen et « Film und Foto » à Suttgart. En
1930, elle obtient une exposition personnelle au Studio 28 et ouvre un

atelier dans lequel elle donne des cours de photographie (elle enseigne par exemple à Ilse Bing et Gisèle Freund). Dans les années 1930, elle continue ses séries de portraits, autoportraits et natures mortes.

252 Serge Lifar dans « La Chatte »
1927
14,7 x 22,2 cm
Collection F. C. Gundlach, Hambourg

Portrait de Christian Bérard
s. d.
23,9 x 19,5 cm
Collection F. C. Gundlach, Hambourg

Portrait de Christian Bérard, s. d.

177 Tête de Foujita
1915
Ciment polychrome ; 35 x 20 x 25 cm
Musée Despiau-Wlerick,
Mont-de-Marsan

298 Femme nue au repos
1919
Huile sur toile ; 65 x 50 cm
Fonds national d'Art contemporain
En dépôt au musée de Grenoble
Inv. n° de dépôt, DG 1933-3

Hoyningen-Huene, George

Saint-Pétersbourg, 1900 – Los Angeles, 1968

Il s'installe à Paris en 1921. Il signe en 1925 un contrat comme illustrateur avec *Vogue*, revue dans laquelle il publie ses premières photographies dès l'année suivante. En 1928, il expose au premier Salon indépendant de la photographie appelé « Salon de l'Escalier », avec Abbott, Albin-Guillot, Atget, Kertész, Krull, Outerbridge, D'Ora, Man Ray. Il participe à « Film und Foto » à Stuttgart, puis à « Photographes d'aujourd'hui » à Paris. À partir de 1930, il publie dans *AMG Photographie*. La publication du livre *George Hoyningen-Huene. Meisterbildnisse* date de 1932. Il participe à de nombreuses expositions internationales : « International Photographers » au Brooklyn Museum, à New York, « The Modern Spirit of Photography » à Londres. De 1935 à 1946, il travaille pour l'édition parisienne de *Harper's Bazaar*. En 1947, il s'installe en Californie et enseigne à l'Art Center School de Los Angeles, où il collabore au magazine *Flair*, et à Hollywood.

Indenbaum, Léon (Liev)

Vilno, 1890 ou 1892 – Opio, 1981

Il fait son apprentissage comme ébéniste dans les classes de dessin de la Société d'art industriel Antokolski à Vilno, puis émigre à Paris en 1911 et se lie d'amitié avec le sculpteur Oscar Miestchaninoff et les peintres Krémègne, Soutine, Modigliani, Rivera. Entre 1914 et 1920, il étudie chez Bourdelle et Maillol. Il s'intéresse à la sculpture antique et africaine. Il expose aux Salons des indépendants (à partir de 1912), d'automne (à partir de 1913) et des Tuileries. Il participe à des expositions de groupe aux côtés de Maillol, Despiau, Chana Orloff, Androussov, Zadkine. En 1921-1923, Indenbaum fait partie du groupe artistico-littéraire russe Oudar et, au début des années 1930, du groupe d'artistes russes réunis autour de la revue *Tchisla (Nombres)*.

Kars, Georges

Jiří Karpeles

Kralupy, Autriche-Hongrie, 1882 – Genève, 1945

De 1899 à 1905, il étudie à l'Académie des beaux-arts de Munich, où il rencontre Jules Pascin, Rudolph Levy et Paul Klee. Il retrouve les deux premiers au café du Dôme en 1908, quand il s'installe définitivement à Paris. Il fait la connaissance d'Apollinaire et des cubistes qui infléchissent brièvement son style. En 1909, il expose au Salon des indépendants (jusqu'en 1913). Il a également sa première exposition personnelle à Munich chez Goltz ; le catalogue est préfacé par Adolphe Basler. En 1914, il participe à l'exposition collective du Dôme organisée par Flechtheim à Düsseldorf. Contraint de quitter la France à la déclaration de guerre, il séjourne en Belgique avec Pascin, puis rejoint Prague alors que ce dernier obtient de nouveaux subsides de sa famille. Kars part pour les États-Unis. De retour à Paris en 1919, il se lie à Maurice Utrillo et Suzanne Valadon dont il fait de nombreux portraits. Il expose à la galerie de la Licorne en 1922 et 1928 puis, en 1931, chez Berthe Weill. Florent Fels écrit sa première monographie en 1930 aux éditions du Triangle. Fuyant la France en 1939, il gagne la Suisse et y reste pendant la guerre. Il se suicide en 1945 quelques jours avant de repartir à Paris.

258 **L'Atelier de Mondrian**
1926
11,0 x 6,5 cm
Collection Thomas Walther, New York

255 **Chaises, fontaine Médicis, Paris**
1926
15,7 x 18,6 cm
The Art Institute of Chicago,
Wirt D. Walker Fund
Inv. n° 1984.536 RX14403/6

258 **Les Lunettes et la Pipe**
de Mondrian
1926
9,5 x 9,5 cm
Collection Nicholas Pritzker, Chicago

Pierre Mac Orlan
1927
10,8 x 7,8 cm
The Art Institute of Chicago,
Wirt D. Walker Fund
Inv. n° 1984.532 RX14403/1

Le Sculpteur Béothy
dans son atelier
1928
9 x 8 cm
Collection Thomas Walther, New York

256 **La Sieste**
(Vue du pont au Change)
1927
23,9 x 15,5 cm
The Art Institute of Chicago,
Julien Levy Collection,
Special Photography Acquisition Fund
Inv. n° 1979.77 RX11062/41

259 **Le Poème d'Ady**
c. 1928
23,1 x 17,2 cm
Musée de la Littérature hongroise
«Petöfi», Budapest

257 **Montparnasse, square Jolivet**
1929
21,4 x 16,0 cm
The Art Institute of Chicago,
Harold L. Stuart Endowment
Inv. n° 1987.376

254 **Ombres de la tour Eiffel**
1929
16,5 x 21,9 cm
The Art Institute of Chicago,
Julien Levy Collection,
Special Photography Acquisition Fund
Inv. n° 1979.77 RX11062/411

253 **Autoportrait avec Carlo Rim**
1930
22,9 x 15,6 cm
Jane Corkin Gallery, Toronto

Kertész, André

Budapest, 1894 – New York, 1985

Il commence des études de commerce avant de s'acheter un appareil et pratiquer la photographie en amateur. En 1916, il reçoit un prix pour un autoportrait. En 1925, il s'installe à Paris, à Montparnasse, photographie beaucoup les monuments, souvent dans le brouillard et sous la pluie. Il rencontre la bohème artistique et littéraire, et réalise de nombreux portraits (Mondrian, Chagall, Calder, Brancusi…). Pendant dix ans, il travaille comme photographe indépendant pour des magazines français, britanniques et allemands. Il rencontre son compatriote Brassaï en 1926. L'année suivante est organisée sa première exposition à la galerie Au Sacre du printemps. Jusqu'en 1935, il travaille pour le magazine *Vu*. À partir de 1926, il participe à de nombreuses expositions internationales : «Fotografie der Gegenwart» à Essen, Hanovre, Berlin, Dresde, Magdebourg (1929), «Film und Foto» à Stuttgart (1929), «Das Lichtbild» à Munich (1930), «Modern European Photographers» à New York (1932), «L'Internationale de la photographie» à Bruxelles. Son premier livre, *Enfants,* est publié en 1933. L'année suivante sort *Paris vu par André Kertész* avec un texte de Mac Orlan. En 1936, il s'installe à New York avec un contrat de l'agence Keystone qu'il résilie l'année suivante ne voulant pas pratiquer de la photographie purement commerciale. En raison de sa nationalité, il est interdit de publication avant d'obtenir la nationalité américaine en 1944. Deux ans plus tard, une importante exposition personnelle est organisée à l'Art Institute of Chicago. En 1963, il retrouve ses négatifs de la période hongroise et française cachés pendant la guerre.

Pierre Mac Orlan, 1927

Le Sculpteur Béothy dans son atelier, 1928

315 **Autoportrait**
1925-1927
Huile sur toile ; 100 x 65 cm
Collection Himan Brown

Kikoïne, Michel (Mikhaïl)

Gomel, 1892 – Paris, 1968

À partir de 1904, il fait son apprentissage pictural dans l'atelier du peintre académique Krüger à Minsk, où il rencontre Soutine. En 1908, ils s'inscrivent ensemble à l'École des beaux-arts de Vilno et y font la connaissance de Krémègne. En 1912, il s'installe à Paris, à la Ruche. Avec Soutine et Krémègne, il fréquente l'École des beaux-arts (classe de Cormon). En 1914, il s'engage dans « l'armée des travailleurs étrangers » mais il est rapidement démobilisé. En 1916, avec Soutine et Modigliani, il loue une chambre à Clamart afin qu'ils puissent peindre ensemble des paysages de banlieue. Modigliani lui présente son marchand, Chéron, qui passe un contrat avec lui en 1919. Il participe aux Salons d'automne de 1920 et des indépendants, et a des expositions personnelles dans les galeries Bernheim (1920), Zborowski et Netter (1924) avec laquelle il a un nouveau contrat. Il expose aussi chez Brummer à New York (1925), Billiet-Worms (1930, 1933), Ersild (1935) et participe, en 1928, à l'exposition « École de Paris » à la galerie Lesnik et à la section russe de « L'Art contemporain français » à Moscou. Il devient citoyen français en 1924.

288 **Portrait de Salmon**
1912
Huile sur toile ; 100 x 73 cm
Osaka City Museum of Modern Art

Portrait de Basler
1914
Huile sur toile ; 92 x 73 cm
Petit Palais, musée d'Art moderne, Genève
Inv. n° 7842

299 **Femme à sa toilette**
1914
Huile sur toile ; 128 x 97 cm
Tel Aviv Museum of Art
Don de la fondation Nate B. et Frances Springold
Inv. n° 88.1

286 **Jean Cocteau assis dans son atelier**
1916
Huile sur toile ; 73 x 60 cm
Petit Palais, musée d'Art moderne, Genève
Inv. n° 9540

287 **Autoportrait avec Renée et la chienne Kousky**
1917
Huile sur toile ; 116 x 86 cm
Collection particulière

229 **L'Émigré**
1919
Huile sur toile ; 73 x 60 cm
Collection particulière, Paris

302 **Buste de Kiki**
1927
Huile sur toile ; 100 x 81 cm
Petit Palais, musée d'Art moderne, Genève
Inv. n° 8399

Portrait de Basler, 1914

Kisling, Moïse

Cracovie, 1891 – Sanary-sur-Mer, 1953

Issu d'une famille aisée, Kisling suit l'enseignement de Pankiewicz à l'Académie des beaux-arts de Cracovie. Il se rend à Paris en compagnie de Mondzain à la fin de 1910. En 1912, il rencontre André Salmon en Bretagne, se lie à Max Jacob, Picasso, Modigliani, Pascin, et expose au Salon d'automne. Sur les conseils de Basler, qui lui signe son premier contrat, il se rend à Céret pour peindre de 1912 à 1913. Il est alors influencé par le cubisme. De retour à Paris, Basler lui achète toute sa production récente. En 1914, il participe au Salon des indépendants. Engagé dans la Légion étrangère, blessé au front le 13 mai 1915, il est réformé. Il expose avec le groupe Lyre et Palette et avec l'Union des artistes polonais. De 1917 à 1918, il séjourne à Saint-Tropez. L'année suivante, il obtient sa première exposition personnelle à la galerie Druet. Salmon qualifie son art de « naturalisme organisé ». En 1924, son exposition chez Paul Guillaume est un succès. Deux ans plus tard, il réside dans le midi de la France, notamment à Sanary, proche des Salmon et de son ami Carl Einstein (qui a écrit sa première monographie en Allemagne, en 1922). Une monographie d'André Salmon paraît aux Chroniques du jour (1927), une autre de Florent Fels aux éditions du Triangle (1928). Personnalité parisienne de premier plan, Kisling obtient la nationalité française en 1922 et est décoré de la Légion d'honneur en 1933.

318 **Portrait de Soutine**
c. 1916-1918
Huile sur toile ; 81 x 55 cm
Collection particulière

317 **Autoportrait**
1920
Huile sur toile ; 46 x 38 cm
Collection Hubert et Jean-Pierre Danesini, France

Krémègne, Pavel ou Pinchus

Jéloudok, Lituanie, 1890 – Céret, 1981

Il commence ses études à l'École d'art de Vilno, où il se lie d'amitié avec Soutine et Kikoïne. En 1912, il s'installe à Paris, à la Ruche, où il fait la connaissance de Modigliani, Chagall, Léger. Il expose des sculptures au Salon des indépendants de 1914. À partir de 1915, il s'adonne uniquement à la peinture dans un style expressionnisant. En 1916-1917, ses œuvres sont achetées par les marchands en vue : Zborowski, Paul Guillaume, Chéron. Il a une exposition personnelle à la galerie Povolozky. En 1923, il passe un contrat avec Paul Guillaume et, en 1927, avec la galerie Van Leer (expositions en 1927, 1929 et 1931). Il participe aux Salons d'automne (à partir de 1921), des Tuileries (à partir de 1924), montre ses œuvres à la galerie Devambez (1920), au café Le Parnasse (1922), aux expositions d'art russe (galeries La Licorne, 1923 ; d'Alignan, 1931). Il expose avec Soutine et Volovik à la galerie La Licorne en 1924.

Krohg, Per Lasson

Åsgårdstrand, Norvège, 1889 – Oslo, 1965

Son père, Christian Krohg, est un peintre renommé qui partage sa carrière entre la Norvège et Paris. Dès l'âge de sept ans, il étudie au lycée Michelet à Paris, puis à l'académie Colarossi de 1905 à 1908 avec son père comme professeur. Il suit des cours à l'académie Matisse (1909-1910) où il rencontre Lucy Vidil qui pose comme modèle. En 1911, il expose aux Salons des indépendants et d'automne. Séjournant à Copenhague, Per Krohg et Lucy Vidil font des démonstrations de tango et autres danses modernes, ce qui les aide à vivre. De retour à Paris en avril 1915, il rédige une proclamation qui paraît dans *Ny Konst*, publication du futuriste italo-suédois Ciaccelli à laquelle participent Grünewald et Salmon. Il se marie avec Lucy Vidil en décembre. En 1916, il est blessé sur le front dans les Vosges. La guerre lui inspire une série de tableaux avant-gardistes. En 1919, il expose avec Modigliani, Derain, Picasso, Utrillo à la Mansard Gallery de Londres. Salmon préface sa première exposition personnelle en France à la galerie Druet. En 1921, Pascin, de retour des États-Unis, se lance dans une liaison durable et tumultueuse avec Lucy Krohg. À partir de 1923, la galerie Berthe Weill expose régulièrement ses tableaux, de même que la galerie de la Licorne les présente avec ceux de Dubreuil, Gromaire, Goerg, Makowski et Pascin. En 1925, il montre ses œuvres à la galerie Pierre Loeb. En 1926, il enseigne avec Otte Sköld à l'Académie scandinave. Son exposition chez Bernheim en novembre 1929 est un succès qui assure son renom en France mais aussi renforce sa notoriété en Norvège. En 1930, après le suicide de Pascin et sa séparation de Lucy, Per Krohg retourne définitivement en Norvège.

Krull, Germaine

Wilda-Poznan, Prusse-Orientale, 1897 – Wetzlar, Allemagne, 1985

Elle suit des études de photographie à Munich et ouvre un studio, puis part à Berlin où elle fréquente l'avant-garde internationale. En 1924, elle voyage en Hollande avec le cinéaste Joris Ivens. Elle commence ses photographies de structures métalliques, publie dans de nombreuses revues allemandes avant de s'installer à Paris en 1926 comme photographe indépendante. Elle y rencontre Eli Lotar qu'elle initie à la photographie. *Métal* qu'elle publie en 1928 remporte un succès considérable. La même année, elle participe au Salon de l'Escalier avec entre autres Albin-Guillot, Atget, Kertész, Outerbridge et, en 1929, à l'exposition du Werkbund de Stuttgart, révélateur de la nouvelle vision photographique. Deux de ses photos sont reproduites dans le texte de Walter Benjamin *Petite histoire de la photographie* en 1931. En 1935, elle quitte Paris pour Monaco. Pendant la guerre, elle part au Brésil, dirige le service photographique de la France libre à Brazzaville puis va à Alger avant de rentrer en France en 1944, date à laquelle paraît *La Bataille d'Alsace*. En 1946, elle est correspondante de guerre en Indochine avant de se retirer dans un village du nord de l'Inde. C'est en 1967 qu'est organisée sa première rétrospective, à la Cinémathèque française à Paris grâce à son ami André Malraux.

**167 Étude pour le langage
des verticales**
1911
Huile sur toile ; 78 x 63 cm
Museo Thyssen-Bornemisza, Madrid

Plans verticaux
1912-1913
Huile sur toile ; 104 x 68 cm
Centre Georges Pompidou, Paris
Musée national d'art moderne
En dépôt au musée d'Art moderne
et contemporain, Strasbourg
Inv. AM 3479 P

**166 Ordonnance sur verticales
en jaune**
1913
Huile sur toile ; 70 x 70 cm
Centre Georges Pompidou, Paris
Musée national d'art moderne
Inv. AM 3558 P

Plans verticaux, 1912-1913

305 Les Noctambules
1925
Bronze martelé ; 76,5 x 11,5 x 8,5 cm
Bröhan-Museum, Berlin
Inv. n° III/322

Kupka, František

Opocno, Bohême, 1871 – Puteaux, 1957

Après des études artistiques à Prague et Vienne (1892), il voyage en
Norvège et au Danemark, et s'installe à Paris, à Montmartre en 1896. Pour
gagner sa vie, il fait des dessins de mode et satiriques, publiés dans
L'Assiette au beurre, L'Illustration, Le Rire, Cocorico, Le Cri de Paris, puis de
nombreuses illustrations (*Le Cantique des Cantiques, Les Érinnyes* de
Leconte de Lisle, *L'Homme et la Terre* d'Élisée Reclus, *Lysistrata*
d'Aristophane). Très marqué par le naturalisme et le symbolisme, en 1906,
il s'écarte du néo-impressionnisme et met en place un style original qui
prend divers éléments au fauvisme et au cubisme. Il expose pour la première fois au Salon d'automne de 1906. Il s'installe à Puteaux, où il est voisin de Jacques Villon et de Raymond Duchamp-Villon. Dès 1911, il participe aux recherches du groupe de Puteaux. Il se tourne ensuite vers
l'abstraction. En 1912, il expose aux Salons des indépendants et d'automne, à la galerie de La Boétie, au Salon de la Section d'or. Peu de chose
le rattache aux artistes cubistes sinon qu'Apollinaire le compte parmi les
peintres orphiques, avant de l'éliminer de ce groupe dans *Les Peintres
cubistes*. En 1914, Kupka s'engage dans la Légion étrangère mais est évacué du front en 1915. Il fait partie du premier noyau de l'armée tchécoslovaque en France dont il devient capitaine en 1918. Il est aussi président
de la colonie tchèque de Paris. Il expose en 1921 à la galerie Povolozky
(première exposition individuelle) et, en 1924, à la galerie de La Boétie.
Parallèlement, il participe aux Salons d'automne de 1919 et 1920. Pour
vivre, il devient professeur à l'Académie des beaux-arts de Prague des
élèves boursiers tchèques. Louis Arnould-Gremilly écrit sa première monographie qui est publiée en 1922 chez Povolozky. En 1925, il expose à Lille
avec le groupe Vouloir. En 1926, il reçoit la Légion d'honneur. Avec la formation du groupe Abstraction-Création en 1931, il géométrise radicalement son abstraction. Il expose au Jeu de paume avec Mucha en 1936.

347

Lambert-Rucki, Jean

Jacques Albert Lambert Rucki
Cracovie, 1888 – Paris, 1967

Fils d'un vétérinaire, il suit des études artistiques aux Beaux-Arts de Cracovie
de 1906 à 1910. Il est avec Kisling l'élève de Joseph Pankiewicz. À Paris en
1911, il fréquente l'académie Colarossi. Pour gagner sa vie, il devient retou-
cheur chez un photographe de Montmartre. Il retrouve Kisling et partage
quelque temps un atelier avec Modigliani qui lui confie quelques sculptures.
Cherchant une synthèse entre l'art égyptien byzantin et l'art africain, l'influence de celui-ci est déterminante. Lambert-Rucki expose pour la première
fois au Salon d'automne de 1913. En 1914, sous le nom de Jean Lambert, il
s'engage dans l'armée française dans le « bataillon des volontaires étrangers » et confie ses œuvres à Survage. Il combat dans les Dardanelles et fait
la connaissance de Gustave Miklos et Jószef Csáky. Il est évacué en 1915
pour maladie. En 1917, il est muté au service archéologique d'Athènes, où il
est très marqué par l'art byzantin. Il ne retourne à Paris qu'en 1918. Il expose
aux Salons d'automne, des indépendants et des Tuileries, à celui de la
Section d'or, aux galeries de La Boétie et de l'Effort moderne. Il subit l'influence de Léger dont il est proche. Il se consacre aux arts décoratifs, travaille pour Jean Dunand comme Miklos et Paul Jouve, participe (aux côtés
de Ruhlmann et Jean Dunand) à l'« Hôtel du collectionneur et du fumoir » à
l'Exposition des arts décoratifs de 1925 et à la première exposition de
l'Union des Artistes Modernes en 1930 au pavillon de Marsan.

**Étude pour le rideau
d'avant-scène de « Chout »
(« Le Bouffon »)**
1915
Crayon sur papier ; 43 x 55 cm
Bibliothèque nationale de France
Bibliothèque-musée du Théâtre
national de l'Opéra, Fonds Kochno
Inv. Mus. K50

**Projet de costume
pour la sorcière Baba-Yaga
de « Contes russes »**
1915
Crayon et gouache sur papier ;
43 x 26 cm
Bibliothèque nationale de France
Bibliothèque-musée du Théâtre
national de l'Opéra, Fonds Kochno
Inv. Mus. K49

**Projet de costume
pour « Renard »**
1922
Crayon et gouache sur papier ;
50 x 39 cm
Bibliothèque nationale de France
Bibliothèque-musée du Théâtre
national de l'Opéra, Fonds Kochno
Inv. Mus. K59

*Projet de costume pour la sorcière
Baba-Yaga de « Contes russes »*, 1915

176 **Torse incliné**
1913
Bronze ; 81 x 27 x 44 cm
Staatliche Kunsthalle, Karlsruhe
Inv. P120

Larionov, Michel

Mikhaïl Fiodorovitch Larionov
Tiraspol, Bessarabie, 1881 – Fontenay-aux-Roses, 1964
De 1898 à 1910, il se forme à l'École de peinture, sculpture et architecture
de Moscou, chez Sérov, Korovine et Bakchéïev. Il y expose en 1901 cent cinquante œuvres qui font scandale et en est exclu pour un an. Il se lie dès
1900 à Natalia Gontcharova qui sera la compagne de sa vie. Il participe à
l'exposition « L'Art russe » organisée par Diaghilev au Salon d'automne de
1906. Jusqu'en 1907-1908, ses œuvres sont une interprétation originale
de l'impressionnisme français. Il organise à Moscou en 1907-1908, avec
David Bourliouk, l'exposition « Stephanos » qui montre à côté d'œuvres de
style symboliste les premières manifestations du primitivisme ; celui-ci
triomphe au troisième salon de la Toison d'or à Moscou en 1909. En 1910,
il fait son service militaire. Larionov peint des séries de toiles puisant une
nouvelle poétique dans les arts populaires (icônes, *loubok*, enseignes de
boutique, jouets…). Il invente le style non-figuratif et abstrait du rayonnisme (1912-1915) qu'il défend dans des traités et des articles. Il organise
à Moscou quatre expositions capitales pour l'art de gauche russe : le premier « Valet de carreau » (fin 1910), « La Queue d'âne » (1912), « La Cible »
(1913), l'« Exposition de tableaux n° 4. Futuristes, rayonnistes, primitivisme » (1914). Il expose avec Natalia Gontcharova à la galerie Paul
Guillaume en 1914 (préface du catalogue par Apollinaire). Les deux
artistes commencent à travailler pour les Ballets russes. Larionov y crée
des décors et costumes dans un style futuro-primitiviste : *Le Soleil de
minuit* de Rimski-Korsakov (1915), *Kikimora* et *Contes russes* de Liadov
(1916, 1917), *Chout (Le Bouffon)* de Prokofiev (1921), *Renard* de
Stravinsky (1922). En peinture, il adopte un style réaliste primitiviste
après son installation avec sa compagne à Paris en 1918.

Lehmbruck, Wilhelm

Meiderich, Allemagne, 1881 – Berlin, 1919
Né dans une famille de mineurs, il étudie à l'École des arts décoratifs de
Düsseldorf (1895-1899), puis à l'Académie des beaux-arts (1901-1907).
Son admiration pour Rodin l'amène à s'installer à Paris, en 1910. Il expose
alors régulièrement aux Salons d'automne et des indépendants. Intégré à
la colonie allemande de Montparnasse, sans être pourtant un habitué du
Dôme, il fait la connaissance d'artistes comme Brancusi, Modigliani,
Matisse et, en 1912, de cubistes tels que Léger et Le Fauconnier. En 1914,
André Salmon préface le catalogue de l'exposition qui lui est consacrée
à la galerie Levesque. Mobilisé pendant la guerre comme infirmier,
Lehmbruck séjourne à Zurich de 1917 à 1918. D'un tempérament dépres-
sif, il se suicide à Berlin en 1919.

Danseuse
1913
Bronze ; 63,5 x 23,0 x 19,5 cm
Musée d'Art moderne
de la Ville de Paris
Legs Girardin, 1953
Inv. AMS 434

195 **Figure détachable : danseuse**
1915
Bois ; 87,6 x 22,8 x 14,0 cm
The Israel Museum, Jérusalem
Don de Mme Yulla Lipchitz aux amis
américains de l'Israel Museum
en l'honneur de Teddy Kollek
Inv. B96.0115

Lipchitz, Jacques

Chaïm Jacob Lipschitz
Druskeniki, Lituanie, 1891 – Capri, 1973
De 1906 à 1909, il étudie au lycée de Vilno et fréquente l'École de dessin
de la ville. À Paris en 1909, il entre aux Beaux-Arts dans la classe du sculpteur Enjalbert, fréquente les académies Julian et Colarossi. En 1912, il a un
atelier à Montparnasse et se lie d'amitié avec Modigliani, Kisling, Soutine,
Cendrars, Max Jacob. Il présente sa première sculpture en pierre, encore
académique, au Salon d'automne de 1913. À partir de 1915, il crée des

190 **Figure assise**
1917
Pierre calcaire ; 77,2 x 29,1 x 26,0 cm
Musée des Beaux-Arts du Canada,
Ottawa
Inv. n° 6426

194 **Marin à la guitare**
1917-1918
Pierre ; 90 x 38 x 34 cm
Centre Georges Pompidou, Paris
Musée national d'art moderne
Inv. AM 1978-736

192 **Arlequin à l'accordéon**
1919
Pierre ; H. : 68 cm
Städtische Kunsthalle, Mannheim
Inv. L 23

195 **Personnage jouant
de la clarinette II**
1919-1920
Pierre ; 77,5 x 40,0 x 30,0 cm
Musée d'Art moderne de la Ville de
Paris ; Legs Girardin, 1953 ; Inv. AMS 400

Danseuse, 1913

228 **Le Prophète**
1922-1924
Bois ; 55 x 20 x 25 cm
Musée Morice Lipsi, Rosey
Inv. n° 2.00

265 **Sans titre**
1927
36,7 x 26,2 cm
The Art Institute of Chicago,
Julien Levy Collection,
Gift of Jean Levy and the Estate
of Julien Levy
Inv. n° 1988.157.41 RX11062/474

sculptures et des reliefs cubistes polychromes. Léonce Rosenberg le prend sous contrat en 1916 ; sa première exposition personnelle se tient à la galerie de l'Effort moderne (1920). Maurice Raynal rédige sa monographie. En 1922, Albert Barnes achète plusieurs de ses sculptures, exposées l'année suivante à Philadelphie. En 1924, Lipchitz obtient la nationalité française et s'installe, en 1926, à Boulogne-sur-Seine dans une maison construite par Le Corbusier. En 1927, il réalise pour la villa du vicomte de Noailles une sculpture, *Joie de vivre,* qui annonce la fin de l'époque cubiste. En 1928, il fait partie de la section russe de l'exposition « L'Art contemporain français » à Moscou.

349

Lipsi, Morice

Morice Lipszyc
Lodz, 1898 – Küsnacht-Goldbach, Suisse, 1986
Arrivé à Paris en 1912, il s'installe à la Ruche chez son frère le sculpteur Samuel Lipszyc, qui lui apprend à tailler l'ivoire, le bois et d'autres matériaux. En 1916, il entre à l'École des beaux-arts. En 1922, il obtient une première exposition personnelle à la galerie Hébrard, où il présente ses sculptures en ivoire. La Galerie d'art contemporain lui en consacre une autre en 1927. En 1930, Lipsi épouse une jeune artiste suisse, originaire de Zurich, Hildegard Weber. À partir de 1931, sa sculpture privilégie la taille directe. Il expose à la galerie Druet en 1935 et 1937, à l'Exposition internationale des arts et techniques.

Lotar, Eli

Eliaz Lotar Teodoresco
Paris, 1905 – Paris, 1969
De parents roumains, il passe son enfance à Bucarest, avant de revenir en France, en 1924. Il y rencontre Germaine Krull qui l'initie à la photographie. Ensemble, ils fréquentent la bohème parisienne. Naturalisé français en 1926, il publie dans des revues, *Vu, Jazz.* L'année suivante, il expose à « Fotografie der Gegenwart » à Essen puis à « Film und Foto » à Stuttgart. Sa collaboration avec Germaine Krull donne lieu à de nombreuses publications de photos cosignées et de photomontages. Des photographies d'abattoirs paraissent dans *Documents* de Georges Bataille. Proche des surréalistes, Lotar produit de nombreuses photographies insolites. En 1931, il ouvre un studio de portraits avec Jacques-André Boiffard. Il participe à l'exposition « La Publicité par la photographie » à la Galerie d'art contemporain. Pour le cinéma, il travaille sur les films *Zuyderzee* de Joris Ivens, *L'affaire est dans le sac* des frères Prévert, *Las Hurdes* de Buñel. En 1932, il participe à l'importante exposition « Modern European Photography » à la Julien Levy Gallery à New York. À partir de 1933, il voyage en Espagne et en Grèce, pays qui lui inspirent de nombreux travaux photographiques exposés à la galerie de la Pléiade. En 1937, il est directeur de la photographie d'Henri Storck pour *Les Maisons de la misère.* De 1945 à 1946, il tourne son propre documentaire, *Aubervilliers.*

312 Paysage
1914
Huile sur toile ; 59,1 x 67,3 cm
The Jewish Museum, New York
The Rose and Benjamin Mintz
Collection
Inv. M. 1001

Mané-Katz

Mané Lazarévitch Kats
Krémentchoug, Ukraine, 1894 – Tel-Aviv, 1962

De 1911 à 1913, il étudie à l'École d'art de Kiev. À Paris de 1913 à 1915, il fréquente les Beaux-Arts (chez Cormon) et se lie à Soutine. En 1916-1917, il est à Pétrograd où il étudie chez Douboujinski et rassemble objets et documents concernant la vie juive. Revenu en Ukraine en novembre 1917, il donne des cours de dessin dans sa ville natale et à l'École d'art de Kharkiv où il participe au bouillonnement intellectuel et artistique. Une exposition lui est consacrée à Kharkiv en juillet 1919. À partir de 1922, Mané-Katz vit à Paris et sera naturalisé français en 1927. La galerie Percier lui organise une exposition personnelle en 1923. Il expose à Paris, Prague, Varsovie, Amsterdam, Londres, New York…, et bénéficie d'une rétrospective à la galerie Charpentier en 1937, date à laquelle il reçoit la médaille d'or, à l'Exposition internationale de Paris (*Le Mur des lamentations*).

271 Retour à la raison
1923
18,7 x 14,4 cm
Collection Thomas Walther, New York

Mac Orlan
1923
23,0 x 17,3 cm
Centre Georges Pompidou, Paris
Musée national d'art moderne
Donation Man Ray, 1994
Inv. AM 1994-348

266 Le Bateau ivre
1924
28,0 x 37,5 cm
Alain Paviot, Paris

274 Barbette
1924
20 x 15 cm
Collection Timothy Baum, New York

269 Noire et blanche
1926
16,9 x 22,4 cm
Collection particulière

112 Gertrude Stein
1926
30 x 23 cm
Bibliothèque nationale de France, Paris

135 Jacques Doucet
1926
23,8 x 18,0 cm
Centre Georges Pompidou, Paris
Musée national d'art moderne
Donation Man Ray, 1994
Inv. AM 1994-361

274 Anna de Noailles
1927
23,3 x 17,4 cm
Centre Georges Pompidou, Paris
Musée national d'art moderne
Inv. AM 1982-173

275 Nancy Cunard
1927
28,3 x 22,5 cm
Collection Manfred Heiting, Amsterdam

270 Sans titre
1927
29, 3 x 22,6 cm
Museum of Modern Art, New York,
Gift of James Thrall Soby
Inv. n° 136.41

272 Femme aux longs cheveux
1929
29 x 22 cm
Bibliothèque nationale de France, Paris

273 Anatomie
1929
29,0 x 22,5 cm
Bibliothèque nationale de France, Paris

268 La Dormeuse (Swana)
1931
21,6 x 29,2 cm
Collection Thomas Walther, New York

267 Autoportrait
1932
29 x 23 cm
Bibliothèque nationale de France, Paris

218 Nature morte au damier
1912
Huile sur toile ; 143 x 97 cm
Centre Georges Pompidou, Paris
Musée national d'art moderne
Inv. AM 2988 P

Man Ray

Emmanuel Radnitsky
Philadelphie, 1890 – Paris, 1976

De parents d'origine russe, il est d'abord peintre. Tout au long de sa vie, peinture et photographie se complètent. Pour reproduire ses toiles, il s'achète un appareil. En 1921 à New York, avec Marcel Duchamp, il publie le seul numéro dada intitulé *New York Dada*. Déçu de voir que l'esprit dada ne rencontre pas d'écho à New York, il part pour Paris et se lie d'amitié avec les groupes dadaïste et surréaliste. De nombreux peintres lui passent commande de la photographie de leurs tableaux. Il gagne sa vie ainsi et en tirant le portrait de personnalités et d'écrivains. Man Ray décide alors de s'installer comme photographe professionnel, en particulier comme photographe de mode chez le couturier Paul Poiret. Ses premiers rayogrammes naissent au cours d'un développement d'une série de photos de mode en 1922, date à laquelle paraît un album de douze photogrammes intitulé *Les Champs délicieux*, préfacé par Tristan Tzara. Il partage sa vie avec Kiki – modèle favori de nombreux peintres de Montparnasse – qui lui inspire quelques-unes de ses plus célèbres photographies. Auteur de nombreux films, *Retour à la raison* (1923), *Emak Bakia* (1926), *L'Étoile de mer* (1928), *Les Mystères du château du Dé* (1929), Man Ray devient le photographe attitré des surréalistes. Parallèlement à ses recherches, il continue de photographier le monde artistique et le Tout-Paris. Après avoir eu Berenice Abbott, puis Bill Brandt comme assistants, c'est au tour de l'Américaine Lee Miller qui devient bientôt sa compagne et avec qui il découvre le procédé de la « solarisation ». À partir des années 1930, il participe à de nombreuses expositions : Salon de l'Escalier (avec Atget, Abbott, Albin-Guillot, Hoyningen-Huene, Kertész, Krull, Outerbridge), « La Publicité par la photographie » à Paris, « Fotografie der Gegenwart » à Essen, « Film und Foto » à Stuttgart, et aux deux expositions organisées par Julien Levy dans sa galerie de New York.

Marcoussis, Louis

Ludwig Casimir Ladislas Markus
Varsovie, 1883 – Cusset, 1941

Né dans un milieu bourgeois très cultivé, il fait des études de droit, à la demande de son père. En 1901, il s'inscrit à l'Académie des beaux-arts de Cracovie puis, en 1903, part pour Paris où il suit les cours de l'académie

Julian. Pour vivre, il place des dessins humoristiques dans la presse satirique, en particulier *La Vie parisienne*. En 1905, il habite à Montmartre et expose pour la première fois au Salon d'automne. En 1906, il est au Salon des indépendants et s'installe à Montparnasse. En 1910, il rencontre Picasso et Apollinaire. Ce dernier lui suggère de prendre comme patronyme le nom d'une petite localité de Seine-et-Oise : Marcoussis. C'est sous ce nom qu'il signe ses premiers tableaux cubistes. Il retourne alors vivre à Montmartre où il fréquente régulièrement Picasso, Gris, Férat, Severini, Gargallo, Max Jacob, la baronne d'Oettingen. Il rencontre en 1912, Alice Halicka qu'il épouse l'année suivante. À la déclaration de guerre, Marcoussis est engagé volontaire ; il part au front en 1915 et finit la guerre lieutenant, décoré de la croix de guerre. Après sa démobilisation en 1919, il invente une nouvelle technique dite de « fixé sous-verre » dont il montre les premiers essais au Salon des indépendants de 1920 et qu'il pratique jusqu'en 1928. Il expose régulièrement au début des années 1920 chez Berthe Weill à Paris, à la galerie Der Sturm à Berlin, puis chez Paul Guillaume. Sa première exposition personnelle a lieu en 1925 à la galerie Pierre, puis en 1929 chez Georges Bernheim. En 1930, Jean Cassou fait paraître une monographie sur son œuvre.

351

305 **La Flèche rouge**
1925
Aquarelle sur papier ; 107,0 x 73,5 cm
Musée d'Art moderne et d'Art
contemporain de la Ville de Liège

Masereel, Frans

Blankenberghe, Belgique, 1889 – Avignon, 1972

Il commence ses études à l'École des beaux-arts de Gand, mais se met très vite à voyager : Londres en 1909, Paris et l'Afrique du Nord en 1910, Paris en 1912. Il se réfugie de 1916 à 1921 à Genève et exprime son antimilitarisme dans des revues pacifistes (*La Feuille, Les Tablettes, Demain*). Il fonde une maison d'édition et publie les écrits d'Henri Barbusse, Romain Rolland (il illustre son *Jean-Christophe*). Il fait paraître ses premiers ouvrages composés de gravures : *Mon livre d'heures* (1919, l'ouvrage en allemand est préfacé par Thomas Mann), *Idée* (1920). En 1922, il s'installe à nouveau à Paris où il expose à partir de 1923. Il peint et prend pour sujets la ville et la vie mondaine et nocturne ; son style est résolument expressionniste. Il continue de graver : *La Ville* (1925), *Figures et grimaces* (1926), *L'Œuvre* (1928).

**L'Homme au chapeau
haut de forme
(Portrait d'Isaac Païles)**
1922
Ciment teinté ; 110 x 75 x 37 cm
Centre Georges Pompidou, Paris
Musée national d'art moderne
Don de Mᵐᵉ Miestchaninoff, 1957
En dépôt au Musée des Années 30,
Boulogne-Billancourt
Inv. AM 4001 S

L'Homme au chapeau haut de forme, 1922

Miestchaninoff, Oscar

Oskar Samoïlovitch Mechtchaninov
Vitebsk, 1886 – Los Angeles, 1956

Il fait son apprentissage pictural à Vitebsk chez Pène. De 1905 à 1906, il étudie à l'École d'art d'Odessa. En 1907, il s'installe à Paris, à la Ruche. Jusqu'en 1911, il fréquente les Écoles nationales des arts décoratifs et des beaux-arts (classe de Mercier, puis de Bernard). Il se lie avec Picasso, Rivera, Modigliani, Soutine. Il réalise des bustes et des torses en marbre, granit et bronze. Dans les années 1910-1920, il expose aux Beaux-Arts, à la Société des artistes français, aux Salons d'automne, des indépendants, des Tuileries, ainsi qu'au Mir Iskousstva à Pétrograd en 1915 et 1916, et à l'« Exposition de peinture » à Moscou en 1915. En 1919, il fait un voyage d'études en Birmanie, au Siam, au Cambodge avec une lettre de recommandation du ministère français des Affaires étrangères. Il participe à des expositions d'art russe à Londres (1921), Moscou (1928), Paris (1931).

174 Cariatide
c. 1911
Huile sur toile ; 72,5 x 50,0 cm
Kunstsammlung Nordrhein-Westfalen,
Düsseldorf. Inv. n° 128

175 Tête
1911-1912
Pierre calcaire ; H. : 71,1 cm
Philadelphia Museum of Art
Don de Maurice J. Speiser
Inv. PMA n° 1950-002-001

173 Cariatide
1913
Huile sur toile ; 81 x 46 cm
Collection particulière

175 Tête de femme
1913-1914
Marbre blanc, socle en bois verni ;
58,3 x 20,5 x 27,0 cm
Centre Georges Pompidou, Paris
Musée national d'art moderne
Donation Geneviève et Jean Masurel,
1993. En dépôt au musée
d'Art moderne de Lille-Métropole,
Villeneuve-d'Ascq. Inv. AM1993-124

297 Nu assis
1916
Huile sur toile ; 92 x 60 cm
Courtauld Gallery, Courtauld Institute
of Art, Londres. Inv. P. 1932. SC.271

283 Portrait de Kisling
1916
Huile sur toile ; 82 x 47 cm
Centre Georges Pompidou, Paris
Musée national d'art moderne
Donation Geneviève et Jean Masurel,
1994. En dépôt au musée
d'Art moderne de Lille-Métropole,
Villeneuve-d'Ascq. Inv. AM1994-423

281 Portrait de Soutine
1916
Huile sur toile ; 100 x 65 cm
Collection particulière

Portrait de Viking Eggeling
1916
Huile sur toile ; 65 x 46 cm
Musée d'Art moderne
de Lille-Métropole, Villeneuve d'Ascq
Donation Geneviève et Jean Masurel
Inv. n° 979.4 102

296 Nu allongé
1917
Huile sur toile ; 73,0 x 116,7 cm
Solomon R. Guggenheim Museum,
New York.
Don de Solomon R. Guggenheim, 1941
Inv. n° 41.535

282 Portrait de Baranowski
1918
Huile sur toile ; 112 x 56 cm
Collection particulière, Suisse

280 Portrait de Zborowski
1918
Huile sur toile ; 46 x 28 cm
Collection particulière

Portrait de Viking Eggeling, 1916

Modigliani, Amedeo

Livourne, 1884 – Paris, 1920

Il appartient à une famille cultivée de marchands (bois, charbon, mines) d'origine juive. De santé délicate, il contracte la tuberculose en 1901. Il entre en 1898 à l'École des beaux-arts de Livourne dans l'atelier du paysagiste Guglielmo Michele, un des continuateurs des *Macchiaioli*. Il voyage en Italie, poursuivant ses études de peinture et de sculpture : en 1902, il fréquente l'École des beaux-arts de Florence et, l'année suivante, celle de Venise. En 1906, attiré par l'impressionnisme, et sans doute sur la recommandation d'Ortiz de Zárate rencontré en 1902, il s'installe à Paris, à Montmartre, et suit un temps les cours de l'académie Colarossi. Ses premières œuvres marquent une affinité avec les fauves, Steinlen, Toulouse-Lautrec, Cézanne et Picasso (de l'époque bleue). Il est également en contact avec Apollinaire, Max Jacob, Salmon qui seront ses meilleurs soutiens. Il participe pour la première fois au Salon d'automne en 1907, puis au Salon des indépendants en 1908. Il rencontre le docteur Alexandre, son premier collectionneur, qui, dit-on, lui fait découvrir la sculpture africaine. En 1909, il est présenté à Brancusi – qui l'incite à sculpter – et Élie Nadelman. Il s'installe à la cité Falguière. Il fait d'innombrables études et taille directement la pierre. Faute de moyens, il se procure des madriers et des pierres de Verdun sur le chantier du métro. En 1913, malade, il retourne à Livourne, puis abandonne la sculpture. Il expose à Paris ses sculptures dans l'atelier du peintre Souza-Cardoso, en 1911, et au Salon d'automne de 1912, dans la salle des cubistes. Pendant cette période de pauvreté, il habite un temps à la Ruche, à plusieurs adresses à Montparnasse, puis à nouveau à Montmartre, au Bateau-Lavoir. À Montparnasse, il fait la connaissance des artistes d'Europe centrale : Kisling, Zadkine, Soutine. En 1914, à la déclaration de guerre, Modigliani et son ami Ortiz de Zárate sont réformés en raison de leur état de santé. Il reste à Paris tandis que d'autres artistes fuient vers les pays neutres. À cette époque, il vit avec Beatrice Hastings, poète et journaliste anglaise et, grâce à l'intervention de Max Jacob, il rencontre Paul Guillaume qui devient son marchand. Modigliani peint ses amis, ses marchands : Rivera, Paul Guillaume, Viking Eggeling, Kisling, Max Jacob, Soutine… Pendant la guerre, sans ressources, il fréquente le restaurant Chez Rosalie tenu par un ancien modèle d'origine italienne, la Rotonde et la cantine Vassilieff. Il expose à « L'Art moderne en France », manifestation conçue par André Salmon et Paul Poiret dans l'atelier du peintre Émile Lejeune (siège de l'association Lyre et Palette), où il rencontre le marchand Zborowski. Il quitte Paul Guillaume pour ce dernier et s'installe rue Joseph-Bara. En 1917, il rencontre une étudiante de l'académie Colarossi, Jeanne Hébuterne, qu'il épouse. Zborowski organise chez Berthe Weill sa première exposition personnelle : elle fait scandale à cause de ses nus (la police exige de décrocher et de fermer la galerie). À partir de 1919 commencent les premiers succès : « Modern French Art » à Heale, puis Londres ; il expose au Salon d'automne. Sa maladie s'aggrave subitement et il meurt le 24 janvier 1920 d'une méningite tuberculeuse.

187 **Composition N° XI**
1912
Huile sur toile ; 76,0 x 57,5 cm
Kröller-Müller Museum, Otterlo,
Pays-Bas
Inv. n° 529-16

186 **Composition N° VI**
(Composition 9, Façade bleue)
1914
Huile sur toile ; 95,2 x 67,6 cm
Fondation Beyeler, Riehen/Bâle
Inv. n° 89.8

Mondrian, Piet

Pieter Cornelis Mondriaan
Amersfoort, Pays-Bas, 1872 – New York, 1944

En 1892, après avoir obtenu son diplôme de professeur de dessin, il renonce à l'enseignement et s'inscrit à l'Académie des beaux-arts d'Amsterdam. Proche de Jan Sluyters, Jan Toorop et Conrad Kickert, il forme le groupe des « luministes ». En 1909, son adhésion à la Société théosophique influence sa conception artistique. En 1911, il devient membre du comité du Cercle d'art moderne qui organise des expositions où cubistes et fauves sont régulièrement présentés. En 1912, il s'installe à Montparnasse, où il fréquente la colonie hollandaise : Van Dongen, Schelfhout, Otto Van Rees. Il découvre le cubisme qu'il adopte tout de suite : les formes s'épurent jusqu'à l'abstraction. Durant cette période, il expose au Salon des indépendants de 1911 à 1914. En 1914, il retourne aux Pays-Bas et travaille avec Theo Van Doesburg. Ensemble, ils fondent le groupe et la revue *De Stijl* en 1917, date à laquelle il réalise ses premiers tableaux néoplastiques. De retour à Montparnasse, en 1919, il persiste dans la voie de la non-figuration, malgré son peu de moyens financiers (il est soutenu par le collectionneur Bremmer). Il est connu de l'avant-garde, mais pas du grand public. En 1920, il écrit son essai théorique *Le Néoplasticisme*, publié par Léonce Rosenberg. Ce dernier l'expose en 1923 à la galerie de l'Effort moderne avec le groupe *De Stijl*, « Du cubisme à une renaissance plastique ». Deux œuvres le représentent aussi à l'exposition de « L'Art d'aujourd'hui » en 1925. En 1926, la visite de Katherine Dreier lui ouvre les portes des États-Unis où il connaît plus de succès qu'en France. L'Américaine l'expose à la Société anonyme. En 1927, il participe au Salon des Tuileries, expose à la librairie L'Esthétique. Puis l'année suivante, il est chez Jeanne Bucher. Il est membre des groupes Cercle et Carré et Abstraction-Création (1931-1936). Durant ces années parisiennes, Mondrian se lie avec Robert Delaunay, Del Marle, Hélion, Florence Henri et surtout Michel Seuphor qui sera son critique et biographe. En 1938, il quitte Paris pour Londres, puis après les bombardements de 1940, il émigre aux États-Unis.

353

Portrait d'Ossip Zadkine
1910
Fusain rehaussé de gouache
sur papier ; 61 x 46 cm
Collection particulière

Carnet de croquis n° 95
(Carnet de guerre)
1914-1918
Dessin ; 24 x 15 cm
Collection particulière

Autoportrait
1914-1918
Crayon sur papier ; 32,5 x 20,5 cm
Collection particulière

235 **Homme à la lettre**
c. 1915
Huile sur toile ; 100 x 73 cm
Collection particulière

À la guerre. Artois,
Somme, Lorraine.
Au retour de la Somme
c. 1915-1916
Crayon sur papier ; 27 x 21 cm
Collection particulière

Au repos à la guerre
1916
Crayon sur papier ; 22,5 x 15,0 cm
Collection particulière

Le Soldat polonais
1918
Crayon sur papier ; 30,5 x 22,5 cm
Collection particulière

Portrait d'Ossip Zadkine, 1910

Mondzain, Simon

Chelm, Pologne, 1891 – Paris, 1979

En 1904, il entreprend des études à l'École des arts et métiers de Varsovie, bientôt interrompues par une arrestation liée à ses sympathies pour la révolte estudiantine. Il se rend alors à Cracovie pour y suivre, à l'Académie impériale des beaux-arts, les cours de Pankiewicz et Axentowicz (1909-1912). Une bourse lui permet de venir une première fois à Paris en 1909, puis en 1911 où il expose au Salon des indépendants. En 1912, il s'installe définitivement dans la capitale en compagnie de ses compatriotes Kisling et Zawadovski. Il devient l'ami de Zadkine dont il fait le portrait, Pascin, Modigliani, Max Jacob. « Aussitôt je me suis heurté au mouvement cubiste en pleine évolution et à l'impressionnisme dans sa consécration. À cette époque, lié d'amitié avec André Derain dont j'ai subi l'influence, je ne pouvais me plier à la doctrine cubiste, mais cela ne m'a pas empêché de profiter de la leçon cubiste, quand il s'agissait d'obéir à l'esprit et à la loi d'une construction sur une surface déterminée. » Lorsque la guerre éclate, il s'engage dans la Légion étrangère. Après la guerre, il continue d'exposer au Salon des indépendants, à la galerie Druet, chez Paul Guillaume et à la galerie Hodebert. Il obtient la nationalité française, en 1923. Il découvre l'Algérie en 1925, y fait de nombreux séjours et y rencontre sa femme. En 1931, il expose au Salon des Tuileries.

Muter, Mela

Maria Melania Muttermilch
Varsovie, 1876 – Paris, 1967

Issue d'une famille patriote et progressiste, elle évolue toute sa vie dans un milieu attaché à la fois à l'art et aux valeurs socialistes. Son frère, Zygmunt St Klingsland, est un critique d'art connu, son mari, Michal Muttermilch, un esthéticien correspondant parisien de plusieurs revues polonaises de gauche. Après une année de cours à l'École d'art de Varsovie, à 25 ans, elle se rend à Paris et étudie à l'académie Colarossi et à la Grande-Chaumière. À partir de 1902, elle présente régulièrement ses œuvres aux Salons : de la Société nationale des beaux-arts (1902 à 1913), des indépendants (1905, 1910, 1926) et d'automne (1905 à 1938), ainsi qu'en Pologne. À la fin des années 1910, son œuvre témoigne d'une influence éphémère de l'École de Pont-Aven, et plus durablement de celle de Van Gogh. Fréquentant l'élite internationale, Mela Muter peint les portraits de Canudo, Varèse, Honegger, Barbusse, Rolland et privilégie les sujets représentant la misère, la vieillesse ou l'enfance (reproduites dans des revues, notamment *Clarté* et *Menorah*). Elle milite dans le cadre de multiples comités de soutien aux artistes. En 1925, elle se lie d'amitié avec Rainer Maria Rilke qui lui dédie quelques poèmes. De 1924 à 1931, elle participe régulièrement au Salon des Tuileries. En 1928, elle expose à la galerie Druet. Waldemar George lui consacre un article dans *La Presse*. Elle expose le *Portrait de Tagore* à l'Exposition internationale des arts et techniques (médaille d'or).

Nadelman, Élie

Varsovie, 1882 – New York, 1946

Après des études d'art à Varsovie et Cracovie, il passe six mois à Munich en 1904 et, à la fin de l'année, arrive à Paris, à Montparnasse. Il étudie le nu à l'académie Colarossi et commence à montrer son travail aux Salons d'automne (1905-1906) et des indépendants (1907). À cette époque, il se lie d'amitié avec les frères Alexandre et Thadée Natanson qui achètent ses œuvres de même que Gertrude et Leo Stein, et rencontre Picasso. Le 26 avril 1909 s'ouvre à la galerie Druet sa première exposition personnelle. André Gide est parmi les visiteurs du vernissage ; il note dans son *Journal* : « Nadelman dessine au compas et sculpte en assemblant des rhombes. Il est jeune et a le temps de rattraper la nature. Mais je m'effraie d'un artiste qui part du simple ; je crains que ce ne soit pas à la complexité qu'il arrive, mais à la complication. » Son exposition de 1911 à la galerie Paterson de Londres est entièrement achetée par la créatrice de cosmétiques polonaise Helena Rubinstein. Il expose encore aux Salons d'automne (1912) et des indépendants (1913), puis à la galerie Druet. Apollinaire note dans son compte rendu : « Nadelman est un amoureux des belles matières et des formes harmonieuses. Il connaît très bien l'art antique et peut-être se méfie-t-il trop de ses propres idées en ce qui concerne l'art d'aujourd'hui. » En 1914, Nadelman publie un portfolio d'une cinquantaine de dessins intitulé *Vers l'unité plastique* et Salmon écrit un article sur l'artiste dans *L'Art décoratif*. À la déclaration de guerre, alors qu'il est en vacances en Belgique, Nadelman se rend au consulat russe à Bruxelles pour envisager son enrôlement dans l'armée russe, mais on lui déconseille de retourner en Europe centrale. Il a un visa pour Londres avant de débarquer à New York en octobre 1914. Il obtient la nationalité américaine en 1927 et connaît la dernière exposition personnelle de son vivant chez Bernheim-Jeune à Paris en 1930.

177 **Torse**
1912
Ciment et pierre ; 123 x 34 x 17 cm
Collection Famille Justman-Tamir

228 **Peintre juif**
(Reisin)
1920
Bronze ; 38,2 x 21,3 x 26,2 cm
Collection particulière

L'Accordéoniste
(Portrait de Per Krohg)
1924
Bronze ; 160 x 91 x 46 cm
Collection Famille Justman-Tamir

L'Accordéoniste, 1924

Orloff, Chana

Khana Orlova

Tsaré-Konstantinovska, Ukraine, 1888 – Tel-Aviv, 1968

En 1905, sa famille quitte l'Ukraine pour émigrer en Israël dans la première colonie juive du pays. Son père travaille comme ouvrier agricole et elle aide sa mère à des travaux de couture. En 1910, elle s'installe à Paris et, l'année suivante, elle entre à l'École nationale des arts décoratifs. Elle étudie la sculpture à l'académie Vassilieff et se lie avec Modigliani, Picasso, Cocteau, Apollinaire. En 1913, elle expose deux bustes de bois au Salon d'automne et participe à une exposition de groupe chez Bernheim-Jeune aux côtés de Matisse, Rouault, Van Dongen. Elle se marie avec le poète polonais Ary Justman et travaille avec lui à la revue *Sic*. De 1919 à 1924, elle se distingue par ses nombreux portraits de personnalités liées à la culture juive. Elle expose aux Salons des indépendants (1920-1923) et d'automne (1919-1938), aux expositions d'art russe à Paris (Le Monde de l'art, 1921 ; d'Alignan, 1931 ; exposition personnelle à la galerie Druet en 1925). Chana Orloff reçoit la Légion d'honneur et, en 1926, obtient la nationalité française. En 1927, deux monographies paraissent (Édouard des Courrières pour Gallimard, Léon Werth aux éditions Crès). Elle effectue son premier voyage aux États-Unis en 1928, à l'occasion d'une rétrospective de son œuvre à la Weyne Gallery. En 1935, le musée de Tel-Aviv l'expose avec succès.

204 **Portrait de Picasso**
c. 1915
Huile sur bois ; 41,0 x 32,7 cm
Musée national Picasso, Paris
Dation 1979
Inv. MP 3606

Ortiz de Zárate, Manuel

Côme, 1886 – Los Angeles, 1946

Descendant d'une famille tolédane de conquistadors, implantée au Chili depuis le XVIe siècle, Ortiz de Zárate, désireux d'échapper à sa famille, s'installe en Italie, à Rome, où il vit de copies de tableaux. En 1902, il rencontre Modigliani et l'incite à venir à Paris. En 1906, il s'installe à Montparnasse et, très vite, intègre la «bande à Picasso» ; il se lie avec Apollinaire qui le surnomme «l'unique Patagon de Paris» et Max Jacob (il aurait eu, comme lui une vision mystique en 1909). Il se consacre au cubisme jusqu'à la fin des années 1920. Il organise les expositions de Lyre et Palette (1916) aux côtés de Modigliani et Kisling ; c'est sans doute là qu'il expose son portrait «cubiste» de Picasso. Connu plus par sa personnalité que par son talent de peintre, il est l'un des incontournables relais sud-américains à Montparnasse.

276 **Autoportrait**
c. 1927
38,5 x 28,3 cm
Collection Gilman Paper Company

277 **Sans titre**
1928
24,2 x 17,6 cm
Collection particulière

Outerbridge, Paul

New York, 1896 – Laguna Beach, 1958

Il fait des études d'esthétique et d'anatomie à l'Art Students' League de New York. Après s'être essayé au dessin et à la peinture, il décide de devenir photographe en 1921 et devient un des représentants de la «Nouvelle Objectivité» (objets quotidiens aux formes simples, composition géométrique, fond de préférence uni et cadrage serré). Sa première publication dans *Vogue* date de 1922. Trois ans plus tard, il s'installe à Paris où il fait la connaissance de l'avant-garde artistique (Man Ray, Duchamp, Brancusi, Picabia, Hoyningen-Huene, Dali, Stravinsky). En 1927, Outerbridge crée un studio, et l'année suivante, il participe au Salon de l'Escalier. Avant de retourner à New York en 1929, il travaille à Berlin et Londres. À partir de 1933, il expérimente la photographie couleur qui connaît un véritable succès. Son ouvrage *Photography Color* paraît en 1940. De 1945 à 1958, il travaille pour la mode et effectue de nombreux voyages au Mexique, en Amérique du Sud et en Europe.

285 **Portrait d'Isaac Grünewald**
1911
Huile sur toile ; 67,0 x 53,5 cm
Theo Waddington
Fine Art London/
Forum Gallery New York

307 **L'Enfant prodigue
chez les filles**
1920
Huile sur toile ; 83,5 x 96,5 cm
Collection particulière

289 **André Salmon et Montmartre**
1921
Huile sur papier marouflé sur toile ;
195,0 x 129,8 cm
Hokkaido Museum of Modern Art,
Sapporo

231 **L'Embarquement pour les îles
(Hommage à Mac Orlan)**
c. 1924
Huile, gouache, charbon et pastel
sur papier marouflé sur toile ;
173,6 x 157,5 cm
Hirshhorn Museum and Sculpture
Garden, Smithsonian Institution,
Washington
Don de Joseph H. Hirshhorn, 1972
Inv. n° 72.224

306 **Temple of Beauty**
1925
Gouache sur papier collé sur toile ;
124 x 150 cm
Musée d'Art moderne
de la Ville de Paris
Legs Girardin, 1953
Inv. AMD 612

294 **Alfred Flechtheim en toréador**
1927
Huile sur toile ; 104 x 80 cm
Centre Georges Pompidou, Paris
Musée national d'art moderne
Legs Alfred Flechtheim, 1938
En dépôt au musée d'Art
et d'Histoire du Judaïsme
Inv. J.-P. 871P

Chez les Amazones
1927
Pointe, papier carbone sur papier ;
50 x 60 cm
Collection particulière
Courtesy Galerie
Fanny Guillon-Laffaille

Chez les Amazones
1928
Pointe, encre brune et rehauts
d'aquarelles sur papier blanc et gris ;
39 x 59 cm
Collection particulière

Chez les Amazones
1928
Crayon brun et estompe sur papier ;
50 x 65 cm
Collection particulière
Courtesy Galerie
Fanny Guillon-Laffaille

**Chez les Amazones -
Comparaisons**
1928
Pointe, encre brune sur papier ;
43,0 x 52,5 cm
Collection particulière
Courtesy Galerie
Fanny Guillon-Laffaille

**Chez les Amazones -
La belle charcutière**
1928
Plume et encre brune sur papier ;
55,0 x 37,5 cm
Collection particulière
Courtesy Galerie
Fanny Guillon-Laffaille

Chez les Amazones - Le viol
1928
Pointe, encre brune sur papier ;
49,5 x 64,0 cm
Collection particulière
Courtesy Galerie
Fanny Guillon-Laffaille

Chez les Amazones - Fin
1928
Pointe sur papier ; 35,5 x 54,5 cm
Collection particulière
Courtesy Galerie
Fanny Guillon-Laffaille

L'Heure du thé
1928
Pointe et encre sur papier ; 36 x 55 cm
Collection particulière
Courtesy Galerie
Fanny Guillon-Laffaille

Rebecca
1929
Pointe et encre sur papier ;
62,0 x 48,5 cm
Collection particulière
Courtesy Galerie
Fanny Guillon-Laffaille

Pascin, Jules

Julius Mordecaï Pincas
Vidin, Bulgarie, 1885 – Paris, 1930

Né dans une famille aisée de financiers et de négociants, il se rend à Vienne en 1903, où il suit les cours de Moritz Heymann, puis part à Munich et collabore à des journaux satiriques, *Simplicissimus*, *Jugend* et *Lustige Blätter*. En 1905, il s'installe en France. Sa famille désapprouve ses activités artistiques. Il change de nom et se fait appeler Pascin. Vivant à Montparnasse, puis à Montmartre, il fréquente les Allemands du Dôme : Purrmann, Howard, Bing, Brummer, Levy, Bondy. Vivant très à l'aise grâce à son contrat passé avec la presse allemande, il sait en faire profiter ses amis moins fortunés. Influencé d'abord par le fauvisme (il va à l'académie Matisse sans toutefois adhérer aux enseignements du maître), puis par le cubisme, dont il se détourne très vite, il s'affirme comme un dessinateur insatiable de la vie parisienne. Il expose chez Paul Cassirer à Berlin (1907), chez Alfred Flechtheim (« Les Dômiers », 1912), à l'Armory Show, à Paris chez Berthe Weill, aux Salons d'automne et des indépendants (1913). À la déclaration de guerre, craignant la mobilisation, il se réfugie aux États-Unis en passant par la Belgique avec son ami Kars. En 1920, il obtient la nationalité américaine. Il voyage en Louisiane, Floride, Caroline du Sud et à Cuba, et consigne ses observations par une série de dessins. De retour à Paris, il s'adonne à la peinture et met au point sa technique « nacrée » qu'il allie aux nus, thème presque exclusif de sa peinture, et les peintures dites « noires » qui marquent de nouvelles ambitions : adoption de grands formats pour des sujets allégoriques comme *Retour de l'enfant prodigue*, *L'Embarquement pour les îles*, *Socrate et ses disciples raillés par les filles*. Dans les années 1920, il expose chez Berthe Weill et participe aux Salons d'automne, des indépendants, de l'Araignée. En 1922, Pascin vend plusieurs de ses œuvres à Barnes. L'année suivante, il est chez le marchand Joseph Brummer à New York, camarade au Dôme d'avant-guerre. En 1925, il se rapproche du groupe de la Licorne, constitué de Gromaire, Makowsky, Per Krohg, et expose à Düsseldorf. Il se rend à Tunis. À Paris, il est de tous les bals, déguisements, fêtes, banquets. On le voit partout, au Dôme, à la Rotonde et dans les cabarets de Montmartre et de Montparnasse où il ne se lasse jamais de dessiner avec perspicacité et humour tout ce qu'il voit. Il est l'ami des critiques, Salmon, Warnod, Charensol (il illustre les livres de Mac Orlan, *Trois Petites Filles dans la rue* de Warnod, *Fermé la nuit* de Morand, *Vénus dans la balance* de Salmon, etc.) parmi tant d'autres, des peintres comme Kisling, Per Krohg, des modèles qui font partie de « sa bande ». En 1929, il signe un contrat avec la galerie Bernheim-Jeune, scellant ainsi son succès grandissant, puis expose à nouveau beaucoup : au Museum of Modern Art de New York, à la Knoedler Gallery (qui reçoit un succès mitigé) et à la galerie Georges Petit. Il se suicide en 1930 dans son atelier.

Rebecca, 1929

**Le Fou
(Arlequin)**
1905
Bronze ; 41,5 x 36,5 x 22,0 cm
Musée d'Art moderne
de la Ville de Paris
Don Ambroise Vollard, 1937
Inv. AMS 374

162 **Arlequin**
1913
Huile sur toile ; 88,5 x 46,0 cm
Gemeentemuseum, La Haye

161 **Arlequin**
1917
Huile sur toile ; 116 x 90 cm
Musée Picasso, Barcelone
Inv. n° 10.941

163 **Arlequin musicien**
1924
Huile sur toile ; 113,8 x 97,2 cm
National Gallery of Art, Washington
Don de Rita Schreiber,
en mémoire de Taft Schreiber
Inv. n° 1989.31.2 Pa

20 **Visage d'Arlequin**
1927
Huile sur toile ; 46 x 38 cm
Collection particulière

Le Fou, 1905

Picasso, Pablo Ruiz
Malaga, 1881 – Mougins, 1973
Fils d'un professeur de dessin à l'École des arts et métiers, il reçoit de son père sa première formation, qu'il complète en suivant l'enseignement des Beaux-Arts de Barcelone, puis de l'Académie royale de San Fernando (1897-1898). En 1898, de retour à Barcelone, il fréquente la jeunesse artistique et intellectuelle réunie au cabaret *Els Quatre Gats*. En 1900, il rejoint son ami Isodor Nonell installé à Paris mais il ne fréquente pas le milieu espagnol. Berthe Weill est la première à lui acheter des œuvres, suivie par Ambroise Vollard en 1901, date à laquelle il retourne en Espagne. Il ne revient à Paris qu'à la fin de 1902 et, en 1904, il s'installe définitivement au Bateau-Lavoir. De 1900 à 1904, il peint des figures de détresse dont la teinte bleue dominante donne le nom « période bleue », suivie des nuances « nacrées » et plus gaies de la « période rose ». Il vit alors avec Fernande Olivier. Le Bateau-Lavoir est un foyer stimulant où Picasso se lie avec Apollinaire, Max Jacob, Salmon, et où prennent naissance les thèmes de l'Arlequin et plus généralement des saltimbanques. C'est là aussi que l'amateur Henri-Pierre Roché lui présente Gertrude et Leo Stein qui deviennent ses collectionneurs (1905). Etta Cone en 1906 puis Wilhelm Udhe, Daniel-Henry Kahnweiler viennent aussi voir son atelier. Au Bateau-Lavoir, il peint en 1907 *Les Demoiselles d'Avignon*, où se conjuguent les influences africaines et ibériques. C'est également dans ce lieu qu'est donné le célèbre banquet en l'honneur du Douanier Rousseau. À partir de 1908, avec Braque, commence la période cubiste. Il expose chez Kahnweiler, puis à New York à la galerie 291 (1911). Kahnweiler lui propose un contrat d'exclusivité en 1912. En 1913, il participe à l'Armory Show. À côté de la clientèle américaine, d'autres collectionneurs étrangers lui achètent des œuvres, Chtchoukine par exemple. Dès que ses conditions matérielles s'améliorent, Picasso quitte le Bateau-Lavoir pour Montparnasse. À la déclaration de guerre, il ne s'engage pas et reste à Paris. En 1917, il voyage en Italie avec Cocteau, Diaghilev, Massine, Stravinsky, Satie. Lors de ce voyage s'élabore le projet de *Parade* dont Picasso réalise les décors et costumes. Il fait la connaissance de l'une des danseuses des Ballets russes, Olga Kokhlova, et l'épouse en 1918. Le ballet fait scandale et lance Picasso dans la vie mondaine. Il récidive en 1919 et 1924 avec *Tricorne*, *Pulcinella*. Cette période marque un changement : son style « ingresque » atteste d'un certain « retour à l'ordre ». Il choisit alors le marchand Paul Rosenberg qui prend la succession de Kahnweiler. Dans les années 1920, on ne compte plus les expositions consacrées à Picasso ni ses collectionneurs essentiellement américains (John Quinn, Albert Barnes, Arensberg, Gallatin, Lillie Bliss, Katherine Dreier).

357

234 **Le Buveur**
1925
Huile sur toile ; 85 x 85 cm
Musée Géo Charles, Ville d'Échirolles

do Rego Monteiro, Vicente
Récife, 1899 – Récife, 1970
Il vient à Paris avec sa famille en 1911 et suit les cours des académies Julian, Colarossi et de la Grande-Chaumière. Il expose au Salon des indépendants (1913-1914), assiste aux représentations des Ballets russes de Diaghilev et fait la connaissance de quelques artistes cubistes. En 1914, il retourne au Brésil et découvre la culture des Indiens d'Amazone : il défend leurs danses et leur musique. De retour à Paris en 1921, très influencé par les courants modernistes, il est aussi un poète fécond et a de multiples activités parallèles à la peinture (pilote automobile, directeur de revues, photographe, cinéaste…). Il figure parmi les artistes défendus par Léonce Rosenberg. En 1925, il expose à la galerie Fabre (préface du catalogue par

Maurice Raynal). Après l'incendie de son atelier, il s'installe à Montmartre. En 1928, Bernheim-Jeune lui consacre une exposition individuelle. En 1930, il participe à l'exposition du groupe latino-américain de Paris, dirigée par Torrès-Garcia, à la galerie Zak. Il organise avec Géo Charles une exposition au Brésil intitulée «L'École de Paris», première exposition d'art moderne internationale au Brésil (à Récife, Rio de Janeiro, São Paulo). Il repart pour le Brésil en 1932. Son activité littéraire est abondante (*Légendes, croyances et talismans des Indiens d'Amazone*, éditions Tolmer, 1923) et il codirige la revue *Montparnasse* avec Géo Charles en 1930. Il est aussi auteur et illustrateur : *Quelques visages de Paris* et *Montmartre* de Jean Gravigny (1925).

215 **Le Restaurant Hubin**
1913
Huile sur toile ; 130 x 97 cm
Centre Georges Pompidou, Paris
Musée national d'art moderne
Inv. AM3358 P

Reth, Alfred

Budapest, 1884 – Paris, 1966

Fils d'un médecin de Budapest, il s'adonne à la peinture au cours de ses études secondaires. En 1903, il voyage en Italie et arrive à Paris, à Montparnasse, rue Joseph-Barra. Il suit les cours de Jacques-Émile Blanche dans son académie privée. Il découvre Cézanne chez Vollard et, en 1907, à la rétrospective du Salon d'automne. Il visite les musées Cernuschi et Guimet, et se passionne pour l'art indien et extrême-oriental qui l'inspire plus que les arts africains. Même si les œuvres qu'il expose aux Salons d'automne et des indépendants en 1911 et 1912, puis chez Berthe Weill (avec celles de Metzinger en 1913), sont dans la mouvance cubiste, la critique et les peintres cubistes ont tendance à l'oublier tant il est solitaire. Seule Sonia Delaunay-Terk est une de ses fidèles amies. En 1913, la galerie Der Sturm de Berlin lui consacre une importante exposition ; il écrit le texte qui l'accompagne. En même temps qu'il expose des tableaux cubistes, Reth réalise dès 1910 des œuvres non-figuratives. Lors de son exposition en 1914 chez Berthe Weill, il incorpore de la terre à ses œuvres. «Mes recherches cubistes sont abandonnées, j'utilise la terre comme matière.» La même année, il s'engage comme volontaire dans l'armée française mais, étant sujet de l'Empire austro-hongrois, il est assigné à résidence. Sans ressources et désorienté, Reth ne peint guère et se détache des recherches précédentes pour revenir à une conception plus réaliste de la peinture. En 1925, il expose à «L'Art d'aujourd'hui» et, en 1931, il adhère au groupe Abstraction-Création.

201 **Portrait d'Oscar Miestchaninoff**
1913
Huile sur toile ; 147 x 120 cm
Gobierno del Estado de Veracruz
Pinacoteca Diego Rivera / IVEC

200 **La Tour Eiffel**
1914
Huile sur toile ; 115 x 92 cm
Collection particulière
Courtesy Mary-Anne Martin
Fine Art, New York

Rivera, Diego

Guanajuato, Mexique, 1886 – Mexico, 1957

Fils d'un instituteur, il est envoyé dès l'âge de 10 ans à l'académie San Fernando de Mexico, auprès du peintre José Maria Velasco. Grâce à une bourse, il poursuit ses études à Madrid en 1907, puis à Paris en 1909 où il partage un atelier avec Maria Blanchard. Il repart au Mexique en 1910. De 1911 à 1920, il vit à Paris et se lie à Picasso, Modigliani, Mondrian, Gris, Léger, Chagall, Dufy, Matisse et Signac. Par l'intermédiaire de sa compagne russe Angelica Berof, il fréquente Volochine, Ilya Ehrenbourg, Lipchitz et Miestchaninoff. Il expose aux Salons des indépendants (1910, 1911, 1913, 1914) et d'automne (1911-1913). Après des séjours en Espagne, il adhère en 1912 au cubisme. En 1914, il expose chez Berthe Weill et à la société Manès à Prague. À la déclaration de guerre, il est à Majorque et ne revient à Paris qu'en 1915. Il rencontre l'artiste russe Marevna Vorobev-Stebaska avec laquelle il a une fille. En 1916, la Modern Gallery associée à Léonce Rosenberg lui consacre sa première exposition à New York. Son adhésion au cubisme est stoppée par l'affaire Reverdy, créateur de la revue *Nord-Sud*, théoricien d'un cubisme fustigeant les suiveurs. Rivera se sentant visé le provoque en duel. Reverdy lui répond par un texte publié dans le numéro 3 en le traitant « d'Indien sauvage », « d'anthropoïde honteux ». En 1918, il quitte Montparnasse et Rosenberg rompt son contrat (depuis 1916). Grâce à Élie Faure et à Siquieros, il se consacre à l'expression muraliste qui devient son art de prédilection dans les années 1920-1930. Il quitte Paris pour l'Italie où il étudie les fresques de Giotto et rejoint le Mexique en 1921.

168 **Nature morte synchromiste avec nu en jaune**
1913
Huile sur toile ; 99,7 x 80,1 cm
San Diego Museum of Art,
San Diego
Achat du musée grâce aux fonds
d'Earle W. Grant
Inv. n° 1973 : 022

Russell, Morgan

New York, 1886 – Broomall, Pennsylvanie, 1953

Il fait son premier voyage en Europe en 1906 et découvre, à Paris, l'impressionnisme et Cézanne. De retour aux États-Unis, il étudie la peinture avec Robert Henri et la sculpture avec James Earle Fraser à l'Art Students League de New York. À Paris en 1908, il fait la connaissance de Leo et Gertrude Stein, Patrick Henry Bruce, et s'inscrit l'année suivante à l'académie Matisse pour se consacrer à la sculpture ; il se lie avec Rodin, rencontre Apollinaire. En 1910, il abandonne la sculpture pour la peinture et participe au Salon d'automne. En 1911, il rencontre Stanton MacDonald-Wright avec lequel il étudie les théories des couleurs de Chevreul, Odgen Rood, Charles Blanc. Il subit l'influence des Delaunay sans être un intime du couple, à la différence de Bruce. En 1913, il expose à l'Armory Show, au Salon des indépendants et avec MacDonald-Wright chez Bernheim-Jeune sous l'appellation : « Les Synchromistes », mouvement qui se veut concurrencer le simultanéisme de Delaunay, comme le cubisme et le futurisme. Dans le texte du catalogue, MacDonald-Wright et Morgan Russell s'efforcent de se démarquer en prônant la synthèse de la forme et de la couleur, sans aucune référence à la réalité extérieure. En 1914, au Salon des indépendants, il expose *Synchromie en orange* qui suscite l'approbation de Matisse, Apollinaire, Canudo, Valentine de Saint-Point et Mercereau. Russell reste en France pendant la guerre. Il amorce un retour vers l'art figuratif. En 1919, il expose chez Berthe Weill, en 1923 à la galerie de la Licorne. En 1925, la figuration monopolise son expression, comme le constate Louis Vauxcelles dans sa préface de l'exposition de la galerie Henri. Réfugié jusqu'en 1946 en Bourgogne, il se lie avec Soutine, puis retourne aux États-Unis.

206 **Le Nord-Sud**
1913
Huile sur toile ; 33 x 46 cm
Galleria Civica d'Arte Moderna
e Contemporanea, Turin
Inv. P/1573

208 **Rythme plastique du 14 Juillet**
1913
Huile sur toile ; 66 x 50 cm
Collection Franchina Severini

211 **La Danse de l'ours au Moulin-Rouge**
1913
Huile sur toile ; 100,0 x 73,5 cm
Centre Georges Pompidou, Paris
Musée national d'art moderne
Inv. AM 2992 P

210 **Portrait de Paul Fort**
1915
Papiers collés sur toile ; 81 x 65 cm
Centre Georges Pompidou, Paris
Musée national d'art moderne
Don de Jeanne Severini et ses filles,
1967 ; Inv. AM 4414 P

Severini, Gino

Cortona, Italie, 1883 – Paris, 1966

Issu d'un milieu modeste, il vit à Rome à partir de 1889, où il suit des cours de dessin à la villa Médicis. En 1901, il rencontre Umberto Boccioni qui le présente à Giacomo Balla. Encore sous l'influence du postimpressionnisme et du divisionnisme, il s'installe à Montmartre en 1906, où il fait la connaissance de Modigliani, Max Jacob, Picasso, Reverdy et Apollinaire. De Paris, il suit l'aventure futuriste conduite par Marinetti (1909) et collabore à la rédaction du manifeste du 20 février 1909. Il expose *La Danse du pan-pan au Monico* avec les futuristes, en 1912, à la galerie Bernheim-Jeune, mais son art se rapproche davantage du cubisme. Seules la couleur éclatante et la touche qu'il a héritée du divisionnisme l'en éloignent. Dès 1911, il est le relais qui favorise les échanges entre les futuristes (Carrà, Boccioni, Russolo) et les cubistes (Picasso, Braque, Gris, Delaunay). En 1913, son mariage avec la fille de Paul Fort consacre son ancrage parisien.

Apollinaire est son témoin. Il se rend ensuite en Italie et y reste plus d'un an, développant sa théorie des analogies plastiques du dynamisme et la compénétration de la parole écrite dans le langage plastique. De retour en France, Severini illustre la «grandeur futuriste» (*Train de blindés*) mais, isolé, il revient à la tradition figurative (*Maternité*, 1916) qui annonce le retour à l'ordre des années 1920. Il expose à la galerie Boutet de Monvel en 1916. En 1918, par l'intermédiaire de Gris, il fait la connaissance de Léonce Rosenberg qui l'expose l'année suivante à la galerie de l'Effort moderne. La parution de son livre *Du cubisme au classicisme, esthétique du compas et du nombre* (Paris, J. Povolozky & Cie, 1921) marque son adhésion définitive à l'esthétique du retour à l'ordre : il réalise des peintures murales au château de Montegufoin à Florence, chez Sir Osbert Stiwell, de 1921 à 1922 (thèmes de la *commedia dell'arte* : arlequins, natures mortes, masques, instruments de musique). L'année 1923 marque sa conversion au catholicisme à la suite de sa rencontre avec Jacques Maritain. Il décore alors de nombreuses églises. S'orientant vers l'apologie de la romanité, il s'écarte de l'avant-garde française. En 1929, il participe à l'exposition d'art italien moderne à la galerie Bonaparte. Proche du Novecento, il obtient les faveurs du régime mussolinien qui lui octroie le premier prix de la IIe Quadriennale de Rome en 1935.

319 **Autoportrait**
c. 1918
Huile sur toile ; 54,6 x 45,7 cm
The Henry and Rose Pearlman
Foundation Inc., Princeton
Inv. L.1988.62.23

322 **Le Vieillard**
1920
Huile sur toile ; 135,0 x 67,5 cm
Musée Calvet, Avignon
Don Joseph Rignault, 1947
Inv. n° 22280

320 **Paysage à Céret**
c. 1920-1921
Huile sur toile ; 56,0 x 83,8 cm
Tate Gallery, Londres
Achat, 1964
Inv. T00692

323 **Le Philosophe**
1921
Huile sur toile ; 61,0 x 51,5 cm
Collection particulière
Courtesy Galerie Schmit, Paris

324 **Groupe d'arbres**
c. 1922
Huile sur toile ; 72,5 x 63,5 cm
Collection particulière

321 **Le Petit Pâtissier**
1922-1924
Huile sur toile ; 73 x 54 cm
Musée de l'Orangerie, Paris
Collection Jean Walter
et Paul Guillaume
Inv. RF 1963-98

313 **L'Escalier rouge à Cagnes**
c. 1923-1924
Huile sur toile ; 73 x 54 cm
Collection Larock-Granoff, Paris

L'Arbre de Vence
c. 1929
Huile sur toile ; 93,0 x 65,1 cm
Collection Madeleine et Marcellin
Castaing

L'Arbre de Vence, c. 1929

Soutine, Chaïm

Smilovitchi, Biélorussie, 1893 – Paris, 1943

Il prend ses premières leçons de dessin en 1907 à l'École de dessin du peintre Krüger à Minsk. De 1910 au début de 1913, il étudie à l'École d'art de Vilno, où il se lie à Kikoïne et Krémègne. À Paris en juin 1913, il s'installe à la Ruche et fréquente l'atelier de Cormon aux Beaux-Arts. À la déclaration de guerre, il s'engage comme volontaire dans « l'armée des travailleurs ». Rapidement réformé en raison de son état de santé, il partage à la cité Falguière l'atelier de Miestchaninoff. Il rencontre Lipchitz, Zadkine, Chagall, Modigliani qui fait acheter ses œuvres par le marchand de tableaux Zborowski. De 1919 à 1922, il vit et travaille à Céret et à Cagnes. Sur les recommandations de Zborowski, il revient à Paris et, en 1922, acquiert la notoriété, grâce notamment à Barnes qui lui achète de nombreuses œuvres. En 1923-1924, Soutine vit entre Paris et Cagnes. Waldemar George en 1928 et Élie Faure en 1929 rédigent deux monographies. Il participe aux expositions d'art russe à Paris dans les galeries La Licorne (1923), Paul Guillaume (1923 et 1927), L'Époque (1931), d'Alignan (1931), et à la grande exposition d'art russe à Belgrade en 1930. Il bénéficie d'expositions personnelles à Paris : Bing (1927), Quatre-Chemins (1928), Bernheim-Jeune (1929), et participe à celle de « L'École de Paris » à la galerie de La Renaissance (1929).

205 Peinture
c. 1913
Huile sur toile ; 100 x 81 cm
Fundação Calouste Gulbenkian,
CAMJAP, Lisbonne
Inv. n° 77P14

204 Peinture
1914
Huile sur toile ; 61 x 50 cm
Fundação Calouste Gulbenkian,
CAMJAP, Lisbonne
Inv. n° 86P25

de Souza-Cardoso, Amadeo

Manhufe, Portugal, 1887 – Espinho, Portugal, 1918

Né dans une riche famille du nord du Portugal, il fait ses études à l'École des beaux-arts de Lisbonne en architecture (1905). L'année suivante, il arrive à Paris et fréquente les académies libres de Montparnasse (1906-1907). En 1908, il s'installe cité Falguière, où il se lie d'amitié avec Modigliani et de nombreux peintres espagnols. Il expose aux Salons des indépendants (1911-1913) et d'automne (1912). Il rencontre Juan Gris, Max Jacob, les Delaunay, Brancusi, Archipenko, Ortiz de Zárate, Rivera, Boccioni. Très vite, le cubisme influence son œuvre. D'abord proche du cubisme orphique de Delaunay, il évolue tantôt vers un cubisme plus constructif, tantôt vers l'expressionnisme ou encore vers l'abstraction. Quel que soit le style adopté, sa gamme chromatique, qui affectionne les tons vifs et acides, dote sa peinture d'une grande originalité. En 1913, il participe à l'Armory Show et expose à la galerie Der Sturm de Berlin. Il retourne dans son pays, en passant par Barcelone, en 1914. Pendant la guerre, il est en contact avec les Delaunay réfugiés au Portugal, où il organise deux expositions qui font scandale. Il meurt emporté par l'épidémie de grippe espagnole.

361

170 Formes abstraites n° 2
c. 1917-1919
Pierre calcaire ; 50,3 x 22,0 x 14,3 cm
Weatherspoon Art Gallery,
The University of North Carolina
at Greensboro
Achat, 1968
Inv. n° 1968,1552

Storrs, John

Chicago, 1885 – Mer, France, 1956

En 1907-1908, il part étudier en Allemagne, voyage en Europe et visite Paris. De 1908 à 1910, de retour aux États-Unis, il suit les cours de sculpture à l'Art Institute de Chicago puis à la Pennsylvania Academy of Fine Arts de Philadelphie. Entre 1911 et 1914, il poursuit sa formation à Paris à l'académie Julian et devient l'élève de Rodin. Il expose aux Salons d'automne (1913) et de la Société nationale des beaux-arts (1914). En 1915, il est à San Francisco pour installer les sculptures de Rodin à la « Panama Pacific International Exhibition ». En 1917, il vit à Paris et travaille dans un hôpital pour contribuer à l'effort de guerre. Parallèlement, il commence à réaliser des sculptures géométriques abstraites. En 1920, il expose au Salon d'automne, aux Feuillets d'art et aux États-Unis, où se tient sa première exposition personnelle à la Folsom Gallery de New York, suivie d'une autre au Arts Club de Chicago en 1921. Salmon préface son catalogue pour une troisième exposition personnelle organisée par la Société anonyme en 1923 ; ses sculptures s'inspirent alors des gratte-ciel exprimant ainsi « l'Esprit nouveau » défendu tant par Le Corbusier que par les précisionnistes américains. En 1925, Storrs participe à une exposition d'art américain à la galerie Briant-Robert à Paris. En 1926, quatre de ses sculptures sont présentées à l'« International Exhibition of Modern Art » du Brooklyn Museum. En 1927, il figure au Arts Club de Chicago et à la grande exposition « Machine Age » organisée par *The Little Review*. En 1929, il participe à une exposition de groupe à la galerie de l'Effort moderne de Léonce Rosenberg. À partir de 1931, il commence à peindre et expose en 1937 chez Jeanne Bucher et, en 1938, au Jeu de paume à « Trois siècles d'art américain ».

209 Les Usines
1914
Huile sur carton ; 80,7 x 65,0 cm
Musée des Beaux-Arts, Lyon
Inv. n° 1968-128

Projet de décor pour « Mavra »
1922
Gouache sur papier ; 22 x 39 cm
Bibliothèque nationale de France
Bibliothèque-musée du Théâtre
national de l'Opéra, Fonds Kochno
Inv. Mus. K120

Survage, Léopold

Léopold Léopoldovitch Stürzwage
Moscou, 1879 – Paris, 1968

Entre 1897 et 1900, il travaille dans la fabrique de pianos de son père (d'origine finnoise). Il entre, en 1901, à l'École de peinture, sculpture et architecture de Moscou (chez Korovine et Léonide Pasternak), rencontre Larionov, David Bourliouk, Soudieïkine et Sapounov. Il expose aux premières manifestations de l'art de gauche russe («Stephanos», 1907-1908 ; «Valet de carreau», 1910-1911). En 1910, il s'installe à Paris où il travaille comme accordeur de pianos pour la maison Pleyel, tout en fréquentant les académies Matisse et Colarossi. Il fait partie du cercle de la baronne d'Oettingen et de Serge Férat. Il se lie avec Apollinaire, Salmon, Robert et Sonia Delaunay, Picasso, Severini, etc. Au Salon des indépendants de 1914, il montre une série de travaux abstraits, les «rythmes colorés», qu'il veut réaliser au cinéma. Apollinaire publie son article « Le rythme coloré » dans *Les Soirées de Paris* (1914, n°ˢ 26-27) et organise sa première exposition personnelle à la galerie Bongard en 1917. En 1920, il est, avec Archipenko et Gleizes, l'organisateur de la nouvelle société de la Section d'or. En 1922, il exécute les décors et les costumes de l'opéra bouffe de Stravinsky, *Mavra,* pour les Ballets russes. Il expose aux Salons des indépendants (1920-1923, 1925-1928) et des Tuileries (1926-1929). Il participe à l'exposition «Les Maîtres du cubisme» à la galerie de l'Effort moderne (1921). Des expositions personnelles se déroulent à Paris (L'Effort moderne, 1922 ; Percier, 1925, 1927 ; Katia Granoff, 1927), à Chicago (Art Club, 1925 ; Chester Johns, 1927) et à New York (Krauchar, 1927 ; Knoedler, 1929). Il réalise pour l'Exposition internationale de 1937 de gigantesques panneaux sur les thèmes des postes et télécommunications, de l'optique et de la technique.

214 Nature morte au verre
1913
Huile sur toile ; 45 x 37 cm
Collection Kieselbach, Budapest

Szobotka, Imre

Zalaegerszeg, Autriche-Hongrie, 1890 – Budapest, 1961

Après avoir suivi l'enseignement de l'Académie des arts appliqués de Budapest, entre 1905 et 1910, il rejoint Paris en 1910 où il s'inscrit aux cours de l'académie de la Palette. Influencé par le cubisme et «l'orphisme» de Delaunay, il expose ses œuvres cubistes au Salon des indépendants en 1913. Pendant la guerre, il est mis en résidence surveillée en Bretagne, et il demeure en France jusqu'en 1919. De retour en Hongrie, il devient l'un des membres fondateurs du KUT (*Képzómüveszek új Társasága* : Nouvelle Association d'artistes) et participe à toutes ses expositions ; il s'écarte alors du cubisme pour revenir à une peinture postimpressionniste.

230 **L'Échelle de Jacob**
1925
Cuivre martelé ; 60 x 45 cm
Collection Mikael Levin, New York

Szwarc, Marek

Zgierz, Pologne, 1892 – Paris, 1958

La maison paternelle de Marek Szwarc est un centre culturel de la Pologne juive et sioniste, fréquenté par des intellectuels de grand renom : Sholem Asch, David Frishman, Nahum Sokolov. Il y est aussi souvent question de Paris où son grand frère étudie. D'abord orienté vers l'artisanat, l'adolescent va à Lodz étudier le dessin. En 1910, il se rend à Paris où il fréquente un temps l'Académie espagnole puis entre aux Beaux-Arts, dans l'atelier d'Antonin Mercier. Il habite la Ruche et collectionne dans son atelier les sculptures africaines rapportées de Côte d'Ivoire par son père qui y travaille en tant qu'ingénieur des Mines. Szwarc rencontre alors Lipchitz, Archipenko, Chagall, Zadkine, Soutine, mais aussi Lounachartski, futur commissaire du peuple aux Affaires culturelles. Il participe à la Ruche à l'entreprise d'édition artisanale de la revue juive *Maḥmadim* – qui ne connaîtra que quelques numéros – avec ses camarades Tchaikov, Lichtenstein, Koenig, Ravitzky, Krémègne et Epstein. Au Salon d'automne de 1913, il expose pour la première fois une sculpture en stuc, *Eve*. Il participe aussi avant guerre aux Salons des indépendants, de la jeune sculpture, des Tuileries. Un de ses premiers collectionneurs est le commissaire Zamaron. Pendant la guerre, en Pologne et en Russie, Szwarc réalise surtout des peintures qu'il montre à Paris où il retourne en 1921. Au contact de Jacques Maritain, il se convertit alors au catholicisme. L'année suivante, il se tourne vers une nouvelle technique qui lui assurera un grand succès : la sculpture sur cuivre martelé qu'il emploie pour illustrer une iconographie le plus souvent biblique. Les expositions se succèdent alors : en 1925, à la galerie Devambez à Paris, chez Fritz Gurlitz à Berlin et au Jewish Theater de New York, en 1927 chez Briant-Robert. L'État lui achète pour le musée du Luxembourg un masque. Il écrit en 1926 une monographie en yiddish sur Modigliani. En 1931, Louis Vauxcelles lui consacre une étude dans la série des éditions du Triangle.

279 **Portrait de Fernande**
1905
Huile sur toile ; 100 x 81 cm
Collection particulière

Portrait de Kahnweiler
1907
Huile sur toile ; 65 x 54 cm
Petit Palais, musée d'Art moderne,
Genève
Inv. n° 7225

295 **Le Châle espagnol**
1913
Huile sur toile ; 195,5 x 130,5 cm
Centre Georges Pompidou, Paris
Musée national d'art moderne
Donation sous réserve d'usufruit
d'Augusta Van Dongen, 1985
Inv. AM 1985-73

292 **Maria Ricotti**
dans « L'Enjôleuse »
1921
Huile sur toile ; 192 x 116 cm
Musée d'Art moderne
de la Ville de Paris
Legs Maria Ricotti, 1976
Inv. AMVP 2085

Portrait de Kahnweiler, 1907

Van Dongen, Kees

Cornelis Van Dongen
Delfshaven, Pays-Bas, 1877 – Monaco, 1968

Dès 1894, il quitte la malterie familiale pour suivre des cours à l'Académie des beaux-arts de Rotterdam. En 1897, il fait un bref séjour à Montmartre. Il expose chez Soulier et Le Barc de Boutteville (1898). En 1900, il revient à Paris pour s'y installer définitivement. Pour vivre, il fait des dessins satiriques pour *Frou-Frou, Le Rire, L'Indiscret, L' Assiette au beurre, Gil Blas*. Il se lie à Félix Fénéon qui le fait entrer à *La Revue blanche* (1903) et qui décide Ambroise Vollard à lui consacrer une exposition (1904). La même année, il expose aux Salons d'automne et des indépendants et, l'année suivante, chez Berthe Weill, puis chez Druet en 1906. Il déménage au Bateau-Lavoir et participe à la vie de la « bande à Picasso », Salmon, Apollinaire, Dorgelès, Mac Orlan. En 1907, il passe un contrat avec Daniel-Henry Kahnweiler qui l'expose dans sa galerie en 1908 et à Düsseldorf, chez Alfred Flechtheim. Il l'abandonne, un an plus tard, pour Bernheim-Jeune. Sa carrière est lancée. Ses voyages au Maroc en 1911, puis en Égypte, l'amènent à transformer radicalement sa touche qui devient lisse et raffinée. Avec le succès, il abandonne les thèmes populaires pour d'autres, plus mondains. À la déclaration de guerre, Van Dongen reste à Paris où il continue d'exposer (galerie d'Antin, 1917 ; Paul Guillaume, 1918). Sa notoriété est encore renforcée par son enseignement à l'académie Vitti, l'obtention de la Légion d'honneur, les fêtes et les scandales qui défraient la chronique (*Le Châle espagnol*, 1913, est décroché du Salon d'automne pour atteinte à la pudeur ; *Le Portrait d'Anatole France* est refusé à la Société nationale des artistes, 1927 ; *Maria Ricotti* est refusé au Salon d'automne). Au cours des Années folles, il est le peintre du « Tout-Paris à la page », des vedettes du music-hall à l'aristocratie. Il participe aux éditions de la Sirène pour les dessins des *Mille et Une Nuits* et des *Contes* de Kipling. Il illustre le roman de Victor Marguerite, *La Garçonne*, en 1928. Sa première monographie paraît en 1924 (Edmond des Carrières). Van Dongen obtient la nationalité française en 1929.

216 **La Femme aux bas noirs**
1913-1914
Huile sur toile ; 92 x 74 cm
Collection particulière

304 **Café de la Rotonde**
1921
Huile sur toile ; 80 x 64 cm
Collection particulière

Marie Vassilieff, son fils, Fernand Léger et sa femme
s. d.
Mine de plomb sur papier ;
30,8 x 23,4 cm
Collection Claude Bernès, Paris

Marie Vassilieff devant le tribunal militaire
s. d.
Mine de plomb sur papier ;
23,4 x 30,8 cm
Collection Claude Bernès, Paris

368 **Le Banquet Braque**
s. d.
Encre, lavis et gouache sur papier ;
23,4 x 30,2 cm
Collection Claude Bernès, Paris

Couverture de la Bohème du xxᵉ siècle
s. d.
Encre, lavis et gouache sur papier ;
31,8 x 23,5 cm
Collection Claude Bernès, Paris

Vassilieff, Marie

Maria Ivanovna Vassiliéva
Smolensk, 1884 – Nogent-sur-Marne, 1957

De 1902 à 1905, elle suit des études de médecine et d'art à Saint-Pétersbourg. En 1905, elle obtient une bourse pour aller étudier l'art à Paris où elle vit dans la même pension que Sonia Terk et Elizaviéta Epstein. En 1907, elle fréquente l'académie Matisse et La Palette, et partage son atelier avec la peintre russe Olga Meierson. Elle expose aux Salons des indépendants (à partir de 1909), d'automne (à partir de 1910), à Kharbine et à Moscou en 1913. Elle est en 1910 l'un des fondateurs de l'Académie russe, qu'elle quitte pour fonder en 1912 sa propre « académie libre », l'académie Vassilieff : Braque, Cendrars, Léger, Matisse, Marevna, Modigliani, Picasso, Salmon, Satie…, en sont des habitués. En 1914, elle s'engage comme infirmière à la Croix-Rouge, ouvre une cantine pour les artistes. De retour en Russie en 1915, elle participe à la « Dernière exposition futuriste de tableaux 0,10 » à Pétrograd et à l'exposition de Tatline, « Magasin », à Moscou en 1916, après quoi elle revient à Paris. Elle crée des poupées portraits (en papier mâché, tissu, cuir, fil de fer et toile cirée) de Matisse, Picasso, Léger, Apollinaire, Paul Poiret…, qu'elle montre au Salon d'Antin en 1916. Internée comme citoyenne russe à Fontainebleau en 1918, son atelier est pillé. En 1920-1925, Vassilieff exécute des costumes et des masques pour les Ballets suédois. En 1926-1928, elle travaille avec le peintre russo-ukrainien Polissadiv pour la confrérie La Misère noire (pour un bal qui est interdit et pour le ballet portant ce nom, de Claude Dubosc). Elle fait en 1927 deux peintures murales pour un pilier de la brasserie La Coupole. Des expositions personnelles lui sont consacrées à Paris dans le magasin « Martine » de Paul Poiret (1922), à la galerie Zak (1928).

183 Le Prophète
1914
Bois ; 223 x 30 x 40 cm
Musée de Grenoble. Inv. MG 2860

179 Figure féminine
1914
Bois ; H. : 122 cm ; socle H. : 60 cm
Collection particulière, Suisse

Salle d'hôpital
1916
Encre de Chine et lavis sur papier ;
32,0 x 45,5 cm
Musée d'Histoire contemporaine –
BDIC, Paris. Inv. OR F2 544

Salle d'hôpital
1916
Crayon sur papier ; 24,2 x 31,0 cm
Musée d'Histoire contemporaine –
BDIC, Paris. Inv. OR F2 550

Apollinaire à l'hôpital
s. d.
Crayon et stylo bille sur papier ;
29,5 x 21,0 cm
Musée Zadkine de la Ville de Paris
Inv. MZD 261

Ambulance russe
1917
Fusain sur papier ; 22,5 x 33,0 cm
Musée d'Histoire contemporaine –
BDIC, Paris. Inv. OR F2 539

Deux blessés
1917
Encre de Chine et lavis, rehaussés
d'aquarelle et crayon bleu sur papier ;
33,0 x 22,5 cm
Musée d'Histoire contemporaine –
BDIC, Paris. Inv. OR F2 551

180 Déméter
1918
Bois d'orme partiellement peint ;
213 x 45 x 45 cm
Stedelijk Van Abbemuseum,
Eindhoven, Pays-Bas

Joueuse de luth
1918
Pierre en pierre directe ;
55,0 x 36,0 x 19,5 cm
Musée d'Art moderne
de la Ville de Paris
Legs Girardin, 1953
Inv. AMS 398

182 Maternité
1919
Marbre partiellement peint ;
48,7 x 26,0 x 20,0 cm
Musée Zadkine de la Ville de Paris
Inv. M ZS 401

182 Tête d'homme
1919
Marbre ; 56 x 17 x 12 cm
Collection particulière, Paris

212 Femme à l'éventail
1923
Pierre ; 86,5 x 35,0 x 31,0 cm
Musée d'Art moderne, Saint-Étienne
Inv. n° 60.3.1

Joueuse de luth, 1918

232 La Buveuse
c. 1923
Huile sur toile ; 114 x 84 cm
Collection Wojtek Fibak

233 Le Buveur
c. 1923
Huile sur toile ; 114 x 80 cm
Collection Wojtek Fibak

Zadkine, Ossip

Ossip (Iossel) Alexéïévitch (Aronovitch) Tsadkine
Smolensk, 1890 – Paris, 1967

Il prend des leçons de dessin chez Pène à Vitebsk entre 1900 et 1904. De 1905 à 1909, il travaille à Londres comme menuisier et apprend le métier d'ébéniste. À partir de 1909, il vit à Paris et étudie aux Beaux-Arts. En 1910, il s'installe à la Ruche, fréquente le salon de la baronne d'Oettingen, l'académie Vassilieff, la Rotonde, où il fait connaissance d'Apollinaire, de Cendrars, de Picasso, de Modigliani, de Brancusi, de Robert et de Sonia Delaunay, d'Archipenko, de Lipchitz, d'Ilya Ehrenbourg. Il expose pour la première fois ses sculptures aux Salons des indépendants et d'automne de 1911. Engagé volontaire dans l'armée française en 1915, il est gazé et démobilisé. En 1917, il participe aux expositions de Lyre et Palette. En 1920 est organisée la première exposition de ses sculptures, aquarelles et gouaches dans son atelier, puis dans les galeries La Licorne (1921), Berthe Weill (1922), Barbazanges à Paris ; Takenodaï (1924) à Tokyo ; Centaure à Bruxelles ; Tooth (1928) à Londres. Deux monographies lui sont consacrées : Maurice Raynal (1921), André de Ridder (1929). Il participe aux expositions d'art russe à Moscou (1928), à Paris (1931 et 1932). En 1928, il se fixe dans une maison-atelier au 100, rue d'Assas où il vivra jusqu'à sa mort et qui abrite aujourd'hui le musée Zadkine de la Ville de Paris.

Zak, Eugène

Mogilno, Pologne, 1884 – Paris, 1926

Il arrive à Paris vers 1902 et suit les cours des Beaux-Arts (classe de Gérôme), puis de l'académie Colarossi. Il voyage en Italie et étudie quelque temps à Munich. De retour à Paris en 1904, il expose aux Salons des indépendants (1906-1913), d'automne (1904-1913) et à celui de la Société nationale des beaux-arts. Membre de l'association Sztuka depuis 1906, il expose avec ce groupe à Vienne (1908), Cracovie (1909, 1910-1913), Budapest (1910). En 1911, il est à la galerie Druet et, en 1912, il participe à l'exposition polonaise présentée à la galerie Dalmau de Barcelone. En 1913 et 1914, il figure à l'Armory Show de New York, puis à la Biennale de Venise. De 1914 à 1916, Zak vit à Nice puis retourne en

Pologne où il rejoint les groupes formistes. À la fin de 1921, il est l'un des membres fondateurs du groupe Rythme. Il séjourne à Berlin et Bonn où il peint une décoration murale pour la villa de l'architecte Breuhaus. Il s'installe définitivement en France en 1922, où il expose au Salon des Tuileries (1924, 1925), à la galerie Devambez (1925). En 1926, à l'occasion d'une exposition à la galerie Bing, André Salmon lui consacre une préface. Zak meurt d'une crise cardiaque la même année. Une rétrospective posthume est organisée au salon Garlinski de Varsovie et au Salon des Tuileries. En 1927, les galeries Bernheim à Paris et Brummer à New York exposent son travail, suivies du Buffalo Museum of Art (1928) et de la Leicester Gallery de Londres (1929). En 1929, sa veuve ouvre la galerie Zak. Maximilien Gauthier écrit sa monographie pour les éditions du Triangle.

Abécédaire

J.-L. A. : JEAN-LOUIS ANDRAL, G. F. : GLADYS FABRE, M. G. : MALCOLM GEE, S. K. : SOPHIE KREBS,
O. P. : OLIVIER PHILIPPE, J. W. : JEANINE WARNOD

Académies

L'enseignement officiel de l'École des beaux-arts à Paris ne peut être prodigué aux femmes jusqu'en 1897 (mais en réalité, il faut attendre 1900 pour que leur soit ouvert un atelier ; le prix de Rome ne leur est accessible qu'en 1903, ainsi qu'aux étrangers ; décret impérial de 1867, art. 14 : « Les jeunes gens qui désirent suivre les cours de l'École devront se faire inscrire au secrétariat, justifier de leur qualité de Français et être âgés de 15 à 25 ans. Les étrangers pourront, exceptionnellement et avec l'autorisation du Ministre, être admis à suivre les cours »).
Au début du XXᵉ siècle se met en place un réseau d'académies privées ou d'ateliers qui offrent aux artistes un enseignement plus varié et plus libre (sans concours d'admission) ; ces académies, situées principalement à Montparnasse, attirent un grand nombre d'étudiants étrangers et de femmes. Sont regroupées ici les académies les plus citées pendant la période 1900-1930.

Académie Julian
passage des Panoramas

Le peintre Rodolphe Julian (1839-1907) fonde en 1868 un atelier libre avec étude du modèle vivant

et préparation au concours de l'École des beaux-arts. C'est un enseignement académique, prodigué par d'éminents peintres professant souvent aussi aux Beaux-Arts : William Bouguereau, Louis Carrier-Belleuse, Benjamin Constant, Tony Robert Fleury…, mais accessible à tous et à toutes les bourses.
La maison mère est située passage des Panoramas (1868-1933), et avec le succès s'ouvrent une dizaine d'ateliers :
- 51, rue Vivienne, 1880-?
- 28, rue de Berri, 1888-1939
- 28, rue du Faubourg-St-Honoré, 1890-1894
- 5, rue Fromentin, 1890-1914
- 28, rue Fontaine, 1890-1914
- 31, rue du Dragon, 1890-1939
- 55, rue du Cherche-Midi, 1896-?
Certains sont réservés aux femmes (à partir de 1870), d'autres aux hommes et d'autres aux enfants (à partir de 1906).
À la mort de Julian, son neveu reprend l'académie jusqu'en 1914 ; lui succèdent ses deux fils jusqu'en 1919, et enfin Gilbert Dupuis jusqu'en 1938.

Académie Julian, dans les années 1920

Académie Colarossi
10, rue de la Grande-Chaumière

Fondé en 1815 par un ancien modèle de Jacques-Louis David (1748-1825), Charles Suisse, le premier atelier est situé quai des Orfèvres. À sa mort, le peintre Crébassol reprend l'académie au

nom de Suisse-Crébassol. Ce n'est qu'en 1870 que Filippo Colarossi, sculpteur italien, la baptise en s'installant rue de la Grande-Chaumière. Son fils lui succède en 1916, assisté du peintre-lithographe Martin Koelin et de sa femme, et de Mᵉˡˡᵉ Charles.
Y enseignent Bernard Naudin, Picard Ledoux, Charles Guérin, André Favory et deux peintres américains, Paul Bartlett et Miller ; le Norvégien Christian Krohg y est professeur de 1902 à 1909, attirant ainsi de nombreux étudiants scandinaves.

Académie Delécluse
86, rue Notre-Dame-des-Champs

Ouverte en 1888 par le peintre Auguste Delécluse (1855-1928), cette académie prépare surtout les élèves au concours de l'École des beaux-arts. Elle a de nombreuses adresses avant son installation définitive rue Notre-Dame-des-Champs.

Académie de la Grande-Chaumière
14, rue de la Grande-Chaumière

Elle est dirigée par le sculpteur espagnol Claudio Castellucho, les peintres Steller (suisse) et Danenberg (balte), et fréquentée essentiellement par des étrangers. Bourdelle y est professeur de 1909 à 1929, Friesz en 1926, Léger en 1931.

Académie Vitti
49, boulevard du Montparnasse

Dirigée par un ancien modèle italien, elle propose deux ateliers : l'un pour les hommes, l'autre pour les femmes. Le peintre Luc Olivier Merson (1846-1920) y est professeur.

Académie Ranson
7, villa des Arts

Le peintre nabi Paul Ranson (1864-1909) crée son académie en 1908 à Montmartre, rue Henri-Monnier, puis villa des Arts à Montparnasse. Après sa mort, sa femme la reprend jusqu'en 1982. On y trouve des peintres comme Schwab, Maurice Denis, Bonnard, Maillol, Vallotton, Van Rysselberghe, Sérusier, Galanis, Malfray, Littman… Elle marque une nette ouverture vers un enseignement de la peinture « moderne ».

Académie Matisse
86, rue de Sèvres (1908)
puis 33, boulevard des Invalides (1908-1912)

Son ouverture est un événement de très grande importance dans la réussite de Montparnasse et l'attraction des artistes étrangers à Paris. Henri Matisse ouvre une académie libre le 6 janvier 1908 dans l'ancien Couvent des oiseaux, fréquentée dès le début par des élèves étrangers. Hans Purrmann, Patrick Henry Bruce, Leo Stein, Sarah Stein, Michael Stein, Margaret et Oscar Moll, Max Weber… sont là dès l'origine de ce projet.
Au printemps 1908, Matisse la transfère dans l'ancien couvent du Sacré-Cœur, au coin de la rue de Babylone et du boulevard des Invalides (hôtel de Biron, actuellement musée Rodin). Le succès est rapide : dès 1910-1911, on recense environ soixante-dix élèves de toutes nationalités ; des Américains (Max Weber, Bruce, A. B. Frost, les Stein), Allemands (Purrmann, Rudolf Levy, Oscar et Greta Moll), Hongrois (Czobél, Perlrot), Scandinaves (Nils Dardel, Per Krohg,

Isaac Grünewald, Jolin, Axel Revold, Jon Stefansson), Russes (Marie Vassilieff, Léopold Survage) et le Japonais Kazumasa Nakagawa. Très peu de Français la fréquentent (Pierre Dubreuil). L'enseignement prodigué par Matisse se révèle fondé sur la copie, l'étude des maîtres anciens et du modèle vivant. Il se rend tous les samedis dans son atelier pour corriger les travaux des élèves. « Je pensais qu'il serait bon d'éviter à de jeunes artistes le chemin que je dus parcourir moi-même. Aussi pris-je l'initiative d'ouvrir une académie… » (Henri Matisse, *Écrits et propos sur l'art*, 1972). L'académie ferme ses portes au printemps 1912.

Académie russe
54 (1908) puis 52, avenue du Maine (à partir de 1911)

Dirigée par la peintre russe Marie Vassilieff – « je fondais une grande Académie de peinture moderne, commerciale, en ce sens, parce que très bon marché […] pour réaliser mon idéal : réunir tous les artistes, c'est-à-dire fonder une société basée sur la liberté, l'égalité, la fraternité, sur l'idéal républicain en somme » –, elle s'inspire de la tradition russe de l'artel et est résolument tournée vers la modernité et notamment l'enseignement du cubisme. La moitié des étudiants viennent de Russie. C'est un lieu de rencontres et d'échanges important : Zadkine, Orloff, Chagall, Krémègne, Soutine, Kikoïne, Ehrenbourg, Marevna, Lipchitz, Archipenko, Larionov, Gontcharova, Diaghilev, Lébédev, Feder, Bakst et même Rivera. Lorsque des artistes russes exposent au Salon des indépendants en 1914, ils donnent tous l'adresse de l'académie (Malévitch, Bourliouk…). En 1911, des conflits éclatent entre les membres. « Notre société chancelait. Il y avait toujours deux partis : les artistes que je soutenais et les socialistes politiciens. Mais la caisse était commune. En travaillant, en faisant des conférences et des

expositions, notre parti gagnait de l'argent. Tandis que l'autre, celui des discoureurs, n'était qu'une charge. » La présence d'éléments anarchisants et proches des révolutionnaires en exil provoque le départ de Marie Vassilieff. Réhabilitée par un jury d'honneur qui se réunit à la Closerie des Lilas en 1911, elle démissionne néanmoins la même année et est remplacée par le sculpteur Bulakowski et le peintre Ioffé. En 1913-1914, paraissent, dans le cadre de l'Académie russe, les deux numéros d'une revue littéraire et artistique, *Hélios*.

Académie Vassilieff
21, avenue du Maine

Marie Vassilieff, *Le Banquet Braque*
Collection Claude Bernès, Paris

Après l'échec de l'Académie russe, Marie Vassilieff ouvre en novembre 1911 sa propre académie dans son atelier au 21, avenue du Maine. C'est un lieu de rencontres essentiel à Montparnasse : Picasso, Braque, Gris, Matisse, Cendrars, Salmon, Max Jacob, Satie, Léger, Marevna, Valadon… Il y a de la musique, de la danse… En 1913, Léger y donne une conférence (« Les origines de la peinture et sa valeur représentative »), ainsi qu'en 1914. À la différence des autres académies libres à Paris, les cours, sans hiérarchie, sont donnés par les élèves eux-mêmes. De 1915 à 1917, elle y adjoint une cantine qui, en plus d'aider les artistes nécessiteux, est un rendez-vous de l'avant-garde où l'on rencontre Friesz, Eggeling, Picabia, Diaghilev, Gide, Poulenc, Arp, Kisling, Modigliani, Max Jacob, ainsi que Trotski qui s'y rend en 1915… Un banquet en l'honneur de Braque y est donné en janvier 1917, à son retour de la guerre. Proche des acti-

vistes révolutionnaires, Marie Vassilieff est arrêtée et internée à Fontainebleau en 1918.

Académie La Palette (ou Académie d'art moderne)
10, rue de l'Arrivée puis rue du Val-de-Grâce

Créée en 1900, cette académie est tournée vers l'enseignement de la peinture indépendante. Elle a comme professeurs Henri Le Fauconnier, Georges Desvallières, Jean Metzinger, Eugène Zak, Jacques-Émile Blanche, Charles Guérin, André Dunoyer de Segonzac. Marc Chagall, Marie Vassilieff, Sonia Delaunay-Terk en suivent les cours.

Académie moderne
86, rue Notre-Dame-des-Champs

Elle est dirigée par Mme Hamelin. Othon Friesz y enseigne dès 1912, Fernand Léger installe à la même adresse son atelier et y donne des cours de 1913 à 1931, date à laquelle il ouvre sa propre académie. Amédée Ozenfant y est professeur de 1925 à 1928. Jean Marchand remplace Friesz à partir de 1928. Elle est fréquentée par des Polonais, Scandinaves, Russes, Roumains.

Académie Montparnasse
35, rue du Départ

Elle est fondée en 1917 par la peintre scandinave Arinius, André Lhote et Jean Metzinger avec la

collaboration de Kisling. Otte Sköld et Per Krohg y enseignent.

Académie Lhote
18, rue d'Odessa

Après avoir été professeur à l'académie Montparnasse (1918-1920), à l'Atelier d'études (1920-1921), à l'académie Anderson (1921-1926), André Lhote crée sa propre académie en 1926, accentuant son influence critique et théorique. « J'ai mis dans mon académie des écriteaux : il est interdit de faire du Lhote. Vous êtes priés d'être vous-même. Ne prenez pas votre professeur au sérieux ! Ne pas travailler comme des bureaucrates ! » (*L'Art vivant*, 16 mars 1926).

Académie scandinave
6, rue Jules-Chaplain

En 1926, Lena Börjeson adjoint à la maison Watteau une école d'art dont les professeurs sont Per Krohg et Otte Sköld, et pour la sculpture Adam Fischer. Le choix des enseignants se fonde sur leur connaissance du milieu artistique français et l'origine exclusivement scandinave des élèves dont peu parlent le français. Toutefois, en 1927, ils sont remplacés par des artistes comme Charles Despiau, Othon Friesz (de 1925 à 1929), Charles Dufresne et Henry de Waroquier à l'orientation stylistique classique et naturaliste. S. K.

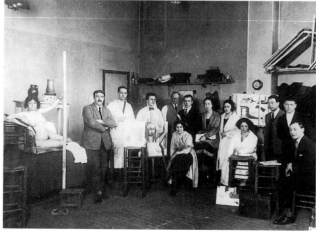

Fernand Léger et ses élèves à l'Académie moderne, c. 1925

Apollinaire, Guillaume

Guillaume Albert Wladimir
Alexandre Apollinaire
de Kostrowitzky
Rome, 1880 – Paris, 1918

Guillaume Apollinaire à Yvetot, été 1913

Sa mère est de noblesse polonaise, son père est un militaire italien qui ne le reconnaît pas. Après une enfance passée en Italie et à Monaco avec sa mère et son frère, et des études à Cannes et à Nice, il s'installe à Paris en 1899.

Dès 1903, il crée, avec Jean Mollet et André Salmon, une première revue, *Le Festin d'Ésope*, revue des belles lettres, à laquelle collabore Alfred Jarry. En 1905, Apollinaire rencontre Picasso au Bateau-Lavoir ainsi que Max Jacob. Deux ans plus tard débute sa liaison avec Marie Laurencin. Jusqu'en 1910, il collabore à différentes revues dont *La Phalange* (1908), publiant plusieurs poèmes importants comme « La Chanson du mal-aimé » au *Mercure de France* (1909) et des romans libertins, *Les Onze Mille Verges* et *Les Exploits d'un jeune don Juan* (1907).

En 1910, grâce à André Salmon, on lui attribue à *L'Intransigeant* la rubrique presque quotidienne de « La Vie artistique » et il fait paraître un recueil de nouvelles, *L'Hérésiarque et Cie*. L'année sui-

vante, il débute sa chronique « La Vie anecdotique » au *Mercure de France*, qu'il poursuivra jusqu'à sa mort et dans laquelle il fait connaître les peintres cubistes et prend leur défense, en contribuant ainsi à leur exposition commune, cette même année, au Salon des indépendants. En septembre 1911, le poète fait les frais d'une campagne de presse xénophobe à la suite du vol de *La Joconde* au musée du Louvre. Il est associé à une « bande internationale et juive » : « La presse de Paris est livrée presque toute aux rasta-quouères, espions ou pourrisseurs du peuple. Le secrétaire du juif ou Polonais pornographe – l'un des brigands du Louvre – est un Belge. Quand on connaîtra toute la bande, on n'y trouvera que des étrangers ou des métèques. » Incarcéré à la Santé avant d'être finalement innocenté, cette épreuve le marque profondément. En 1912, il dirige avec André Billy une nouvelle revue, *Les Soirées de Paris*, dans laquelle paraissent certains de ses articles qu'il rassemble bientôt dans son livre *Les Peintres cubistes, méditations esthétiques*, aux éditions Eugène Figuière (1913), premier volume d'une collection intitulée « Tous les arts ». Il obtient aussi une nouvelle rubrique au *Petit Bleu* : les « Chroniques d'art ». Il développe son travail de défense des avant-gardes – cubisme, futurisme –, et participe avec Maurice Raynal, Pierre Reverdy et Max Jacob à l'unique *Bulletin de la Section d'or*. Apollinaire intensifie encore en 1913 son activité d'écrivain : il publie *Alcools*, recueil de poésies depuis 1898, avec en frontispice son portrait cubiste par Picasso. Il collabore à des revues d'inspiration futuriste, *Lacerba* et *Montjoie !*, et compose son manifeste-synthèse *L'Antitradition futuriste*, dédié à Marinetti. C'est pourtant une polémique avec les futuristes qui le contraint, en mars 1914, à renoncer à sa rubrique à *L'Intransigeant*.

Il retrouve très vite une chronique dans le quotidien *Paris-Journal* (1er mai au 1er août), dans laquelle il s'intéresse aux travaux de Chagall, Larionov, De Chirico, Gontcharova, Archipenko, Rivera.

À la déclaration de guerre, Apollinaire s'engage dans l'armée française où il combat dans l'artillerie et dans l'infanterie. En mars 1916, il obtient sa naturalisation et, peu de temps après, il est blessé à la tête par un éclat d'obus ; le poète, trépané, reprend contact avec la vie parisienne au cours de sa convalescence : il fait paraître *Le Poète assassiné* (1916), écrit le « drame surréaliste » des *Mamelles de Tirésias* (1917), publie *Calligrammes* où il réunit des poèmes réalisés avant la guerre et sur le front et des « idéogrammes lyriques » (1918), participe aux revues *Sic*, *Nord-Sud* et *391*. Il prolonge sa collaboration avec Paul Guillaume à travers la création d'une nouvelle revue, *Les Arts à Paris*, dont il ne dirigera que deux parutions. Ce « prodigieux agent de liaison entre les artistes » (Paul Morand) est emporté par la grippe espagnole le 9 novembre 1918, quelques mois après son mariage avec Jacqueline, « la jolie rousse ».

J.-L. A.

Associations

Société franco-scandinave
123, boulevard
du Montparnasse

Elle élargit les ambitions de l'ancienne Association franco-scandinave fondée en 1904. Son objectif est de faciliter les échanges universitaires, littéraires, artistiques et de développer aussi ces relations par le sport, le tourisme, le commerce, etc. Organe de la société, *La Revue scandinave* paraît à partir de 1910. Bjornson, Jean Blum, le comte Wrangel, Yngve Berg, Mercereau, Figuière, Fritiof Palmer font partie de ses membres.

Association des artistes scandinaves
6, rue Jules-Chaplain

Prospectus de l'Association des artistes scandinaves

Fondée en 1919 par Lena Börjeson, avec l'aide de Gosta Olson qui possède la Galerie d'art franco-suédoise de Stockholm ouverte en 1918, son siège se trouve à la maison Watteau, qui fait office de centre culturel, de galerie et de salle d'exposition. Le 17 novembre 1923 s'ouvre l'« Exposition des Franco-Scandinaves et ses invités », comportant plus d'une centaine d'artistes dont Bissière, Bourdelle, Braque, Gromaire, Léger, Picasso, Matisse… parmi les Français, Dardel, Detthow, Diriks, Grünewald, Hellesen, Krohg, Gosta Adrian Nilson… représentant les Scandinaves, suivis des invités : Blanchard, Brancusi, Van Dongen, Halicka, Hayden, Kars, Kisling, Lipchitz, Marcoussis, Pascin, Vassilieff.

American Art Association
rue Joseph-Bara

Fondé par le colonel A. A. Anderson en 1890, ce foyer qui compte parmi ses membres John Storrs, Henry Ossawa Tanner, comporte des salles de lecture et d'exposition, et un gymnase.

American Students and Artists Center
boulevard Raspail

Au début hôtel-pension réservé aux femmes, fondé en 1890, le centre fonctionne jusqu'à la Première Guerre mondiale. En

369

1922, il est réorganisé et prend le nom de U.S. Students' and Artists' Club.

American University Center
boulevard Raspail

Il est construit en 1931 par un ancien banquier très francophile, Edward Tuck, qui avait choisi de prendre sa retraite à Paris.

New Society of American Artists in Paris

Elle est fondée en 1908 par John Marin et Patrick Henry Bruce pour échapper à l'emprise conservatrice de la Society of American Artists in Paris et aider la diffusion des œuvres plus modernes influencées par le fauvisme ou le cubisme.

Service d'action artistique, Service des œuvres

Fondé en 1920 avec Albert Milhaud pour directeur, ce service est chargé de la propagande culturelle de la France à l'étranger. Jean Giraudoux (de 1921 à 1924) est à la tête du Service des œuvres et Paul Morand, assistant de la Section artistique ; tous deux développent considérablement les relations franco-américaines et le rayonnement de l'art français aux États-Unis.

Association Lyre et Palette
6, rue Huyghens

Arvid Fougstedt, *Lyre et Palette*
De gauche à droite : Max Jacob, Picasso, Ortiz de Zárate, Hellström, Modigliani, Kisling, Renée Kisling et H. M. Melchers au piano, 1916 ; Moderna Museet, Stockholm

Domiciliée dans l'atelier du peintre suisse Émile Lejeune qui la fonde en 1916 avec Blaise Cendrars, cette association d'artistes, poètes et écrivains organise dans ce lieu des expositions, concerts et conférences. Matisse, Picasso, Ortiz de Zárate, Modigliani, Kisling y montrent leurs œuvres en novembre 1916. En 1918 s'ajoutent à ces manifestations des concerts du « groupe des Six » (Durey, Auric, Tailleferre, Poulenc, Honegger, Milhaud).

Compagnie ambulante de peintres et sculpteurs

Fondée le 8 avril 1921 par Serge Romoff et Auguste Clergé, elle a pour vocation d'élargir l'action artistique commencée au Parnasse, en organisant des expositions similaires en province et ailleurs dans Paris.

Union des artistes russes
8 bis, rue François-Gulbert

Cette association (dont le président est Bilites et le secrétaire Izdebsky) organise le « Bal travesti transmental » (1923), le « Bal banal » au Bullier, le « Bal olympique » à la taverne Olympia, 28, boulevard des Capucines (1924), au profit de la caisse de secours des artistes.

Comité de secours aux enfants russes
42, rue de Lisbonne

Allendy, Chareau, Albert Gleizes, Lurçat, Mela Muter, Chana Orloff, Mlle Astruc, J. Dalsace, Edmond Fleg, Mercereau, Ozenfant, Paul Berheim (trésorier) et Povolozky (coordinateur) participent à ce comité, créé en 1922, dont l'objectif est d'obtenir des dons et organiser une soirée, une vente aux enchères, des manifestations au profit de l'œuvre.

Association des écrivains et journalistes russes

Composée d'Alexandre Morskoi (administrateur), de la princesse Chakovskaïa (présidente), de Joseph Henry Rosny (président) et d'un

comité comprenant des Français et des étrangers (Mercereau, Dunoyer de Segonzac, Jacques Hébertot, Paul Dermée, Léger, Povolozky, Gontcharova, Orloff, Vassilieff, Canudo, Feder, Van Dongen, Lipchitz…), l'association a pour but d'aider les intellectuels russes en France. Elle organise entre autres activités le bal travesti « La mode en l'an 3022 » (en 1922).

Corporation des artistes russes

Elle organise le « Bal Jules Verne » en 1929.

Société littéraire et artistique polonaise

Chelminski, E. Wittig, Mickiewicz, Gorecki font partie des cent quarante membres de cette société fondée à Paris par Waclaw Gasiorowski en 1910, qui organise des soirées, des célébrations patriotiques et édite un annuaire.

Société des artistes polonais à Paris

Fondée en 1911 par Stanislaw K. Ostrowski avec Boznanska, Hayden, Kuna, Makowski, Nadelman, Pruszkowski, Rubczak, Zak, Brzozowski, Milosz, Potocki…, elle organise des conférences sur l'art et la littérature, des expositions, des spectacles, au profit des artistes.

Association France-Pologne
5, rue Godot-de-Mauroy

En 1924, elle organise une exposition des œuvres de quarante et un artistes polonais.

Cercle des artistes polonais
21, rue du Maine

Fondé par Zamoyski en 1928, il organise une exposition de sculpteurs, peintres et graveurs à Paris.

Comité Paris K.P. (*Komitetu Paryskiego*)

Créé en 1924, c'est le cercle des élèves de Pankiewicz à Paris.

Union des artistes polonais en France
139, boulevard Saint-Michel

Elle est créée en 1922 par Maria Lednicka-Szczytt, Bohdanowicz, Jan Rubczak, Josef Hecht, Marian Paszkiewicz, Zawadowski. Kisling, Hayden, Pankiewicz, Milich, Landau y adhèrent. Composée de Stephan Kergur (président), Casimir Cykowski (secrétaire) et Jean Marylski, cette association organise des bals et des manifestations diverses. En 1926, elle réunit la section polonaise de la première « Exposition interalliée des artistes et artisans anciens combattants » à Caen, dans laquelle figurent Cykowski, Moszczynski, Proschaska, Cieslewski, Witkiewicz, Zamoyski…

Aide amicale aux artistes

Elle se compose de Mme Gustave Kahn (présidente), Léon Zamaron, Maurice Leblond, Mmes Dauze, Roucayrol, J. Whitney (vice-présidents) et d'un nombre important d'autres personnalités chargées de la propagande et de la commission des fêtes et expositions. Le bal annuel de l'A.A.A.A. se tient au Bullier. Un jury composé d'artistes et de critiques sélectionne le meilleur projet d'affiche accompagné d'un prix et d'une commission d'achat. Le programme de 1924 précise : « En vous associant à sa bienfaisante activité […] vous permettrez à des artistes de ne pas se gâcher à des besognes ; vous travaillerez à la gloire de l'art, de l'art français, de l'art de Paris. »

Société des amis de la culture juive

Fondée en 1923, elle organise des concerts (Milhaud, Ravel) ou des conférences sur « les problèmes de la vie ou la culture juive » (la situation des juifs en Pologne, le peintre Josef Israëls ou les juifs dans la musique moderne). Le poète Constantin Balmont, le peintre Marc Chagall et le sculpteur Marek Szwarc y participent activement.

Association La Peau de l'ours

Ce groupe de jeunes collectionneurs fondé en 1903 et formé en 1904 est dirigé par André Level. Il procède à des achats collectifs suivis d'un tirage au sort pour les attributions. Un dîner annuel est prévu pour mettre en contact les acheteurs et les artistes, par exemple le « dîner de l'œil clair » du 5 février 1924.

Société des amateurs d'art et des collectionneurs
177, boulevard Saint-Germain

Elle est fondée en 1923, avec Daniel Tzanck (président), Mᵐᵉ Amos et le docteur Girardin (vice-présidents). En font partie Paul Poiret, Armande de Polignac, Jacques Hébertot, le docteur Laugier, Mazaraki, André Vignau, René Levy, Jacques Georges Levy, Alex Loeb, Jean Crotti… et les critiques Raynal, Salmon, de Ridder, Warnod… La société organise un salon annuel dit de « La folle enchère », des visites d'atelier, des dîners où sont invités collectionneurs, artistes et critiques. Elle publie aussi un bulletin et édite des gravures destinées à ses membres.

Maison Watteau
6, rue Jules-Chaplain

En 1919, le sculpteur Lena Börjeson s'installe au 6, rue Jules-Chaplain à titre privé. L'année suivante, contrainte de demander des subsides à l'ambassade de Suède, elle constitue l'association L'Art suédois à Paris, subventionnée par l'État et des mécènes suédois, rebaptisée en 1922 Association des artistes scandinaves. Elle organise des fêtes, des bals et des expositions (chaque année jusqu'en 1926 ; la première, le 23 novembre 1923, réunit Français et Scandinaves) et des conférences (sur le cubisme par Maurice Raynal, en 1924). Lien essentiel entre les artistes français et scandinaves, elle ferme en 1935.   G. F.

Ateliers

La cité Falguière, 1920-1930

L'une des principales préoccupations des artistes étrangers arrivant à Paris est de trouver un atelier à Montmartre ou Montparnasse, dans d'anciens locaux artisanaux. Certains lieux sont dévolus uniquement aux artistes, comme le Bateau-Lavoir et la Ruche ; d'autres ont abrité des ateliers, comme la cité Falguière (où vécurent Modigliani, Soutine, Indenbaum, Miestchaninoff, Lipchitz, Foujita).

Le Bateau-Lavoir
rue Ravignan

Le Bateau-Lavoir au début du XXᵉ siècle

Au début du XXᵉ siècle, un mécanicien-serrurier, François Sébastien Maillard, fait construire par l'architecte Paul Vasseur, place Émile-Goudreau – plus connue sous le nom de place Ravignan – des ateliers d'artistes. On surnomme ce lieu « Bateau-Lavoir » (expression de Salmon ou de Max Jacob ?) ou « Laboratoire central », ou encore « Acropole du cubisme » (Max Jacob), mais les rapins de

Montmartre l'appellent la « Maison du trappeur ». Il y a là une dizaine d'ateliers construits en bois sur trois étages (l'entrée se faisant par la place Ravignan), au confort très précaire. Nombre d'artistes y séjournent : Picasso (1904-1914), Gris (1906-1922), Van Dongen (1906-1907), Freundlich (1909-1911), Braque, Herbin, Manolo, Gargallo, Survage, Laurens… Brancusi y passe ; Pascin, Severini et Modigliani aussi. À côté des artistes, on trouve encore des écrivains : Salmon (1908-1909), Max Jacob (1911), Raynal, Mac Orlan (1906 et 1912), Reverdy (1912-1913), Dorgelès, le mathématicien Princet… Apollinaire est un habitué. C'est là que naît le cubisme – Picasso et Braque y trouvent leurs porte-parole et théoriciens (Salmon, Apollinaire, Max Jacob, Raynal, Reverdy), et leurs meilleurs soutiens (Daniel-Henry Kahnweiler, les Stein, Haviland, Wilhelm Udhe).

Deux événements ont marqué le lieu : la création des *Demoiselles d'Avignon* en 1907, et le banquet du Douanier Rousseau en 1908 (auquel participent Apollinaire, Max Jacob, André Salmon, Marie Laurencin, André Warnod, Fernande Olivier, Gertrude et Leo Stein, Braque, Cremnitz, Maurice Raynal, le sculpteur Agero). Classé en 1969, le Bateau-Lavoir brûle en 1970.

La Ruche
passage Dantzig

Située près des abattoirs de Vaugirard, la Ruche, d'inspiration fouriériste, fut fondée par le sculpteur Alfred Boucher (1850-1934) en 1902 après le démantèlement de l'Exposition universelle de 1900 dont il récupère « la rotonde des vins » – divisée en quartiers qui rappellent les alvéoles d'une ruche – et d'autres pavillons qu'il installe sur un terrain acquis en 1900. L'ensemble baptisé « Villa Médicis » est inauguré en 1902 en présence du ministre de l'Instruction publique et des Beaux-Arts. Deux cents artistes environ, dont une forte proportion d'étrangers, surtout d'Europe centrale et notamment de Polonais, occupent cent quarante ateliers pour un loyer modique.

Parmi les premiers occupants, on peut citer Soffici (1903-1906), Indenbaum (1911-1927), Krémègne (1913-1925), Zadkine (1910-1911), Archipenko (1908-1912), Lipchitz (1909-1916), Soutine (1912-1920), Chagall (1910-1914), Kikoïne (1914-1927), Epstein (1912-1940), Csáky (1908-1909), Païles, Kogan, Szwarc, Léger, Dobrinsky (1912-1924), Rivera (1913), Chapiro…

D'autres y passent comme Max Jacob, Modigliani, Apollinaire, Cendrars.   S. K.

Entrée de la Ruche, c. 1906

B

Bals

Le bal des Quat-z-arts, c. 1910

Il existe depuis le XIXe siècle de nombreux bals populaires à Paris, d'abord à Montmartre puis à Montparnasse où, au même titre qu'aux cabarets et au cirque, les artistes ont l'habitude de se rendre. À côté de ces bals réguliers, un grand nombre d'associations d'artistes (A.A.A.A., maison Watteau, Union des artistes russes, Union des artistes polonais, La Horde...) ou d'étudiants (bals des Quat-z-arts, de l'académie Julian, de l'Internat...), voire de personnalités du Tout-Paris (le comte de Beaumont...), organisent leur propre bal régulièrement. Dans les années 1920, ces manifestations se développent : « On ne peut plus se passer de

Bal costumé à Montparnasse

fêtes ; [...] tout le monde les désire, [...] il les faut immenses pour que tout le monde puisse y aller, et publiques pour éviter les exclusives d'une liste d'invités. C'est la démocratisation du plaisir » (Maurice Sachs, *Au temps du Bœuf sur le toit*, 1939).

Le bal Bullier
31, avenue de l'Observatoire

Créé en 1847 par François Bullier à l'extrémité du boulevard du Montparnasse, il s'agit, en fait, du jardin de la Closerie des Lilas baptisé vite le « bal Bullier ». C'est d'abord une piste de danse découverte, d'inspiration mauresque, entourée d'un jardin puis, après 1870, est construite une vraie salle de bal de style Empire qui perdure jusqu'à la fin des années 1920. Les associations comme la maison Watteau, l'A.A.A.A., l'Union des artistes russes et l'Union des artistes polonais l'utilisent pour leurs propres bals, réalisant décors et affiches : « Les attractions seront nombreuses ; plusieurs danseuses parmi les plus célèbres ont promis de donner leurs danses les plus applaudies ; des baraques originales seront installées et décorées dans un esprit très neuf ; il y aura un concours de costumes, une grande vente où chacun pourra acheter les toiles des plus célèbres peintres modernes à des conditions plus qu'avantageuses. La vente sera

Entrée du bal Bullier

dirigée par un ou même deux artistes les plus comiques que nous connaissons ; il y aura des toiles et des dessins de Picasso, Van Dongen, Braque, Metzinger, Juan Gris, André Lhote, Albert Gleizes, Lipchitz, Kisling [...] On peut dès maintenant compter sur le concours de MM. J. Cocteau, Fels, Foujita, B. Cendrars, Bissière, Waldemar George, F. Léger, Picabia, A. Salmon, Stravinsky, Survage, etc. »

Le « Bal banal », programme illustré par Natalia Gontcharova, 1924

Cette frénésie de bals occasionne parfois quelques débordements ; ainsi du « Bal de la misère noire » (1926) interdit : « Un comité avait organisé pour demain un bal baptisé "À la misère noire" qui devait se tenir dans un établissement des Champs-Élysées. Il était recommandé de s'habiller en nécessiteux, en Bibi-la-Purée... Émus par cette plaisanterie de mauvais goût, des chômeurs avaient décidé d'aller manifester devant l'établissement. Albert Sarraut a donné l'ordre au préfet de police d'interdire le bal. »

En 1913, Sonia Delaunay, qui a l'habitude de fréquenter cet éta-

blissement, peint *Le Bal Bullier* ou *Un tango au bal Bullier*, danse récemment arrivée d'Argentine. Quelques bals célèbres sont organisés au Bullier par l'Union des artistes russes : le « Bal travesti transmental » (1923), le « Bal banal » (1924)...

Le bal nègre
33, rue Blomet

Y sont donnés des spectacles et des danses d'origine africaine. La clientèle « blanche » est rare au début des années 1920 ; seul Pascin y est admis grâce notamment au modèle Aïcha. Le lieu est relancé plus tard par Robert Desnos. Viennent alors les artistes et les écrivains tels Van Dongen, Gide, Morand, Carco et tous les surréalistes. Le bal nègre est, pendant les années 1920, un haut lieu du jazz à Paris et participe à la « négrification » de Montparnasse, selon l'expression d'André Salmon. Dans les années 1930, une clientèle de luxe beaucoup plus snob s'empare du lieu qui perd son caractère d'origine. Le « Bal Ubu » y est organisé, en 1929, par Madeleine Anspach.

Le bal Tabarin
36, rue Victor-Massé

Ouvert en 1904, cet établissement reprend la tradition du Moulin-Rouge et du Moulin de la Galette, et devient le centre d'attraction de la place Pigalle. À côté du bal proprement dit, rendez-vous des demi-mondaines, il y a des défilés (« défilé des aguicheuses ») et des concours (« concours de mollets »).   S. K.

Le bal Tabarin

Ballets

Ballets russes

Igor Stravinsky, *Portrait de Serge Diaghilev*, 1921 ; BNF, Bibliothèque-musée du Théâtre national de l'Opéra, Fonds Kochno, Paris

L'aventure des Ballets russes, qui se déploie à Paris sur vingt années (1909-1929), débute en fait onze ans plus tôt avec la création à Saint-Pétersbourg de la revue *Mir Iskousstva* (*Le Monde de l'art*) dont le premier numéro paraît en novembre 1898, sous la direction de Serge Diaghilev bientôt rejoint par Alexandre Benois. Cette revue défend la littérature, la peinture et le théâtre contemporains contre l'incompréhension du public et de la critique, en se vouant au culte de l'intime, du précieux et du rare. Les échanges avec l'Europe occidentale s'avérant indispensables, dès la fin des années 1890, Diaghilev, Benois ou Bakst séjournent à Paris. Ce dernier note dans ses *Réminiscences* : « Notre comité de rédaction demeura à peu près inchangé durant les six années d'existence de la revue et, en 1905, il devint le comité officieux de la grande exposition de portraits – consacrée aux portraits historiques russes et présentée au palais de Tauride – et devint plus tard, tout aussi officieusement, le "directoire" d'une nouvelle entreprise théâtrale qui inaugura les fameuses saisons russes à Paris, et fut dénommé par la suite les Ballets russes. »

Ces spectacles, organisés par Diaghilev, permettent au public parisien d'assister, aux théâtres Sarah-Bernhardt, de l'Opéra, du Châtelet, de la Gaîté-Lyrique ou des Champs-Élysées, aux créations de nombreux ballets ou opéras marquants sur des musiques, entre autres compositeurs étrangers, de Stravinsky – *L'Oiseau de feu* (chorégraphie de Michel Fokine, 1910), *Petrouchka* (*idem*, 1911), *Le Sacre du printemps* (chorégraphie de Nijinsky, 1913), *Le Rossignol* (1914), *Feu d'artifice* (1917), *Le Chant du rossignol*, *Pulcinella* (chorégraphies de Léonide Massine, 1920), *Mavra*, *Renard* (1922), *Noces* (1923), *Œdipus rex* (1927), *Apollon musagète* (chorégraphie de Georges Balanchine, 1928). Pour les décors et costumes de ses productions, Diaghilev fait souvent appel aux artistes les plus novateurs. Ainsi Picasso réalise-t-il en 1917 ceux de *Parade* (ballet de Jean Cocteau sur une musique d'Erik Satie), en 1920 et 1921 ceux du *Tricorne* et de *Cuadro Flamenco* (composés par Manuel de Falla), et de *Pulcinella*. Survage collabore à *Mavra*, Gontcharova au *Coq d'or* (1914), à *Noces*, Larionov à *Soleil de nuit* (musique de Nikolaï Rimsky-Korsakov, 1915), *Histoires naturelles* (musique de Maurice Ravel, 1915), aux *Contes russes* (1917), à *Chout* (*Le Bouffon*, musique de Serge Prokofiev, 1921), *Renard*, et Giorgio De Chirico à *Bal* (musique de Vittorio Rieti, 1929). Diaghilev s'éteint à Venise en 1929.

Ballets suédois

« Nous voyons peu à peu naître en France une sorte de théâtre qui n'est pas le ballet proprement dit et qui ne trouve sa place ni à l'Opéra, ni à l'Opéra-Comique, ni sur aucune de nos scènes de boulevard. Ce genre nouveau, plus conforme à l'esprit moderne, et qui s'ébauche jusque dans le music-hall, reste encore un monde inconnu, riche en découvertes. L'entreprise de M. Rolf de Maré, le travail infatigable de

Jean Börlin viennent d'ouvrir toute grande une porte aux explorateurs. Grâce aux Ballets suédois, les jeunes pourront mettre en œuvre des recherches où la féerie, la danse, l'acrobatie, la pantomime, le drame, la satire, l'orchestre, la parole se combinant, réapparaissent sous une forme inédite ; ils réaliseront sans "moyens de fortune" ce que les artistes officiels prennent pour des farces d'atelier et qui n'en est pas moins l'expression plastique de la poésie contemporaine. S'ils remplissent leur programme, MM. de Maré et Börlin rendront le plus grand service à la France. Ils l'accoucheront. Ils corrigeront sa lenteur à sortir des routines, ne rechercheront ni ne craindront le scandale, et nous montreront étonnés à nous-mêmes dans un miroir aussi pur que la glace du Nord » (Jean Cocteau, 1921).

Foujita, *Projet de costume de la Folie pour le ballet « Le Tournoi singulier »*, 1924 ; Dansmuseet, Stockholm

Pendant cinq ans (1920-1925), le théâtre des Champs-Élysées à Paris est la scène de créations d'une troupe constituée par un jeune Suédois, Rolf de Maré, collectionneur à Stockholm des peintres de l'École de Paris, et dont la rencontre avec Michel Fokine est décisive dans ses nouvelles orientations. Avec l'aide de son compatriote, le chorégraphe Jean Börlin, ils suscitent et montent au cours de leurs cinq saisons vingt-quatre ballets,

dont le 19 novembre 1924, *Le Tournoi singulier*, sur un argument de Louise Labbé et une musique de Roland Manuel, avec des décors et costumes de Foujita. Au même programme figure *La Jarre*, d'après un livret de Luigi Pirandello, composé par Alfredo Casella, dans des décors et costumes de Giorgio De Chirico. J.-L. A.

373

Cafés

Les cafés ont des fonctions d'animation dans le Montmartre et le Montparnasse de l'époque : lieu de convivialité, les communautés nationales s'y retrouvent (les Allemands au Dôme avant 1914, les Scandinaves au Strix et Chez les Vikings, l'Europe centrale à la Rotonde…) mais aussi les groupes littéraires et artistiques (les poètes symbolistes à la Closerie des Lilas, le groupe de la revue *Montparnasse* au Parnasse) et les associations artistico-littéraires, groupées autour des personnalités les plus diverses qui y organisent des conférences (au Caméléon), des récitals et des expositions (au Parnasse, au Petit Napolitain, à la Rotonde). « Les cafés tout autant que les ateliers furent notre université. Dans les cafés, […] nous entendîmes parler de Picasso qui […] dans le cas présent, était en train de passer du cubisme à son style classique, nous entendîmes aussi parler de Gide, d'Erik Satie et de tant d'autres. […] Nous nous sentions inspirés, contents et plus heureux » (Berenice Abbott). Au cours des années 1920, les poètes et les artistes, qui se sont mêlés à ce milieu populaire de Montparnasse, sont rejoints par des mondains qui viennent rechercher des émotions fortes en se mélangeant à cette bohème cosmopolite. La mode du bar américain et du jazz fait fureur à Montparnasse au point d'être bientôt considéré comme un « Harlem européen ».

Au Lapin agile
place Jean-Baptiste-Clément
(anciennement le cabaret
des Assassins, vers 1880)

Le père Frédé au Lapin agile, c. 1905

Surnommé initialement « Là peint A. Gill », nom du peintre André Gill qui a réalisé l'enseigne, ce cabaret à succès de Montmartre est dans la tradition du cabaret littéraire de Bruant où se mêlent pègre, poètes et peintres. Il est tenu par « le père Frédé », Frédéric Gérard, qui avait auparavant un estaminet dans le bas de Montmartre (le *Zut*, rue Ravignan, rendez-vous de la « bande à Picasso »). Vers 1910, il laisse le cabaret à son fils Victor, assassiné en 1911 au comptoir du Lapin agile, et à Marie Chantomne dite « Lolotte ». On y chante et on y déclame des vers – le père Frédé

Au Lapin agile, c. 1900

s'accompagne à la guitare. Picasso, Max Jacob, Apollinaire, Salmon, Raynal, Dorgelès, Mac Orlan, André Warnod sont des habitués.

Café de Versailles
3, place de Rennes
Café-buvette fondé dès 1869 par M. Gillet, il est transformé en 1890 par MM. Lavaigne et Cassabel en café avec billard. Paul Fort y établit ses quartiers en 1901 avant de rejoindre la Closerie des Lilas. On trouve à ses côtés le poète américain Stuart Merril, les peintres Edvards Diriks, Christian Krohg. Entre 1908 et 1914, c'est un lieu de rencontre d'artistes scandinaves. En 1920, il devient un café-restaurant avec dancing.

La Closerie des Lilas
171, boulevard
du Montparnasse
Connue depuis le début du XIXᵉ siècle – Ingres y conduisait les modèles de l'Académie suisse –, la Closerie des Lilas est à la fois un café politique (où s'affrontent Henry de Groux et Léon Bloy pendant l'affaire Dreyfus), littéraire et artistique. En 1903, Paul Fort, le poète américain Stuart Merril, les peintres Edvards Diriks et Christian Krohg abandonnent le café de Versailles pour ce lieu plus calme. Chaque mardi, Paul Fort invite ses collaborateurs pour des lectures de poésies. Il est élu « prince des poètes » en 1909, au cours des soi-

rées de *La Plume*. De nombreux écrivains s'y retrouvent : Paul Léautaud, Jean Moréas, Charles Morice, Léon-Paul Fargue, Mécislas Golberg, suivis par la plus jeune génération d'artistes et d'écrivains, Apollinaire, Salmon, Max Jacob, Mercereau, Picasso, Carco, Fels, Marinetti, Severini, Raynal… ainsi que plusieurs groupes poétiques autour de *La Plume, La Revue blanche, Vers et Prose, Le Mercure de France, Marges, La Phalange, Les Soirées de Paris*. Les réunions sont animées et arrosées, et les plus « jeunes » n'hésitent pas à chahuter leurs aînés… Dans les années 1920, les surréalistes investissent la Closerie transformée en 1922.

Le Dôme
108, boulevard
du Montparnasse

Le Dôme, c. 1925

Paul Chambon ouvre ce café en 1898, le rénove en 1923. Le lieu est d'abord fréquenté par des étudiants américains à cause des tables de billard (salle du fond) – Leo Stein a l'habitude d'y jouer – et des parties de poker. Dès 1903 s'installent les artistes et intellectuels allemands ou germanophones de l'Europe centrale et nordique, qui occupent la terrasse et la salle sur le boulevard : Rudolf Levy, Walter Bondy, Wilhelm Udhe, Béla Czóbel, Jules Pascin, Sonia Terk, Hans Purrmann, Per Krohg, Isaac Grünewald, Jolin, Nils Dardel, Moïse Kisling, Adolphe Basler, Alfred Flechtheim, Carl Einstein, Mühsam. Les Allemands quittent la France à partir de 1914, date à laquelle le marchand Flechtheim organise une exposition à Düsseldorf intitulée « Der Dôme » avec des artistes allemands du Dôme. « Les juifs allemands du pri-

mitif Dôme, les Rudoph Levy, les Purrmann, les Walter Bondy, les Werth, ces Rhénans qui exposèrent chez eux, sous Guillaume II, en se qualifiant de Dômiers » (André Salmon, *Montparnasse*). Par la suite, le Dôme s'internationalise. En 1924, Chambon le confie à de nouveaux gérants qui le transforment en bar américain.

La Rotonde
103 puis 105, boulevard
du Montparnasse
Créée en 1903, la Rotonde est agrandie l'année suivante par Victor Lubion ; il installe une terrasse qui joue un rôle essentiel dans le succès de Montparnasse et, en 1911, y adjoint un bar. Elle est fréquentée avant la guerre par Wilde, Kisling, Cendrars, Salmon, Jacob, Picasso, Modigliani, Rivera, Léger, puis par des artistes d'origines latine, scandinave, russe. Elle s'internationalise vers 1924 avec notamment une clientèle américaine. Lieu de convivialité, on y lit des journaux du monde entier ; « Babel unique au monde », on s'y montre et on peut obtenir un crédit en échange de quelques œuvres. C'est en 1921 sur l'exemple du Parnasse que Lubion y organise des expositions. L'association La Horde s'y installe.

Chez Rosalie
3, rue Campagne-Première
De 1908 à 1925, cette crèmerie est dirigée par Rosalia Tobia, dite « la mère Rosalie », qui venue d'Italie, en 1885, devient modèle des peintres Dagnan-Bouveret, William Bouguereau, Carolus-Duran, Émile Bayard. Son établissement au repas peu coûteux, voire gratuit pour les plus pauvres, est fréquenté en particulier par Modigliani, Picasso, Soutine, Utrillo, Marie Vassilieff, Paul Fort, Apollinaire, Salmon ou encore Kiki qui l'évoque dans ses mémoires. La maison est reprise dans les années 1930 par l'épouse du peintre américain Butler.

Le Parnasse
103, boulevard
du Montparnasse

Ce tout petit café, créé en 1910 par M. Clamagirand, est situé à côté de la célèbre Rotonde qui l'absorbe en juin 1924. C'est le premier à organiser des expositions de peintres (1921), avant le Petit Napolitain et la Rotonde. S'y retrouvent des étrangers de tous pays, ainsi que des Français. C'est là que se réunit l'équipe de la revue *Montparnasse*. « Tous luttaient, coincés entre le tapage de beaux parleurs et d'autres, les élèves de l'École des beaux-arts qui les accusent de faire "le jeu des Métèques", pour employer l'expression en usage rue Bonaparte. C'est parmi ces artistes que se recrutent la plupart des peintres qui exposent dans les cafés de Montparnasse » (André Warnod, *Les Berceaux de la jeune peinture*, 1925).

Catalogue de l'exposition « Les Cent du Parnasse », juin 1921

Au Petit Napolitain
95, boulevard
du Montparnasse

Créé en 1914 par M. et Mᵐᵉ Thivin, ce café est essentiellement fréquenté par des Italiens (De Chirico, Modigliani) mais, en 1920, un groupe intitulé La Boîte à couleurs, dirigé par Louis Oury, y organise des expositions. À partir de 1922, l'association Les Uns et les Autres, dans la veine des poètes verlainiens, s'y installe.

Le Caméléon
146, boulevard
du Montparnasse (1921-1923)
puis 241, boulevard Raspail
(jusqu'en 1927)

Le Caméléon, 1923

Cette boutique de marchand de vin est transformée en café littéraire grâce aux propriétaires, M. et Mᵐᵉ Londiche. Plusieurs personnalités vont animer le Caméléon devenu cabaret littéraire : le poète Daniel Thaly, puis le sculpteur Levet, puis le groupe de la revue *Montparnasse* de Paul Husson ; enfin, Alexandre Mercereau transforme le lieu et en fait une sorte d'université libre, « la Sorbonne Montparnassienne » active de 1922 à 1926. « On supprima la cuisine qui donnait dans la salle, les tables de bistro, on construisit une scène et on emplit le reste de sièges […] en un mot pour être aussi peu cabaret montmartrois que possible. » « Mon but est de faire connaître à mes compatriotes la production étrangère de leur temps – qu'ils ne connaissent guère – et à des étrangers, et même à des Français qui ne s'en doutent pas, la diversité de l'esprit français en ce qu'il a de meilleur, non seulement à Paris qui représente bien incomplètement la France, mais dans toutes les provinces, dans toutes les tendances, directions et dans tous les partis » (*La Nervie*, VII-VIII, 1926, Bruxelles). On y organise des conférences, des concerts, des expositions et on y lit des poèmes. Ricciotto Canudo, Fernand Divoire, Paul Fort, Gustave Kahn, André Spire, Paul Husson, Géo Charles, la comtesse de Noailles sont des habitués du lieu. Au Caméléon succède une boîte de nuit-bar américain, le Jockey.

Le Strix
4, rue Huyghens

Ouvert en 1921, ce café-restaurant norvégien fréquenté par des Scandinaves (Isaac Grünewald, Nils Dardel…) tire son nom de la revue satirique *Strix*, du directeur et dessinateur Frederiksson.

Le Bœuf sur le toit
28, rue Boissy-d'Anglas
(1922-1928) puis rue de
Penthièvre (jusqu'en 1935)

Louis Moyses ouvre cet établissement le 10 janvier 1922, en référence au spectacle écrit par Jean Cocteau pour le théâtre des Champs-Élysées (musique de Darius Milhaud, décor de Raoul Dufy, avec la présence des clowns de Médrano). Se retrouvent là tout le public des Ballets suédois et russes, Satie et les compositeurs du groupe des Six (Milhaud, Honegger, Auric, Poulenc, Tailleferre, Durey), des écrivains (Morand, Tzara, Fargue, Gide, Bourget, Max Jacob, Cendrars, Reverdy, Cocteau, Radiguet), des critiques (Waldemar George, Florent Fels), des personnalités parisiennes (Jean Börlin, Serge Lifar, Yvonne Printemps, Charles de Noailles, Étienne de Beaumont, Arthur Rubinstein, Gaston Gallimard, Missia Sert), des artistes (Brancusi, Picasso, Picabia, Marie Laurencin, Man Ray, Nils Dardel, Valentine et Jean Hugo). Le pianiste Jean Wiener joue en alternance avec Clément Doucet : au programme, Bach et Gershwin, des standards de Duke Ellington, Louis Armstrong, des chansons grivoises de Kiki. Des portraits photographiques de Man Ray décorent le lieu.

Foujita, *Le Bœuf sur le toit, Carnet de dessins*, 1925-1926. Collection particulière

Le Jockey
146, boulevard
du Montparnasse

Le Jockey, c. 1925

Ce lieu est créé en 1923 par le peintre, décorateur, musicien de jazz et journaliste américain (il écrit dans *Paris-Montparnasse*) Hiler Hilaire et un ancien jockey, Miller. Les fresques extérieures sont réalisées par l'artiste afro-américain Archibald Motley. C'est une boîte de nuit où l'on vient écouter du jazz. Fréquenté par les artistes Berenice Abbott, Pascin, Warnod, Mac Orlan, Carco, Ezra Pound, Man Ray, Hemingway, il est vite envahi par des mondains. Kiki y chante des chansons de salles de garde et renforce ainsi la réputation de l'établissement. « Le Jockey sait offrir aux curieux un coup d'œil saisissant. À droite, un piano, sur lequel un nègre agile frappe de ses longues baguettes en même temps que, sur son tambour, se déchaîne un bruit géant. Le jazz, niché sur des tréteaux, beugle et pétarade à tout rompre » (Francis Carco, *Nuits de Paris*, 1927).

Le Select
99, boulevard
du Montparnasse

Inauguré en 1925 par M. Jalbert, le Select, après le Jockey, le Dingo en 1924 (10, rue Delambre, dirigé par l'Américain Louis Wilson), et

375

avant la Jungle en 1927 (127, boulevard du Montparnasse), est l'un des plus célèbres bars américains de Montparnasse et le premier ouvert toute la nuit pour une clientèle essentiellement américaine. Ernest Hemingway et Henry Miller le fréquentent régulièrement.

Le Select, c. 1925

Chez les Vikings
31, rue Vavin
Ouvert en 1926 par un Norvégien, Carl F. Lem, il est surtout fréquenté par des Scandinaves (Nils Dardel, Per Krohg…).

La Coupole
102, boulevard du Montparnasse
Le propriétaire du Dôme, Paul Chambon, se retire en 1924, laissant la gérance à René Lafon et Ernest Fraux. En 1926, les deux hommes décident de construire un nouveau bâtiment : au rez-de-chaussée, un bar, au premier étage, un restaurant, et au sous-sol, un dancing. C'est le premier café-brasserie-dancing de Montparnasse. Les colonnes de la Coupole sont décorées par des artistes du quartier, entre autres Marie Vassilieff et Isaac Grünewald. Un grand nombre d'habitués adoptent l'établissement : Foujita, Kiki, Kisling, Derain,

La Coupole, c. 1925

Pascin, Cendrars, Brancusi, Sonia Delaunay, Marcoussis, Youki, Man Ray, Vlaminck, Florent Fels, André Salmon, Maurice Sachs… S. K.

Canudo, Ricciotto

Gioia del Colle, Italie, 1877 – Paris, 1923
En 1895, Ricciotto Canudo abandonne ses études d'ingénieur à l'Institut technique de Messine pour apprendre le chinois et l'hébreu, l'histoire et la géographie de l'Extrême-Orient à Florence, puis à Rome. Là, en 1899, il fréquente la loge maçonnique de lady Isabel Oakley et le groupe théosophique d'Annie Besant dont les idées le marquent profondément. En 1901, il arrive à Paris où il suit les cours du Collège libre de sciences sociales et ceux de Gabriel Tarde au Collège de France. En 1903, il rencontre Salmon, Paul Fort, Raynal, Apollinaire aux soirées de *La Plume* et à la Closerie des Lilas. Il se lie avec Valentine de Saint-Point, petite-fille de Lamartine, modèle de Rodin, écrivain, peintre, danseuse, héroïne de son roman autobiographique, *Les Transplantés* (1912), et signataire des Manifestes « de la femme futuriste » (1912) et « futuriste de la luxure » (1913). Corédacteur à *La Plume*, il écrit par ailleurs des articles sur l'art dans *L'Art et les Artistes* et pour le *Mercure de France*. Comme ses amis italiens vivant à Paris, Soffici, Brunelleschi, Marinetti, il fréquente

Ricciotto Canudo, 1913

assidûment le cercle de l'Abbaye de Créteil fondé en 1906. En 1908, il publie un article sur l'art nègre et la peinture de Picasso, Matisse, Braque, Derain dans *Vita d'Arte*. À cette époque, Canudo considère la musique comme l'expression artistique la plus synthétique de l'esprit humain, ce qu'il défend dans son essai sur *La Musique comme religion de l'avenir* (1912). En 1913, il fait paraître la revue d'avant-garde *Montjoie !*, se lie d'amitié avec Sonia et Robert Delaunay, Chagall sur lequel il écrit dans *Paris-Journal*, et Savinio dont il présente le concert dans *Les Soirées de Paris*. À la déclaration de guerre, il rédige avec Cendrars un « Appel à tous les étrangers résidant en France » pour s'engager contre l'ennemi commun. Il est mobilisé dans le « 1er Étranger », nommé capitaine et décoré de la croix de guerre (1915). En 1918, il rédige le livret du ballet *Skating Ring à Tabarin* publié en 1920, que Rolf de Maré adapte pour les Ballets suédois (1922). Ardent défenseur de l'esprit méditerranéen, il fonde l'U.R.M.E.A., l'Union de la race méditerranéenne d'Europe, d'Amérique, d'Afrique…
Dès 1911, Canudo s'intéresse au cinéma et réalise pour Pathé *Le Film d'art*. Dans les années 1920, il place le cinéma au sommet de la pyramide des arts et œuvre activement pour le faire mieux connaître

en créant une section cinématographique au Salon d'automne (1921), *La Gazette des sept arts* et surtout le C.A.S.A. (Club des amis du septième art). Il meurt à la suite d'une mastoïdite, en novembre 1923.
Canudo est l'exemple même du passeur transculturel qui allie, à travers la défense de l'esprit méditerranéen, tradition et modernité, Orient et Occident. Il est aussi un militant passionné de la transdisciplinarité en général et du cinéma en particulier qu'il considère comme l'expression la plus représentative de l'esprit contemporain. Abel Gance le définit, en 1930, comme « le Christophe Colomb des idées modernes ». G. F.

Cendrars, Blaise

Frédéric Louis Sauser
La-Chaux-de-Fonds, 1887 – Paris, 1961

Blaise Cendrars, 1925-1930

Blaise Cendrars adopte son pseudonyme en 1912 en s'installant définitivement à Paris après un intermède décevant aux États-Unis. Très vite, le jeune poète se mêle au milieu artistique et littéraire de Montparnasse et se lie à Max Jacob et Apollinaire qu'il admire. Grâce à l'écrivain et critique Émile Szittya, créateur de la revue allemande *Neue Menschen*, il fréquente les artistes de la Ruche. Sa connaissance du russe lui permet d'entrer en contact avec

Chagall qui devient son ami ; Cendrars intitule ses œuvres et lui écrit un poème, tandis que Chagall n'hésite pas à inscrire son nom au panthéon de ses poètes préférés, aux côtés d'Apollinaire et de Canudo, dans son tableau en hommage à Apollinaire. Il écrit « La Prose du Transsibérien et de la petite Jehanne de France », poème « illustré » par Sonia Delaunay et salué par Apollinaire : « Blaise Cendrars et Mᵐᵉ Delaunay-Terk ont fait une première tentative de simultanéité écrite où des contrastes de couleurs habituaient l'œil à lire d'un seul regard l'ensemble d'un poème, comme un chef d'orchestre lit d'un coup d'œil les notes superposées dans la partition, comme on voit d'un seul coup d'œil les éléments plastiques et imprimés d'une affiche. » De 1912 à la déclaration de guerre, il fréquente Léger, Csáky, Archipenko, Soutine, Modigliani et Picasso. « Chacun des maîtres d'aujourd'hui avait son poète avant la guerre de 14. Picasso : Max Jacob ; Braque : Pierre Reverdy ; Juan Gris : Ricciotto Canudo ; Léger, Chagall, Roger de La Fresnaye, Modigliani, je m'excuse, Blaise Cendrars ; et toute l'École de Paris, cubistes et orphistes : Guillaume Apollinaire. » Il fait de la critique d'art jusqu'en 1926. À la déclaration de guerre, il rédige avec Canudo un appel aux étrangers, les invitant à l'enrôlement volontaire dans l'armée française. Ce texte est publié dans la presse le 29 juillet 1914 : « La place d'un poète est parmi les hommes ses frères, quand cela va mal et que tout croule, l'humanité, la civilisation et le reste. » Il perd un bras en 1915 et revient du front, amer et transformé. En 1917, il obtient une pension qui lui permet de vivre de sa poésie. Jacques Doucet, à la recherche de manuscrits contemporains, subventionne l'une de ses œuvres (*Aux antipodes de l'unité*). Il accepte aussi de codiriger avec Jean Cocteau les éditions de la Sirène de 1918 à 1924, date à laquelle ils se brouillent. Il édite son *Anthologie nègre* aux éditions de la Sirène (1921), ensemble de contes et de légendes africaines qui fait date dans le changement d'intérêt des artistes face à la culture africaine. En 1923, il signe le livret de *La Création du monde*, ballet de Rolf de Maré, sur une musique de Darius Milhaud, avec décors et costumes de Léger. S. K.

Cirque

Le cirque Médrano, c. 1925

L'art populaire et le monde du cirque, des saltimbanques, de la *commedia dell'arte* et du music-hall sont une source d'inspiration inépuisable pour les peintres, écrivains et poètes. Il y a plusieurs cirques dans la capitale : le cirque Médrano (72 ter, rue des Martyrs), le cirque d'Hiver (110, rue Amelot), le cirque de Paris (18, avenue de La-Motte-Picquet). Les artistes admirent l'énergie vitale qui se dégage de ces spectacles. Van Dongen, Picasso, Max Jacob, Apollinaire, Léger, Archipenko, Rouault, Colette, Mac Orlan, Foujita, Pascin se rendent fréquemment à Médrano. Satie compose *Cinq grimaces* (1915) et Léger dessine des costumes pour les Fratellini. Le rideau de *Parade* conçu par Picasso comme le livret de Cocteau rendent également hommage au cirque. En 1919, Darius Milhaud compose *Le Tango des Fratellini*. Ces derniers sont aussi associés au programme inaugural du Bœuf sur le toit où les clowns jouent gratuitement. En mai 1926 s'ouvre le Salon du cirque. Enfin, la plupart des revues d'art consacrent une rubrique à ces spectacles très prisés. Mac Orlan, A. Warnod, R. Bizet en sont les chroniqueurs assidus. G. F.

Cocteau, Jean

Maisons-Laffitte, 1889 – Milly-la-Forêt, 1963

Jean Cocteau par Germaine Krull, 1929
Fonds *France-Soir*/Bibliothèque historique de la Ville de Paris

Issu d'une famille bourgeoise, Jean Cocteau débute sa carrière littéraire vers 1908, date à laquelle il se fait connaître par des poèmes. Sa fascination pour les Ballets russes à Paris et sa rencontre avec Serge Diaghilev en 1910 en feront l'animateur du Tout-Paris : « Il est le grand impresario de l'époque, le commentateur et le vulgarisateur de toutes les nouveautés » (Maurice Sachs). Pour Diaghilev, il réalise l'affiche du *Spectre de la rose* et écrit le livret du *Dieu bleu*. Le ballet n'a aucun succès. En 1914, réformé, il participe aux convois d'ambulances organisés par Étienne de Beaumont. En 1915, il fréquente assidûment les peintres, les poètes et les musiciens de Montparnasse : Modigliani, Kisling, Picasso, Apollinaire, Max Jacob, Satie, Georges Auric. « Réellement séduit par son cœur en son esprit fraternel par ce Montparnasse de notre lente fabrication, [...] Jean Cocteau comprit qu'il fallait tout de même arranger ce vieux Montparnasse » (André Salmon). C'est dans ce contexte que naît *Parade* (musique de Satie, décors de Picasso, argument de Cocteau, chorégraphie de Massine), joué en 1917. Le scandale lui apporte le succès. Apollinaire parle même de spectacle « surréaliste ». En 1918, il devient avec Erik Satie l'une des figures tutélaires du groupe des Six (Georges Auric, Francis Poulenc, Darius Milhaud, Arthur Honegger, Louis Durey, Germaine Tailleferre) et anime les soirées du 6, rue Huyghens (1919) où ont lieu lectures de poèmes, récitals de musique (notamment du groupe des Six) et expositions. Ne pouvant entrer dans aucun des groupes littéraires qui se forment à la fin des années 1910, rejeté par les dadaïstes dont il se rapproche pendant un temps mais avec lesquels il se brouille définitivement en 1921, honni par les surréalistes qui chahutent ses spectacles, ignoré par André Gide, les amis de Montparnasse restent son seul soutien pendant les années 1920. En 1920, il monte *Le Bœuf sur le toit* à la comédie des Champs-Élysées – titre repris pour un bar qui ouvre en 1922, dont la devise pourrait être « le music-hall, le cirque, les orchestres américains de nègres, tout cela féconde un artiste au même titre que la vie » (Jean Cocteau). Il crée *Les Mariés de la tour Eiffel* (1922) pour les Ballets suédois (mécéné par le comte de Beaumont), *Le Train bleu* pour les Ballets russes (1924). Parallèlement à son activité de librettiste et de peintre, il écrit sept livres pour les éditions de la Sirène dont il est codirecteur avec Blaise Cendrars, notamment *Le Coq et l'Arlequin* en 1918 (Stravinsky se brouille avec lui à cause de ses positions nationalistes ; il refuse Wagner, la musique russe et prône le retour à l'esprit français dans la musique). Il publie aussi *Picasso* (Stock, 1924), *Férat* (Crès, 1924), *Le Rappel à l'ordre* (1926) et des articles pour *Paris-Midi* dont il anime une carte blanche à partir de 1919. S. K.

Congrès de Paris, 1922

À la suite de vifs démêlés concernant le contrôle d'un congrès pour la défense de l'esprit moderne (futurisme, cubisme, expressionnisme, dadaïsme, surréalisme, etc.), André Breton traite Tristan Tzara « d'imposteur avide de réclame, promoteur d'un mouvement venu de Zurich ». De nombreux artistes français et étrangers protestent contre cette attaque xénophobe en signant un communiqué de presse, parmi eux : R. Mortier, Satie, Tzara, Georges Ribemont-Dessaigne, Man Ray, Éluard, Zadkine, Fraenkel, Jean Huidobro, Medgyes, Metzinger, Kisling, Charchoune, Radiguet, Fay, Ferrand, Serge Férat, Roch Grey (la baronne d'Oettingen), Florent Fels, Skrypitzine, Raval, Bauduin, Léopold Zborowski, Zdanewitch, Théo Van Doesburg, Di Lado, Voirol, Salmon, Brancusi, A. Moss, Pansaers, Survage, Mondzain, Marcel Meyer, Jean Arp, Serge Romoff, Cocteau, Paul Dermée et Céline Arnauld… Certaines signatures sont assorties de commentaires comme celui de Brancusi : « En art, il n'y a pas d'étrangers. » G. F.

Critiques

Les peintres de l'École de Paris, entre 1910 et 1930, ont été soutenus fidèlement par un groupe de critiques. Ce sont d'abord les poètes, avec en tête Apollinaire, Salmon puis Cendrars, Cocteau, Canudo, qui prennent le flambeau de la lutte pour « l'Art vivant ». « Nous avons tué la vieille critique… », clame Salmon (*Montjoie !*, 1914). Mais aussi un certain nombre de critiques « professionnels » défendent régulièrement ces artistes : l'exemple le plus marquant, par la longévité et la disparité des revues dans lesquelles il écrit, est Louis Vauxcelles : il est le premier à imposer des rubriques artistiques dans les quotidiens. Il est suivi par Waldemar George qui occupe le terrain des années 1920. Mais aussi Florent Fels, Maurice Raynal, Adolphe Basler, Fritz Vanderpyl, Georges Charensol, Paul Fierens, Christian Zervos, Charles Fedgal. Tous employés dans les revues artistiques et les quotidiens, ils écrivent des préfaces de catalogues en assurant la promotion des artistes. Cette relation avec le marché sera l'une des principales attaques des détracteurs de l'École de Paris. Il est certain que la critique a partie liée avec le marché (publicité pour les galeries dans les revues, annonces d'exposition), ce qui rend sa position ambiguë au regard des artistes. Même Louis Vauxcelles avoue qu'il signe des préfaces « pour vivre », sans toujours croire au talent de l'artiste en question.

Adolphe Basler
Tarnow, Pologne, 1876 –
Paris, 1951
Polonais d'origine juive, « esthéticien, critique d'art, courtier en tableau mais surtout… crève la faim » (Alice Halicka, *Souvenirs*, 1946), Adolphe Basler est, en 1896, à la faculté de chimie de Zurich où il rencontre un militant socialiste polonais. Il arrive à Paris en 1898 pour y continuer ses études à la Sorbonne et fait la connaissance d'un autre Polonais, Mécislas Golberg, l'auteur de *La Morale des lignes*, qui l'influence et l'incite à pratiquer la critique d'art. Il fréquente la Closerie des Lilas et le cercle de Paul Fort, ainsi que la « bande à Picasso ». Il rédige ses premières critiques en 1900 pour la revue polonaise *Glos Wolny (La Voie libre)* puis pour *La Plume* grâce à Mécislas Golberg, *Art et Décoration*, *Montjoie !*. Par la suite, il collabore au *Cicerone* (revue allemande), à *La Revue blanche*, au *Mercure de France*, aux *Marges*. Très ami de Carl Einstein, des frères Brummer (qui

De droite à gauche : Adolphe Basler et Modigliani au café du Dôme, c. 1918

ouvrent leur galerie aux États-Unis), de Rudolph Levy (qui corrige ses articles pour les revues allemandes), de Grünewald, il est l'un des fidèles du Dôme où il rencontre toute la colonie allemande.

Pour subvenir à ses besoins, il devient marchand de tableaux comme beaucoup d'Allemands du Dôme. Selon Louis Vauxcelles, il est, avec Zborowski, l'un des marchands en chambre qui ont révélé la peinture moderne aux grandes galeries de la rive droite. Il travaille pendant quelque temps pour la galerie Bernheim-Jeune. Il est le premier à acheter Kisling au début des années 1910 mais, après la guerre, un différend les sépare : « Mon cambrioleur », dit-il. Dès le début, il soutient les peintres de l'École de Paris sans réaliser de profit commercial. Dans les années 1920, il opte pour les peintres de la « tradition française » (Derain) et n'hésite pas à faire le procès de l'École de Paris. Même si, en 1929, il dirige la galerie de Sèvres (créée par l'éditeur Georges Crès, 13, rue de Sèvres), où il expose notamment Corneau, Dufy, Utrillo et surtout Coubine – sa grande « cause » –, son impact sur le marché est très marginal.

À l'origine de certaines polémiques sur la « peinture juive », notamment dans *La Peinture, religion nouvelle* (1926) ou *Le Cafard après la fête* (1929), ou dans un article polémique, « Y a-t-il une peinture juive ? » (*Mercure de France*, 1925), il explique qu'il n'existe pas de peinture juive, même s'il constate qu'une part importante des peintres de l'École de Paris sont d'origine juive. Il participe pourtant à la collection consacrée aux artistes juifs aux éditions du Triangle. Basler est attaqué par la critique d'extrême droite de Marcel Hiver, polémiste musclé de la revue *C.A.P.* qui ironise sur sa double casquette ; « Basler, un marchand de tableaux ! Allons donc ! M. Basler est un gentilhomme, un amateur, qui consent parfois, en faveur de ses amis, à se dessaisir de quelques toiles en échange de quelque argent » (*C.A.P.*, n° 2, juin 1924). S. K.

Florent Fels
Florent Felsenberg
Paris, 1893 – Paris, 1977
Florent Fels est issu d'une famille de la petite-bourgeoisie (son père est fonctionnaire aux impôts). Il se dit le petit-fils naturel de Théodore Duret (1838-1927), homme politique mais aussi amateur et critique d'art qui sensibilise le jeune Fels à la peinture des impressionnistes qu'il a défendue

au premier Salon des refusés (1863). Envoyé en apprentissage chez un forgeron à Denain où il découvre le milieu anarco-syndicaliste, il est ensuite professeur de langues à Londres jusqu'en 1914. De retour à Paris, il s'engage comme soldat. Témoin des mutineries de 1917 dans l'armée française, il garde un fort sentiment antimilitariste, renforcé par ses fréquentations anarchistes. Blessé en 1918, il termine la guerre dans un hôpital américain et devient interprète pour l'armée américaine. À la fin de la guerre, il collabore à la revue anarchiste *La Mêlée* (1918-1919). Il rencontre Max Jacob qu'il admire pour sa fantaisie et son individualisme, et fréquente les cubistes et certains peintres tels Galanis, Chagall, Modigliani, Gris, Kisling. Il se rapproche des revues *Nord-Sud* de Pierre Reverdy et *Sic* de Pierre Albert-Birot, et fait la connaissance d'écrivains comme Morand, Salmon (via Max Jacob), Reverdy, Cocteau, Malraux, Artaud, Radiguet. Il collabore aussi à la revue financière *L'Information*. Une fois introduit dans ce milieu artistico-littéraire, il n'hésite pas à créer sa revue avec Marcel Sauvage grâce à sa prime de démobilisation. La revue *Action* voit alors le jour en 1920, « organe d'avant-garde politique et littéraire ». Y collaborent Max Jacob, la « bande à Picasso », des collaborateurs de *Nord-Sud* et de *Sic*, Cendrars,

Cocteau, Gabory, Allard, Faure et Salmon. Très proche de l'« Esprit nouveau » cher à Apollinaire, la revue se tourne vers les beaux-arts. Mais très vite, l'héritage d'Apollinaire lui est contesté, sa modernité dépassée par le mouvement dada et les surréalistes dont il ne peut supporter l'insolence. Faute d'avoir trouvé son terrain propre, *Action* disparaît en 1922. Parallèlement, Fels propose aux éditions Stock la collection « Les contemporains », consacrée d'abord aux écrivains (*Prikas* d'André Salmon ou *Le Cornet à dés* de Max Jacob), puis aux artistes. En 1925, il est journaliste à *L'Art vivant* (1925-1939, dirigé par Jacques Guenne et Roger Martin du Gard) puis devient rédacteur en chef de la revue de 1925 à 1936 (*L'Art vivant* étant le supplément artistique des *Nouvelles littéraires et scientifiques* éditées par Larousse ; Gaston Gallimard en est l'un des actionnaires principaux). Dans un style nouveau, entre revue et magazine, des articles courts, de nombreuses rubriques et chroniques, Fels cherche à démocratiser le discours sur l'art tout en défendant l'École de Paris (Chagall, Modigliani, Gargallo, Kisling, Soutine, Zadkine...). Il publie en 1925 *Propos d'artistes* (La Renaissance du livre), met au point les premières interviews d'artistes et écrit un livre sur Kisling aux éditions du Triangle.   S. K.

Waldemar George
Jerzy Waldemar Jarocinsky
Lòdz, 1893 – Paris, 1970

Waldemar George pendant la guerre

Issu de la grande bourgeoisie juive polonaise (son père est un industriel et sa mère fille de banquier), il fait d'excellentes études. Il publie un recueil de poésies en polonais dont le contenu patriotique l'oblige à s'exiler à Paris en 1911. Il y est accueilli par son cousin Jean Finot de *La Revue mondiale*. Là, il obtient une licence de lettres à la Sorbonne, puis commence une carrière de journaliste, de 1911 à 1914 : il débute à *Paris-Journal* où il rencontre Vauxcelles, Salmon et les critiques importants de l'époque. En 1914, il est engagé volontaire et obtient simultanément la nationalité française. De 1917 à 1922, Waldemar George collabore à des revues « individualistes et pacifistes », telles que *La Caravane, Les Cahiers idéalistes, La Forge*. Il milite pour une université du peuple (Élie Faure y donne la première conférence ; Yvan Goll en est aussi l'un des acteurs) et fait de la propagande pour la Révolution russe de 1917. Il arrête tout écrit politique en 1922. Parallèlement, il participe à la revue *Le Pays* (grâce à Vauxcelles) de 1918 à 1919, puis entre à *L'Amour de l'art* (1919-1927), revue dirigée par Vauxcelles, d'abord en temps que secrétaire, pour donner une image plus moderne. Louis Vauxcelles se désolidarise de la « critique intellectuelle » que représente Waldemar George et quitte le journal dont la direction est reprise par ce dernier.

Il écrit aussi pour *Paris-Journal* (1923-1924), *Les Arts à Paris, L'Art vivant* (avec Claude-Roger Marx, Maurice Raynal, André Salmon, Florent Fels et Georges Charensol), *La Revue de l'art ancien et moderne, La Renaissance, L'Art et les Artistes, Art et Décoration...* et est par ailleurs correspondant pour *Das Kunstblatt* (il parle sept langues). Dans tous ses articles, il défend la peinture de l'École de Paris, « l'Art indépendant », rédige le texte de présentation de la collection de Paul Guillaume, « La Grande Peinture contemporaine à la collection Paul Guillaume » (n. d., Paris [1929]), mais refuse l'avant-garde surréaliste et abstraite. Il défend les cubistes et les expressionnistes comme Modigliani, Vlaminck, Rouault, Chagall et écrit de nombreuses monographies pour les éditions du Triangle (Lipchitz, Krémègne, Epstein, Soutine). Waldemar George est la cible préférée des attaques répétées de Marcel Hiver, voire de Louis Vauxcelles : « Waldemar natif de Pologne est naturalisé ; Waldemar le plus galant homme du Nord, désintéressé, chevaleresque, est le seul qui peut être taxé de "pactiser avec l'Orient". Nous lui avons vingt fois reproché. Mais Waldemar n'est pas la Loi et les prophètes » *(Carnet de la semaine)*. Les surréalistes sont particulièrement virulents : « Il suffira d'avoir signalé à l'attention publique le grave danger que M. Waldemar George fait courir à la santé pour que les gens évitent de le rencontrer, de le toucher, d'être frôlé par lui, de marcher sur son ombre ou d'avoir les oreilles souillées par ses paroles » (Robert Desnos, *La Révolution surréaliste*, n° 7, 15 juin 1926, 2ᵉ année). Dans la seconde moitié des années 1920, impressionné par la lecture du *Déclin de l'Occident* (1919) de Spengler, il semble obsédé par la régénération de l'art français. Ses théories apparaissent dans une monographie sur Gromaire

Kisling et Florent Fels, c. 1930

(*Chroniques du jour,* 1928) et surtout dans la préface de l'exposition «Giorgio De Chirico» à la galerie Jeanne Bucher, en 1927. Il «lâche» alors Picasso et le mouvement cubiste, et plus généralement l'École de Paris qui, par son cosmopolitisme et son bohémianisme jouerait désormais une influence négative «parce que [ce mouvement] n'a plus aucune filiation légitime. Il se réclame d'une tradition française mais pratiquement, il en fait table rase» («École française ou École de Paris», *Formes,* 1931). Son souci est de relier l'art d'aujourd'hui aux grandes écoles du passé *(Profits et pertes de l'art contemporain)* ; il va jusqu'à sympathiser momentanément, au début des années 1930, avec le fascisme italien, à travers plusieurs textes dont *L'Humanisme et l'Idée de patrie* (1936) rédigé à la suite d'une visite à la Biennale de Venise où il rencontre Benito Mussolini par l'entremise de Margherita Sarfatti – texte qu'il renie avant la Seconde Guerre mondiale. Gravement inquiété pendant la guerre (les membres de sa famille restés en Pologne sont tués dans les camps et ses biens sont spoliés), il se réfugie dans le sud de la France.

Il est l'un des critiques les plus influents et les plus prolixes des années 1920. Ses monographies, essais, articles (Chagall, Soutine, Picasso, Léger, Lipchitz, Gromaire, Utrillo, Crotti, Matisse, Rouault, Larionov, Epstein, Krémègne, Kisling, Gris) sont indispensables à la compréhension de l'époque. S. K.

Gustave Kahn
Metz, 1859 – Paris, 1936

D'origine juive allemande, ses parents optent pour la France en 1870 et se fixent à Paris. Il étudie à Louis-le-Grand, à l'École des chartes et à l'École des langues orientales. Il épouse en 1890 Élisabeth Rose Dayre, qui se convertit au judaïsme au moment de l'affaire Dreyfus, prenant le prénom de Rachel (elle est la présidente de l'Aide amicale aux artistes). Kahn est surtout considéré comme «l'inventeur» du vers libre. *Les Palais nomades* (1887) est l'une de ses œuvres maîtresses ; poète donc, il est aussi romancier, critique littéraire et artistique. Il écrit sur *Rodin* (1906), *Montmartre et ses artistes* (1907), *Les Futuristes (*Mercure de France, 1912), *Bourdelle* (1928), etc. Il est également en charge de la rubrique d'art au *Mercure de France* et au *Quotidien.* Il est lié à Léon Blum, Catulle Mendès, Marcel Sembat et aux écrivains de *L'Abbaye,* de *Vers et Prose,* à Marinetti, André Spire. Au cours des années 1920, Gustave Kahn est l'une des figures éminentes qui s'attachent à promouvoir une culture juive moderne en participant à diverses manifestations littéraires et artistiques. En 1924, il devient le rédacteur en chef de la revue *Menorah* qui fait connaître les artistes juifs travaillant en France mais aussi en Palestine. En 1926, il publie *Contes juifs* et *Images bibliques,* puis en 1933, *Terres d'Israël.* G. F.

Maurice Raynal
Paris, 1884 – Paris, 1954

Maurice Raynal, c. 1920

Issu d'un milieu bourgeois parisien, Raynal fait ses études à Louis-le-Grand. Il abandonne très tôt une carrière toute tracée pour rejoindre, en 1908, le Bateau-Lavoir où il fait la connaissance d'André Salmon et de Max Jacob, et entre dans la «bande à Picasso» ; il est présent au banquet du Douanier Rousseau (dont il rapporte le déroulement dans *Les Soirées de Paris* en 1914). Il devient le défenseur du cubisme naissant. En 1910, il remplace Salmon au quotidien *L'Intransigeant* dont il sera le chroniqueur artistique pendant les années 1920. Il participe à toutes les revues qui défendent le cubisme : *Les Soirées de Paris, Montjoie !, Nord-Sud, Montparnasse.* Il prend part à la guerre de 1914 puis quitte Montmartre pour Montparnasse. Très proche du marchand allemand Daniel-Henry Kahnweiler avant guerre, il soutient les peintres cubistes de Léonce Rosenberg et de sa galerie de l'Effort moderne. Il est même question qu'il en devienne directeur littéraire pour y créer une revue. Il écrit quatre textes pour le *Bulletin de l'Effort moderne* qui comptent parmi ses critiques les plus sérieuses et les plus abouties. Pendant les années 1920, il participe aussi à *L'Esprit nouveau,* aux *Cahiers d'art.* Ses analyses du cubisme montrent des qualités doctrinales évidentes ; il n'hésite pas, à côté de Picasso, Braque, Léger, Gris, à soutenir Feder. Son livre *Anthologie de la peinture française de 1906 à nos jours* (Stock, 1927) fait cohabiter toutes les tendances de l'art vivant. Essentiellement critique, il fait très peu de préfaces aux expositions de galeries, à la différence d'André Salmon ou Louis Vauxcelles.

Il refuse par ailleurs de soutenir d'autres mouvements d'avant-garde et sera très vite taxé de critique «officiel» par des mouvements plus radicaux : «En présence de la faillite complète de la critique d'art, faillite tout à fait réjouissante d'ailleurs, il n'est pas pour nous déplaire que les articles d'un Raynal, d'un Vauxcelles ou d'un Fels passent les bornes de l'imbécillité» (André Breton, *La Révolution surréaliste,* 1er mars 1926, p. 30). S. K.

André Salmon
Paris, 1881 – Sanary, 1969

André Salmon, c. 1930

Fils d'un peintre aquafortiste, André Salmon quitte Paris en 1896 pour Saint-Pétersbourg où son père est invité. Il y reste jusqu'en 1901 (il parle couramment russe), date à laquelle il effectue son service militaire. Il fréquente les soirées de *La Plume,* où il rencontre des figures déterminantes : en 1903, Mécislas Golberg et Apollinaire ; l'année suivante, Picasso et Max Jacob. Tous ces artistes seront ses amis tout au long de sa vie. En 1908, il s'installe au Bateau-Lavoir qu'il quitte pour Montparnasse, au moment de son mariage (1909). Il débute dans la critique d'art en 1905 à *Paris-Journal, Gil Blas* (jusqu'en 1914) avec Vauxcelles, puis *L'Intransigeant* de 1908 à 1910, grâce à son ami Charles Doury. Dès le début, il défend les «Métèques», le cosmopolitisme, persuadé que l'art est la patrie de tous les apatrides et de tous les étrangers, idée qu'il partage avec les habitués de la Closerie des Lilas. Sa grande référence demeure Picasso mais il soutient aussi Gwozdecki et Hayden en 1912, Lehmbruck en 1914, Kisling en 1919. Il écrit deux livres sur l'art vivant : *La Jeune Peinture française* en 1912, et *La Jeune Sculpture française* en 1919, où l'on compte de nombreux étrangers. Il participe à toutes les revues qui soutiennent l'art vivant : *Montjoie !, Montparnasse, Les*

Soirées de Paris, Action, Sélection, Feuillets d'art... La guerre de 1914 dans laquelle il s'engage clôt cette première aventure cosmopolite pour l'art vivant menée avec Apollinaire. Après la guerre, il devient grand reporter au *Matin*. En 1920, il publie *L'Art vivant*, terme qui précède l'appellation «École de Paris», puis *Propos d'ateliers* (1922). Il poursuit sa mission de fédérateur et de porte-parole, réfractaire à toute théorie, préférant la subjectivité, posture qui perdra de sa pertinence dans les années 1920.

Au cours de celles-ci, sa présence dans la presse française et étrangère est sans doute la plus forte et la plus importante parmi les critiques : *Deutsche Kunst und Dekoration, Das Kunstblatt, Der Querschnitt, Sélection, Valori plastici...* et toutes les revues françaises d'art d'importance : *L'Amour de l'art* (Vauxcelles), *L'Art et les Artistes, L'Art vivant* (Fels), *Cahiers d'art* (Zervos), *L'Europe nouvelle*. Devenu critique «officiel», il est la cible des critiques de droite – «J'estime que tout ce gâchis actuel provient d'Apollinaire, de Salmon et de quelques autres [...] un vrai poète détruit par le journalisme [...] sa théorie de "l'art vivant" sur ses "propos d'ateliers", extraordinaire verroterie de pensée et de style [...] cette critique qui n'est qu'un gentil gazouillement autour des toiles» (Marcel Hiver, *C.A.P.*, n° 2, juin 1924) – comme de l'avant-garde (les surréalistes lui reprochent d'être «chroniqueur judiciaire»). Il rédige de nombreuses préfaces et des livres sur les artistes de l'École de Paris (*Modigliani*, 1926 ; *Kisling*, 1927 ; *Chagall*, 1928). D'autres mouvements artistiques plus radicaux s'opposent vivement aux partis pris d'André Salmon, «le poète épris de plasticité dont la malice universelle veut à tout prix faire un critique, "un critique d'art"» (*La Revue de France*, 15 mai 1925). S. K.

Louis Vauxcelles
Louis Meyer
Paris, 1870 –
Neuilly-sur-Seine, 1943

Fils d'un fabricant de lingerie d'origine juive, Louis Meyer fait ses études à la Sorbonne et à l'École du Louvre puis, ayant abandonné toutes ambitions littéraires, il s'oriente très vite vers la critique. Dès 1886, il débute comme journaliste à la rubrique artistique de *Gil Blas*, signant sous le pseudonyme de Louis Vauxcelles, nom d'un lieu-dit où habitent ses parents (on lui connaît d'autres pseudonymes : Vasari, Critias, Thérèse Vallier, Pinturicchio...). Il se distingue grâce à ses chroniques du tout nouveau Salon d'automne qui voit l'émergence des artistes qu'il qualifie de «fauves» (1905). Il en sera membre d'honneur de 1905 à 1927. De 1908 à la guerre, il collabore à de nombreuses revues : *L'Art et les Artistes, Art et Décoration, L'Art moderne, Le Censeur, Le Cri de Paris, Le Figaro, Carnet de la semaine* (jusqu'en 1930, sous le pseudonyme de Pinturicchio).

Connu pour son sens de la formule et sa grande curiosité, il est craint pour ses critiques acerbes et alertes. Sans système théorique préconçu, il reste méfiant à l'égard de l'avant-garde, notamment du cubisme, au point d'apparaître pour celle-ci comme un critique officiel et conservateur. Pendant et après la guerre, sa participation à de nombreuses revues ne tarit pas : *Le Pays, L'Événement, Excelsior, L'Artiste* (1922), *La Vie artistique*. Il devient le rédacteur en chef de *L'Amour de l'art* (1922) et rédige son *Histoire générale de l'art* avec A. Fontainas et G. Gromont. Il préface de nombreuses expositions. Dans les années 1920, il est la cible de fréquentes attaques provenant des dadaïstes, surréalistes, puristes mais aussi de l'extrême droite. Il cherche en vain à obtenir le poste de conservateur au Petit Palais puis au musée du Luxembourg. Personnage incontournable dans la presse française en matière de critique artistique pendant plus de trois décennies, malgré l'ambiguïté de ses positions, il lance de jeunes critiques tels que Maurice Raynal, Waldemar George, René Huygues... «Celui à qui tous les modernes écrivains d'art doivent le plus, et d'abord pour eux forcer l'huis clos des grands journaux...» (André Salmon, *Othon Friesz*, 1928). S. K.

Éditions

Avant la guerre, les éditions Figuière sont pratiquement seules à publier des monographies sur les artistes contemporains. Au cours des années 1920, on assiste à un développement considérable des collections de monographies illustrées, destinées au grand public. Beaucoup de ces éditions sont liées au marché de l'art : soit qu'elles dépendent directement d'un marchand ou d'une galerie, soit qu'elles possèdent une salle d'exposition.

Éditions Bonaparte
12, rue Bonaparte

Dirigées par Van Oijen, elles exercent une activité de maison d'édition et de librairie d'art, en y ajoutant une salle d'exposition et de conférences afin de devenir «un centre d'activité intellectuelle mondial, un laboratoire pour canaliser les apports étrangers et les mettre au clair». *Panorama de l'art contemporain* par Waldemar George, *L'Art polonais moderne* par Chil Aronson, *Art italien moderne* par Tozzi (1929) concrétisent cet objectif.

Éditions Georges Crès
21, rue Hautefeuille

La maison d'édition possède sa propre salle d'exposition, vers 1928-1929. Elle se lie avec la galerie de Sèvres et publie une collection de monographies, «Les artistes nouveaux», dirigée par Adolphe Basler, puis par Georges Besson, dans laquelle paraissent *Soutine* par Élie Faure, *Chagall* par Paul Fierens, *Utrillo* par Adolphe Basler, *Pascin* par Yvan Goll.

Éditions des Chroniques du jour
13, rue Valette

Elles sont dirigées par Gualtieri di San Lazzaro. La collection «Les maîtres nouveaux», créée en 1928, propose une brochure luxueuse à tirage limité : *Kisling, Chagall* par André Salmon, *Foujita* par Paul Morand, *De Chirico* par Waldemar George.

Les Écrivains réunis
11, rue de l'Ancienne-Comédie

Une série de monographies est éditée dans la collection «Artistes contemporains» où paraissent *Van Dongen* par Paul Fierens, *Isaac Grünewald* par André Warnod, *Georges Grosz* par Balzagette...

Éditions de l'Effort moderne
48, rue de la Baume

Elles sont liées à la galerie du même nom, dirigée par Léonce Rosenberg qui publie sa propre revue et divers ouvrages théoriques : *Quelques intentions du cubisme* par Maurice Raynal, *Néoplasticisme* par Piet Mondrian, *Classique-Baroque-Moderne* par Theo Van Doesburg ; *Cubisme et Traditions* par Léonce Rosenberg, et quelques monographies des artistes de la galerie.

Éditions Figuière
7, rue Corneille
puis 166, boulevard du Montparnasse (dans les années 1920)

Dirigée par Eugène Figuière, cette maison publie entre autres les revues *Vers et Prose* de Paul Fort, *Revue d'Europe et d'Amérique*, *Poème et Drame* de Barzun. Avant la guerre, Alexandre Mercereau est en charge de la collection littéraire tandis qu'Apollinaire y dirige la collection « Tous les arts » où paraissent *Les Peintres cubistes, méditations esthétiques*, *Du cubisme* par Albert Gleizes et Jean Metzinger, *Henri Rousseau* par Wilhelm Uhde, *Le Vieux Montmartre* par André Warnod. Par ailleurs, Figuière édite des ouvrages liés à l'occultisme ou à des sujets de curiosité.

Éditions de la Nouvelle Revue française
3, rue de Grenelle

Jacques Maritain, *Gino Severini*, 1930

À partir de 1919 est présentée une collection de monographies, « Les peintres français nouveaux », dirigée par Roger Allard. Ces petits volumes comportent une préface rédigée par un écrivain ou un critique (Francis Carco, Pierre Reverdy, Jules Romains, André Salmon, Louis Vauxcelles, Jacques Rivière, Maurice Raynal, Jean Guéhenno), des reproductions d'œuvres, des extraits de textes, une bibliographie et une liste des expositions. Ce modèle de monographies bon marché et pédagogiques est par la suite copié ou adapté par d'autres maisons d'édition. À noter que Picasso (en 1924) est l'un des rares étrangers (avant 1928) à avoir le privilège de figurer dans cette collection initialement consacrée aux artistes français. Après 1928, son titre devient « Les peintres nou-

veaux », ce qui permet de l'élargir à quelques artistes étrangers : Kisling, De Chirico, Chagall (1928), Klee, Bosshard, Severini, Marcoussis (1930). Paraissent en parallèle « Les graveurs nouveaux » et « Les sculpteurs nouveaux ».

Éditions et galerie J. Povolozky et Cie
13, rue Bonaparte
et 17, rue des Beaux-Arts

Membre très actif de la communauté russe de Paris, Povolozky exerce une triple activité : libraire, directeur de galerie et éditeur. Spécialisé en littérature et art russes, il sert d'agent de liaison entre les artistes des deux pays à travers les différentes associations d'entraide. Ouvert et éclectique, il expose ses amis français et étrangers tels Gleizes, Lhote, Picabia, Kars, Kupka, Krémègne, Medgyes, Diriks, etc.

Éditions du Triangle
rue Stanislas

Waldemar George, *Soutine*, 1928

Bien que les éditions du Triangle – fondées en 1928 et financées par Michel Kiveliovitch, mathématicien et physicien juif polonais – aient aussi publié quelques catalogues collectifs comme *Artistes américains modernes de Paris* par Chil Aronson, ce sont les monographies de la collection « Les artistes juifs » qui assurent leur notoriété. En français, plus rarement en yiddish ou en anglais, elles ont pour

but « de faire connaître au public juif et non juif les chefs-d'œuvre des artistes juifs : peintres, sculpteurs, architectes, décorateurs, etc. ». Les premières monographies, rédigées le plus souvent par des critiques juifs (Waldemar George, Louis Vauxcelles, Florent Fels, Schalom Asch), sont consacrées à Chagall, Modigliani, Pascin (Georges Charensol), Kisling, Kars (Florent Fels), Soutine, Krémègne, Epstein (Waldemar George), Léopold Gottlieb (Émile Szittya), Eugène Zak (Maximilien Gauthier), Marek Szwarc (Louis Vauxcelles), Indenbaum (Adolphe Basler)…

Éditions et galerie des Quatre-Chemins
18, rue Godot-de-Mauroy

Publient la collection de monographies « L'art contemporain » où paraissent notamment *Matisse*, *Picasso* par Waldemar George et *Rouault* par Georges Charensol.

xxᵉ siècle

À partir de 1928, xxᵉ siècle présente une collection de monographies de luxe numérotées sur Dufy, Derain, Matisse, Picasso (1931), Utrillo, Pascin (1932, par Paul Morand).

Éditions Valori plastici
Rome

La collection de monographies « Les artistes nouveaux » est éditée en français par la revue italienne *Valori plastici*, dirigée par R. Broglio. Elle fait appel à divers préfaciers : Maurice Raynal pour *Braque*, *Feder* et *Zadkine*, Waldemar George pour *Picasso*, Michel-Gabriel Vaucaire pour *Foujita*, Theodor Daubler pour *Chagall* (1922), Roch Grey, alias la baronne d'Oettingen, pour *Rousseau* et *Van Gogh*, tandis que Severini écrit sur *Manet* et De Chirico sur *Courbet*…

Publications Lucien Vogel
11, rue Saint-Florentin

Éditeur à partir de 1920, Vogel publie *Feuillets d'art*, textes litté-

raires illustrés par des artistes à la mode. Cette publication accompagne l'activité de la galerie appelée Les Feuillets d'art, puis Lucien Vogel (à partir de 1921). Promoteur de la photographie de reportage, celui-ci lance la revue *Vu* en 1929. G. F.

Jacob, Max

Quimper, 1876 – Drancy, 1944

Originaire d'une famille juive, Max Jacob fait de brillantes études et entre à l'École coloniale à Paris en 1894. Il la quitte deux ans plus tard pour se consacrer à la poésie. Il collabore en tant que critique d'art au *Moniteur des arts* (qui deviendra *La Revue d'art*) de 1899 à 1901. Dès cette époque, il exerce de nombreux petits métiers et vit dans le dénuement. À l'occasion d'une exposition chez Vollard en 1901, il fait la connaissance de Picasso. En 1904, année où celui-ci s'installe au Bateau-Lavoir, il rencontre Salmon et Apollinaire. Max Jacob fréquente alors la Closerie des Lilas et le Lapin agile. Très lié à Picasso, il déménage rue Ravignan pour être près de tous ses amis. Deux ans plus tard, la vision d'un « personnage christique » détermine sa conversion au catholicisme ; il est baptisé au couvent de Sion en 1915 avec pour parrain Picasso. Réformé pendant la guerre de 1914, il est un « agent de liaison » entre Paris et le front pour beaucoup d'artistes. En 1917, il publie *Le Cornet à dés*. Après la guerre et la mort d'Apollinaire, il fait office de chef de file littéraire et artistique, et suscite une véritable vénération. Mais l'arrivée des dadaïstes et des surréalistes le marginalise. À partir de 1921, il quitte souvent Paris pour Quimper et Saint-Benoît-sur-Loire, où il s'installe définitivement en 1935.

Max Jacob, 1931

Parallèlement, il peint et expose régulièrement dès 1920 chez Bernheim-Jeune, puis à la galerie Percier et Petit à partir de 1926. « En perpétuel état de passion, jamais assouvi, Max absorbait toutes les nourritures nouvelles dans un bouillonnement de jeunesse, se renouvelait intarissablement. Comme il était en perpétuelle représentation, il fallait renouveler ses tours et la magie de ses mises en scène. Je lui attribue la plus grande influence sur la formation spirituelle de Picasso » (Florent Fels, *Le Roman de l'art vivant*, 1959). Max Jacob meurt en déportation en 1944. S. K.

Kiki

Alice Ernestine Prin
Châtillon-sur-Seine, 1901 –
Paris, 1953
Issue d'un milieu très modeste, Kiki est le modèle le plus connu de Montparnasse ; elle en est aussi l'une des animatrices et célébrités. C'est pour Soutine qu'elle pose pour la première fois, en 1916, après avoir partagé la vie d'un peintre polonais pendant quelques mois, puis pour Foujita, en 1920, qui la lance comme modèle vedette. Par la suite, elle pose pour Man Ray, Dominguez, Calder, Derain, Friesz, Kisling, Per Krohg, Van Dongen… sans oublier les écrivains qui s'en inspirent ou la prennent pour sujet. Elle est un trait d'union entre les peintres de l'École de Paris et les surréalistes. Les témoins et commentateurs de l'époque soulignent sa beauté gouailleuse et sa gaieté pétillante. Elle illustre particulièrement bien les canons de la beauté du moment : les cheveux coupés à la garçonne, le maquillage outrancier, associés à la liberté des mœurs. Elle partage sa vie avec de nombreux artistes, écrivains ou diverses personnalités.

Kiki à la fin des années 1920

Son omniprésence à Montparnasse est liée à ses activités annexes : elle peint et expose ses toiles à la galerie Le Sacre du printemps, en 1927, et obtient même un contrat chez Bernheim-Jeune. Henri-Pierre Roché collectionne, dès 1922, ses aquarelles. Elle chante au Jockey (1923) et dans d'autres lieux de Montparnasse : « La petite amie de Henri Broca, la gentille Kiki de Montparnasse, modèle que l'on se disputait et qui deviendra chanteuse de cabarets locaux, fidèle aux répertoires des salles et des corps de gardes », note André Salmon. Elle danse et devient même actrice de cinéma – tournant huit films (notamment *La Galerie des monstres*, 1923 ; *Ballet mécanique*, 1924 ; *Paris la belle*, 1928) – et enfin écrit ses mémoires, *Souvenirs*, en 1929, grâce à Henri Broca, le directeur de la revue *Paris-Montparnasse*. S. K

M

Marchands

Le nombre de galeries d'art parisiennes double pratiquement entre 1910 et 1930 (l'*Annuaire de la curiosité* en recense plus de deux cents). Une centaine d'entre elles vendent des œuvres qui relèvent de l'art contemporain. Elles ont des profils extrêmement variables, tant par leurs activités que par leur envergure et leurs ressources financières. Une particularité de la période d'après-guerre réside dans l'arrivée d'artistes de l'École de Paris au sein des galeries cossues, même si on trouve plus souvent leurs œuvres chez les petits marchands. Dans la seconde moitié du XIXᵉ siècle, les commerces d'objets d'art s'étaient regroupés dans le quartier des affaires, autour de la Bourse, et en particulier rue Laffitte. Quand le faubourg Saint-Honoré devient l'adresse élégante de la capitale, les galeries commencent à essaimer vers ce secteur, et, dès les années 1920, la plaque tournante du commerce de l'art se situe indéniablement rue La-Boétie. Cependant, à mesure que les artistes délaissent Montmartre au profit de Montparnasse, de plus en plus de galeries s'installent sur la rive gauche, d'abord rue de Seine, puis un peu plus au sud. À la fin des années 1920, André Fage dénombre treize galeries d'art moderne dans la rue de Seine et aux alentours, y compris la galerie Zborowski et la galerie Pierre qui, chacune à sa façon, illustrent la vitalité du commerce de l'art parisien et ses liens avec l'École de Paris.

Aubry
2, rue de Messine
puis 42, rue La-Boétie
Avant la guerre, Georges Aubry a un commerce d'art des XVIIᵉ et XVIIIᵉ siècles, mais est déjà très actif sur le marché de l'art moderne, n'hésitant pas à miser en particulier sur Derain, Dufy, Kisling, Picasso et Utrillo. Il s'installe en 1925, avec l'appui de deux partenaires financiers, et représente différents peintres modernes, notamment Derain, Picasso, Soutine et Van Dongen.

Georges Bernheim
174, rue du Faubourg-Saint-Honoré
En 1929, la galerie Georges Bernheim est une maison réputée, établie à l'emplacement de l'ancienne galerie Barbazanges-Hodebert. Présente sur le marché de l'art contemporain vers la fin des années 1920, elle expose des peintres comme Miró, Ernst, Klee, Marcoussis ou Murphy, et des sculpteurs comme Brancusi et Lipchitz en 1928-1929. En 1928, elle prend sous contrat Chagall, pour moitié avec Bernheim-Jeune.

Marcel Bernheim
2 bis, rue Caumartin
La galerie gère un fonds assez varié, qui va de Camoin à Signac en passant par Chagall, Kisling, Pascin et Modigliani.

383

Gaston et Joseph Bernheim-Jeune
83, rue du Faubourg-Saint-Honoré

Cette galerie prestigieuse de la rive droite est particulièrement liée aux néo-impressionnistes et aux nabis. Félix Fénéon s'occupe des artistes contemporains jusqu'en 1920, date à laquelle Paul Ebstein lui succède. Matisse et Van Dongen signent des contrats avec Bernheim-Jeune en 1909. Après la guerre, la galerie défend des artistes comme Chagall, Coubine et Utrillo, et édite *Le Bulletin de la vie artistique*.

Bignou
8, rue La-Boétie

En 1919, après avoir travaillé quelques années pour son beau-père, Bonjean, Étienne Bignou ouvre une petite galerie élégante. Après 1923, il inscrit des artistes contemporains à son inventaire : Modigliani, Picasso, Soutine et Zak entre autres. Bignou contribue notablement à faire connaître l'art français en Grande-Bretagne.

Billiet
(successeur Worms)
30, rue La-Boétie

Cette galerie se distingue par son soutien aux œuvres porteuses d'une critique sociale, ce qui attire l'attention sur elle dans les années 1930. Elle présente la première exposition parisienne de George Grosz en 1924. Le Fauconnier et Masereel y exposent régulièrement.

Bing
20 bis, rue La-Boétie

Henry Bing, ancien collaborateur de la galerie Fiquet, s'installe en 1925. Il consacre une exposition à Modigliani en octobre 1925 et une à Soutine en mai 1927.

Briant-Robert
(devenu Briant après 1928)
rue d'Argenteuil
puis 32, rue de Berri

La galerie propose un choix éclectique d'artistes, parmi lesquels figurent Céria, Coubine, Léopold Lévy et Picabia.

Jeanne Bucher
5, rue du Cherche-Midi

Jeanne Bucher monte quelques petites expositions, d'œuvres graphiques pour l'essentiel, à la « Bibliothèque étrangère » de la librairie Jean Budry, qu'elle a mise sur pied dans une annexe de la boutique de Pierre Chareau, au 3, rue du Cherche-Midi. En 1929, elle ouvre sa propre galerie, où elle expose notamment Marcoussis, De Chirico et Mondrian, tout en continuant à représenter Lipchitz, dont elle est la principale marchande entre 1925 et 1930. La galerie ferme en 1932. En 1935, Jeanne Bucher ouvre, avec le soutien financier de Mme Cuttoli, la galerie Jeanne Bucher-Mybor sur le boulevard du Montparnasse.

Chéron
56, rue La-Boétie

Georges Chéron, gendre de G. Weil à qui appartient la galerie Devambez (43, boulevard Malesherbes), s'installe vers la fin de 1915 à l'enseigne de la galerie des Indépendants, devenue ensuite galerie Chéron. Parmi ses artistes, on relève les noms de Modigliani, qu'il semble avoir eu sous contrat pendant une brève période, Kikoïne, Kisling, Picasso et Severini. Dans les années 1920, Chéron vend surtout des œuvres de Foujita, Galtier-Boissière et Lenoir.

Fabre
20, rue de Miromesnil

Active à partir de 1926 environ, cette galerie a en stock des tableaux de Chagall, Pascin, Soutine et Tal-Coat.

Galerie d'art contemporain
135, boulevard Raspail

Cette galerie présente, au début de 1926, un accrochage inaugural conçu par Waldemar George. En juillet de la même année, elle expose les travaux des élèves d'Amédée Ozenfant et de Fernand Léger à l'Académie moderne, puis les œuvres de M. et Mme Grabowski en décembre, et celles de Lipchitz en avril 1927. En 1930, André Fage remarque les Foujita et De Chirico en vente à la galerie.

Galerie d'art de Montparnasse
132, boulevard Raspail

Jean Charron dirige la galerie de 1926 jusqu'à sa fermeture en 1930. Coubine, Torres-García, Modigliani, Utrillo et Zak figurent parmi les divers artistes représentés.

Katia Granoff
boulevard Haussmann
puis 19, quai de Conti

Katia Granoff, ancienne secrétaire du Salon des Tuileries, s'associe avec René Lefebvre en 1926 pour ouvrir une somptueuse galerie. Elle prend sous contrat Chagall, Friesz et de La Patellière. L'entreprise cesse ses activités en 1930 et le fonds est dispersé au cours de trois ventes aux enchères. Katia Granoff s'installe plus tard quai de Conti, où elle propose un choix analogue d'artistes, dans des locaux plus modestes.

Paul Guillaume
59, rue La-Boétie

Paul Guillaume s'établit rue de Miromesnil en 1914. Pendant la guerre, il se replie dans son appartement de l'avenue de Villiers en attendant que la situation du marché de l'art s'améliore. Il s'installe alors rue du Faubourg-Saint-Honoré puis, en 1920, rue La-Boétie. En 1929, il aménage un fastueux « hôtel-musée » à son domicile de l'avenue de Messine. Paul Guillaume est le premier à défendre Modigliani et il devient le principal marchand de Derain en 1923. C'est aussi un pionnier dans le domaine des sculptures africaines, qu'il fait passer du rang de curiosités à celui d'objets d'art convoités par les collectionneurs

les plus en vue. Son large champ d'activité, l'ampleur de son stock qui comprend quelques œuvres majeures de Matisse et Picasso, le talent de communicateur dont témoigne sa revue *Les Arts à Paris*, l'heureux hasard des rencontres avec des collectionneurs américains, en particulier Albert Barnes, sont les ingrédients de sa réussite.

Jos Hessel
26, rue La-Boétie

Après avoir travaillé pour ses oncles Bernheim-Jeune, Jos Hessel ouvre sa galerie et propose un large choix d'artistes cotés, depuis Degas et Cézanne jusqu'à Modigliani et Picasso, ainsi que Chagall et Soutine, vers 1930. C'est le principal marchand de Vuillard. Dans les années 1920, Jos Hessel, expert auprès du commissaire-priseur Alphonse Bellier, contribue ainsi à la défense de l'art contemporain à l'hôtel Drouot.

La Jeune Peinture
3, rue Jacques-Callot

Mme Liszkowska dirige cette galerie établie depuis la fin des années 1920. Elle propose, entre autres, des tableaux de Kikoïne, Kisling, Modigliani et Soutine.

Daniel-Henry Kahnweiler
rue Vignon
puis 29 bis, rue d'Astorg

Daniel-Henry Kahnweiler ouvre une galerie à son nom en 1907, rue Vignon. Il achète des tableaux fauves de Braque, Derain et Vlaminck, et quelques Picasso. Au printemps 1908, il organise des expositions Van Dongen et Camoin. Vers la fin de l'année, il présente un ensemble de paysages de Braque, peints à l'Estaque, que le jury du Salon d'automne a refusés. Apollinaire rédige la préface du catalogue. Kahnweiler concentre alors ses efforts sur un petit groupe d'artistes : Braque, Picasso, Derain, Vlaminck et, un peu plus tard, Léger, Gris et Manolo, qui signent tous des contrats d'exclusivité. Il joue un rôle de premier plan dans la diffusion internationale de l'avant-garde française, à commencer par le cubisme. Lorsque la guerre éclate, il se réfugie à Berne, où habite son ami et précieux client Hermann Rupf. Ayant pu réfléchir à la révolution qu'il a secondée, il rédige *Der Weg zum Kubismus* (*La Montée du cubisme*) et de courtes monographies sur Derain et Vlaminck. Après la guerre, il s'efforce, avec Wilhelm Uhde et des amis français, de récupérer ses tableaux séquestrés. En vain. Il réussit tout de même à réunir les capitaux nécessaires pour reprendre ses activités grâce à la caution d'André Simon Cahen, qui donne son nom à la nouvelle galerie Simon, rue d'Astorg. Kahnweiler essaie, avec un bonheur inégal, d'avoir à nouveau sous contrat ses artistes d'avant la guerre. Picasso est hors de portée, Derain veut se démarquer des « écoles ». Braque, Gris et Léger ont rejoint l'écurie de Léonce Rosenberg et seul Gris accepte de revenir, compte tenu de ses relations personnelles avec Kahnweiler. La galerie continue à défendre Manolo et passe des accords avec plusieurs jeunes artistes dans la mouvance du cubisme, notamment André Masson et Henri Laurens qui seront attachés à la galerie pendant la majeure partie de leur carrière. Daniel-Henry Kahnweiler ne reste pas indifférent au surréalisme mais ne le trouve guère probant dans ses manifestations plastiques. Il ne croit pas à l'abstraction. Fort de sa conviction que le cubisme a donné naissance à un système de signes d'un genre nouveau, il soutient les artistes qui lui semblent aller dans le même sens, ce qui exclut bon nombre des peintres figuratifs de l'École de Paris.

La Licorne
110, rue La-Boétie
Jane Hugard et Yvonne Castel se sont installées, vers la fin des années 1920, avec l'appui financier du collectionneur Maurice Girardin, à l'enseigne de La Licorne. Elles semblent avoir signé des contrats de courte durée avec différents artistes, dont Zadkine, Lipchitz et Mané-Katz, ainsi que Gromaire, défendu par Girardin entre 1920 et 1932. La galerie présente des œuvres de Miró en mai 1921 et organise plusieurs expositions courageuses autour du cubisme, avant de fermer vers 1923.

Percier
38, rue La-Boétie
Les collectionneurs André Level et André Lefèvre fondent la galerie Percier en 1921. Jean Tournaire, Alfred Richet, Max Pellequer et E. Bonnet se joignent à eux dans cette entreprise qui se donne pour objectif de « créer et entretenir des relations entre amateurs et artistes français et étrangers ». L'inventaire reflète les goûts très éclectiques de Level, qui vont de Beaudin à Marcoussis en passant par Soutine et Utrillo. La galerie consacre des expositions à Pruna, Gabo et Pevsner (1924), Borès et Vines (1927).

Pierre
rue Bonaparte (1924)
puis 2, rue des Beaux-Arts
(à partir de 1927)
Bénéficiant de la protection et des conseils du collectionneur et marchand Alphonse Kahn, dont il adopte l'attitude à la fois ouverte et exigeante, Pierre Loeb achète des tableaux cubistes, organise la première exposition de peinture « surréaliste » et défend activement les œuvres de Pascin, Miró, Gromaire et Utrillo, entre autres.

Le Portique
90, boulevard Raspail
Marcelle Berr de Turique crée cette galerie en 1925. Elle s'attache à représenter de jeunes peintres français tels que Roland Oudot, à côté d'artistes plus célèbres, notamment Picasso et Chagall.

La Renaissance
11, rue Royale
Marie-Paule Pomaret, propriétaire de la revue *La Renaissance* fondée par son premier mari Henri Lapauze, s'installe vers 1927. Sa galerie présente une importante exposition Lipchitz en 1930, en collaboration avec Jeanne Bucher, et un choix d'œuvres de Max Beckmann en 1931.

Léonce Rosenberg
19, rue de la Baume
En 1910, Léonce Rosenberg quitte le commerce familial d'objets d'art pour se consacrer à sa collection, qui privilégie les arts persan et gothique. Le cubisme retient son attention parce qu'il semble offrir une version moderne des principes qui sous-tendent ces formes d'art archaïques. En 1915, encouragé par André Level, il décide de renouer avec le commerce d'art en se faisant le défenseur du cubisme. Il achète des œuvres de Picasso et signe des contrats avec un nombre croissant d'artistes, dont Severini, Gris, Hayden et Rivera, dans l'intention de faire campagne sous la bannière de l'Effort moderne, nom qu'il a donné à sa galerie. En 1918 et 1919, ses actions ont beaucoup de retentissement à Paris, non sans provoquer en retour une réaction contre le cubisme, attisée par Louis Vauxcelles. Léonce Rosenberg, durement touché par les difficultés économiques de l'après-guerre, se retrouve en outre en concurrence avec Kahnweiler, mais aussi, par la force des choses, avec son frère Paul qui est le marchand de Picasso et, plus tard, de Braque. De 1924 à 1927, il fait connaître ses activités par le biais de son *Bulletin de l'Effort moderne*, après avoir lancé une collection de monographies, « Les maîtres du cubisme ». Vers la fin des années 1920, il continue à défendre le cubisme, qui reste à ses yeux le style représentatif de l'époque, tout en s'intéressant à Francis Picabia et Giorgio De Chirico.

Paul Rosenberg
avenue de l'Opéra
puis 21, rue La-Boétie
Quand Léonce Rosenberg quitte l'entreprise familiale en 1910, son frère cadet Paul reprend à son nom la galerie fondée par leur père Alexandre. La galerie a constitué un stock d'importants tableaux français du XIXᵉ siècle qui continue à assurer sa prospérité. Paul Rosenberg commence à vendre des œuvres de Marie Laurencin vers 1912. À la fin de la guerre, Georges Wildenstein l'incite à soutenir Picasso, avec qui il conclut un accord de « première vue », régulièrement renouvelé jusqu'à la fin de l'entre-deux-guerres. Il devient aussi le marchand de Braque et commence à s'intéresser à Fernand Léger à la fin des années 1920. Peu d'autres artistes de l'École de Paris pénètrent dans l'univers feutré de cette galerie.

Van Leer
41, rue de Seine
A. D. Mouradian, originaire de Manchester, s'associe avec M. Van Leer, un importateur hollandais établi à Paris, pour ouvrir une galerie en 1925. Ils achètent des tableaux contemporains à divers artistes, dont Kisling, Krémègne, Modigliani, Pascin, Picasso et Soutine. C'est là que Max Ernst a sa première exposition personnelle, en 1926. Les deux associés se séparent en 1934 et Mouradian monte une affaire avec Alfred Valloton.

Vavin-Raspail
28, rue Vavin
Alfred Daber et Max Berger inaugurent leur galerie avec une exposition de la Section d'or en janvier 1925. Ils représentent divers artistes plus ou moins apparentés au cubisme, en particulier Souverbie et Papazoff, et éditent la revue *Les Arts plastiques*. Daber quitte la galerie vers 1927, dégoûté de l'art contemporain.

Vollard

Ambroise Vollard n'intervient pas beaucoup sur la scène de l'art contemporain dans les années 1920 (il n'a pas de galerie à cette époque), sauf dans le cadre de ses éditions d'art de luxe, lorsqu'il a l'idée de commander à Chagall des illustrations pour *Les Âmes mortes* de Gogol et pour *Les Fables* de La Fontaine, en 1926. Dans son rôle de marchand, Vollard est un personnage légendaire, tant pour ses choix que pour ses méthodes. Il est le premier, sur la place de Paris, à acheter des œuvres de Picasso entre 1901 et 1910. Là, comme dans toutes ses opérations, il vise le long terme, sans chercher à vendre tout de suite ni même à défendre activement ses artistes. Il compte sur l'évolution du marché pour dégager des profits substantiels et ne se trompe pas.

Berthe Weill
rue Victor-Massé,
puis rue Taitbout (1916-1920),
puis 46, rue Laffitte

Berthe Weill ouvre sa première galerie dans les années 1890. En 1920, elle emménage dans les anciens locaux de Clovis Sagot situés rue Laffitte. Guidée par son enthousiasme remarquable pour l'art novateur, Weill accueille dans sa galerie bien des figures de proue de la communauté artistique moderne, notamment Matisse, Picasso, Kisling, Pascin et Modigliani, dont l'exposition en décembre 1917 déclenche un fameux scandale. Cependant, elle n'a pas les moyens, ni le tempérament d'un grand marchand, et la plupart de ses protégés passent dans d'autres galeries, plus commerciales.

Zak
16, rue de l'Abbaye

La femme d'Eugène Zak dirige une galerie entre 1929 et 1935. Chagall, Pascin et Modigliani figurent à l'inventaire, aux côtés de Goerg, Gromaire, Dufy et d'autres. La galerie présente une exposition Kandinsky en février 1929 et un panorama de « La jeune peinture russe » en janvier 1930.

Zborowski
26, rue de Seine

Léopold Zborowski vient à Paris en 1914 pour y poursuivre ses études. Pendant la guerre, il commence à vendre des estampes, puis des tableaux d'autres membres de la communauté immigrée. C'est ainsi qu'il devient le principal marchand de Modigliani en 1916 et de Soutine en 1919, année au cours de laquelle il se regroupe avec quelques autres, dont le collectionneur Jonas Netter, sans doute pour fournir aux frères Sitwell les tableaux de l'exposition à la Mansard Gallery, qui va lancer Modigliani et Utrillo en Angleterre. Il finit par ouvrir sa propre galerie en 1927, où il se spécialise dans l'École de Paris, en particulier Hayden, Kisling, Krémègne, Soutine et Modigliani. À sa mort en 1932, Zborowski laisse un commerce au bord de la faillite. M. G.
(traduit par Jeanne Bouniort)

Mercereau, Alexandre

Paris, 1884 – Gandelu, 1945

Alexandre Mercereau, c. 1910

Il a 17 ans lorsqu'il débute en littérature en collaborant à *L'Œuvre d'art internationale*. En 1904, il fonde avec quelques amis (Duhamel, Vildrac, Arcos) la revue *La Vie*. En 1906, sur la recommandation de René Ghil, Nicolas Riabouchinsky, peintre, mécène et collectionneur, directeur de *La Toison d'or*, l'invite à Moscou pour diriger la partie française de la revue. Mercereau tient aussi la chronique de littérature française pour une autre revue moscovite, *La Balance (Viessy)*. En Russie, il signe ses articles sous un pseudonyme, Eshmer Valdor. En 1907, il fait paraître un recueil de contes, *Gens de là et d'ailleurs*. De retour à Paris, il rejoint le phalanstère d'artistes de l'Abbaye de Créteil dont il est, depuis 1906, l'un des membres fondateurs avec Albert Gleizes, Georges Duhamel, Charles Vildrac, Henri-Martin (dit Barzun), René Arcos et Lucien Linart (typographe). En 1909, il réorganise la section littéraire du Salon d'automne et devient, en 1910, à la demande de Paul Fort, le codirecteur de la revue *Vers et Prose*. Ses amis intimes (Roger Allard, Paul Castiaux, Henri Le Fauconnier, Eugène Figuière, Paul Fort, Albert Gleizes, Henri-Martin Barzun, Pierre Jaudon, Jean Metzinger, Jacques Nayral, Fritz R. Vanderpyl, Albert Verdot, Sébastien Voirol) organisent un dîner au café Voltaire en son honneur. Gleizes illustre la couverture de son livre *Les Contes des ténèbres* (1911), tandis que Metzinger lui consacre un essai critique publié chez Figuière (1912). Mercereau est un ardent défenseur du cubisme de Passy et de Puteaux, de l'« orphisme » de Kupka et Robert Delaunay, ce qui ne l'empêche pas d'admirer les œuvres de Braque et Picasso, et de se lier avec les futuristes Marinetti, Soffici, Papini. C'est ainsi qu'il est le témoin du mariage de Severini (1913) avec la fille de Paul Fort.
De 1907 à 1914, il sert d'agent culturel entre les marchands, artistes, écrivains, critiques d'art, éditeurs de différents pays. Il organise les deux expositions de la Toison d'or qui présentent les artistes français à Moscou. Le premier salon, en 1908, s'ouvre aux « anciens modernes » – Bonnard, Cézanne, Degas, Van Gogh, Vuillard, Rouault, Rodin – avec la nouvelle vague – Braque, Picasso, Gleizes, Le Fauconnier, Matisse, Metzinger, Van Dongen – et un grand nombre d'artistes russes. Dans le second salon, l'accent est mis sur les fauves et Larionov, Gontcharova, Petrov-Vodkine, Sarian figurent parmi les Russes. Sollicité par Izdebski, il organise la participation française à une « Exposition d'art international » (Saint-Pétersbourg, Kiev, Riga, de 1909 à 1910) et la sélection française des deux expositions du Valet de carreau (décembre 1910-1911 et 1912). En 1912, il est secrétaire de la ligue « Pour mieux se connaître, œuvre de rapprochement intellectuel franco-allemand ». En 1914, il organise avec Tastevin une série de « Grandes conférences » en Russie autour de Paul Fort, Verhaeren, Marinetti et conçoit, pour la société Manès à Prague, une grande exposition d'art vivant, prémonitoire de l'École de Paris (le groupe tchèque Manès, Adya et Otto Van Rees, Bolz, Bruce, Brancusi, Archipenko, Vassilieff, Julio González, Rivera, Mondrian, Stern, Marcoussis, Zawadowski, Kisling et les Français Marchand, Dufy, Duchamp-Villon, Roger de La Fresnaye, Friesz, Tobeen, Villon, Luc-Albert Moreau, Robert Delaunay, Gleizes, Metzinger).
Après une conduite exemplaire comme ambulancier pendant la guerre (il reçoit la croix de guerre et la médaille militaire), Mercereau devient directeur de collection chez Povolozky (après l'avoir été chez Figuière) où paraissent sous sa plume des essais sur Kupka, Picabia, Gleizes et Lhote. Son soutien à toutes les manifestations d'aide aux émigrés russes lui vaut le refus d'être décoré de la Légion d'honneur pour cause de « bolchevisme », accusation qu'il réfute énergiquement. Il anime aussi « l'université Mercereau » au

Caméléon (1922 à 1926) mais, en 1928, déçu du manque de reconnaissance officielle, cet idéaliste pacifiste interrompt son université qui le ruine et se retire à la campagne. Absent de Paris, le monde de l'art oublie très vite son rôle éminent de passeur transculturel, conduit avec autant de passion altruiste que d'efficacité au cours des trente premières années du xxᵉ siècle. En 1914, dans *L'Histoire contemporaine des lettres françaises*, Florian Parmentier écrit : « L'ascendant d'A. Mercereau sur la nouvelle génération s'affirme considérable. Sans doute, certains chefs de groupes exercent une action beaucoup plus bruyante, mais la sienne me paraît la plus étendue, la plus pénétrante, la plus sûre. »

G. F.

Modèles

Avant 1914, les peintres et les académies se procurent des modèles (hommes ou femmes, enfants ou vieillards), chaque matin, au « marché aux modèles », situé au carrefour de la rue de la Grande-Chaumière et du boulevard du Montparnasse. Traditionnellement, les Italiens originaires des Abruzzes, puis les Espagnols, sont les plus nombreux et les plus réputés. Beaucoup de familles de modèles vivent rue Huyghens, à l'endroit où plus tard s'installera le Strix. On paie généralement le modèle 5 francs pour une matinée mais Pascin, par exemple, donne jusqu'à 40 francs à ses modèles favoris.

De nombreux modèles par la suite ouvrent ou dirigent des académies libres (Colarossi, Vitti) ou deviennent massier ou concierge. En 1914, ces « sans-emploi » (beaucoup de peintres sont partis à la guerre) sont réclamés par l'ambassade d'Italie et expulsés de France.

Tant à cause de la « peinture moderne » que de l'amenuisement de l'art académique, il faut néanmoins trouver des modèles :

Aïcha, 1920

compagnes d'artistes (Kiki, Youki), étudiantes devenues aussi des compagnes (Jeanne Hébuterne), artistes venues du cirque (Aïcha) ou mannequins de chez Poiret (Pâquerette, Bronia Perlmutter). Les peintres vont souvent recruter au Dôme ou à la Rotonde, la plupart du temps sans contrat.

Le modèle masculin reste rare. Marie Vassillieff rapporte une anecdote amusante : « J'organisais souvent de grands concours de modèles et les plus beaux sont venus poser dans mon académie ; je les payais d'ailleurs plus cher que les autres académies de Montparnasse – mais les modèles hommes étaient les plus difficiles à trouver ; j'avais découvert heureusement toute une colonie de nègres. [...] Je rencontrai un tout jeune homme très élégant. C'était un étudiant russe, un ami du prince Nicolas. Il me dit qu'il venait de se ruiner complètement au casino de Monte-Carlo et qu'il voudrait bien trouver un travail quel qu'il soit pour vivre [...] Notre jeune homme vint à l'heure exacte, enlève son élégant costume [...] Les élèves surtout les femmes furent sous le charme de cette beauté, au point que, sur les feuilles de dessin pendant plus d'une heure entière il n'y eut pas un seul trait. »

Les modèles les plus célèbres sont Kiki, Aïcha, Thérèse Treize, Youki, Cécile Vidil dite Lucy (modèle – à l'académie Matisse – de Jules Pascin, avant de devenir la femme de Per Krohg), Bronia et Tylia Perlmutter (juives polonaises arrivées de Hollande en 1922). Bronia, mannequin chez Poiret, pose pour Kisling, Nils Dardel, Marie Laurencin, Berenice Abbott, Man Ray ; elle devient la maîtresse de Raymond Radiguet puis joue dans *Relâche* où elle rencontre son futur mari, René Clair.

S. K.

Musée du Jeu de paume

Créé en 1818, le musée du Luxembourg est destiné à recevoir l'art vivant français. Dans la seconde moitié du xixᵉ siècle, l'idée d'y introduire des artistes d'écoles étrangères se fait jour. On pense surtout à ceux installés en France. Léonce Benedite, directeur du Luxembourg, est le premier à pratiquer une politique d'acquisitions intégrant les artistes étrangers, constituant ainsi une véritable « section étrangère » dans ses collections.

En 1922, l'exiguïté du musée du Luxembourg oblige les collections étrangères à occuper les salles du musée du Jeu de paume, qui sera jusqu'en 1932 une sorte d'annexe, sans moyens particuliers. Seule la nomination de Robert Rey en 1924, comme conservateur adjoint chargé du musée du Jeu de paume, annonce son autonomie. En 1931, André Dézarrois qui en est nommé conservateur inaugure une politique audacieuse en matière d'expositions et d'acquisitions. En 1932, à l'ouverture du musée du Jeu de paume, une salle est consacrée à l'École de Paris : « La salle 14, une des plus belles, contient, outre des sculptures de Chana Orloff, Gargallo, Manolo, Zadkine et quelques beaux dessins de Georges Minne (en vitrine) une vingtaine de peintures prêtées temporairement [...] mais dont plusieurs feront sans doute plus tard partie du musée. Il y a là cinq Modigliani, deux Van Dongen, trois Picasso, deux Foujita, quatre Pascin fort beaux. Ensor, Juan Gris, Zak, Kisling, Chagall, M. Andreu et Soutine sont également représentés. "L'École de Paris" est très prisée hors de France : il est indispensable que les Parisiens puissent voir ici, à leur vraie place et soigneusement sélectionnées, les œuvres de ces chefs de file dont l'influence a été si grande.

Plusieurs de ces peintres, naturalisés français, viendront d'ailleurs un jour au Luxembourg » (*Bulletin des musées de France*, 1933, 5ᵉ année, n° 1).

Des discussions éclatent très vite autour de cette scission. Waldemar George n'hésite pas à demander en 1924 : « Doit-on considérer l'art français comme une notion ethnique ou comme une notion purement esthétique ? » (« Salon des indépendants », dans *L'Amour de l'art*, février 1924, p. 42).

Ce débat qui avait déjà agité la presse en 1924, du fait du classement par nationalités au Salon des indépendants, rejaillit en 1932 au moment de la création du musée du Jeu de Paume.

L'École de Paris remettait en cause la notion traditionnelle d'« école nationale ». La crispation des débats sur cette école révèle l'inquiétude des commentateurs sur le déclin de l'art français.

Les critiques hostiles au musée n'y voient qu'anarchie et cosmopolitisme n'ayant rien à voir avec une école nationale (école allemande, polonaise, italienne, belge, espagnole, anglaise…), tandis que ses défenseurs – ainsi Paul Guillaume – critiquent le terme d'étranger qui n'a pas lieu d'être quand on parle d'art moderne : « Les peintres ont une nationalité en vertu d'une constance du *jus sanguinis* ; ils en changent à l'ombre du *jus soli* opportuniste et ces petits frégolis retournent à leur premier état civil quand il s'agit de jouer des rôles de figuration exotique dans ces méchantes époques de crise où la matière étrangère est contingentée » (*Paris-Midi*, 17 février 1933). Si, en 1932, l'École de Paris est pour la première fois institutionnalisée, la création du musée d'Art moderne en 1947 fera triompher cette conception internationale d'art moderne. L'École de Paris ne représentera alors qu'un ensemble d'artistes étrangers ou d'origine étrangère vivant dans la capitale.   S. K.

Oettingen Stepavrevka, Hélène

Éléna Frantsevna Oettingen
Ukraine, 1885 ou Venise, 1887 –
Paris, 1950

La baronne Hélène d'Oettingen

La baronne d'Oettingen, alias Roch Grey écrivain, Léonard Pieux poète, François Angibout peintre, joue un rôle important dans l'avant-garde des années 1910 en contribuant à la survie de la revue *Les Soirées de Paris*, dirigée par Apollinaire, et en recevant dans son salon, au 229, boulevard Raspail, « ceux qui ont ou auront un nom dans la peinture, la poésie et la musique moderne ».

Née vraisemblablement en 1875, la baronne d'Oettingen falsifie sa date de naissance, invente le lieu où sa mère, la comtesse polonaise Miaczinska, l'a mise au monde, imagine un père qui pourrait être François-Joseph, empereur d'Autriche et roi de Hongrie. En 1926, dans *Le Château de l'étang rouge*, Roch Grey romance avec lyrisme sa

jeunesse au château de Krasny Staw près de Kiev, mêlant ses fantasmes et la réalité.

Vers 1900, elle épouse Otto von Oettingen, officier de l'état-major du tsar. En 1902, la baronne d'Oettingen divorce et part pour l'Europe avec le peintre Serge Yastrebtsov (Serge Férat). « Notre amitié est plutôt une habitude, un sentiment de famille, un souvenir d'enfance », écrit-elle au peintre Carlo Carrá.

À Florence, au café Gambrinus, elle rencontre Soffici, qu'elle retrouve à Paris en 1903. Il la reçoit dans son atelier, à la Ruche, passage de Dantzig : « Nous peignions des natures mortes, des fleurs, des ébauches de portraits et nous lisions des livres d'amour en nous embrassant. » Mais dans *Fin du monde*, Soffici la décrit comme l'une de ces « femmes désastreuses, de la race des héroïnes des poèmes de Pouchkine, de Lermontov, des romans de Dostoïevski et autres écrivains russes ». Leurs amours prennent fin en 1908. Soffici, dessinateur à *La Plume* où collabore Apollinaire, présente à celui-ci Hélène et Serge. Tous deux très fortunés, recevant d'abondants subsides de Russie, renflouent *Les Soirées de Paris*, et les signatures de Roch Grey et Léonard Pieux apparaissent dans chaque numéro. Tous les collaborateurs de la revue, les artistes de l'École de Paris, les futuristes, se retrouvent chez leur mécène. On y répète en 1917 *Les Mamelles de Tirésias*, drame surréaliste d'Apollinaire. Max Jacob raconte : « Avant de recouvrir de confitures très variées les tartines du thé pour nos dandies en casquette, elle nous servait à la russe avec un petit tour de valse. Les tartines des plus pauvres (Modigliani, Survage, Ortiz de Zárate et moi) étaient des sandwiches au rosbeef. Par cette chère bienfaisance, furent gardés de l'échouage des pauvres loustics qui spontanément à l'aurore rallumaient les lucarnes de la sala-

mandre ou frottaient le parquet longuement. »

Survage habite chez la baronne dont il est l'amant. En 1917, il peint son portrait. Il illustre de bois gravés treize de ses poèmes, son roman *Le Château de l'étang rouge*, son texte *L'Homme, la Ville, le Voyage* paru dans la revue *Sic*, dirigée par Pierre Albert-Birot.

Après la révolution de 1917, le nouveau régime séquestre sa fortune progressivement et la baronne doit réduire son train de vie généreux. Elle continue à écrire pour *Nord-Sud, Action, L'Esprit nouveau, La Vie des lettres*, publie des livres sur ses voyages, sur l'art, glorifie Apollinaire, Van Gogh, Rousseau et Modigliani. En 1936, Iliazd édite *Chevaux de minuit*, poèmes illustrés de gravures sur cuivre de Picasso.

Son travail ne lui suffit pas pour vivre. Sur les conseils de Soffici et Apollinaire, elle avait acheté avec Férat neuf toiles et cinq dessins du Douanier Rousseau, en 1910. Leur vente subviendra à ses besoins jusqu'à sa mort. En 1935, elle quitte son bel appartement du boulevard Raspail. Atteinte de leucémie, la « baronne » s'éteint en 1950.   J. W.

Revues

Avant 1920, l'art moderne est principalement défendu par les écrivains (Apollinaire, Salmon, Mercereau, Canudo, Marinetti, etc.), dans les rubriques artistiques des journaux (*Gil Blas, L'Intransigeant, Paris-Journal, Comœdia*) ou dans les revues littéraires et philosophiques dont ils sont aussi les rédacteurs. Dans les années 1920, on assiste progressivement au développement de revues exclusivement axées sur l'art et la culture, émanant d'un groupe artistique, d'une galerie, d'une communauté d'exilés ou d'organes de presse désirant élargir leur audience. Les publications les plus marginales ont des difficultés à subsister au-delà de quelques numéros, même si elles bénéficient d'une entraide internationale. Leurs diffusions sont à la fois géographiquement étendues et restreintes à un groupe ciblé, leurs parutions irrégulières. Le coût élevé du papier est un problème pour tous. La recherche de mécènes, d'encarts publicitaires, d'alliances avec le marché de l'art et l'adoption du bilinguisme tentent de palier aux déficits causés par l'insuffisance des abonnements. Malgré la diversité de goûts, tons et objectifs, on retrouve souvent les mêmes auteurs qui adoptent à l'occasion un ou plusieurs pseudonymes. À cet égard, en ce qui concerne l'École de Paris, les plus prolifiques sont Apollinaire et Salmon dans les années 1910, Waldemar George dans les années 1920.

Action (1920-1922)
18, rue Feydeau

Trimestriel. « Cahiers individualistes de philosophie et d'art » (12 numéros). Direction : Florent Fels et Marcel Sauvage ; textes : Apollinaire, Aragon, Malraux, Raynal, Radiguet, Salmon, Cocteau, Allard, Georges Gabory, J.-E. Blanche, Léon Werth, G. Duthuit, Cendrars, Tzara, etc. ; illustrations : Derain, Modigliani, Picasso, Kisling, Marcoussis, etc. Tirage de luxe à 50 exemplaires avec estampe originale. Cette revue se veut « le bréviaire de l'art moderne ».

L'Amour de l'art
(1920-1938)
puis **Prométhée**
(1945-1953)

Mensuel. Directeurs : Louis Vauxcelles, puis Waldemar George

(1924-1927), puis François Fosca et René Huygues (jusqu'en 1931). Avec ce dernier, les anciens critiques issus de la littérature cèdent la place à des conservateurs ou à des historiens d'art. Les objectifs de la revue sont la défense de l'art indépendant français en satisfaisant tous les goûts (art ancien, art moderne), avec le souci d'élargir l'audience. La neutralité du ton et la sélection des expositions dénotent une orientation assez conservatrice. À la fin des années 1920, un effort réel est fait pour relever le contenu des analyses formelles et donner des informations biographiques et bibliographiques précises.

L'Art contemporain/ Sztuka Wspolczesna
(1929-1930)

Cette revue franco-polonaise d'avant-garde (3 numéros) est fondée par Wanda Chodaseiwicz-Grabowska (Nadia Léger) et le poète Jan Brzekowski.

Les Arts à Paris
(1918-1935)
59, rue La-Boétie

Parution irrégulière. « Cahiers de la galerie Paul Guillaume » (21 numéros). Textes : Paul Guillaume (sous divers pseudonymes), Waldemar George, Albert Sarraut, Albert C. Barnes, Maurice Raynal, Florent Fels. Conçue comme la prolongation des *Soirées de Paris*, le sous-titre de la revue est « Actualités critiques et littéraires des arts et de la curiosité ». Organe de la galerie, elle rend compte des goûts de Paul Guillaume (l'art africain), tout en commentant l'actualité artistique internationale. D'abord animée par Apollinaire (le premier numéro est entièrement écrit par lui, sous différents pseudonymes : Paracelses, Louis Troème, F. Joliboro, Dr Pressement), c'est ensuite Paul Guillaume lui-même qui dirige la revue.

Les Arts plastiques
(1925-1928)
28, rue Vavin

9 numéros. Direction : Alfred Daber. Publication de la galerie Vavin-Raspail. N° 5 consacré à l'École de Paris.

L'Art vivant
(1925-1939)

Bimensuel. Supplément artistique des *Nouvelles littéraires*, J. Guenne, R. Martin du Gard, F. Fels. Articles de J.-E. Blanche, A. Salmon, C.-R. Marx, W. George, M. Raynal et G. Charensol. Le titre emprunté à Salmon défend la renaissance artistique de la France et de l'Europe. D'une modernité modérée, *L'Art vivant* se donne pour objectif « d'informer en pénétrant dans les ateliers et de promouvoir en atteignant les salons bourgeois ». En 1928, la revue s'ouvre à la photographie avec un article de Florent Fels sur le Salon de l'Escalier ; par la suite, sous le titre « La photographie est-elle un art ? », Jean Gallotti écrit une série d'articles de fond sur Atget, Kertész, Krull, Eli Lotar… *L'Art vivant et Les Nouvelles littéraires* dépendent de la Société de l'art vivant dont Gaston Gallimard est le plus fort actionnaire.

L'Assiette au beurre
(1901-1912)

Hebdomadaire. Revue d'illustrations satiriques des mœurs, politique et religion, grâce à laquelle un grand nombre d'artistes de l'École de Paris dont Kupka, Pascin, Galanis, Gris, ont pu vivre et se faire connaître au début de leur carrière parisienne.

Beaux-Arts
(première série, 1923-1932 ; nouvelle série, 1932-1944)

Bimensuel. Directeur : Théodore Reinach ; directeur adjoint et financier : Georges Wildenstein. La revue est éditée par la *Gazette des beaux-arts* dont Wildenstein devient propriétaire en 1928.

Bulletin de l'Effort moderne
(1924-1927)
48, rue de la Baume

40 numéros. Directeur : Léonce Rosenberg. Cette revue, comme les éditions de l'Effort moderne, est un organe de la galerie du même nom. Les auteurs sont Raynal, Léger, Van Doesburg, Van de Velde, Severini, Mondrian, Fels, Vantongerloo, Herbin, Reverdy, Metzinger, Ozenfant, Tériade… Léonce Rosenberg est un ardent défenseur du cubisme et du purisme qu'il promeut en les présentant comme le renouvellement de la tradition française. Par ailleurs, il soutient les avant-gardes néoplastiques ou constructivistes ainsi que diverses expressions composites de la modernité internationale : De Chirico, Kakabadzé et Papazoff.

Bulletin de la galerie Berthe Weill
(1923-1934 ?)
46, rue Laffitte

Le premier numéro est conçu par Roger Allard. Présentation de Berthe Weill avec la collaboration de Vauxcelles, Fels, Warnod, Fierens, Allard, et des artistes de la galerie, Halicka, Dubreuil, Makowski, Pascin, Krohg, Gromaire. Simultanément à la parution du n° 3 en 1924, Berthe Weill lance un journal, *Le Bousilleur*.

Bulletin de la Société des amateurs d'art et des collectionneurs
(décembre 1928-1930)

Mensuel. Il présente des comptes rendus des visites d'atelier, des informations sur les expositions et une rubrique de l'hôtel Drouot tenue par Tristan Klingsor.

Bulletin de la vie artistique
(décembre 1919-1926)
83, rue du Faubourg-Saint-Honoré

Bimensuel. Publication attachée à la galerie Bernheim-Jeune, dont la rédaction est confiée à Félix

Fénéon, Guillaume Janneau et Pascal Forthuny. Le bulletin rend compte de l'activité de la galerie, de l'actualité mondaine et artistique, parisienne voire internationale, des ventes publiques. Une série d'enquêtes intéressantes paraît sur le cubisme en 1924.

Cahiers d'art
(1926-1960), plusieurs adresses de 1926 à 1929

Mensuel. En 1934, une galerie s'ouvre au 14, rue du Dragon. Directeur : Christian Zervos ; collaborateur : Tériade. De présentation moderne et élégante, cette revue recouvre les arts anciens, primitifs et contemporains, dans toutes les disciplines, architecture, peinture, mise en scène, musique et cinéma. Recherchant une audience internationale, elle s'ouvre aux échanges, actualités et annonces des galeries et musées étrangers, notamment Flechtheim (Berlin, Düsseldorf), Alex Reid et Lefevre (Londres), Valentine Gallery, de Hauke (New York), et collabore avec les critiques et historiens de tous pays. *Les Feuilles volantes* sont consacrées à des portraits de collectionneurs et de marchands. C'est très certainement le plus prestigieux organe de l'universalisme parisien. Éditions de luxe avec estampes originales de Laboureur, Dunoyer de Segonzac, Chagall, Dufy…

C.A.P.
(pour Critique, Art et Philosophie, 1924-1928), rue Daveau

Mensuel. 9 numéros. Fondée par Marcel Hiver, venu de la revue *Montparnasse*, cette publication témoigne d'un anarchisme polémique contre les systèmes esthétiques et la corruption du marché. Elle attaque les cubistes et leurs défenseurs comme André Salmon, Waldemar George, Maurice Raynal. Il s'ensuit un procès intenté à Marcel Hiver, par Kisling et Paul Guillaume, Waldemar George, Jacques Lipchitz, André Salmon, qui défraie la chronique :

« Par la faute du *C.A.P.* et de son directeur, on s'est beaucoup battu à Montparnasse au cours de l'hiver dernier, tant le ton sur lequel il était parlé des gens était inacceptable », note André Warnod en 1925. Doucet aide financièrement la revue à laquelle collaborent Faure, Charensol, Fels, Cassou. Illustrations : Modigliani, Koyanagui, Vassilieff, Vlaminck. Berthe Weill écrit : « À l'instar du triste Cravan, Marcel Hiver y insulte les artistes, ne trouvant que ce procédé peu élégant pour se faire de la publicité : résultat négatif, publicité fâcheuse. »

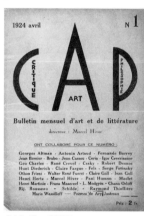

C.A.P., 1er avril 1924

Carnet de la semaine
(1915-1934)

Hebdomadaire. Gazette illustrée. Critique de l'art par Louis Vauxcelles (sous le pseudonyme de Pinturicchio), où il attaque les cubistes alors que dans *L'Amour de l'art* qu'il dirige, il en fait parfois l'éloge. Les n°s 14 et 15 de *L'Esprit nouveau* lui reprochent la duplicité de ce comportement.

Les Chroniques du jour
(1925-1929)

Trimestriel. Directeur : Gualtieri di San Lazzaro. Édition d'un numéro en langue allemande, *Die Tageschronik der Kunst*. Cette revue entretient une bonne relation avec la galerie de France, qui ouvre en 1929, et avec la galerie Flechtheim. Monographies de luxe sur Braque, Chagall, Derain, De Chirico, Foujita, Menkès, Modigliani, Kisling, Picasso, Zadkine.

Le Crapouillot
(1915)
3, place de la Sorbonne

Hebdomadaire puis trimestriel. Directeur : Jean Galtier-Boissière. Revue illustrée consacrée aux arts, lettres, spectacles. « Vivant et combatif, ancien journal de tranchée célèbre par ses débourrages de crâne », annonce un encart publicitaire paru dans *Clarté*. Chaque année paraissent des numéros spéciaux, abondamment illustrés, consacrés aux différents salons. Les colonnes du *Crapouillot* affectionnent les faits divers : telle la dispute entre Pascin et Galtier-Boissière, survenue au cours du banquet, bien arrosé, offert à André Warnod en 1926 chez Dagorno pour sa Légion d'honneur. L'inexactitude du compte rendu sera par la suite dénoncée par Berthe Weill.

L'Esprit nouveau
(1920-1925)
13, quai de Conti

Bimensuel. Revue internationale d'esthétique contemporaine (28 numéros). Directeurs : Paul Dermée, puis Amédée Ozenfant et Charles-Édouard Jeanneret (Le Corbusier). Son objectif est de « présenter, commenter clairement les œuvres, les recherches, les idées de ceux qui aujourd'hui conduisent notre civilisation… » Cet esprit nouveau se définit par « un esprit de construction et de synthèse guidé par une conception claire ». Textes : Raynal, Salmon, Léonce Rosenberg, Waldemar George, Ozenfant, Le Corbusier, Delluc, Élie Faure, Lalo, Henri Hertz. Illustrations : Picasso, Marcoussis, Lipchitz, Gris, Survage, Hayden, Mondrian, etc.

Feuillets d'art
(1915-1922)
Paris, Londres, New York

Bimensuel. Recueil de littérature et d'art contemporain édité par Condé-Nast. Son directeur, Lucien Vogel, possède aussi la galerie du même nom.

Feuillets d'art, mars 1922

Formes
(1929-1934)

10 numéros par an. Cette revue luxueuse, qui dépend des éditions des Quatre-Chemins, est financée par le baron et collectionneur Fukushima (directeur), avec Waldemar George comme rédacteur en chef. Elle a même une édition en langue anglaise qui connaît une certaine reconnaissance aux États-Unis. En 1934, pour des raisons financières, *Formes* fusionne avec *L'Amour de l'art*. George en est de nouveau le directeur ; René Huygue et Germain Bazin font partie du comité de direction.

Gargoyle
(1921-1922)
7, rue Campagne-Première

Revue littéraire publiée par un couple d'expatriés américains, Arthur Moss et Florence Gillian, auxquels sont associés Ladislas Medgyes, Julian Levy. *Gargoyle*, c'était « Greenwich Village à Montparnasse » selon Malcolm Cowley, l'un de ses collaborateurs. Textes sur Joyce et autres écrivains américains ; illustrations : Zadkine, Kisling, Braque, etc.

Gazette des sept arts
(1923)

8 numéros : architecture, peinture, sculpture, musique, poésie, danse, cinéma. Directeur : Ricciotto

Canudo. Comité de rédaction : René Blum, Fernand Divoire, Waldemar George, André Levinson, Mallet Stevens, Moussinac. Le cinéma remplace la musique au sommet de la hiérarchie des arts. Numéros abondamment illustrés et consacrés au cinéma, aux Salons d'automne, des indépendants, des Tuileries, aux artistes du « Grand Bal travesti transmental » et aux décors modernes.

Gazette des sept arts, nᵒˢ 4-5,
23 février 1923

Jazz
(15 décembre 1928-1930)

Jazz, 15 juin 1929

Bimensuel. Directrice : Titayana. Rédacteur en chef : Carlo Rim. L'actualité intellectuelle : chroniques sur les faits divers, littérature, cinéma, spectacles, jazz, sport, reportages sur des villes ou pays étrangers, etc. Collaborateurs : Mac Orlan, Fels, Pagnol, Kisling, Gus Bofa ; photographies : Atget, Man Ray, Abbott, Lotar,

Krull, Moholy-Nagy, Kertész, Tabard, Titayana, Sougez. « Ceux qui ont réhabilité la photographie comme Cézanne et Picasso ont réhabilité la peinture » (Carlo Rim, 15 mars 1929).

Khaliastra (La bande)
Revue d'avant-garde littéraire et artistique en yiddish : nᵒ 1 publié à Varsovie en 1922, nᵒ 2 à Paris en 1924. Illustrations de Chagall.

Mahmadim
(1912)
Pas de périodicité. « Délices », titre donné par Shlomo Zemach. Journal hectographié en yiddish, réalisé à la Ruche par Joseph Tchaikov, Leo Koenig, Yitzhak Lichtenstein, Marek Szwarc, Henri Epstein et peut-être Krémègne, dans un atelier voisin de celui de Chagall. Très peu de numéros (5 à 7, selon les témoignages). Politiquement préoccupée par la recherche d'un style moderne proprement juif, cette revue n'a pourtant rien d'avant-garde quant à son illustration qui tâtonne entre l'art naïf et la stylisation Art nouveau. Bien que Chagall n'y ait pas participé, on peut penser que les discussions de ses voisins d'atelier le conduisent à s'interroger sur la manière d'allier modernité et expression identitaire dans son propre travail. Après la guerre, fort de ce premier essai et d'une connaissance acquise des expressions cubofuturistes, constructivistes ou expressionnistes, Szwarc (en Pologne) et Tchaikov (en Russie) créent de réelles revues d'avant-garde en yiddish.

Menorah
(1922-1933)
Bimensuel. Comité de rédaction : Bloch, Cattani, Fleg, Baruch Hagani, Hertz, Gustave Kahn (qui devient rédacteur en chef en juin 1924), Roger Lévy, Aimé Pallière, André Spire, Tchernoff. La revue publiée en janvier 1922 sous le titre *L'Illustration juive* doit en

changer en octobre, sous la pression de *L'Illustration* des frères Bachet. Abordant tous les sujets politiques, économiques et culturels, revendiquant la défense du sionisme, elle annonce pour devise : « au-dessus des partis » et pour but le rapprochement des israélites de France et de l'étranger. C'est la première publication française qui consacre une rubrique aux artistes juifs français, palestiniens ou autres étrangers à travers l'actualité des salons et expositions. En juillet 1928, *Menorah* organise une exposition très éclectique : Jules Adler, Alexandre Altmann, Marcelle Cahn, Georges Kars, Max Libermann, Jules Pascin, Henri Valensi, Weibaum y participent. À ceux-ci s'ajoute un hommage à Pissarro et Modigliani.

Mercure de France
(1890-1965)
Bimensuel. Directeurs : Alfred Valette et sa femme Rachilde. Nombreux collaborateurs prestigieux : Pierre Louÿs, André Gide, Alfred Jarry, Rémy de Gourmont. Gustave Kahn y écrit sur l'art. En 1925, une série d'articles est consacrée à la question de l'art juif.

Montjoie !
(1913-1914)
Bimensuel. « L'organe de l'impérialisme artistique français. » Revue d'esthétique littéraire, théâtrale, musicale et des arts plastiques, fondée par l'écrivain italien Canudo, défenseur du « cérébrisme » et de la synthèse des arts sous l'égide de la musique. Nombreux articles sur l'art signés Apollinaire, Salmon, Basler, Raynal, Mercereau, Gleizes, Léger, La Fresnaye, Bourdelle, Valensi, Larionov. Cette revue illustrée plus que toute autre par la reproduction d'œuvres d'artistes étrangers (Chagall, Survage, Bolz, Nadelman, Archipenko, Kars, Prochazka, Wyspiansky, Rivera, Kisling, González, Lewitska, Russell, Bakst, Csáky, Frost, Bailly, Zadkine,

Gontcharova, Van Dongen) ne craint ni la provocation ni le paradoxe en arborant un tel sous-titre. Pour Canudo, la culture française était la plus haute expression de l'« Idée » qui, grâce à son universalisme, transcende toutes les « races ».

Montparnasse
(1914 et 1921-1930)
Bimensuel. 2 numéros paraissent en 1914 sous la direction de Paul Husson, écrivain, secrétaire de *Vers et Prose*, avec la collaboration d'Apollinaire, Paul Fort, Salmon, Carco, Gleizes, Metzinger. Géo Charles et Marcel Say reprennent cette revue après la guerre jusqu'en 1930. Artistique et littéraire, elle affiche un certain humanisme : « Nous saurons accueillir l'artiste isolé qui travaille loin des coteries » (*Montparnasse*, nᵒ 1, 20 juin 1914). Peu polémique, elle témoigne surtout des réseaux d'amitiés à Montparnasse, du pittoresque du quartier et de l'art dans la rue, tout en rendant compte de l'actualité artistique parisienne dans son ensemble : conférences, salons et expositions.

Muba
(1928)
21, rue Valette
Revue franco-lituanienne, fondée par Juozas Tyslavia (2 numéros). Son but est de « créer une armée de représentants de tous les mouvements contemporains dans les arts, qu'ils appartiennent à n'importe quelle nation, à n'importe quelle race, à n'importe quelle culture… Seule la révolution de l'esprit a de l'importance pour nous, et voilà que sonne l'heure de l'action ». Poèmes de Cocteau, Delteil, Dermée, Seuphor, Kurcijs, Jasienski, Huidobro ; illustrations de Cocteau, Lipchitz, Mondrian, Suta.

Nord-Sud
(1917-1918)
Mensuel. Cette publication emprunte son titre à la nouvelle ligne

391

de métro Nord-Sud. Directeur : Pierre Reverdy. Financée par le marchand de tableaux norvégien Walther Halvorsen, elle soutient le cubisme principalement. Collaborateurs : Apollinaire, Huidobro, Max Jacob.

Nord-Sud, n° 1, 15 mars 1917

Nouveau spectateur
(1919-1921)
Bimensuel. 20 numéros. Directeur : Roger Allard.

Oudar
(1922-1923)
Revue d'art en russe publiée à Paris (4 numéros). Directeur : Serge Romoff. En février 1923, elle organise une exposition de peintres russes (Païles, Soutine, Térechkovitch, Volovick, Lanskoy, etc.) à la galerie La Licorne.

Paris-Montparnasse
(1929-1933)
241 puis 132, boulevard Raspail
Mensuel illustré. Rédacteur en chef : Henri Broca, ami de Kiki. Organe de la vie de bohème de Montparnasse avec la collaboration des artistes et de Maximilien Gauthier, André Salmon, Robert Desnos, André Warnod, Michel Georges-Michel.

La Pologne littéraire
(1925)
Cette revue rend compte en français de l'actualité artistique et littéraire en France : articles sur les arts plastiques de Waclaw Husaki et Zygmunt St Klingsland.

La Renaissance de l'art français et des industries de luxe
(1918-1939)
Mensuel. Direction : Henri Lapauze ; rédaction : Jean Cassou, Georges-Henri Rivière, Claude-Roger Marx, Robert Rey, Waldemar George. La défense d'un goût conservateur s'illustre pendant la guerre par ses attaques contre la mode de Paul Poiret, considéré comme germanique. Édition en anglais à partir de 1926. Y collaborent Fierens, Wildenstein, Edmond Jaloux, Raymond Cogniat, Waldemar George, Louis Vauxcelles, Jean Cassou, John Rewald.

Revue franco-nipponne
(1926)

Revue franco-nipponne, n° 1, 15 février 1926

Revue artistique, littéraire, économique, sociale. Directeur : M. Nakanishi ; rédacteur : M. K. Matsuo. Collaboration de Foujita qui en dessine la couverture.

Revue scandinave
(1910)
123, boulevard du Montparnasse
Art, lettres, tourisme, sport, commerce. Directeur : Fritiof Palmer. Organe de l'Association franco-scandinave. Textes sur l'art de Halvorsen, Salmon, Otto Grautoff.

The Transatlantic Review
(octobre 1923-décembre 1924)
Londres, New York, Paris
Mensuel. Publiée à Paris avec le soutien financier de John Quinn, avocat, mécène et collectionneur notamment de Brancusi, cette revue est dirigée par l'écrivain anglais Ford Madox Ford, avec la collaboration de James Joyce, Ezra Pound, Gertrude Stein, Ernest Hemingway, etc.

Transition
(1927-1938)
Mensuel. Revue éditée en anglais à Paris, dirigée par Eugène Iolas, un Américain d'origine alsacienne. Art et littérature principalement dans la mouvance du surréalisme et des avant-gardes.

La Vie des lettres et des arts
(1913-1914/1920-1926 ?)
Revue d'art moderne et de critique. Directeurs : Nicolas Baudouin et Willem Speth. Éditions Povolozky. Textes de Jean Cocteau, Albert Gleizes, Yvan Goll, František Kupka, Waldemar George ; illustrations de Fernand Léger, Louis Marcoussis.

Vogue
(1920)
Bimensuel. Fondée par Lucien Vogel et Condé-Nast, cette revue de mode à la renommée internationale voit débuter de nombreux photographes, parmi lesquels Hoyningen-Huene, Man Ray, etc.

Vu
(1928-1938)
Hebdomadaire. Directeur : Lucien Vogel. C'est le premier grand illustré photographique français. À partir de 1930, le rédacteur en chef est Carlo Rim. Dès 1931, l'orientation politique à gauche s'affirme clairement grâce à une documentation soigneusement sélectionnée, un montage et un graphisme percutant. G. F.

Les Soirées de Paris
(février 1912-juillet/août 1914)

Projet de couverture pour *Les Soirées de Paris*

Cette revue d'avant-garde doit sa première existence au désir des amis d'Apollinaire de le sortir d'une période difficile. Le poète, mêlé à l'affaire du vol de statuettes ibériques au Louvre, a connu la prison et se trouve sans travail. André Billy, Salmon, Dalize, Tudesq décident alors de fonder pour lui une nouvelle revue. Au café de Flore, en janvier 1912, ils en établissent les statuts. Billy en pensant aux *Soirées de Médan* propose le titre *Les Soirées de Paris*.

Le premier numéro sort avec un article d'Apollinaire intitulé « Du sujet dans la peinture moderne » qui fait scandale : « La vraisemblance n'a plus aucune importance [...] Le sujet ne compte plus [...] Un Picasso étudie un objet comme un chirurgien dissèque un cadavre... » Dalize furieux affirme que la défense du cubisme va couler la revue et répond à Apollinaire : « Les Soirées n'ont pas été créées pour soutenir des peintres ignorants et prétentieux dont tu t'entoures... » Les autres textes, « Scènes de la vie littéraire à Paris » par Billy, « Observations déplacées » par Salmon, « Littérature des intoxiqués » par Dalize et le fameux poème d'Apollinaire « Le Pont

Mirabeau », sont appréciés de tous. Mais les lecteurs se font de plus en plus rares et, l'année suivante, la revue fait faillite.

C'est alors que la baronne Hélène d'Oettingen et Serge Férat, riches émigrés russes, rachètent *Les Soirées de Paris*. La baronne raconte : « Tous les jours, après le repas sur la terrasse, sous un laurier en fleur, on parlait de la revue […] On établissait les plans. Guillaume Apollinaire prenait la direction littéraire. Serge, sous le nom de Jean Cérusse (ces Russes, Serge et Hélène), se chargeait de la direction artistique. Il voulait changer le titre, selon lui déjà usé. Il la voulait neuve et combative. Très prudent, Apollinaire ne voulait rien brusquer : "Nous avons quarante abonnés ! C'est beaucoup. Nous devons les ménager !" »

Le n° 18 des *Soirées de Paris* paraît le 15 novembre 1913, sous une nouvelle formule avec une couverture couleur brique. Les reproductions de cinq natures mortes de Picasso découpées dans du métal font tout à coup de cette revue routinière l'organe des tendances les plus audacieuses en poésie et en art. Dans les numéros suivants, on trouve au sommaire Matisse, Marie Laurencin, Gleizes, Metzinger, Raynal, Derain, Picabia, Braque, Archipenko, Vlaminck, Léger, Apollinaire, Jacob, Salmon, Divoire, Hertz, Royere, Cendrars, Soffici…

La baronne, qui publie régulièrement sa prose et ses poèmes sous les noms de Roch Grey et Léonard Pieux, se souvient des effets du premier numéro : « Immédiatement le chiffre des abonnés tomba de quarante à un seul – par contre la correspondance devint volumineuse, grossie par des lettres d'injures. Presque simultanément, les demandes de spécimens affluaient de toutes parts. En suivant du doigt les adresses des amateurs sur un globe en porcelaine, on arrivait à faire le tour du monde. Guillaume exultait […] Réguliè-

rement, il composait le numéro chez lui. Avant de livrer les manuscrits à l'imprimeur, il les portait dans l'atelier de Serge Férat, au 228, boulevard Raspail, où quelquefois éclataient des discussions orageuses qui duraient des nuits entières […] Tous les mois, le jour de la parution, on prenait un taxi, Serge, Guillaume et Jean Mollet (gérant de la revue), un gros cigare à la bouche, et tous les trois, joyeux, distribuaient chez les libraires *Les Soirées de Paris*. D'abord aucun n'en voulait, faute de la régularité dans l'ancienne parution, mais les boniments, la saine gaieté de Guillaume Apollinaire déridaient tout le monde et tout marchait à souhait. Le soudain fracas de la guerre arrêta le dernier sourire… »   J. W.

Salons

Les Salons des indépendants et d'automne regroupent principalement les artistes de l'École de Paris et de l'art vivant. Ils s'opposent farouchement au Salon de la Société des artistes français et à celui de l'École française où préside l'art académique, mais aussi au Salon de la Société nationale des beaux-arts, très modérément novateur. Tous trois sont consacrés par le goût officiel et les honneurs (décorations, bourses, prix). Déjà en 1912, J. Paul Boncour, dans sa préface pour le Salon d'automne, dénonce l'incapacité de l'État à découvrir le réel talent tant il est « inféodé à l'Institut et à l'art académique » en concluant : « Les plus belles collections de l'art moderne français se trouvent à

Berlin. » Le combat esthétique et la lutte des critiques contre le pouvoir institutionnel culminent en 1924, lorsqu'il s'agit de décider quelle tendance – art vivant ou art officiel ? – représenterait la France à l'Exposition internationale des arts décoratifs de 1925.

Salon de la Société des artistes français
Grand Palais

Fondé en 1673, il comporte dans chaque discipline – peinture, sculpture, architecture, gravure – une section dévolue aux artistes étrangers. On y décerne une soixantaine de prix, délivrés par divers ministères (Instruction publique et Beaux-Arts, des Colonies), de la Société des artistes français (prix Rosa Bonheur, Corot, Henner…). Ce salon présente la quintessence de l'art officiel. En 1919, il organise en annexe une « Exposition des œuvres des artistes mobilisés » qui déroge au conservatisme. Sélectionnés par Georges Desvallières figurent parmi d'autres : Léopold Lévy, Zadkine, Camoin, Dunoyer de Segonzac, d'Espagnat, Maillol.

Salon des indépendants
Grand Palais

Fondé en 1884 et interrompu après 1914, il se tient au Grand Palais depuis 1920, généralement en février-mars. Paul Signac en est

le président depuis 1910, le comité d'administration élu est choisi parmi les artistes français. Sans jury d'admission ni prix, c'est le plus accessible et le plus libre des Salons. Les étrangers, jeunes à peine sortis des académies ou autodidactes, y affluent en côtoyant les artistes renommés. On peut y découvrir des jeunes talents, de nouveaux génies si on arrive à dégager « le froment de l'ivraie » comme l'écrit Gustave Coquiot (*Les Indépendants*, 1920). Victime de son succès [1], ce salon doit très vite faire face à la difficulté de trouver un ordre juste et égalitaire de placement afin d'éviter les coteries ou les intrigues auprès du comité de placement (comme ce fut le cas pour le regroupement des cubistes « français » dans la salle 41 du Salon de 1911). Après la guerre, le nombre croissant des artistes étrangers redouble le problème : certains artistes français s'alarment de voir la création nationale diluée au sein d'une production cosmopolite tout aussi dispersée par le semi-ordre alphabétique décidé en 1922 (réparti en six sections, tirage au sort des salles). En novembre 1923, en raison des contestations, Signac et le comité décident l'adoption du placement par nationalités pour le salon suivant. Considérée comme xénophobe, cette mesure provoque des démissions spectaculaires

Salon des indépendants, section américaine, 1924

(Bosshard, Kisling, Zadkine, Lipchitz, Van Dongen, Mondzain, Feder, Survage, Léger, Lurçat, Picabia, Segonzac, etc.). La qualité du Salon de 1924 s'en ressent et amorce un déclin que n'enraye pas le retour à l'ancien ordre de placement en 1925.

En 1929, prenant comme référence le Salon des indépendants, Bielinky combat l'opinion de Basler comme quoi l'art en France serait enjuivé, russifié, envahi par des hordes d'étrangers : « Dans le plus "enjuivé" des salons, écrit-il, sur 2357 exposants, nous avons trouvé 106 juifs, 35 sont français donc hors de cause. Il reste 71 "barbares" où dominent les Russes (37) et les Polonais (14), ensuite nous trouvons les Hongrois (6), les Américains (3) (probablement nés en Russie), les Roumains (2), même 3 Palestiniens. En somme, l'invasion ne paraît pas redoutable. »

1. En 1910, 106 peintres étrangers sur 272 ; en 1920, 235 ; en 1922, 525 (dont 117 femmes, 71 Belges, 60 Russes, 52 Suisses, 50 Polonais, 42 Américains, etc.) ; en 1923, 734 ; en 1924, 350 étrangers sur 1570 artistes.

Salon de la Société nationale des beaux-arts
Grand Palais

Fondé en 1890 par Puvis de Chavannes, Carolus-Durand, Dalou, Rodin, etc., sous la présidence de Meissonier, ce salon fut reconnu d'utilité publique en 1909. Consacré à la peinture, sculpture, gravure, architecture et aux arts décoratifs, il décerne de nombreux prix et bourses de voyage. Les membres sociétaires (français) et les sociétaires correspondants (étrangers) sont recrutés sur invitation des membres fondateurs ou nommés par l'assemblée générale au cours de laquelle les artistes français ont seuls le droit de voter. Bien que de nombreux artistes étrangers soient présents dans ce salon, l'art dit « vivant » n'y est pas reconnu. Avant 1928, seul Van Dongen (1922) y est admis comme sociétaire ; Dunikowski

(1921), Feder (1922), Foujita (1923) figurent comme membres associés. Miestchaninoff, Lehmbruck, Carlo Bugatti, Mela Muter, Csáky y exposent à leurs débuts parisiens avant la Première Guerre mondiale. Ces exceptions, dues à des appuis politiques voire mondains, confirment les *a priori* esthétiques de « hors norme » portés sur l'École de Paris par les organisateurs de ce salon.

Salon d'automne
Grand Palais

Catalogue du Salon d'automne, 1903

Fondé en 1903 (Eugène Carrière, président d'honneur ; Frantz Jourdain, président), éclectique, sans renier la modernité, ce salon se veut plus sélectif que les Indépendants. Les admissions passent devant un jury renouvelé annuellement, tiré au sort (4/5ᵉ sont issus du bureau, des membres fondateurs et des sociétaires, 1/5ᵉ des membres d'honneur). En conséquence, des artistes étrangers peuvent être membres d'un jury. Ce salon comprend des sections consacrées aux arts plastiques, graphiques, décoratifs, à l'architecture, auxquelles s'ajoutent des manifestations littéraires et musicales et, au début des années 1920, des projections cinématographiques. Cette pluridisciplinarité va favoriser les réseaux

d'amitié entre écrivains, critiques, architectes, illustrateurs, musiciens, peintres et sculpteurs, ainsi que la compénétration des disciplines (la « Maison cubiste » présentée au Salon de 1912 ou les projets d'art mural de Csáky et Léger exposés en 1923). Le comité d'honneur, sélectionné judicieusement parmi les personnalités les plus influentes, mondains, collectionneurs, critiques, écrivains, marchands, a beaucoup aidé à la promotion des sociétaires, ce que souligne en 1908 François Crucy dans la préface du catalogue : « Sans nos "snobs", dont l'extrême ignorance a ceci d'excellent qu'elle leur permet de tout accepter également, le Salon d'automne eût été lapidé, mais les "snobs" se font un devoir d'encourager toute nouveauté [...] Ils applaudirent et le public bourgeois, que les "snobs" intimident, cessa de rire. »

Salon de l'École française
Grand Palais

Fondé en 1903 (Paul Plument, président), il regroupe exclusivement les artistes professionnels français ou naturalisés et comporte un jury d'admission sauf pour les artistes admis depuis cinq ans, les membres de la Société nationale des beaux-arts ou de la Société des artistes français. Le comité se charge de promouvoir cette « École française » à l'étranger par l'organisation d'expositions, conférences et publications. Comme le salon précédent, il draine les achats et les honneurs de l'État.

Salon des humoristes

Fondé en 1907 par Juven, directeur du *Rire*, qui en confia l'organisation à Valmy-Baisse et au poète Gazanion, il connaît tout de suite beaucoup de succès car l'âge d'or de l'art satirique est arrivé. L'humour s'exprime dans les œuvres exposées mais aussi dans les canulars inventés par les artistes pour faire connaître leur salon. En 1926, pour la première fois, triomphe la publi-

cité jusqu'alors méprisée, reléguée dans le domaine du commerce et non de l'art.

Salon d'Antin
26, avenue d'Antin

Cette exposition de l'art moderne en France, qui pallie à la fermeture des salons pendant la Première Guerre mondiale, se tient chez Paul Poiret en 1916 et est organisée par André Salmon. Y figurent Hayden, Modigliani, De Chirico, Férat, Severini, Kisling, Krémègne, Orloff, Picasso, Van Dongen, Matisse, Segonzac, Marquet, Derain, etc.

Salon de l'Araignée

Fondé en 1920 par Gus Bofa et Pierre Mac Orlan, repris en 1930 avec des photographes et graphistes, le Salon de l'Araignée montre alors sa différence d'avec celui des humoristes. André Warnod qui en est l'animateur écrit dans *Comœdia* : « Le Salon de l'Araignée est le Salon de la Cérébralité ; il est placé sous le signe de l'Intelligence. » Il rassemble Carlo Rim, Chas Laborde, Zadkine, Grosz, Dignimont, Pascin, Segonzac, Oberlé, Chagall, Marie Vassilieff, Chana Orloff, Per Krohg, Nils Dardel, Vertes, Van Dongen..., et donne une place importante à l'édition moderne en montrant l'évolution du livre illustré. L'exposition annuelle se tient à la galerie Devambez. En 1920, elle est suivie d'une vente aux enchères des œuvres. La dernière édition se déroule en 1927.

Salon de l'Escalier
15, avenue Montaigne
Comédie des Champs-Élysées

Il s'y tient le premier Salon de la photographie (dix-huit expositions en 1928), organisé par Valentin Marquetty et Jules Kolbert.

Salon des Tuileries

Installé la première année, en 1923, dans des baraquements à la Porte Maillot, conçus dans la précipitation par les frères Perret comme locaux d'expositions, la localisation de ce salon unique varie par la suite. Il a pour objectif de confronter toutes les écoles nouvelles sans qu'elles ne perdent rien de leur autonomie. Les œuvres sont groupées par affinités et sélectionnées. Le Salon des Tuileries profitera en 1924 de la démission massive des artistes étrangers du Salon des indépendants : Chagall, Maria Blanchard, Eberl, Feder, Foujita, Gontcharova, González, Gottlieb, Grünewald, Alice Halicka, Hayden, Kisling, Krémègne, Krohg, Lipchitz, Larionov, Muter, Chana Orloff, Saccharoff, Van Dongen, Zak, Zadkine… s'y retrouvent en compagnie d'artistes français.

Salon des vrais indépendants
Parc des expositions
(Porte de Versailles)
Scission des Indépendants, ce salon fondé en 1928 (Paul Séguin-Bertault, président) ne comporte pas de jury mais il adopte une présentation, plus lisible, répartie par tendances. En dépit des efforts du comité, l'individualisme et les singularités des expressions priment ; des artistes mécontents dénoncent alors l'arbitraire des regroupements. L'année suivante, le comité ne trouve pas d'autre solution que de tirer au sort les emplacements. Ce salon ne connaîtra pas d'autres éditions.

Salon d'automne, section sculpture, 1920

Salon des surindépendants
Parc des expositions
(Porte de Versailles)
Il est fondé en 1929 (Louis Bilard, président ; Mendès-France, secrétaire général). Herbin, mécontent de l'accrochage au Salon des vrais indépendants de 1928, est l'un des chefs de file de cette nouvelle scission. Il fait appel à une génération plus jeune et davantage orientée vers le modernisme, du cubisme à l'abstraction, de façon à doter le nouveau salon d'une certaine homogénéité plastique (parmi les étrangers : Angiboult, Béothy, Charchoune, Fasini, Férat, Halicka, Schwitters, Survage, Van Doesburg…).

Salon de la Société des amateurs d'art et des collectionneurs
dit « La folle enchère »,
hôtel de la Chambre syndicale de la curiosité (1923 et 1925), puis chez Katia Granoff (1926) et Bernheim-Jeune
Inauguré en 1923 par Daniel Tzanck, il a sept éditions. Dans une lettre adressée à *Comœdia* en 1925, ses organisateurs précisent : « L'intention primitive de la Société était d'organiser annuellement un salon destiné à servir aux peintres d'organe de régulation. C'était un service à leur rendre. Nous espérions par ce moyen, éviter à la fois les hausses et les

baisses trop rapides, et également inexplicables […] »   G. F.

Uhde, Wilhelm

Posen, 1874 – Paris, 1947
Issu d'une famille juive prussienne cossue, il fait ses études à Heidelberg où il est promis à une carrière de haut fonctionnaire ou de diplomate. Lors d'un voyage à Florence, il décide de se consacrer à l'art et rejoint l'université de Breslau où il rencontre le peintre Erich Klossovsky qui l'incite à aller à Paris en 1904, après avoir obtenu son diplôme d'histoire de l'art. Là, il fréquente le Dôme et ses compatriotes comme Mayer Graefe, Goëtz, Flechtheim et Kahnweiler. Obligé, faute de ressources, de rejoindre Posen, il décide pourtant de revenir à Paris pour vivre librement son homosexualité, et de subvenir à ses besoins en vendant des tableaux. C'est un esthète devenu marchand, marchand en chambre. Particulièrement bien informé de la scène artistique – il suit tous les salons, la vie des galeries, en particulier Berthe Weill et Ambroise Vollard, fréquente les Stein –, il fait la connaissance d'artistes comme Derain, Matisse et Picasso dont il achète par hasard, avant de le rencontrer au Lapin agile, une œuvre en 1905. Il est l'un des premiers avec Salmon à voir *Les Demoiselles d'Avignon* et à introduire Kahnweiler dans son atelier en 1907. Il achète des artistes comme Herbin, Metzinger, Picasso, Dufy, Derain, Vlaminck, Braque (il utilise toute sa fortune en 1907, pour acheter les œuvres de ce dernier au Salon des indépendants). Sa clientèle, essen-

tiellement allemande, est recrutée souvent au Dôme. Il stocke ses œuvres dans une arrière-cour de la rue de la Grande-Chaumière, puis ouvre une petite galerie rue Notre-Dame-des-Champs en 1908. Cette année-là, il fait un mariage blanc avec Sonia Terk dont il divorce pour qu'elle épouse Robert Delaunay en 1910. La mère de ce dernier, collectionneuse d'Henri Rousseau, lui présente le Douanier. En 1911, Uhde lui consacre sa première monographie (aux éditions Figuière) et, dès lors, se charge de la promotion du peintre, en organisant des expositions (chez Bernheim-Jeune, en 1912). À la déclaration de guerre, ses biens sont mis sous séquestre, et seront plus tard vendus (31 mai 1921). Il est obligé de s'enfuir pour ne pas être arrêté pour « espionnage ». Puis, avec Kahnweiler et Flechtheim, il part en croisade pour faire reconnaître le talent de Picasso. En 1919, il tente de créer une revue, *Die Freunde* (un numéro), dont l'objectif était la promotion de l'art français et de quelques Allemands « non expressionnistes » tels que Paul Klee. Il rentre à Paris en 1924. En 1928, il rédige *Picasso et la tradition française. Notes sur la peinture actuelle* (éditions des Quatre-Chemins), voulant ainsi prouver qu'il est un ami de la France et que le cubisme est une tradition française, livre qui ne se comprend qu'en rapport avec les conflits internes au Dôme (pro-matissiens contre pro-picassiens) et avec les attaques xénophobes et antisémites contre le cubisme pendant la guerre. Dans les années 1920, il s'intéresse essentiellement aux peintres naïfs (Bauchand, Bombois, Rimbert, Séraphine, Vivin, etc.). En 1938, Wilhelm Uhde est déchu de sa nationalité allemande. Pendant la guerre, il se réfugie dans le sud de la France, son appartement et sa collection sont pillés par les Allemands. Ses souvenirs sont publiés en 1949 (*Von Bismarck zu Picasso*).   S. K.

V

Ventes

Salon du Franc
22 au 31 octobre 1926
au musée Galliera
Exposition-vente aux enchères organisée par *Paris-Midi*. « Geste magnifique de cent artistes étrangers envers le génie français. Paris est habité par les peintres et sculpteurs du monde entier qui viennent étudier chez nous. Quand ils sont devenus célèbres, ils croient avoir contracté envers la France une dette intellectuelle. L'appel du maréchal Joffre pour la contribution volontaire à la défense financière du sol français a provoqué chez eux un grand élan » (préface du catalogue).
Comités français et étranger prestigieux où se côtoient le duc de Gramont, le marquis de Castellane, la duchesse de Noailles, les baronnes Édouard, Eugène et Robert de Rothschild, la marquise Casati, la princesse Bibesco, miss Morgan et Mᵐᵉ Vanderbilt. Rolf de Maré est le président du comité organisateur. Parmi la centaine d'artistes de l'École de Paris qui ont donné des œuvres à vendre, on note Chagall, De Chirico, Dardel, Van Dongen, Foujita, Gargallo, Gottlieb, Gris, Grünewald, Kars, Krohg, Masereel, Marcoussis, Muter, Pascin, Orloff, Saccharoff, Storrs, Vassilieff, etc.

Vente de La Peau de l'ours
2-3 mars 1914
Avec un budget annuel d'achat de 3 000 francs, elle en rapporte 100 000 (250 francs par an, par membre). La collection de l'association La Peau de l'ours devait se constituer durant une période de dix ans. André Level faisait les propositions d'achats choisis parmi des jeunes artistes. Au terme des dix ans (28 février et 2 mars 1914), la collection est mise aux enchères à l'hôtel Drouot. Le produit de la vente est redistribué aux sociétaires. Cent cinquante œuvres sont dispersées parmi lesquelles celles de Matisse, Bonnard, Picasso.

Ventes sous séquestre
L'Allemagne a liquidé les biens français sur son territoire pendant les hostilités, tandis que la France les a confisqués. L'article 297 du traité de Versailles (28 juin 1919) autorise la France à vendre les œuvres d'art confisquées, comme toutes les possessions des Allemands résidant en France, au titre des réparations. Wilhelm Uhde et Daniel-Henry Kahnweiler essaient d'éviter la dispersion en vente publique et de racheter leur stock mais, après maintes discussions, l'État français refuse. Paul Léon, directeur des Beaux-Arts, n'a pas retenu non plus la possibilité d'acquérir les collections d'art contemporain au profit des musées. Les collections de l'historien d'art Otto Grautoff, de Daniel-Henry Kahnweiler, Wilhelm Uhde, G. Goetz, Wendland et Hertz sont ainsi vendues à des prix très modiques.
Vente Uhde, 31 mai 1921 : 17 œuvres de Braque, 5 Dufy, 5 Rousseau, 3 Laurencin, 1 Gris, Herbin, Klossowski, Léger, Metzinger, Picasso, Dardel… La vente rapporte au total 247 000 francs.
Ventes Kahnweiler, Léonce Rosenberg et Durand-Ruel experts : 13 et 14 juin, 17 et 18 novembre 1921, 4 juillet 1922, 7 et 8 mai 1923. Au total sont dispersées 155 œuvres de Braque, 111 Derain, 57 Gris, 44 Léger, 145 Picasso, 213 Vlaminck, etc., pour la somme de 909 000 francs.

Vente John Quinn
John Quinn, avocat américain, grand collectionneur (Brancusi, Picasso, Matisse, Derain, Gris), qui avait demandé à Henri-Pierre Roché de lui rechercher des œuvres en France, meurt subitement en 1924 et laisse une collection qui est vite démembrée en plusieurs ventes, soit à titre privé, soit aux enchères à New York et Paris. Cette dernière a lieu en octobre 1927 et tous les Picasso sont rachetés par Paul Rosenberg.   G. F.

W

Warnod, André

Giromagny, 1885 – Paris, 1960

André Warnod, c. 1920

André Warnod a le premier lancé l'appellation « École de Paris » dans un article de *Comœdia* publié le 27 janvier 1925, repris en octobre de la même année en introduction de son livre *Les Berceaux de la jeune peinture*.
À l'âge de 9 ans, il arrive à Montmartre qu'il ne quitte plus. À l'École des beaux-arts et des arts décoratifs, les maîtres académiques lui apprennent à peindre la tête du modèle le lundi, les pieds le samedi. Il préfère flâner sur la butte, croquant les scènes de la rue. Bohème et huguenot, sa fantaisie s'accommode de son sérieux.
L'art ne lui permettant pas de gagner sa vie, il change son costume de rapin pour le chapeau claque des journalistes. En mars 1909, il s'adresse au directeur de *Comœdia*. Gaston de Pawlowski lui répond : « Puisque vous fréquentez les artistes et les poètes de Montmartre, vous allez créer le "Courrier des arts et des lettres" qui n'existe dans aucun journal et vous l'illustrerez de vos dessins. »
Warnod renonce alors à sa peinture qu'il juge trop impressionniste au temps où ses amis inventent le cubisme, mais dessine comme un reporter écrit. Le bohème fréquente les ateliers d'artistes, les banquets, les bals costumés, décrit le premier, en 1910, le décor et l'ambiance du Lapin agile. Il est l'auteur avec Dorgelès de la fameuse farce du tableau *Coucher de soleil sur l'Adriatique*, peint par la queue de Boronali, l'âne du père Frédé. Apollinaire lui récite ses nouveaux poèmes dans leurs longues marches nocturnes de Montmartre à Montparnasse.
Comœdia réserve chaque jour une place importante aux salons et aux vernissages des galeries. En 1911, le jeune Chagall apporte timidement aux Indépendants trois toiles : Warnod est assis à l'entrée de la salle des modernes. « Il me demanda mon nom et me dit en voyant mes peintures : "Voici le peintre qui, avant d'apprendre la langue française, sera célèbre" ». Marc Chagall n'oubliera jamais cet encouragement.
Les écrivains, poètes, gens de théâtre, du music hall et du cirque l'entraînent dans un autre monde. Son esprit de curiosité le conduit dans tous les coins de Paris. Il en devient l'historien à travers *Le Vieux Montmartre*, *Bals, cafés, cabarets*, *Les Plaisirs de la rue*, *La Brocante*, *Les Fortifs*, illustrés de ses dessins et, en 1930, Atget et Germaine Krull collaboreront à *Visage de Paris du Moyen Âge à*

nos jours. *Prisonniers de guerre* et *Petite image du temps de guerre* témoignent de sa captivité au camp de Mersebourg en 1915, d'où il rapporte des centaines d'esquisses et de croquis.

En 1919, Warnod collabore à *Oui* qui deviendra *L'Avenir*, au *Crapouillot* et à des journaux humoristiques. Pendant les années 1920, à Montparnasse, Pascin, son grand ami, lui sert de guide et lui fait découvrir les ateliers « les plus désespérément russes », le petit pavillon rose de Foujita avec Youki, les restaurants scandinaves, les gens de toutes les couleurs. Au Dôme, à la Rotonde, à la Coupole se retrouvent artistes, poètes, marchands et collectionneurs. André Warnod y passe des nuits jusqu'au « petit jour », moment privilégié pour lui. En 1934, il cesse sa collaboration aux *Annales*, journal dirigé par Pierre Brisson, et le suit au *Figaro*, où il prend en charge la rubrique des spectacles et des arts.   J. W.

Zamaron, Léon

Landaville, Vosges, 1872 –
Paris, 1955

Léon Zamaron est commissaire principal de police au sein de l'Inspection générale des services, de 1906 à 1932. La légende le présente comme un « bon flic », bel homme et bohème, qui aurait rendu de multiples services à ses amis artistes étrangers attablés à la Rotonde… En fait, Zamaron participe activement à la naissance et au rayonnement de l'École de Paris et s'investit dans des associations d'entraide aux artistes. Ce modeste

commissaire de police soutient matériellement des dizaines de peintres et se constitue, dans les années 1920, l'une des plus belles collections d'art moderne, qu'il perdra au jeu. À Zamaron, on peut tout demander si on est un tant soit peu artiste… Beaucoup des noms cités ici le sollicitent un jour ou l'autre : les critiques, Fels, Vauxcelles, Raynal, Warnod, les marchands, Bernheim, Zborowski, Schoeller, et bien sûr les artistes étrangers, Marevna, Kikoïne, Mondzain, Landau, Soutine, Zadkine, Prax, Ortiz de Zárate, Morgan Russell. Du simple retrait de contravention aux demandes de papiers, de naturalisation, en passant par les requêtes les plus extraordinaires, Zamaron répond toujours favorablement à ses amis. Son bureau à la préfecture de police est surnommé par les visiteurs de l'époque « le musée Zamaron ». Sont en effet accrochées aux murs des dizaines de toiles, de Modigliani, Soutine, Epstein… Mais ce « musée » ne reflète qu'une partie d'une collection qui a compté plus de cinq mille œuvres. Léon Zamaron ne constitue pas sa collection au hasard. Il a des théories très précises sur l'art et son fil conducteur est l'amitié qu'il éprouve pour l'un ou pour l'autre, ce qui explique les grandes disparités de sa collection. « L'artiste tel que je le conçois est un être privilégié, à la naissance, auquel a présidé la bonne fée qui l'a doué de précieux dons : sensibilité, facultés d'observation, d'assimilation et d'imagination. Quand il aura appris la technique de son métier, et qu'il s'envolera de ses propres ailes, s'il sait s'affranchir des fatras de théorie pour n'en conserver que les grands principes directeurs, il s'assiéra résolument devant son chevalet et s'il est béni des dieux, sa personnalité ne tardera pas à se dégager puis à s'affirmer […]. L'art est un sacerdoce, mais combien d'hommes ont les qualités requises pour l'exercer :

c'est le travail dans la solitude et le silence, c'est le renoncement à toutes les facilités matérielles de la vie, avec tous ses découragements et toutes ses incertitudes, c'est l'attente angoissante vers l'heure de la sublime révélation. »

Léon Zamaron, c. 1925

En 1920, il organise une vente à Drouot, dont la *Gazette de l'hôtel Drouot* se fera l'écho : « Amateur jeune et aimant les jeunes talents en peinture, quoique fonctionnaire dans une grande administration publique, M. Léon Z… s'est constitué une collection de tableaux d'artistes de la "Dernière école". Si donc vous aimez l'art académique, n'allez pas à cette vente. Si au contraire vos goûts vous poussent vers l'Art nouveau et indépendant, si vous cherchez les jeunes artistes honnis et raillés aujourd'hui, comme le furent autrefois Courbet, Delacroix, Cézanne, Renoir, etc., allez visiter mardi prochain l'exposition de la collection de M. Léon Z. Vous trouverez là des femmes étranges par Modigliani ; des portraits par Derain ; des paysages de Charmy, de Friesz et de Epstein ; des figures de femmes de Van Dongen ; des fleurs de Giraud ; une scène du Moulin-Rouge de Iturino ; des peintures de Kisling ; des nus de Marquet ; des vues du vieux Montmartre, par Utrillo, peintre attitré de la Butte, et d'autres peintures ou dessins, par Utter, Suzanne Valadon, Vlaminck, Dumont, etc.

Ces peintures ou dessins seront beaucoup discutés, étant donné leur caractère et l'École nouvelle qu'ils représentent.

Laissons admirateurs et adversaires aux prises et attendons la vente qui aura lieu le mercredi 9 juin. »   O. P.

Anthologie

André Warnod

L'École de Paris existe. Plus tard, les historiens d'art pourront, mieux que nous, en définir le caractère et étudier les éléments qui la composent, mais nous pouvons toujours affirmer son existence et sa force attractive qui fait venir chez nous les artistes du monde entier. D'autres raisons, qui n'ont rien à voir avec les beaux-arts, font que Montparnasse est peuplé d'hommes et de femmes de toutes les nationalités sans compter ceux qui ne sont pas bien fixes sur ce point ; mais il n'empêche que l'amour de l'art, plus que toute autre chose, a poussé tous ces gens à venir à Paris.

Il n'est pas inutile de bien fixer ce point pour répondre aux esprits chagrins qui n'ont vu à Montparnasse que des personnages peu sympathiques, batailleurs, insolents, brocantant et palabrant dans tous les argots du monde, faisant un ghetto, une cour des miracles des endroits où ils vont prendre leur café crème. Peut-on considérer comme indésirable l'artiste pour qui Paris est la Terre promise, la terre bénie des peintres et des sculpteurs ?

Ils y sont attirés par des raisons profondes. Nos musées sont fameux à juste titre, mais plus encore que nos richesses artistiques, ces artistes veulent connaître le pays où ont vécu nos grands peintres, respirer l'air qu'ils ont respiré, s'émouvoir eux aussi devant les perspectives de chez nous, d'une si belle ordonnance, goûter la douceur du climat, la lumière, connaître enfin le bonheur de vivre et jouir de cette liberté sans laquelle l'art ne peut s'épanouir.

Faut-il leur reprocher de ne guère apporter autre chose dans leur bagage que la volonté d'enrichir leur art avec ce qu'ils trouveront chez nous ? Ils créent, à défaut d'autre chose, une agitation très profitable. Il ne faut jamais s'endormir sur ses lauriers ; de plus, il y a parmi eux de grands artistes, des artistes créateurs qui, eux, donnent plus qu'ils ne prennent. Ils paient pour les autres, les suiveurs, les pasticheurs, les brocanteurs, si d'autres savent rester à leur place et se contentent de venir en France étudier les beaux-arts pour s'en retourner ensuite chez eux exploiter les biens qu'ils viennent d'acquérir et loyalement répandre par le monde la souveraineté de l'art français.

Il est d'ailleurs très difficile de préciser ce que les étrangers nous empruntent et ce que nous leur empruntons. Il est certain en tout cas que Paris est actuellement un foyer d'art extrêmement actif et que dans ce concert les Français, ceux d'hier et ceux d'aujourd'hui, ont la meilleure place. L'art français d'à présent est d'une prodigieuse richesse. Nous avons dénoncé dans un de nos derniers articles la faillite de l'art officiel. Regrettons-le une fois de plus. Quels bénéfices moraux et même matériels tirerait la France de cette suprématie, si c'est officiellement qu'elle régnait sur l'art de tous les pays du monde. Malheureusement, l'hommage universel est rendu à ceux que l'État tient en suspicion. La séparation de l'Art et de l'État est un fait accompli. L'Institut est vide, l'École des beaux-arts offre un enseignement sans espoir, tandis qu'ailleurs règne une vivante activité. L'Église est déserte, mais le culte est célébré dans les forêts et l'office n'en est pas moins beau.

Quels admirables pasteurs mènent les fidèles sur le chemin de la vérité ! À la génération des impressionnistes, Monet, Sisley, Guillaumin, Renoir, et Cézanne, et Manet, et Degas, et Gauguin, et Lautrec, et Rodin, de tous ceux enfin qui ont suivi la tradition de nos grands maîtres d'autrefois, en succéda une autre qui sut faire, elle aussi, du bon travail. La plupart de ces peintres se sont rencontrés dans un atelier de l'École, l'atelier Gustave Moreau. Il y avait là Marquet, Charles Guérin, Rouault, Matisse, Desvallières, Maurice Denis, Manguin, Flandrin. À ceux-là, il faut joindre Signac, Laprade, Bonnard, Bourdelle, Maillol, Despiau, Dufrenoy, Othon Friesz, Roussel, Vallotton, Vuillard, d'Espagnat, et Forain aussi, au risque de lui déplaire.

Cette génération a fourni des professeurs dont les conseils sont écoutés par les jeunes artistes du monde entier. Un Matisse, un Bourdelle, un Charles Guérin peuvent se vanter d'avoir fait aimer l'art français dans le monde entier. Mais il ne faudrait pas croire que l'enseignement de nos maîtres fût réservé aux seuls étrangers. L'atelier d'un Othon Friesz, par exemple, réunit des jeunes gens de chez nous sur lesquels on peut compter et qui préparent l'avenir loin de la rue Bonaparte.

Et voici à présent les artistes qui mènent le combat, qui sont en pleine évolution, qui donnent l'état le plus actuel de l'art, les Segonzac, les Derain, les Dufy, les L.-A. Moreau, Utrillo, Vlaminck, Dufresne, Asselin, André Lhote, Braque, Metzinger, La Fresnaye, Boussingault, Lotiron, Marchand, Daragnès, Léopold Lévy, Kayser, Vergé-Saurat, Gus Bofa, Chas Laborde, Laboureur, Gromaire, Favory, Heuzé, Mainssieux, Fraye, Puy, Bouche.

Nous citons quelques noms, parmi beaucoup d'autres qui, tous, savent garder intacts leur personnalité et leur tempérament, il y en aurait bien d'autres à citer.

Mais à côté de ces artistes français, et travaillant dans le même sens, apparaissent des étrangers qui se sont formés en France et affirment ainsi d'une façon absolue l'existence de l'École de Paris avec ceux qui ne font que passer et que des raisons affectives retiennent seules chez nous. On sait la part qui revient dans l'art d'à présent à des Picasso, à des Pascin, à des Foujita, à des Chagall, à des Van Dongen, à des Modigliani, des Galanis, des Marcoussis, des Juan Gris, Kisling, Lipchitz, Zadkine, etc.

Telle nous paraît être l'École de Paris qui réunit de prodigieuses forces vives. S'il était possible de réunir en académie tous les artistes dont nous venons de dire les noms, il est bien certain que ce ne serait plus un Institut dérisoire, et que ses arrêts auraient le poids de ceux de l'ancienne Académie royale de peinture.

Mais quoi ! Chaque école a son caractère propre. Un des titres de gloire de l'École de Paris sera peut-être justement de s'être développée dans la bataille, en gardant toute son indépendance, toute sa liberté.

Comœdia, 27 janvier 1925
repris dans l'Avant-Propos pour *Les Berceaux de la jeune peinture*, Paris, Albin Michel, octobre 1925, pp. 7-11

Charles Fegdal

Depuis quelque temps déjà, et maintenant de plus en plus, on qualifie d'*École de Paris* les artistes indépendants venus ici, de tous les pays du monde, pour étudier l'art français.

Ils nous apportent leurs âmes particulières, leurs visions plus ou moins neuves, les audaces de leurs techniques et de leurs esthétiques, les timidités ou les outrances de leur esprit.

Peu à peu la Ville jette sur eux son inéluctable et merveilleuse emprise. Les ciels fins et l'atmosphère fluide, l'ordonnance toute de logique beauté des paysages parisiens, la grâce noble et la splendeur avenante des monuments, l'élégance sobre et le sourire effleurant des femmes, l'entregent sans flatterie et l'enjouement blagueur sans méchanceté des hommes, – tout cela, quoi qu'ils en aient, s'insinue inconsciemment dans la cervelle et dans le cœur même de ceux qui séjournent parmi nous.

Ils sont à peine débarqués, qu'ils veulent connaître ce « Centre – du – Monde », ce Montparnasse dont on parle en leurs lointaines contrées ; ils veulent prendre part aux discussions, écouter les théories, se mêler aux jeux et plaisirs d'artistes, visiter les multiples expositions, méditer devant les richesses du Louvre...

Bientôt, les mieux doués sont touchés par l'harmonieux équilibre qui règne sur la Ville, en toutes ses parties. Ils aperçoivent quelle délectable cadence, quelle musicale mesure nous mettons en nos propos, en nos idées, en nos jugements, en notre art. Alors, cet art français auquel ils apportent leurs ardeurs bénévoles et leur fiévreuse foi, polit et repolit sans cesse les angles durs, corrige, élimine, assouplit ; – il donne enfin naissance à ces artistes étrangers qui ont trouvé chez nous leurs amis d'élection, leurs parentés de libre arbitre, et formé ensemble, sans s'être consultés jamais, *l'École de Paris*.

L'influence de l'*École de Paris* va grandissant chaque jour ; et, à ceux qui y sont des « vedettes » d'hier ou d'aujourd'hui, appréciables gloires de notre pays, chaque jour écoulé apporte de sûres lettres de naturalisation.

Philippe de Champaigne était né à Bruxelles. Sisley était anglais et Mary Cassatt américaine. Pissarro était né aux Antilles danoises d'une mère créole et d'un père israélite portugais. Félicien Rops était belge, Félix Vallotton était suisse...

Picasso, un des premiers cubistes, est venu d'Espagne ; Van Dongen, peintre narquois des grandes femmes à petites âmes, est venu de Hollande ; Foujita, venu d'Asie, japonise l'émotion picturale française, ou bien francise sa sensualité analytique nipponne…

La liste serait longue. Aujourd'hui l'*École de Paris* compte de nombreux « notables ». Des Russes, comme les sculpteurs Chana Orloff et Zadkine, comme les peintres Soutine, Kikoïne, Krémègne, Chagall, comme le xylographe Lebedeff. Des Polonais, comme le célèbre Kisling, comme le notoire cubiste Marcoussis, comme Mme Lewitska, Mela Muter, Mme Halicka et Mondzain. Les artistes américains, avec Friesecke, Thorndike et Nutting, forment un groupe important à Montparnasse, duquel émerge le nuancé et voluptueux Pascin. Voici les Scandinaves, qui se peuvent enorgueillir de Jorgensen, d'Isaac Grünewald, d'Ekegardh et de Per Krohg. Voici les Suisses, avec Bosshard, Gimmi, Fornerod, Darel. Les Belges, avec Allard l'Olivier, Gilsoul, Cosyns, Kvapil, Van Guidertael, Van Rysselberghe et Frans Masereel… Les Espagnols avec les sculpteurs Mateo Hernandez, Gargallo et José Clara, avec les peintres Sert, Juan Gris, Ortiz de Zarate, Zubiaurre, Beltran y Mases. Les Italiens avec Chirico… Les Portugais avec Francis Smith… Les Hongrois avec le dessinateur Vertès… Les Mexicains avec Angel Zarraga… Voici les Hollandais, les Tchéco-slovaques, les Allemands, les Roumains, les Japonais, bien d'autres représentants des nationalités les plus diverses.

Depuis longtemps, l'*École de Paris* existait de fait, sans exister nommément. La voilà fondée, nommée, classée. Ses « vedettes » servent, sans doute, la gloire de leurs pays respectifs d'origine, elles ne s'en sont pas moins éduquées, clarifiées, équilibrées et vivifiées en France, à Paris ; et Paris, finalement, peut les revendiquer comme siennes.

Les peintres de l'*École de Paris* sont assez souvent des créateurs, ils ont une personnalité, une originalité propre. S'ils ne renient point les influences qu'ils ont reçues chez nous, – de David à Degas, en passant par Delacroix, Courbet, Corot, les impressionnistes, de Cézanne à Segonzac, en passant par Matisse, Bonnard, Vuillard et Marquet, par Gleizes, Lhote et Gromaire, par Derain, Luc-Albert Moreau, Waroquier, Vlaminck, Alix et Favory – ils sont la preuve que ces influences, une fois assimilées et transformées par chacun d'eux, « selon la race, selon les hérédités ethniques », contribuent à donner à l'art d'aujourd'hui son intérêt et sa nouveauté, sa jeunesse hardie et sa vie pénétrée.

Essais critiques sur l'art moderne, chapitre VII,
Paris, Librairie Stock, Delamain, Boutelleau et Cie, 20 janvier 1927

Adolphe Basler et Charles Kunstler

Un esthète mexicain a eu naguère la bizarre idée d'organiser une exposition « multinationale » de peinture. Il a su intéresser à son entreprise une dame milliardaire des États-Unis, en lui faisant accroire que la peinture était aujourd'hui la seule chose au monde capable de rapprocher les peuples. Français, Allemands, Anglais, Américains du Nord et du Sud, Suisses et Scandinaves ont pris part à ce match du pinceau entre les nations.

Nous nous sommes demandé quel était le but de cette manifestation, où tous les peuples avaient l'air de niveler leurs aspirations artistiques. Le désordre a engendré ici, malgré ses éléments hétéroclites, une mortelle uniformité. C'est comme si Montparnasse allait jusqu'au pôle Nord et jusqu'au pôle Sud !

Sans doute Montparnasse est une Babel de la peinture. Mais est-ce l'École de Paris ? Et y a-t-il même une École de Paris ? Il est vrai que, depuis le début du XIXe siècle jusqu'à nos jours, aucune grande ville d'Europe, d'Asie ou d'Amérique n'a donné naissance à autant d'écoles de peinture que Paris. Mais l'histoire de l'art français moderne se réduit à deux douzaines à peine de véritables créateurs. Leurs œuvres ont d'ailleurs suffi à enrichir les cerveaux de milliers de peintres et de sculpteurs, tant en France qu'à l'étranger, à faire prospérer le commerce international de la peinture, à répandre et à maintenir la gloire de l'art français à travers le monde entier.

Quant à l'éclosion de un, deux ou trois génies par époque, nous pensons qu'elle n'est due ni aux encouragements officiels, ni à la clairvoyance de la critique, ni même à la magnificence des marchands de tableaux. Les causes doivent en être bien plus profondes. Il surgira toujours un ou deux costauds dans chaque génération pour briser les conventions et les modes. Car ainsi va la vie. Aujourd'hui triomphe l'inepte ; demain ce sera le règne de la raison.

Il ne s'ensuit pas qu'il n'y ait aucun talent parmi les peintres immigrés à Paris. Tous les pays du monde y ont leurs représentants. Si l'Espagne a donné un chef d'école aux cubistes, Picasso, le précurseur des surréalistes est l'Allemand Paul Klee. S'inspirant des dessins d'enfants, celui-ci en est arrivé à une imagerie incantatoire qui est ce qu'il y a de plus amusant dans le surréalisme. Les autres peintres connus de cette tendance sont : le Français Masson, l'Allemand Max Ernst, l'Italien Chirico, le Catalan Miró et le Bulgare Papazoff.

Les Russes et les Espagnols sont les plus remuants. Parmi les premiers, Chagall et Soutine mis à part, on peut nommer de bons peintres comme Balgley et Feder, comme Jacovleff, Larionov, Gritchenko, Férat, Pailes, Mané-Katz, Krémègne… Au nombre des seconds figurent Creixams, Togorès, Pruna, Salvado, Serna… Les Suisses présentent les talents les plus divers : Bosshard, Gimmi, Barth, Poncet, Darel, Hogg, Fornerod et le jeune paysagiste Domenjoz. Les Polonais ne sont pas non plus des intrus avec Pankiewicz et ses élèves Kisling, Mondzain, Zavado, ainsi que Hayden, Kramstyk, Makowski, Menkès, et ce regretté styliste : Eugène Zak.

De partout affluent des peintres doués. Du Japon : l'acrobate de la calligraphie Foujita ; des États-Unis : Edward Bruce, un paysagiste de grande allure ; un jeune plein d'esprit, Barber ; un peintre sensible comme Thorndike et un chercheur comme Morgan Russell ; de la Suède : Dethow et Grünewald ; de la Hongrie : Czóbel, Hatvany ; de la Tchécoslovaquie : Kars, Kupka, Sima ; des Balkans, d'Autriche, d'Allemagne, d'Angleterre, de Belgique, de Hollande…

Nous ne pouvons pas, à propos de cette énumération, ne pas mentionner l'académie Matisse et le café du Dôme d'avant-guerre. Celle-là ne comptait que deux élèves français : Guindet et Dubreuil. Les autres étaient allemands, russes, suédois, norvégiens et américains. C'était la première école libre où, contrairement aux autres académies, l'enseignement se fit sur les bases de la culture impressionniste. Les élèves de Matisse ne se mêlaient pas à la vie artistique de Paris, mais propageaient, chacun dans son pays, la nouvelle esthétique française. Bon nombre d'entre eux sont devenus professeurs, peintres éminents, et quelques-uns marchands de tableaux.

Quant au café du Dôme, c'était le rendez-vous de tous les artistes étrangers, en particulier, des Allemands. Ceux-ci en ont fait le siège de parlotes fameuses sur toutes sortes de sujets esthétiques. Parmi les piliers du Dôme, il ne faut pas oublier : Hans Purrmann, premier massier de l'académie Matisse et aujourd'hui membre de l'Académie des beaux-arts à Berlin ; l'ineffable Rudolf Lévy, la plus légendaire figure de Montparnasse ; le peintre et savant antiquaire Walter Bondy ; le dessinateur Rudolf Grossmann ; Otto von Waetjen ; Ahlers-Hestermann, actuellement professeur à l'Académie des beaux-arts de Cologne ; le sculpteur Ernesto de Fiori ; le prodige multinational Pascin, etc. etc. ; Hans Purrmann rapporte dans ses souvenirs que les clients du Dôme vouaient une admiration absolue aux impressionnistes, dont les conceptions et la maîtrise ne pouvaient être mises en doute. Tout ce monde regardait Cézanne comme un dieu. Ce café, où les Allemands attiraient à leurs tables les artistes russes, polonais, scandinaves ou hongrois, était devenu une sorte d'université « sans doctrine et sans pensums ». Là, écrit Purrmann, « on pénétrait les choses à fond, notre sensibilité s'aiguisait, notre jugement s'élargissait ; on y acquérait un sens de la vie qui menait à la connaissance ». Mais Amedeo Modigliani fut la figure la plus pittoresque de la Babel montparnassienne.

Sensible, délicat, distingué, il semble avoir été prédestiné pour la sculpture qu'il avait pratiquée avant d'aborder la peinture. À défaut de grands dons de coloriste, il a su se servir des contrastes pour donner à ses tableaux de l'éclat et des tons agréables.

Ce sont les difficultés de la vie, difficultés nées de la guerre, qui l'ont contraint à pratiquer un art moins compliqué que la sculpture. Séduit par les fétiches nègres, il ne voyait plus que leurs formes et leurs proportions. Obsédé par les simplifications tout architecturales des divinités du Gabon et du Congo, par les stylisations des figures et des masques de la Côte d'Ivoire, il s'achemina vers un type de formes aux lignes allongées, aux proportions exagérées avec un goût très sûr. Dessinateur subtil, il accentuait des contours tendres, dissipait la monotonie des formes symétriques par des déformations savantes, les rehaussait de colorations flatteuses. Une douceur étrange, une mièvrerie corrigée par une expression aiguë, un charme morbide se dégagent de tous ces visages masculins et féminins, au nez géométrisé, et conçus d'après un type invariable. Si l'on en excepte quelques portraits et deux ou trois nus aux arabesques moins schématiques, toutes ses peintures se ressemblent. Son maniérisme séduit l'amateur qui recherche les jouissances faciles. Modigliani est une sorte de Botticelli nègre […].

La Peinture indépendante en France II. De Matisse à Segonzac, « La peinture multinationale de l'École de Paris », Paris, Éditions G. Crès et Cie, 1929, pp. 96-102

Waldemar George

L'École de Paris est un néologisme, une acception nouvelle. Ce terme qui fait prime sur le marché mondial est un escamotage conscient, prémédité du terme : École de France. Il présuppose une amplification et un enrichissement du domaine national de la peinture française. Non seulement, il tient compte des apports étrangers, mais il les ratifie, il leur accorde une place prépondérante. C'est une attestation somme toute assez subtile et assez hypocrite de l'esprit francophobe. On entend par École parisienne, le mouvement artistique qui englobe, aussi bien les étrangers résidant à Paris que les Français de naissance, d'origine. Ce mouvement, dont l'objet principal est d'élargir les cadres de l'École française, tout en permettant à n'importe quel artiste de se prévaloir de sa qualité de Français d'adoption, est nettement isolé dans le temps. Il n'a aucune filiation légitime. Il se réclame d'une tradition française. Mais, pratiquement il en fait table rase. (Ses pionniers insinuent qu'une transfusion de sang est salutaire à la peinture française). L'École de Paris est un répertoire aisément transmissible et accessible à tous. Ce n'est pas un creuset, où s'élabore une langue vivante et organique. C'est une langue fabriquée de toutes pièces comme le volapük ou comme l'espéranto. L'École de Paris n'a ni état civil, ni pièces d'identité. Elle procède tour à tour, de Van Gogh, de Gauguin, de Lautrec et de Modigliani. Elle ne peut remonter plus loin et plus haut. Elle traduit un état de névrose collective et elle instaure une mode. Elle est incapable de donner la mesure d'une civilisation. Elle représente un phénomène d'époque dépourvu de valeur, de portée historique.

Le mouvement centrifuge de l'École de Paris est-il un mouvement de propagande française ? Il semble, au contraire, qu'il s'écarte de son centre, qu'il tende à perdre son centre de gravité. La France diffuse un art, sur lequel elle n'exerce aucun droit de regard. Le succès de cet art rejaillit sur la France qui apparaît aux yeux du monde entier comme un puissant foyer de rayonnement. Mais la France ne se doit-elle pas de répudier des œuvres qui infirment son génie ?

« Un cabinet cartelliste, a-t-on dit, n'est pas un cabinet composé de ministres cartellistes. C'est un cabinet qui fait une politique cartelliste. » Paraphrasons cette astucieuse formule. L'École française n'est pas une école composée uniquement de Français (elle devrait l'être de préférence). C'est une école qui fait de la peinture française.

[…]

Brûlons les étapes. L'impressionnisme, mystique des apparences, n'est pas une école en tous points adéquate aux traditions de la peinture française.

Or, Pissarro, natif des Indes danoises, et l'Anglais Alfred Sisley, gallicisent le style impressionniste, cet article d'importation flamande, et en font, au même titre que le Normand Monet, un langage artistique essentiellement français, une vision optimiste, une poésie agreste. Au XXᵉ siècle, des Français de vieille souche dénaturent l'art de France. Cette situation a des causes très complexes.

La France n'est pas seulement une nation, un état, une acception ethnique et politique. La France est un état d'esprit. Elle représente un ordre spirituel et intellectuel. L'art français accueille et assimile tous ceux qui s'adaptent à son mode de sentir. Semblable en cela à l'Église catholique, il maintient l'unité dans la diversité. Mais cet état ne permet à la France de remplir son message que si elle reste elle-même, si, tout en adoptant, en naturalisant les néophytes qui s'abreuvent à ses sources, elle parvient à ne pas aliéner son originalité et sa physionomie. La France conservera au monde son grand exemple à condition de défendre à tout prix la loi de sa continuité.

Le cas de la *Reichskunst* de l'art de l'Empire romain est présent à toutes les mémoires. Cet art englobe les Gaules, la Dacie, l'Afrique du Nord, l'Égypte et l'actuelle Syrie. L'art romain est une réalité, bien que les artistes grecs, vivant en Italie, aient la réputation d'être les seuls auteurs de maintes statues romaines. La romanisation des archétypes hellénistiques et grecs démontre abondamment que l'art romain n'est pas une forme fictive. Quelle que fût la nationalité des statuaires qui travaillèrent à Rome, un élémentaire examen visuel des bustes et des reliefs prouve l'existence physique et l'aspect distinctif de la sculpture romaine. Hélas, l'existence physique d'une œuvre d'art est peu de chose aux yeux des historiens !

L'art romain, art de cadres, engendre dans les provinces une production artistique nationale : l'art de la Gaule romaine, l'art égypto-romain, l'art de Palmyre, etc. Partout la forme romaine est attaquée. Partout l'indigène exprime et manifeste, à travers le répertoire latin, ses propres intentions, ses propres aspirations. Mais les œuvres provinciales portent toutes le sceau, la griffe indélébile de l'art romain, cet art fédératif, dont l'Italie est le foyer ardent. Au temps du Bas-Empire, Rome traverse une crise grave. D'après Picard, son art s'orientalise. En fait, Rome résorbe l'influence de l'Orient et engendre l'art chrétien, l'art moderne. Si étrange que cela puisse paraître, l'art romain décadent est un prodrome de la *Sehnsucht* nordique. Il n'en reste pas moins que cet art, dont on peut constater les nombreuses survivances dans l'art byzantin et dans l'art médiéval, subit un temps d'arrêt. Avant de revivre sous un aspect nouveau, il est foulé aux pieds par les Barbares. Il est vain de nier que l'art du Bas-Empire, qui a dû succomber sous le nombre, fut un art dénationalisé et délatinisé.

L'École française court-elle un péril analogue ? Jusqu'ici la France a supporté les épreuves de toutes les contagions, de tous les croisements. Est-il bien nécessaire qu'elle prolonge ce régime ? Si l'Empire en décomposition ne pouvait se survivre qu'en déplaçant son centre, la survie de la peinture française n'est pas à ce prix-là. Le moment est venu pour la France de faire son examen, d'opérer un retour sur elle-même, et de trouver dans son fonds national les éléments premiers de son salut.

L'École de Paris est un château de cartes construit à Montparnasse. C'est un mouvement stérile. L'École de Paris, cet amalgame informe, est passible de transfiguration.

Elle n'est passible d'aucun développement. Elle est régie par l'idée du progrès. Elle ignore totalement la loi d'évolution, qui préside à la vie des nations, et des individus. Si l'École de Paris est frappée d'impuissance, c'est qu'elle n'implique aucun principe solide de filiation et de stabilité, aucune discipline et aucune règle de vie.

L'internationalisme de l'École de Paris peut produire des standards. Ce n'est pas un facteur d'universalité. L'idéologie de l'École de Paris est orientée contre l'École de France que régit le principe dynastique d'unité dans le temps.

L'École française n'a jamais méconnu le dynamisme de l'histoire de l'art, de l'histoire des civilisations. Elle se méfie, par contre, de l'idée d'avancement. Cette méfiance n'est-elle pas naturelle de la part d'un pays qui porte depuis toujours des germes de perfection ?

Il faut répandre la notion générale de la peinture française. Émile Mâle a créé le concept d'un art gothique français. L'histoire de la peinture française attend encore son Mâle.

Il faut revoir, reprendre et réviser les idées sur lesquelles repose l'étude foncière de la peinture française. Dans l'immense majorité des cas, cette étude ne suscite que des malentendus.

« École française ou École de Paris », I, *Formes*, juin 1931, pp. 92-93

[…]

En opposant à l'École de Paris, l'École de France, cette grande constante française, mon intention n'est pas de compromettre la cause de l'art moderne. Il n'y a pas solution de continuité, entre le passé, le présent et l'avenir. Un homme cultivé doit comprendre et doit reconnaître leur principe unitaire. Mais un retour pur et simple au passé ou du moins, à une forme convenue du passé, est aussi impossible dans le domaine de l'art qu'il l'est dans celui de la littérature. De semblables tentatives ont toujours échoué. Imiter la manière des anciens est contraire à la nature de l'homme. Nous faisons le procès, non de l'art actuel, de l'art de notre temps, mais de l'idée, de la conscience modernes qui sont antifrançaises en tant qu'elles contredisent l'immutabilité de l'art, de l'ordre français.

L'École de Paris, avec son long cortège de préjugés primaires, de rites, de croyances et de superstitions, avec sa légende de l'art indépendant, avec sa tradition de bohème surannée, de feinte anarchie, de non-conformisme, de faux héroïsme et de révolution à l'état permanent, s'écarte, malgré les apparences qui plaident en sa faveur, des voies principales de la pensée française.

Brisons l'élan factice de l'École de Paris, cette éphémère, cette étoile filante, et restaurons dans ces prérogatives l'École de France, cet emblème de durée !

« École française ou École de Paris », II, *Formes*, juillet 1931, pp. 110-111

Bibliographie sélective

Affron Matthew, **Antliff** Mark,
Fascist Visions : Art and Ideology in France and Italy, Princeton University Press, New Jersey, 1997

Alary Luc,
De l'« Art vivant » à l'« Art moderne » : genèse du Musée national d'art moderne, thèse de doctorat, université de Paris I, (sous la dir. de) José Vovelle, Paris, 1997

Andral Jean-Louis, **Krebs** Sophie,
L'École de Paris, l'atelier cosmo-polite, Hors série Découvertes Gallimard, Paris-Musées, 2000

Apollinaire Guillaume,
Chroniques d'art (1902-1918), Paris, Gallimard, 1960

Apollinaire Guillaume,
Les Peintres cubistes, méditations esthétiques, Paris, Éditions Eugène Figuière, 1913/Éditions Hermann, coll. Savoir, 1980

Aronson Chil,
Art polonais moderne, Paris, Éditions Bonaparte, 1929

Assouline Pierre,
L'Homme de l'art : D.-H. Kahnweiler 1884-1979, Paris, Balland, 1988

Basler Adolphe,
La Peinture, religion nouvelle, Paris, Bibliothèque des Marges, 1926

Basler Adolphe,
Le Cafard après la fête, Paris, Éditions Jean Budry et Cie, 1929

Basler Adolphe, **Kunstler** Charles,
La Peinture indépendante en France II. De Matisse à Segonzac, Paris, Éditions G. Crès et Cie, 1929

Bertrand Dorléac Laurence,
« L'École de Paris, un problème de définition », Revista de Historia da Arte et Arqueologia, 1995-1996

Bonney Thérèse,
A Shopping Guide to Paris, New York, Robert M. McBride, 1929

Bougault Valérie,
À l'heure de l'art moderne 1910-1940 : Paris Montparnasse, Paris, Éditions Pierre Terrail, 1996

Bouqueret Christian,
Des Années folles aux années noires. La Nouvelle Vision photographique en France, 1920-1940, Paris, Marval, 1997

Brassaï,
Conversations avec Picasso, Paris, Gallimard, 1964

Brassaï,
Le Paris secret des années 1930, Paris, Gallimard, 1976

Brion-Guerry Liliane
(sous la dir. de), *L'Année 1913 : les formes esthétiques de l'œuvre d'art à la veille de la Première Guerre mondiale*, 2 tomes, Paris, Klincksieck, 1971

Broca Henri,
T'en fais pas, viens à Montparnasse, Paris, 1928

Buisson Sylvie, **Parisot** Christian,
Paris-Montmartre : les artistes et les lieux 1860-1920, Paris, Éditions Pierre Terrail, 1996

Caracalla Jean-Paul,
Montparnasse, l'âge d'or, Paris, Denoël, 1997

Carco Francis,
Panam, Paris, Stock, 1922

Carco Francis,
Le Nu dans la peinture moderne, 1863-1920, Paris, Éditions G. Crès & Cie, 1924

Carco Francis,
De Montmartre au Quartier latin, Paris, Albin Michel, 1927

Carco Francis,
Les Nuits de Paris, Paris, Au Sans Pareil, 1927

Carco Francis,
L'Ami des peintres : bohème d'artistes, Paris, Gallimard, 1944/1953

Carluccio L., **Leymarie** J., **Negri** R., **Russoli** F., **Brunhammer** Y.,
École de Paris, Paris, Éditions Rive Gauche, 1981

Cassou Jean,
Panorama des arts plastiques, Paris, Gallimard, 1960

Cendrars Blaise,
Bourlinguer, Paris, Denoël, 1948

Cendrars Blaise,
Dix-neuf poèmes élastiques, dans *Du monde entier, poésies complètes, 1912-1924*, Paris, « Poésie/Gallimard », 1967

Chagall Marc,
Ma vie, Paris, Stock, 1931

Chapiro Jacques,
La Ruche, Paris, Flammarion, 1960

Chapon François,
Jacques Doucet ou l'Art du mécénat, Paris, Librairie académique Perrin, 1996

Charensol Georges,
D'une rive à l'autre, Paris, Éditions Mercure de France, 1972

Charensol Georges,
De Montmartre à Montparnasse, Paris, Éditions François Bourin, 1990

Chavalier Louis,
Montmartre du plaisir et du crime, 1re éd., Paris, Robert Laffont, 1980/2e éd., Paris, Payot & Rivages, 1995

Chevrefils Desbiolles Yves,
Les Revues d'art à Paris : 1905-1940, Paris, Éditions Ent'revues, 1993

Claustrat Frank,
Les Artistes suédois à Paris 1908-1935 : tradition, modernisme et création, thèse de doctorat, université de Paris I, (sous la dir. de) José Vovelle, Paris, 1994

Cohen-Solal Annie,
Un jour, ils auront des peintres, L'Avènement des peintres américains. Paris 1867 – New York 1948, Paris, Gallimard, 2000

Coquiot Gustave,
Cubistes, futuristes, passéistes, Paris, Éditions Librairie Ollendorff, 1921

Coquiot Gustave,
Les Indépendants 1884-1920, Paris, Éditions Librairie Ollendorff, 1921

Crespelle Jean-Paul,
Montparnasse vivant, Paris, Hachette, 1962

Crespelle Jean-Paul,
La Folle Époque, Paris, Hachette, 1968

Crespelle Jean-Paul,
La Vie quotidienne à Montparnasse, à la grande époque 1905-1930, Paris, Hachette, 1976

Crespelle Jean-Paul,
La Vie quotidienne à Montmartre au temps de Picasso 1900-1910, Paris, Hachette, 1978

Delaperrière Maria,
Marès Antoine (sous la dir. de),
Paris capitale culturelle de l'Europe centrale ? 1918-1939, Paris, Institut d'études slaves, 1997

Desnos Robert,
Écrits sur les peintres, Paris, Flammarion, 1984

Dorival Bernard,
Les Étapes de la peinture française contemporaine, Paris, Gallimard, 1944

Dorival Bernard,
Les Peintres du xxe siècle : nabis, fauves, cubistes, Paris, Éditions Pierre Tisné, 1957

Dorival Bernard,
L'École de Paris au Musée national d'art moderne, Paris, Éditions Aimery Somogy, 1961

Douglas Charles,
*Artist's Quarter : Reminiscences
of Montmartre and Montparnasse*,
Londres, Faber and Faber Pub., 1941
Einstein Carl,
Die Kunst der 20 Jahrhunderts,
Leipzig, Reclam, 1988
Émile-Bayard Jean,
*Montparnasse, hier et aujourd'hui.
Ses artistes et écrivains étrangers
et français les plus célèbres*, Paris,
Jouve et Cie Éditeurs, 1927
Fargue Léon-Paul,
Le Piéton de Paris,
Paris, Gallimard, 1939
Faure Élie,
Les Artistes nouveaux, Paris,
Éditions G. Crès et Cie, 1929
Faure Élie,
Histoire de l'art : l'art moderne,
Paris, Hachette, 1964
Faveton Pierre,
Les Années vingt, Paris, Éditions
Messidor/Temps Actuel, 1982
Fegdal Charles,
Essais critiques sur l'art moderne,
Paris, Librairie Stock, Delamain,
Boutelleau et Cie, 1927
Fels Florent,
Propos d'artistes, Paris,
La Renaissance du livre, 1925
Fels Florent,
L'Art vivant de 1900 à nos jours,
Genève, Éditions Pierre Caillers,
1950
Fels Florent,
Le Roman de l'Art vivant,
Paris, Fayard, 1957
Fer Briony, **Batchelor** David,
Wood Paul,
*Realism, Rationalism, Surrealism :
Art between the Wars*, New Haven/
Londres, Yale University Press, 1993
Fontainas André,
Vauxcelles Louis,
*Histoire générale de l'art français
de la Révolution à nos jours*,
Paris, Librairie de France, 1922
Fort Paul,
*Mes mémoires – Toute la vie
d'un poète 1872-1944*,
Paris, Flammarion, 1946
Francastel Pierre,
*Nouveau dessin, nouvelle peinture,
l'École de Paris*,
Paris, Librairie de Médicis, 1946

Fuss-Amoré Gustave,
Des Ombiaux Maurice,
Montparnasse, Paris,
Albin Michel, 1925
Gautherie-Kampka Annette,
*Les Allemands du Dôme :
la colonie allemande
de Montparnasse
dans les années 1903-1914*,
Berne, Berlin, Francfort/M.,
New York, Paris, Vienne,
Peter Lang SA, Éditions
scientifiques européennes,
coll. Contacts, 1995
Gee Malcolm,
*Dealers, Critics and Collectors
of Modern Painting : Aspects of
the Parisian Art Market between
1910 and 1930*,
New York/Londres, Garland
Publishing Inc., 1981
George Waldemar,
*La Grande Peinture
contemporaine à la collection
Paul Guillaume*,
Les Artistes à Paris, [1929]
George Waldemar,
*Profits et pertes de l'art
contemporain*, Paris,
Les Chroniques du jour, 1931
George Waldemar,
*Les Artistes juifs et l'École
de Paris*, Alger, Éditions
du Congrès juif mondial, 1959
Georges-Michel Michel,
Les Montparnos,
Paris, Éditions Fasquelle, 1929
Gimpel René,
*Journal d'un collectionneur,
marchand de tableaux*,
Paris, Calmann-Lévy, 1963
Giraudon Colette,
*Paul Guillaume et les peintres
du xxᵉ siècle*, Paris,
Bibliothèque des arts, 1993
Golan Romy,
*Modernity and Nostalgia :
Art and Politics between the
Wars*, New Haven/Londres,
Yale University Press, 1995
Granoff Katia,
Mémoires 1886-1961,
Paris, Seghers, 1968
Granoff Katia,
Poètes et peintres maudits, Paris,
Union générale d'éditeurs, 1975

Green Christopher,
*Cubism and its Enemies : Modern
Movements and Reaction in
French Art, 1916-1928*,
New Haven/ Londres,
Yale University Press, 1987
Halicka Alice,
Hier (Souvenirs),
Paris, Éditions Le Pavois, 1946
Hemingway Ernest,
Paris est une fête,
Paris, Gallimard, 1973
Jacob Max,
Mes contemporains,
Paris, Stock, 1922
Jacob Max,
Chronique des temps héroïques,
Paris, Éditions Louis Broder, 1956
Jacometti Nesto,
Têtes de Montparnasse, Paris,
Librairie P.-M. Villain, 1933
Jakovsky Anatole,
Les Feux de Montparnasse,
Paris, Bibliothèque des arts,
coll. Peintres et Écrivains, 1957
Jouffroy Alain,
La Vie réinventée,
Paris, Robert Lafont, 1982
Jullian Philippe,
Montmartre, Paris, Éditions
Elsevier Séquoia, 1977
Kahnweiler Daniel-Henry,
Confessions esthétiques,
Paris, Gallimard, 1963
Kahnweiler Daniel-Henry,
Mes galeries et mes peintres,
Paris, Gallimard, 1982
Kaspi André, **Marès** Antoine
(sous la dir. de), *Le Paris des
étrangers depuis un siècle*, Paris,
Imprimerie nationale, 1989
Kiki,
Souvenirs, préface de Foujita,
Paris, Éditions Henri Broca, 1929
Klüver Billy, **Martin** Julie,
Kiki et Montparnasse 1900-1930,
Paris, Flammarion, 1989
Kochno Boris,
Diaghilev et les Ballets russes,
Paris, Librairie Arthème Fayard,
1960
Leikind O. L., **Makhrov** K. V.,
Sévérioukhine D. Ya.,
*Khoudojniki Rousskovo Zaroubiéjia
(Les Artistes russes à l'étranger)*,
Saint-Pétersbourg, Nota Bene, 1999

Lemaire Gérard-Georges,
Le Salon, de Diderot à Apollinaire,
Paris, Éditions Henri Veyrier, 1986
Lemaire Gérard-Georges,
Les Cafés littéraires, Paris,
Éditions Henri Veyrier, 1987
Lequin Yves (sous la dir. de),
*Histoire des étrangers
et de l'immigration en France*,
Paris, Larousse, 1992
Lévêque Jean-Jacques,
Les Années folles,
Paris, ACR, 1992
Lévy Pierre,
Des artistes et un collectionneur,
Paris, Flammarion, 1976
Lipchitz Jacques,
My Life in Sculpture, Londres,
Thames and Hudson Pub., 1972
Loeb Pierre,
Voyage à travers la peinture,
Paris, Bordas, 1945-1955
Loeb Pierre,
Regards sur la peinture,
Paris, La Hune, 1950
Mac Orlan Pierre,
Montmartre, souvenirs,
illustrations de Robert Sterkers,
4ᵉ édition, Bruxelles,
Éditions A. Chabassol, 1946
Marès Antoine, **Milza** Pierre
(sous la dir. de), *Le Paris des
étrangers depuis 1945*, Paris,
Publications de la Sorbonne, 1994
Marevna,
*Life with the Painters
of La Ruche*, Londres,
Constanble Pub., 1972
Mauclair Camille,
*La Farce de l'art vivant.
Une campagne picturale
1928-1929*, Paris, La Nouvelle
Revue critique, coll. La Vie
d'aujourd'hui, n° 4, 1929
Mauclair Camille,
*La Farce de l'art vivant II.
Les Métèques contre l'art français*,
Paris, La Nouvelle revue critique,
coll. La Vie d'aujourd'hui, n° 15,
1930
Monnier Gérard, **Vovelle** José
(sous la dir. de), *Un art sans
frontières : l'internationalisation
des arts en Europe 1900-1950*,
Paris, Publications
de la Sorbonne, 1994

405

Nacenta Raymond,
*École de Paris, son histoire,
son époque*, Neuchâtel,
Ides et Calendes, s. d.
Nahon Pierre,
*Les Marchands d'art en France :
XIXᵉ et XXᵉ siècles*,
Paris, Éditions de la Différence,
coll. Les Essais, 1998
Nieszawer Nadine, **Boyé** Marie,
Fogel Paul,
Peintres juifs à Paris, 1905-1939,
Paris, Denoël, 2000
Olivier Fernande,
Picasso et ses amis,
Paris, Stock, coll. Ateliers, 1933
Ossorguine-Bakounine Tatiana,
L'Émigration russe en Europe,
catalogue collectif des pério-
diques russes : 1855-1940,
Paris, Institut d'études slaves,
1990
Philippe Béatrice,
*Être juif dans la société française
du Moyen Âge à nos jours*,
Paris, Éditions Montalba, 1979
Raynal Maurice,
*Anthologie de la peinture
en France de 1906 à nos jours*,
Paris, Montaigne, 1927
Read Peter,
Picasso et Apollinaire,
Paris, Jean-Michel Place, 1995
Reliquet Scarlette et Philippe,
*Henri-Pierre Roché : l'enchanteur
collectionneur*, Paris, Ramsay,
1999
Rotily Jocelyne,
*Artistes américains à Paris 1914-
1939*, Paris, L'Harmattan, 1998
Sachs Maurice,
Au temps du Bœuf sur le toit,
Paris, La Nouvelle Revue critique,
1939
Salmon André,
La Jeune Peinture française,
Paris, Albert Messein, 1912
Salmon André,
La Jeune Sculpture française,
Paris, Albert Messein, 1919
Salmon André,
L'Art vivant, Paris,
Éditions G. Crès et Cie, 1920
Salmon André,
Propos d'ateliers, Paris,
Éditions G. Crès et Cie, 1922

Salmon André,
Art russe moderne,
Paris, Laville, 1928
Salmon André,
Montparnasse, Paris,
Éditions André Bone, 1950
Salmon André,
Souvenirs sans fin, Paris,
Gallimard, 1955, 1956, 1961
Schattuck R.,
*Banquet Years, the Origins
of the Avant-Garde in France
1885 to World War*,
New York, Anchor Books,
Doubleday, 1961
Seigel Jerrold,
Paris-bohème : 1830-1930,
Paris, Gallimard, 1991
Silver Kenneth E.,
*Vers le retour à l'ordre. L'avant-
garde parisienne et la Première
Guerre mondiale, 1914-1925*,
Paris, Flammarion, 1991
Stein Gertrude,
Autobiographie d'Alice Toklas,
Paris, Gallimard, 1934,
et Paris, L'imaginaire/Gallimard,
1995
Tériade E.,
Écrits sur l'art,
Paris, Adam Biro, 1996
Tumarkin Goodman Susan,
*Russian Jewish Artists
in a Century of Change
(1890-1990)*,
Munich/New York, Prestal, 1996
Uhde Wilhelm,
*Picasso et la tradition française.
Notes sur la peinture actuelle*,
Paris, Éditions des Quatre-
Chemins, 1928
Vanderpyl Fritz R.,
Peintres de mon époque,
Paris, Stock, 1931
Vergine Lea,
*L'Autre Moitié de l'avant-garde
1910-1940*, Milan, Gabriele
Mazzotta Editore, 1980/Paris,
Éditions Des femmes, 1982
Vollard Ambroise,
*Souvenirs d'un marchand
de tableaux*, Paris,
Albin Michel, 1937
Warnod André,
Les Bals de Paris, Paris,
Éditions G. Crès et Cie, 1922

Warnod André,
*Les Berceaux de la jeune
peinture : l'École de Paris*,
Paris, Albin Michel, 1925
Warnod André,
Ceux de la Butte,
Paris, Julliard, 1947
Warnod André,
Fils de Montmartre, Paris,
Librairie Arthème Fayard, 1955
Warnod André,
Drôle d'époque, souvenirs, Paris,
Librairie Arthème Fayard, 1960
Warnod Jeanine,
Le Bateau-Lavoir, Paris,
Les Presses de la Connaissance,
1975
Warnod Jeanine,
La Ruche et Montparnasse,
Paris/Genève, Éditions Weber,
1978
Warnod Jeanine,
Les Artistes de Montparnasse,
Paris, Éditions Mayer-Van Wilder,
1988
Weill Berthe,
*Pan ! dans l'œil, ou trente ans
dans les coulisses de la peinture
contemporaine (1900-1930)*,
Paris, Librairie Lipschitz, 1933
Werenskiold Marit,
De Norske Matisse-Eleven,
Oslo, Gyldendal, 1972
Zadkine Ossip,
*Le Maillet et le Ciseau, souvenirs
de ma vie*, Paris, Albin Michel,
1968
Zervos Christian,
Histoire de l'art contemporain,
Paris, Cahiers d'art, 1938

Catalogues d'expositions

**Collection Jean Walter
et Paul Guillaume**,
Musée de l'Orangerie, Paris,
1984
**The Circle of Montparnasse,
Jewish Artists in Paris
1905-1945**,
Sous la direction de Kenneth
E. Silver et Romy Golan,
The Jewish Museum, Universe
Books, New York, 1985

**La Grande Aventure
de Montparnasse, 1910-1930**,
Exposition itinérante organisée
au Japon (Kawasaki, Kumamoto,
Gunman Ehime), L'Association
des Musées japonais, 1988-1989
**Paris, Patrie des peintres
étrangers**,
Exposition itinérante organisée
au Japon (Tokyo, Sendai, Nagoya,
Yokohama, Kyoto, Osaka, Oita),
1989-1990
**Les Années 20 :
l'âge des métropoles**,
Sous la direction de Jean Clair,
musée des Beaux-Arts
de Montréal, Canada, 1991
Cubisme tchèque, 1910-1925,
Avec les contributions de Jana
Claverie, Raymond Guidot, Ivo
Janousek et Milena Lamarova,
Centre de Création industrielle,
Centre Georges Pompidou, Paris,
1992
**Les Peintres de Zborowski,
Modigliani, Utrillo, Soutine
et leurs amis**,
Fondation de l'Hermitage,
Lausanne, 1994
**Les Heures chaudes
de Montparnasse**,
Espace Electra, Paris, 1995
**Autour de Bourdelle,
Paris et les artistes polonais**,
musée Bourdelle, Paris, 1997
**Toute la France,
Histoire de l'immigration
en France au XXᵉ siècle**,
Musée d'Histoire contemporaine
de la bibliothèque de
Documentation internationale
contemporaine, sous la direction
de Laurent Gervereau,
Pierre Milza, Émile Temime, 1998
**Montparnasse, l'Europe
des artistes 1915-1945**,
Musée archéologique régional,
Aoste, 1999
Painters in Paris, 1895-1950,
The Metropolitan Museum
of Art, New York, 2000
**Paris in New York :
French Jewish Artists
in Private Collections**,
The Jewish Museum,
New York, 2000

Crédits photographiques

h : haut ; b : bas ; c : centre ; d : droite ; g : gauche
col : colonne

Aargauer Kunsthaus, Aarau : p. 203
Agence Roger-Viollet : pp. 375 hg,
376 bg, 376 bd, 378, 379 b, 383 d ;
Choumov p. 52 ; Branger-Viollet p. 371 d ;
Harlingue-Viollet pp. 369 g, 371 hg,
371 bg, 372 bd, 374 (3 photos), 375 hd,
380 d, 393, 395 ; LL-Viollet p. 372 h 3ᵉ col
Albright-Knox Art Gallery, Buffalo,
New York : p. 236
Archives Claude Bernès/DR, Paris : p. 368 g
Archives G. Fabre/DR : pp. 131, 368 d,
376 hd
Archives J. Hayden/DR : p. 63 b
Archives A. Jarocinski : p. 379 h
Archives H. Molderings : p. 80
Archives O. Philippe/DR : p. 397
Archives J. Warnod/DR : pp. 372 hg,
372 bg, 380 g, 388, 392 d, 396
Archives of American Art, Smithsonian
Institution, Washington : p. 137
Atelier Trinité, Didier Guy, Troyes : p. 317
Gabrielle Beck-Lipsi : p. 228 g
Bibliothèque historique de la Ville
de Paris : Fonds Apollinaire p. 119 ; Fonds
Thérèse Bonney pp. 43 d, 43 g, 47, 70,
383 g ; France-Soir p. 377 d ; Charles
Lansiaux p. 377 g
Bibliothèque nationale de France, Paris :
pp. 112, 267, 272, 273, 329, 339, 348,
373 g
Bröhan-Museum, Berlin : Martin Adam
p. 305 g
Cliché photothèque des collections
du Centre Georges Pompidou, Paris/
Musée national d'art moderne : pp. 75,
114, 135, 165, 210, 211, 215, 218, 219,
274 d, 283, 295 ; J. Faujour p. 239 ;
G. Meguerditchian : pp. 46, 194, 294 ;
P. Migeat : pp. 166, 175 g, 347 ;
J. C. Planchet p. 333 h ; B. Prevost p. 223 ;
J. F. Tomasian pp. 69, 293 ; Marc Vaux,
Paris, pp. 367, 387
Col. FCG/CAMJAP : Mário de Oliveira
pp. 204 b, 205
Collection Gemeentemuseum Den Haag
2000 c/o Beeldrecht Amstelveen,
La Haye : p. 162
Collection Gobierno del Estado
de Veracruz/Pinacoteca Diego
Rivera/IVECU Xalapa : p. 201
Collection Himan Brown, New York :
John Parnell p. 315
Collection Israel Museum, Jérusalem :
Avshalom Avital p. 195 d
Collection Ann et Jürgen Wilde, Zülpich,
Dauerleihgabe Sprengel Museum Hanover,
S. Leihschein : pp. 260, 261, 263, 264
Collection privée, courtesy Fraenkel
Gallery, San Francisco : p. 247

© Collection Maya Raviv-Vorobeichic
Tel-Aviv : p. 83
Collection Wojtek Fibak : Grzegorz Solecki
pp. 232, 233
Commerce Graphic Ltd © The New York
Public Library : p. 238
Jane Corkin Gallery, Toronto : p. 253
Courtauld Gallery, Londres : p. 297
Courtesy Archives photographiques du
Centre Georges pompidou, Paris/MNAM :
p. 328 ; P. Y. Brest : p. 181 d
Courtesy Edwynn Houk Gallery, New York :
pp. 244 h, 244 b, 245
Courtesy Galerie Schmit, Paris : p. 323
Courtesy H.P. Kraus, Jr. Inc., New York :
pp. 269, 277
Courtesy Mary-Anne Martin/Fine Art, New
York : p. 200
Courtesy The Jewish Museum, New York :
Strong-Meyer : p. 181 g
Courtesy M. Micky Tiroche, Londres :
Ran Arde, Tel-Aviv p. 298 h
Courtesy Musée Cantini : Jacqueline Hyde
p. 198
Courtesy Rembrandt Bugatti
Conservatoire : p. 331
Courtesy RMN-J. G. Berizzi : p. 228 d
Dansmuseet, Stockholm : p. 373 d
Christian Delecluse, Bordeaux : p. 304
Famille Justman-Tamir : p. 355
Fondation Beyeler, Riehen/Bâle : p. 186
Franchina Severini : Maniscalco, Milan
p. 208
Galerie Kieselbach, Budapest : p. 214 b
Galleria Civica d'Arte Moderna
e Contemporanea, Turin : Aldo Gariglio,
Turin p. 206
Gilman Paper Company Collection,
New York : p. 276
Patrick Goetelen : pp. 173, 307
Göteborgs Kunstmuseum, Göteborg :
p. 284 b
Hirshhorn Museum and Sculpture Garden,
Smithsonian Institution : Lee Stalsworth
p. 231
Hokkaido Museum of Modern Art,
Sapporo : p. 289
Kunstmuseum Düsseldorf im Ehrenhof :
p. 179 g
Kunstsammlung Nordrhein-Westfalen,
Düsseldorf : Walter Klein p. 174
Larock-Granoff, Paris : p. 313
Mikael Levin, New York : p. 230
Jean-Louis Losi, Paris : pp. 235, 353
LSH/HWY : Samuel Uhrdin p. 333 b
MAMAC-Ville de Liège : pp. 189, 305 d
Margot Notarius : p. 275
Musée d'Art moderne de Lille-Métropole,
Villeneuve-d'Ascq : p. 352
Musée d'Art moderne de Saint-Étienne :
Yves Bresson p. 212
Musée Calvet, Avignon : p. 322

Musée de Grenoble : pp. 183, 298 b
Musée de Strasbourg : p. 213
Musée des Beaux-Arts du Canada,
Ottawa : p. 190
Musée Géo-Charles, Ville d'Échirolles :
Studio Bernard Ronté p. 234
Musée national, Varsovie : Teresa
Zoltowska-Huszcza p. 185
Museo Nacional, Centro de Arte Reina Sofia,
© DACS-1992, Madrid : A de la Hoz
Santander p. 217
Musée Picasso, Barcelone, AHCB-Arxiu
photographe : p. 161
Museo Thyssen-Bornemisza, Madrid : p. 167
Nasjonalgalleriet, Oslo : J. Lathion, 1999
p. 303
National Gallery of Art, Washington :
© Board of Trustees, 1924, Richard
Carafelli p. 163 ; p. 248
Boleslaw et Lina Nawrocki, Varsovie :
pp. 284 h, 340
Orlando Photo : p. 20
Osaka City Museum of Modern Art : p. 288
Petit Palais, Musée d'Art moderne,
Genève : Lessing, 1995 p. 338 ; Studio
Monique Bernaz, Genève pp. 229 b, 286,
302, 308, 309, 345, 363
Petöfi Irodalmi Muzeum, Budapest : p. 259
Philadelphia Museum of Art, Given
by Mrs Maurice Speiser in memory of her
husband : Graydon Wood, 1993 p. 175 d
Photo Karin Maucotel © Paris-Musées : pp. 26,
30, 62, 136, 177 g, 182 g, 214 h, 216, 229 h,
285, 356, 369 d, 376 hg ; pp. 382 g, 382 d,
390 g (Archives C. Bernès) ; pp. 27, 32, 35,
38, 372 b 3ᵉ col, 375 1ᵉ col, 390 d, 391 h,
391 b, 392 2ᵉ col (Archives G. Fabre) ; p. 50
(Archives G. Krohg) ; p. 386 (Archives
Mercereau) ; pp. 392 g, 394 (Archives du
musée d'Art moderne de la Ville de Paris)
Photothèque des musées de la Ville
de Paris : Ch. Delepelaire pp. 290 g, 301,
306 ; Ph. Joffre pp. 182 d, 195 g, 202, 225,
334, 349, 365 ; P. Pierrain : p. 220 b, 357 ;
Trocaz p. 292
Georges Poncet : pp. 188, 312 h
Rheinisches Bildarchiv, Cologne : p. 63 h
RMN : p. 133 ; J. G. Berizzi p. 321 ;
R. G. Ojeda : pp. 117, 204 h, 209, 291
Saarland-Museum in der Stiftung
Saarländischer Kulturbesitz, Saarbrücken :
Accent Studios p. 325
San Diego Museum of Art : p. 168
Sheldon Memorial Art Gallery, UNL-
Howard S. Wilson Memorial : p. 171
Solomon R. Guggenheim Foundation,
New York : David Heald pp. 196, 226, 296
Staatliche Kunsthalle, Karlsruhe : p. 176 d
Staatliche Museen zu Berlin, Preussischer
Kulturbesitz, Kunstbibliothek, Berlin :
Dietmav Katz p. 250
Städtische Kunsthalle, Mannheim : Hauck-

Werbestudios : p. 192
Statens Konstmuseer, Hans Thorwild :
p. 370
Stedelijk Museum Amsterdam, un prêt
de Netherlands Institute for Cultural
Heritage : p. 227
Stedelijk Van Abbemuseum, Eindhoven :
Peter Cox pp. 180,191
Stichting Kröller-Müller Museum, Otterlo,
Pay-Bas : pp. 187,197
Studio 36 : Serge Carrié p. 279
Studio Ernest, Mont-de-Marsan : p. 177 d
Succession Élie Nadelman/Courtesy
Salauder-O'Reilly Galleries, New York :
p. 176 g
Laurent Sully Jaulmes photographe :
pp. 316, 318, 326
Tate Picture Library, London 2000 :
John Webb p. 320
Tel Aviv Museum of Art, Israël : pp. 222,
299
© 2000, The Art Institute of Chicago,
All Rights reserved : pp. 199, 249, 254,
255, 256, 257, 258 b, 265, 344 g
The Henry and Rose Pearlman Foundation,
INC : Bruce M. White p. 319
The Jewish Museum, New York : John
Parnell © 2000 Artists Rights Society (ARS),
New York p. 312 b
The Museum of Fine Arts, Houston :
Malcom Varon, New York City p. 169 ; p. 246
The Saint Louis Art Museum, St Louis : p. 193
The Weatherspoon Art Gallery, University
of North Carolina at Greensboro : p. 170
Ville de Cagnes-sur-mer, Musées : p. 290 d
Yves Saint Laurent et Pierre Bergé : p. 172
Teresa Zoltowska-Huszcza : p. 184

Droits réservés pour tous les autres
artistes, photographes et documents

Droits patrimoniaux

Alexandre Archipenko, Vladimir Baranoff-Rossiné, Maria Blanchard, Constantin Brancusi, Marc Chagall, Serge Charchoune, Jean Cocteau, Jean Crotti, Jószef Csáky, Nils Dardel, Giorgio De Chirico, Henri Epstein, Serge Férat, Foujita, Pablo Gargallo, Natalia Gontcharova, Julio González, Juan Gris, Alice Halicka, Henri Hayden, Léon Indenbaum, Michel Kikoïne, Kisling, Pinchus Krémègne, Per Lasson Krohg, František Kupka, Jean Lambert-Rucki, Michel Larionov, Mané-Katz, Louis Marcoussis, Frans Masereel, Simon Mondzain, Chana Orloff, Manuel Ortiz de Zárate, Jules Pascin, Alfred Reth, Gino Severini, Chaïm Soutine, Léopold Survage, Kees Van Dongen, Ossip Zadkine
© Adagp, Paris 2000
Berenice Abbott
© Berenice Abbott – Commerce Graphic limited
Alice Bailly
© Fondation Alice Bailly
Jacques Balgley
© Rachel Blanc-Balgley
Brassaï
© Estate Brassaï
Sonia Delaunay
© L&M. Services B.V. Amsterdam 200911
Isaac Grünewald
Avec l'aimable permission de la famille Grünewald
André Kertész
Photo André Kertész © Ministère de la Culture – France
Germaine Krull
© Nachlaß Germaine Krull, Museum Folkwang, Essen
Jacques Lipchitz
© The Estate of Jacques Lipchitz
Man Ray
© Man Ray Trust – ADAGP, Paris 2000
Morice Lipsi
© Gabrielle Beck – Lipsi
Piet Mondrian
© Mondrian – Holzman Trust – ADAGP, Paris 2000
Élie Nadelman
© Estate Elie Nadelman/Courtesy Salander – O'Reilly Galleries
Pablo Picasso
© Succession Picasso 2000
Moshé Raviv-Vorobeichic dit Moï Ver
Tous droits réservés © Copyright – RightsToTheImage, Collection Maya Raviv-Vorobeichic, Tel-Aviv
Diego Rivera
© CNCA/Instituto Nacional de Bellas Artes
Igor Stravinsky
© Succession d'Igor Stravinsky
Marek Szwarc
© Tereska Torres (Site web www.artatelier.org)

Droits réservés pour tous les autres artistes et documents

Conception graphique :
Doc. Levin / *Juliette Poirot*

Secrétariat de rédaction :
Sylvie Bellu

Saisie des textes :
Jacqueline Marquès

Suivi éditorial :
Catherine Ojalvo

Fabrication :
Audrey Chenu, Vincent Benzi

Cet ouvrage est composé en Antique Olive et en ATQuay Sans

Papier : Ikono mat 135 g

Photogravure :
Pérenchio, Paris

Impression :
Imprimerie de l'Indre, Argenton-sur-Creuse

Reliure : Reliures Brun, Malesherbes

Achevé d'imprimer sur les presses de l'Imprimerie de l'Indre à Argenton-sur-Creuse en novembre 2000

Diffusion Actes Sud
Distribution UD-Union
Distribution
F7 6650

ISBN 2-87900-512-4
Dépôt légal : novembre 2000

© Paris-Musées, 2000
Éditions des musées de la Ville de Paris
28, rue Notre-Dame-des-Victoires, 75002 Paris

Couverture :
Man Ray, *La Rotonde*, Rayographe
Kiki de Montparnasse dans *Le Ballet mécanique* (Fernand Léger) © Cliché photothèque des collections du Centre Georges Pompidou, Paris/Musée national d'art moderne
Pablo Picasso par Jean Cocteau © Photothèque des musées de la Ville de Paris, photo Philippe Joffre
Chagall peignant l'esquisse de l'*Introduction au théâtre juif*, Moscou, 1919 © Archives, succession Chagall
Léonard Foujita D.R.
Chaïm Soutine D.R.
Malgré toutes nos recherches, nous n'avons pu retrouver les auteurs des deux dernières photographies citées.